근대 한중관계사의 재조명

근대 한중관계사의 재조명

권 혁 수

혜안

머리말

21세기가 시작되는 첫 해에 당시 한국정신문화연구원의 1기 초빙연구원으로 있던 저자는 학위논문을 다듬어 『19세기 말 한중관계사 연구』라는 책으로 출간하면서 내용을 좀더 보완한 중국어 본의 출간을 약속한 적이 있다. 어느새 6년이 지난 오늘 그 약속은 결국 지키지 못하고 그나마 "꿩 대신 닭"이라고 논문집을 한 권 내놓는다. 여기에 수록된 총 14편의 논문은 모두 한글로 써서 발표한 것이며 그중 네 편을 제외하고 나머지 10편은 모두 2001년 봄 장장 8년 넘는 한국 유학 및 연구생활을 마치고 중국의 대학으로 복직한 뒤에 속속 발표한 것이다. 쓰여진 그리고 발표한 시기와 장소가 서로 다른 만큼 처음부터 한 권의 책으로 쓰여진 것처럼 내용상 정연하지 못한 점도 없지 않지만 모두 19세기 후반부터 전개된 한중관계의 근대적 전환과정을 다루었기 때문에 소위 "(자기가 쓰던) 해진 빗자루를 스스로 아끼는(敝帚自珍)" 마음으로 "근대 한중관계사의 재조명"이라는 이름을 붙여 한 권의 논문집으로 묶은 것이다.

한국의 독자들에게는 한글로 논문을 써서 발표한다는 것이 너무 당연한 일이겠지만 중국의 대학에서 한국사 전공교수가 아닌 저자의 경우 사실 여러 가지로 현실적 어려움이 있다. 가장 기본적인 한글 능력은 제쳐놓고라도 한국학계의 선행연구 및 연구동향을 제때에 그리고 충분히 장악해야 하고, 아울러 한글로 된 연구문헌과 관련사료들을 충분히 조사하여 최소한 논문작성에 필요한 만큼 입수해야 하며, 아울러 한글로 발표할 수 있는 기회와 장소가 주어져야 한다. 중국의 대학에서 근대중국과 한국을 비롯한 주변국가의 관계를 중심으로 강의와 연구를 하고 있는 저자로서, 그동안 중국어로 집필하고 발표한 저서와 논문이 훨씬 더 많았던 것도 결국 위와 같은 현실적 문제와 무관하지 않았다. 다행스럽게도 그동안 저자에게 한글논문을 발표할 수 있는 기회가 적지 않게 주어졌는데, 구체적으로 2002년부터 지난 2006년까지 총 3회에 걸친 세계한국학대회에 한 번도 빠짐없이 참석하였고 2004년 10월 대만에서 개최된 제7회 아태지역 한국학대회로부터 지난 2006년 12월 인도 뉴델리에서 개최된 제8회 아태지역 한국학대회에도 모두 참석하였으며 아울러 한국과 중국에서 개최된 여러 한국학관련 학술회의에도 자주 참석할 수 있었다. 그리고 한국 내 여러 학술지에 논문을 게재할 수 있는 기회도 가끔씩 주어졌다. 여기서 위와 같은 국제적 학술행사에 참석하고 아울러 관련학술지에 발표의 기회를 마련해 주었던 국내외 관계자들에게 특히 고마움을 전하고 싶다.

이 책의 수록순서는 대체로 논문의 내용과 관련되는 사실 또는 인물의 역사적 시기에 따라 배열하였고 발표 당시 편집체제 등 기술적인 원인으로 말미암아 나름대로 손질하였던 부분은 가급적으로 본래의 모습을 되살려 두었으며 일부 제목과 구체적인 표현 같은 것을 약간 고쳤지만 전체적인 기조와 틀은 그대로 남겨두었다. 그리고 독자 제현의 이해를 돕기 위해 수록된 여러 논문들의 작성 및 발표배경을 약간 설명해두고자 한다.

병인양요와 신미양요에 관한 두 편의 논문은 각각 제1·2회 세계한국학대회에서 발표되었는데 그 내용은 일찍 1990년대 말 한국정신문화연구원에서 이홍장의 대조선정책에 관한 학위논문을 작성하면서부터 관심을 갖기 시작하였다. 1870년부터 직예총독 겸 북양통상대신을 맡은 이홍장이 한국문제에 관심을 갖고 개입하기 시작한 것이 바로 1871년의 신미양요부터인데 당시 청 정부의 불간섭정책은 사실상 1866년의 병인양요 때 이미 시작된 것이다. 요컨대 1876년의 '강화도조약' 체결에서부터 싹트기 시작한 청나라의 대조선정책의 새로운 변화과정을 이해하기 위해서는 병인양요와 신미양요 당시 청정부의 태도와 대응과정에 관한 연구가 선행되어야 했던 바, 위의 두 논문은 바로 그러한 문제의식에서 비롯되었다. 그중 두 번째 즉 신미양요에 관한 논문은 본래 2003년 여름 평양에서 개최하기로 한 제2회 세계한국학 대회에서 발표될 예정이었으나 남북관계의 갑작스러운 변화사정으로 말미암아 결국 평양대회는 조선사회과학원 측에서 단독으로 개최하였고, 당초 공동주최 측으로 예정되었던 한국정신문화연구원은 이듬해 초 중국 북경에서 별도로 제2회 세계한국학대회를 개최하였다. 또 하나의 공동주최 측인 국제고려학회에서는 평양과 북경에서 각각 개최된 두 대회를 모두 거부하였다. 당시 평양과 서울 그리고 일본으로부터 대회 참석 예정자들에게 각각 보내온 서로 다른 입장과 태도의 안내문을 받아보면서 남북분단의 정치적 현실이 한국학 연구의 학문세계에 드리운 어두운 그림자를 실감하였던 착잡함이 지금까지도 가슴아프게 느껴진다. 저자의 경우 평양대회에 참석하지 않고 북경대회에 참석하여 위 논문을 발표하였지만 논문에서 한국이라는 표현을 모두 조선으로 바꾸었던 것은 당초 평양대회에서의 발표를 의식한 흔적이었다.

그리고 지금으로부터 20년 전에 한중관계사 분야에서 발표하였던 첫 논문이 바로 이홍장과 이유원의 왕복서신에 관한 연구였다. 1988년 8월 북경대학에서 개최되었던 제2회 조선학국제학술대회에서 그 논문을 발표한 뒤 분과회의에서 상당히 열띤 토론이 있었고 그런 까닭인지 그후 북경의 민족출판사에서 출간한 대회논문집에도 수록되었던, 말하자면 한중관계사 분야에서 저자의 소위 '데뷔작'인 셈이다. 당시 극히 제한된 중국문헌밖에 참조하지 못한 그 논문은 더 이상 이 책에 수록할 필요가 없게 되었지만 이홍장과 이유원의 왕복서신을 한중 두 나라 사이의 고위 외교채널로 인식하였던 기본관점만은 변함이 없었으며, 그러한 인식을 바탕으로 훗날 한국과 중국에서 오랜 기간의 사료조사 및 연구를 거쳐 새롭게 완성한 논문을 여기에 수록해두었다.

김옥균에 관한 논문이 모두 세 편이나 되는데 내용상 약간 중복되는 부분도 없지 않지만 그만큼 김옥균에 대한 저자 자신의 남다른 관심을 보여주었다. 흔히 김옥균과 일본의 관계를 주목하면서 지금까지 그 분야에 관한 한국, 조선 및 일본학계의 선행연구도 많지만 김옥균의 가장 중요한 정치행적인 갑신정변이 서울 주둔 청군의 무력개입으로 말미암아 실패하였고 특히 그의 파란만장한 일생이 중국 상해에서 비극적으로 종결된 사실을 감안할 때 김옥균과 중국의 관계 역시 일반에서 생각하는 것보다 훨씬 더 중요하였다. 따라서 위 세 편의 논문이 그러한 역사적 중요성을 부각시키는 데 조금이라도 도움이 되었으면 하는 바램이다. 최근 『갑신일록』의 조작 가능성에 대한 새로운 연구가 발표되어 세간의 주목을 이끈 것처럼 사실 김옥균은 한국근대사는 물론 한중관계사 분야에서도 새로운 연구 진척이 가장 많이 기대되는 역사인물 중의 한 사람으로 생각된다.

1993년 가을부터 한국정신문화연구원 한국학대학원에서 학위과정 공부를 시작하면서 장서각 및 서울대 도서관 규장각을 비롯한 여러 곳에서 근대 한중관계사 관련 문서들을 부지런히 조사해 왔는데, 이 책에 수록된 『오청경헌책론』 관련 연구 등 세 편의 논문은 모두 저자가 새로 발굴한 사료를 바탕으로 작성한 것이다. 역사학 연구는 무엇보다도 사료를 바탕으로 해야 하므로 위와 같은 새로운 사료의 조사, 발굴 작업은 워낙 일천한 근대 한중관계사 연구의 활성화에 도움이 될 것으로 믿으며, 앞으로도 그러한 노력을 계속 다그쳐 나갈 생각이다. 러일전쟁에 관한 논문은 2005년 11월 "포츠머드 조약과 동북아평화의 과거, 현재 및 미래"라는 주제로 서울에서 개최된 국제학술회의에서 발표되었는데 당시 유일한 중국 대륙학자로서 독일, 프랑스, 러시아, 호주, 베트남, 일본 및 한국 등 여러 나라 참석자들과 가졌던 열띤 토론은 지금까지도 매우 인상깊게 기억되고 있다.

이른바 '동북공정'문제로 한국학계 및 한국사회 전체가 한창 들끓고 있던 2004년 늦가을, 마침 대만에서 아태지역 한국학대회에 참석 중인 저자는 그 전에 아무런 관계도 없었던 『역사비평』사로부터 "중국적을 가진 조선족이자 '동북공정'의 실제 참여자"로서 '중국의 입장'에 관한 글을 써 달라는 연락을 받았다. 이에 저자는 당시 '역사전쟁'으로까지 불릴 정도로 심각한 이른바 '동북공정'문제에 대하여 자신은 그 어떤 의미에서라도 '중국의 입장'을 대변할 수 있는 적임자가 아니라는 점을 상기시키면서 편집부의 양해를 얻어 근대사 전공의 입장에서 한중 두 나라 두 민족의 상호이해에 관한 글을 써 보냈다. 요컨대 상호이해의 측면에서 한중 두 나라 두 민족은 적어도 19세기 말부터 이미 많은 문제점을 드러냈고, 이른바 '동북공정'의 문제 역시 그러한 시각에서 이해할 수 있으며 지금이야말로 보다 바람직한 상호이해 및 상호관계를 정립할 수 있는 절호의 시점이라고 주장하였다. 실제로 근대 한중관계사를 전공하고 있는 입장에서 저자는 늘 한중 두 나라 두 민족이 상호이해의 측면에서 아직도 해결해야 할 문제가 적지 않으며, 상호이해의 문제는 결과적으로 바람직한 상호관계의 정립과 발전에 큰 영향을 미치게 된다는 생각을 갖고 있다. 그러한 문제의식을 바탕으로 다시 쓰여진 것이 바로 황염배의 『조선』과 이시영의 『감시만어』에 대한 보다 구체적인 사례연구였다.

중국학계의 근대 중한관계사 연구현황에 대한 논문은 당시 학위논문 준비작업의 일환으로서 선행연구 조사 차원에서 이루어졌지만 중국학계의 관련 연구상황 특히 연구성향은 지금까지도 별다른 큰 변화가 없다고 생각된다. 특히 1998년에 발표된 논문에서 제시되었던 한중 두 나라 학계의 "서로 다른 역사인식의 상호이해와 접근을 위해서는 무엇보다도 역사사실에 대한 공정하고도 객관적인 학문연구가 선행되어야 하며……그러한 연구는 마땅히 양국관계의 바람직한 발전을 위한 미래지향적 관점에서 진행되어야 할 것이다"라는 저자의 입장과 견해는 10년이 지난 오늘에도 아무런 변함이 없다. 마지막에 수록된 논문은 중국학자 진상승의 『연행록』 관련 연구서에 대한 서평인데, 무엇보다도 근대 한중관계사 연구의 발전을 위해서는 두 나라 학계의 상호교류와 협력이 절대적으로 필요하다는 점을 강조하고 싶었다. 실제로 1992년의 한중수교 이후 지금까지 한국의 경제적 지원에 힘입어 중국의 여러 대학과 연구기관에서 한국학 관련 연구소가 속속 설립되고, 한국학 관련 학술회의도 자주 개최되고 있지만 그러한 가시적인 외적 성장 못지 않게 두 나라 학계의 관련 연구성과에 대한 상호 소개와 번역 및 평론작업 역시 근대 한중관계사 연구를 포함한 중국내 한국학 연구의 진정한 그리고 장기적인 발전을 위해 매우 중요하다는 점을 특히 강조하고 싶다.

올해가 마침 한중수교 15주년이라고 한중 두 나라에서 여러 가지 기념행사가 줄줄이 이어지고 있다. 십 년이면 강산이 변한다는 속담처럼 오늘날 한중관계의 '강산'은 분명 15년 전에 비해 그야말로 비약적인 발전을 가져와 아마 근대이래 한중관계사에서 가장 급속도로 발전하고 있는 시기라고 할 수 있다. 문제는 한중 두 나라 두 민족이 화려한 외적 성장만큼 진정 마음속으로 가까워졌다고 단언하기는 어려울 것인즉, 그중 상당 부분이 한중관계의 역사에 대한 이해 및 인식과 관련되는 것으로 생각된다. 물론 지나간 역사적 사실에 대한 이해와 해석

을 본령으로 하는 역사연구는 결과적으로 소위 '事後 제갈량'이 내놓
은 '死後 약방문'에 불과하여 현실에 대한 직접적인 영향력이 없을 뿐
만 아니라 미래에 대한 확실한 예언을 제시할 수도 없는 것이 사실이
다. 그럼에도 불구하고 지나간 과거의 역사적 사실에 대한 올바른 이
해와 해석 작업이 오늘의 현실을 직시하고 내일의 미래를 내다보는 데
나름대로 소중한 교훈과 가르침을 줄 수 있는 것은 바로 과거와 현재
그리고 미래를 이어주는 인류역사의 연속성 때문이었다. 실제로 21세
기 초 전면적 협력동반자관계를 구축하고 있는 한중관계는 일찍이 19
세기 말부터 근본적인 전환과정을 거쳐 확립된 근대적 상호관계가 파
란만장하게 변화 및 전개되어 온 역사적 결과로서, 오늘날 새삼스럽게
근대 한중관계사를 재조명해보는 작업의 학문적 그리고 시대적 의미
가 바로 여기에 있다고 생각된다.

위와 같이 나름대로 의미부여를 한 개인의 연구노력이 과연 한중관
계의 실질적인 발전에 얼마만큼 도움이 될지는 모르겠지만 한 가지 분
명한 것은 오로지 그것만이 역사 강의와 연구를 직업으로 하는 저자가
계속 하고 싶고 또한 할 수 있는 전부이다. "그 어찌 다른 사람의 마음
에 다 들겠는가 만은 오로지 내 마음에 부끄럽지 않기를 바라네(豈能
盡如人意, 但求無愧我心)". 바로 그러한 마음가짐으로 오늘도 책으로
둘러싸인 三聲堂 서재에서 밤늦게까지 지나간 100년 전의 옛 일들을
열심히 뒤적이고 있다.

앞서 2000년 서울에서 출간한 책의 머리말에서 8년 넘는 유학 및 연
구기간 여러모로 가르침과 도움을 주셨던 많은 분들에 대한 감사의 뜻
을 자세하게 밝혀둔 적이 있다. 이 책의 출판에 즈음하여 특별히 저자
가 중국으로 돌아온 뒤 작고한 두 분을 기리고 싶다. 한 분은 서울대학
교 총장 및 한국정신문화연구원 원장을 역임하신 芸人 高柄翊 교수님
인데, 유학시절 두 강좌를 직접 가르쳐 주셨을 뿐만 아니라 그후에도

12

각별한 사랑과 관심을 많이 주셨음에도 불구하고, 몇 년 전 타계 소식을 뒤늦게 전해듣고 輓聯 하나 지어 보낸 것 외에 지금까지 한번도 추모의 예를 갖추지 못한 점이 늘 송구스럽게 생각된다. 다른 한 분은 일찍이 1991년부터 줄곧 저자를 한 가족처럼 감싸주고 돌봐주셨던 꿀벌을 연구하는 모임의 대표 柳永秀 선생인데 퇴직 후에도 한국 養蜂史 및 釀造史, 武藝史 관련연구를 그토록 열성적으로 진행해 오던 분이 금년 설을 앞두고 갑작스럽게 뇌출혈로 돌아가셨다. 밤늦게 국제전화로 訃音을 전달받고 도저히 잠을 이룰 수 없어 다시 일어나 지어두었던 輓聯을 여기에 옮겨 놓으면서 고인의 명복을 삼가 빌어본다.

蜂界精英, 踏遍靑山東西洋, 哀哉 斯人已去 ;
史壇奇士, 讀破萬卷古今書, 嗚呼 魂兮歸來.

세기를 넘어 벌써 15년이 넘는 친분을 잊지 않고 이 책의 출간을 애써 주선해 준 삼귀문화사의 김수철 사장에게 고마움을 전하며 수익 상아무런 도움도 될 것 같지 않는 이 책의 출판을 선뜻 맡아주고 국경을 넘나드는 어려운 편집작업을 통해 좋은 책으로 만들어 준 도서출판 혜안의 오일주 사장 및 편집 관계자 여러분께 깊은 감사의 인사를 드린다.

2007년 5월 24일 늦은 밤
중국 長春의 三聲堂 書室에서 지음

목 차

14

1866년의 병인양요에 대한 중국 청정부의 대응

1. 들어가는 말

1866년의 병인양요는 한국역사상 최초로 서양열강과 대결한 전쟁사태로서 19세기 말의 한국에 대한 자본주의 열강세력의 침투와 침략의 시작을 의미하고 있으므로 일찍부터 한국근대사 및 한불관계사 연구의 중요한 과제로 다루어져 왔고,[1] 또한 1990년대 초부터 한불 두 나라 사이에 외규장각도서의 반환문제가 제기되면서 새롭게 각광을 받게 되었다.[2] 필자의 조사에 의하면 위와 같은 한불관계사의 시각에 의한 병인양요 연구가 나름대로 많은 성과를 나타내고 있는 반면, 한중관계사의 시각에 의한 병인양요 연구는 지금까지 한중 두 나라 학계를 비롯하여 거의 한편도 없는 것으로 나타났다.

실제로 병인양요는 한중관계 분야에 있어서 중국을 중심으로 하는 동아시아의 전통적 국제질서인 조공관계체제와 서구자본주의 세력이 '砲艦政策(Gun-Boat Policy)'의 강력한 수단으로 주장하는 근대적 조약

---

1) 이에 대한 한국학계의 대표적 연구서는 다음과 같은 두 책을 꼽을 수 있다. 韓國史硏究協議會 編, 『韓佛修交100年史』, 동 협의회 발행, 1986 ; 韓國政治外交史學會 編, 『韓佛外交史 1886~1986』, 平民社, 1987.
2) 2000년 8월 25일에 한국정신문화연구원 주최로 "병인양요의 재조명과 외규장각도서문제"를 주제로 한 학술토론회가 개최되었고, 李元淳, 장동하, 趙珖, 權熙英이 각각 주제발표를 하였다.

관계체제의 최초의 충돌사태로서 19세기 말 한중관계사의 근대적 전환을 예고하는 중대한 사건이었다. 그리고 당시 프랑스 측이 강경한 鎖國政策을 고집하고 있는 조선왕조의 대원군 정권과 직접 교섭하지 못하고, 이미 公使級 외교관계를 맺고 있는 중국 청정부를 통해 병인양요와 관련된 외교적 교섭을 전개해 온 사실로 보아 중국 청정부의 대응에 관한 고찰은 또한 병인양요 연구에 있어서도 분명 하나의 중요한 구성부분이라고 할 수 있다.

이에 本稿에서는 한중관계사의 시각에서 먼저 당시 조선왕조의 對西洋 鎖國政策에 대한 중국 청정부의 입장 및 영향을 살펴보고, 이어서 병인양요 당시 중국 청정부와 중국주재 프랑스 공사관 및 조선왕조 측과의 삼각교섭을 중심으로 청정부의 대응과정을 고찰함으로써, 19세기 말 한중관계사의 연구는 물론 병인양요의 연구에 一助하고자 한다.

2. 조선왕조의 對西洋 鎖國政策과 중국 청정부의 입장

주지하는 바와 같이 대략 18세기 말엽부터 이른바 '異樣船'으로 불리는 서구 자본주의국가의 商船 또는 軍艦들이 한반도 해역으로 출몰하기 시작하면서 西勢東漸의 세계사적 변화의 충격은 서서히 '고요한 아침의 나라'인 조선에까지 미치기 시작하였다. 19세기에 들어서면서 이양선의 출몰은 純祖(1800~1834) 재위 33년간 겨우 2회 정도에[3] 그치던 것이 憲宗 재위 14년(1834~1849)과 哲宗 재위 14년(1849~1863) 동안 각각 7회 즉 2년에 한번 정도로 증가되었다.[4] 한편 1860년에 중

---

3) 金源模 編著, 『近代韓國外交史年表』, 檀國大出版部, 1984, 89~90쪽 참조.
4) 李元淳, 「병인박해, 병인양요 그리고 외규장각 도서」, 병인양요의 재조명과 외규장각도서문제 학술토론회 발표논문(한국정신문화연구원, 2000년 8월 25일), 16~17쪽.

국 청정부와 체결한 '北京條約'을 통해 한반도와 국경을 접하게 된 러
시아세력도 고종 원년인 1864년부터 조선으로 직접 陸路로의 통상을
요구해오기 시작하였다.[5] 당시 조선왕조의 대외관계는 중국과의 조공
관계, 일본과의 통신사관계 및 서양각국에 대한 鎖國關係로 요약할 수
있었는데,[6] 그중 서양각국의 통상요구에 대하여 중국과의 조공관계를
이유로 거부입장을 밝혀왔고 또한 그러한 거부사실을 중국 청정부로
통보해 주는 것이 하나의 관례처럼 굳어져 왔다.

  1832년(순조 32) 6월에 영국상선 앰허스트(Lord Amherst, 阿姆斯特勛
爵)호가 충청도 앞 바다에 나타나 통상과 조난구조에 관한 교섭을 요
청해오자, 조선정부는 곧바로 청정부 禮部로 보낸 咨文을 통해 "藩臣
에게는 外交가 있을 수 없고 關市에서는 異言을 나무란다"는 이유로
거부입장을 표명하였다.[7] 이에 당시 청나라 道光황제는 조선 측의 충
성스러움을 칭찬하는 의미에서 비단을 下賜하였다.[8] 그후 1845년(헌종
11) 6월에 영국군함 사마랑(Samarang)호가 제주도 일대에서 약탈행위와
더불어 해양탐사활동을 전개한 뒤 조선정부는 역시 1832년의 前例에
따라 청정부 예부로 咨報하면서 특히 청나라 황제가 "廣東番泊所"의
영국인들에게 諭旨를 내려 조선을 "禁斷의 땅"으로 지켜주도록 조처
해 줄 것을 요청하였다.[9]

  이에 道光황제는 곧바로 兩廣總督 耆英에게 命하여 영국 측에게 더
이상 조선해역으로 군함을 출동시켜 소란을 일으키는 일이 없도록 권
고하게 하였다.[10] 1847년(헌종 13)에 프랑스 함대가 전라도 앞 바다에

---

5) 『承政院日記』 고종 원년 3월 2일, 고종 2년 11월 11일.
6) 董德模, 『朝鮮朝의 國際關係』, 博英社, 1990, 51~52쪽.
7) 『純祖實錄』 순조 32년 7월 乙酉條.
8) 趙爾巽 等撰, 『淸史稿』 卷526, 列傳333 屬國一 朝鮮 琉球, 北京 : 中華書局,
   1977, 第48冊, 14593쪽.
9) 『憲宗實錄』 헌종 11년 6월 己未條, 7월 甲子條 참조.

나타나 청나라와 수호조약체결 사실 등을 통보하면서 조선 측과 수교
교섭을 요청해 왔을 때도, 조선정부는 곧바로 청정부로 그 사실을 咨
報하면서 청나라 황제가 兩廣總督에게 諭旨를 내려 프랑스 사람들이
다시 찾아오는 일이 없도록 조처해 줄 것을 요청하였다.[11]

　이처럼 서양열강세력의 교섭 및 통상요청에 대한 조선왕조 측의 거
부입장은 줄곧 중국 청정부의 공개적 지지를 받아왔고, 그러한 지지입
장은 청나라가 1842년의 中英 '南京條約'을 비롯한 일련의 불평등조약
을 통해 歐美列强과 근대적 조약관계를 맺은 뒤에도 여전히 변화가
없었다. 여기에는 물론 중국을 중심으로 하는 전통적 동아시아 국제질
서인 조공관계체제에 대한 미련과 서양열강의 포함정책에 의해 강요
받은 근대적 조약관계체제에 대한 불만이 뒷받침되어 있다.[12] 특히 異
民族으로서 중원대륙을 지배하고 있는 청나라 滿洲貴族集團에게 있
어서 한반도가 저들의 이른바 '龍興之地'인 滿洲지역의 안전을 보장해
주는 울타리 역할을 담당하고 있는 사실을 감안한다면 조선왕조의 對
西洋 鎖國政策을 지지하는 것은 결국 당시 중국 청정부의 현실적 안
보 및 외교적 이익에서 비롯된 것이다. 그러한 의미에서 중국 청정부
의 위와 같은 지지입장은 당시 조선왕조의 對西洋 鎖國政策을 뒷받침
해 주는 유일한 국제적 지지요소 또는 영향력으로 이해할 수 있다.

　조선왕조의 경우 당시 '事大'로 일컬어지는 중국과의 조공관계는 단

---

10) 『淸史稿』 第48冊, 14593쪽.

11) 『憲宗實錄』 헌종 13년 8월 丁巳條.

12) Hosea Ballou Morse, *The International Relations of the Chinese Empire*, Vol. Ⅰ, The *Period of Conflict 1834-1860*, lKelly and Walsh, 1910, LimitedShanghai, Hongkong, Singapore & Yokohama ; [美]馬士 著, 張匯文 等譯, 『中華帝國對外關係史』 第1卷, 上海 : 上海書店出版社, 2000年, 357～358쪽 ; Fairbank, John King ed., *The Chinese World Oder, Traditional China's foreign relations.* Cambridge(Mass.) & London : Harvard University Press, 1968, p.267.

순히 서양열강세력의 교섭요구를 물리치는 외교적 구실의 차원을 넘어서 나름대로 구미 자본주의세력의 침투 자체를 막아주는 제도적(국제관계) 메커니즘의 역할을 해 왔고, 그러한 상황은 高宗시대 초기의 대원군 집권기에 들어서도 별다른 변함이 없었다. 그 중에서도 조선해역에서 조난 당한 서양인들을 청나라로 송치하여 처리하도록 하는 것은 벌써 하나의 관례처럼 되어 있었다. 병인양요가 일어나기 한 해 전인 1865년(고종 2) 10월에 대원군 정권은 江原道 三陟에 漂到한 異樣人을 '問情'한 뒤 1860년(철종 11, 庚申年)에 琉球人을 청나라로 보냈던 前例에 따라 역시 청나라 鳳凰城으로 送致하였고,[13] 이에 청정부도 과거의 前例에 따라 조선에서 送致해 온 '難夷'들을 받아주고 또한 救護해 주었다.[14] 병인양요가 발생하기 직전인 1866년 7월 초에도 대원군 정권은 평안도 鐵山府 앞 바다에서 조난 당한 미국상선 서프라이스(Surprise)호에 탑승했던 서양인 6명과 중국인 1명을 역시 청나라로 송치하였다.[15]

이처럼 성리학 중심의 유교문명을 바탕으로 한 전근대적 통치이념과 지배체제를 유지하면서 서로 전통적 조공관계를 갖고 있는 중국 청정부와 조선왕조에게 있어서 기독교문명과 근대적 이념 및 질서를 주장하는 서양열강세력의 조선진출을 한결같이 반대하는 것은 결국 상호간의 정치적, 외교적 그리고 안보적 이익의 일치성에서 비롯된 것으로 볼 수 있다. 즉 19세기 후반 西勢東漸의 세계사적 변화 속에서 조선왕조의 전근대적 사회체제와 지배구조를 존속시키고 나아가서 한중

---

13) 『日省錄』 고종 2년 9월 4일, 9월 11일 ; 『高宗實錄』 고종 2년 9월 4일, 9월 11일.

14) 寶鋆 等纂, 『淸穆宗毅皇帝實錄』(이하 『淸穆宗實錄』으로 약칭함), 北京 : 中華書局, 1987, 第48冊, 727쪽.

15) 『承政院日記』 고종 3년 5월 23일 ; 『備邊司謄錄』 고종 3년 5월 23일 ; Papers relating to Foreign Relations of the United States, 1867, Washington, 1868, pp.414~417.

두 나라의 조공관계를 수호하는 것은 세계사적인 근대적 전환의 大勢를 거부하고 있는 조선왕조 대원군 정부 및 중국 청정부의 보수적 입장을 단적으로 보여주었고, 바로 그러한 조공관계가 포함정책의 강력한 수단을 이용하여 근대적 조약관계를 주장해오는 서양열강의 공식 도전을 받기 시작하였다.

병인양요가 일어나기 한 해 전인 1865년 10월 말 청나라 주재 영국 대리공사 웨이드(Sir Thomas Wade, 威妥瑪)는 청정부 총리아문으로 보낸 照會에서 영국군함의 중국 북방해안 및 조선해안 탐사계획을 통보하면서, 특히 '安南'의 실례를 들어 조선을 비롯한 '泰西以東各國'에서 '海禁'을 이유로 군사력이 막강한 '泰西各國'과 분쟁을 일으키는 것은 나라의 멸망 또는 분할점령과 같은 엄청난 후과를 초래할 수 있다고 경고하였다. 따라서 그는 청정부에서 조선 측으로 이번 탐사행동에 나선 영국군함의 식품구매 요청 등을 거부하지 말도록 권고해 줄 것을 요청하였다.16)

이에 청정부는 청나라 연해지역의 지방관들에게 영국 측의 중국 북방연해지역 탐사에 대한 협조를 지시하였지만,17) 영국 측의 요청대로 조선정부에 위와 같은 영국군함의 조선해역 탐사계획을 통보해 주지는 않았다. 이처럼 조선과의 조공관계를 계속 고집하면서도 강대한 군사적 실력으로 조선진출을 시도하는 서양열강세력을 효과적으로 제지할 수 없는 것이 당시 중국 청정부의 對朝鮮關係 분야에서 직면하고 있는 현실적인 困境이었다. 이미 두 차례의 阿片戰爭에서 연이어 패전을 당한 청정부는 무엇보다도 강력한 군사력이 뒷받침되지 않는 외

---

16) 中央研究院近代史研究所編, 中國近代史資料彙編 『淸季中日韓關係史料』
    (이하 『關係史料』로 약칭함) 第2卷, 「總署收英署使威妥瑪照會」, 臺北 : 中央
    研究院近代史研究所, 1972, 25~26쪽.
17) 『關係史料』第2卷, 「總署發三口通商大臣等文」, 27쪽.

교정책은 더 이상 고집할 수 없다는 사실을 통감하였고,[18] 따라서 서
양열강의 확장과 침략의 觸手가 조선을 포함한 청나라 주변국가에까
지 직접 미치기 시작하면서 중국에서 이미 근대적 조약관계가 실시되
었음에도 불구하고, 중국과 주변국가 사이의 전통적 관계분야에는 아
무런 변화가 없었던 그러한 상황은 더 이상 존속할 수 없게 되었다.[19]
  즉 동아시아의 전통적 국제질서인 조공관계는 이미 그 체제의 중심
이었던 중국의 몰락으로 말미암아 '서양의 충격(Western Impact, 西方衝
擊)'에 맞설 수 있는 자기방어 능력을 차츰 잃어버리기 시작하였고, 한
중 두 나라 사이의 전통적 조공관계 역시 더 이상 서양세력의 조선진
출을 막아주는 제도적 장치 역할을 할 수 없게 되었다. 따라서 조공관
계체제 속에서 중국의 커다란 그림자 뒤에 '은둔'해 있던 조선은 부득
불 서양열강의 침략위협 앞에 직접 노출될 수밖에 없었고 바로 그러한
상황에서 병인양요가 발발하였다.

3. 청정부의 불간섭정책과 병인양요의 勃發

  필자가 조사한 자료에 의하면 병인양요가 일어나기 전까지 중국 청
정부는 1866년 초부터 시작된 조선왕조 대원군 정권의 천주교세력에
대한 병인박해의 사실을 모르고 있었고, 따라서 청정부는 앞서 조선왕
조의 對西洋 鎖國政策을 지지해오던 입장에 따라 프랑스 측의 조선선
교계획에 관한 협조요청을 그대로 거절하였다. 바로 병인양요가 일어

---

18) 『中華帝國對外關係史』 第1卷, 695~696쪽.
19) Fairbank, John King ed., *The Cambridge History of China, Volume 10, Late Ch'ing
    1800-1911*, Cambridge, London · New York · Melbourne : Cambridge University
    Press, 1978 ; [美] 費正淸 編, 中國社會科學院歷史硏究所編譯室 譯, 『劍橋中
    國晚淸史 1800~1911年』 上卷, 北京 : 中國社會科學院出版社, 1993, 288쪽.

나기 한 해 전인 1865년에 중국주재 프랑스 공사 벨데미(Jules Francois Gustave Berthemy, 栢爾德密, 伯爾得米)는 청정부에서 프랑스의 선교권을 인정한 1858년 '中法天津條約' 제13조의 관련규정에[20] 따라 조선선교에 나설 프랑스 선교사들에게 필요한 여행증명서를 발급해 주고 아울러 그 사실을 조선 측으로 통보해 주기를 요청하였지만, 청정부 총리아문에서는 이를 거절하였다.[21]

당시 총리아문의 답변인즉 "조선은 물론 (청나라의) 屬國이지만 오로지 正朔을 받들고 해마다 때에 따라 朝貢을 할 뿐 그 나라에서 奉敎를 원하고 있는지 않는지에 대해서는" 중국정부가 강요할 수 없고 또한 '中法天津條約'을 조선에 적용한다는 규정도 없으므로 프랑스 측의 요청을 받아들일 수 없다는 것이었다. 이처럼 조선과 명분상의 조공관계만 고집하면서도 조선과 서양열강 사이의 문제에 대한 실질적인 책임을 회피하려는 보수적 그리고 이기적 입장은 결국 조선문제로 인한 서양열강과의 직접적인 무력충돌을 두려워하는 청정부의 결정적인 약점을 드러내었고, 나아가서 근대적 조약관계의 원칙과 관례를 주장하고 있는 서양열강세력이 한중 두 나라 사이의 전통적 조공관계 자체를 무시하고 부정해 가면서 저들의 조선침략행동을 합리화할 수 있는 빌미를 제공해 주었다.

실제로 이듬해인 1866년 7월 초에 대원군 정권의 병인박해 사실을

---

20) 王鐵崖編,『中外舊約章彙編』第1冊, 北京 : 三聯書店, 1957, 107쪽. 1858년 6월 27일 중국 天津에서 체결된 총 42개 조항의 中法天津條約 제13조의 내용은 대략 다음과 같았다. "天主敎原以勸人行善爲本, 凡奉敎之人, 皆全獲保佑身家, 其會同禮拜誦經等事, 槪聽其便. 凡按第八款備有蓋印執照安然入內地傳敎之人, 地方官務必厚待保護. 凡中國人願信奉天主敎而循規蹈矩者, 毫無查禁, 槪免懲治. 嚮來所有或寫或刻奉禁天主敎各明文, 無論何處, 槪行寬免."

21)『同治朝籌辦夷務始末』卷42, 同治 5年 10月 戊戌 ;『關係史料』第2卷,「總署發英國照會」,「總署奏摺」, 29쪽, 30쪽.

전달받은 프랑스 대리공사 벨로네(Claude Henri Marie Bellonnet, 伯洛內, 白龍納)는 7월 13일자 조회를 통해 청정부 총리아문으로 조선에 대한 프랑스 측의 군사적 보복계획을 통보하면서 한중 두 나라의 관계에 대하여 다음과 같이 언급하였다.[22]

"조선 小王國은 일찍이 屬國으로 中國帝國에 예속되어 있었으나 이 야만적 행위로 인해 영원히 중국제국으로부터 분리되었습니다.……중국정부는 조선에 대해 권한도 권리도 없음을 본인에게 수차 선언하였고 이러한 구실 하에 이 나라에 天津條約을 적용하고, 우리 선교사에게 우리가 요청한 여권을 발부하는 것을 거절하였읍니다. 우리는 이 선언을 기록하여 두었고, 이제, 조선왕국에 대한 중국정부의 아무런 권위도 인정하지 않음을 선언하는 바입니다."

즉 벨로네는 조선문제에 대한 실질적인 책임을 회피하려는 청정부의 거듭된 태도 표명을 이유로 조선에 대한 청정부의 권위와 영향력 즉 조공관계를 공식적으로 부정하였는데, 그 목적은 물론 프랑스 측의 조선원정에 대한 청정부의 간섭을 원천적으로 봉쇄하기 위한 외교적 전략이었다. 이에 총리아문에서는 7월 16일자 회답조회를 통해 韓佛 두 나라의 전쟁사태를 막고 서로 인명의 손실이 없도록 하기 위해 화

---

22) 韓國敎會史硏究所 譯, 「韓佛關係資料 1866~1867 -丙寅洋擾-」(이하『韓佛關係資料』로 약칭함),『敎會史硏究』第2輯(1979. 3), 205쪽. 이 조회의 중국어 본은 寶鋆 纂修,『同治朝籌辦夷務始末』卷42 및『關係史料』第2卷,「總署 收法國照會」, 27쪽 등에 수록되어 있다. 상기 프랑스 측의 기록과 대조해 볼 때 조회의 중국어 본은 일부 중요한 대목의 표현 상에서 상당한 차이가 있고 또한 조회의 접수시간 역시 프랑스 측의 기록보다 하루 늦은 7월 14일로 되어 있다. 이에 본고에서는 대체로 프랑스 측의 조회 등에 관해서는 주로 프랑스 측 문헌을 인용하면서 청정부 측 문헌과 대조해 보고, 청정부 측의 조회 등에 대해서는 주로 청정부 측 문헌을 인용하면서 프랑스 측 문헌과 대조하여 사료인용의 정확성을 기하도록 한다.

해권고를 하면서 프랑스 측이 군사보복에 앞서 먼저 사실확인과 진상 조사를 진행하도록 요청하였다.[23]

당시 총리아문에서 한중 두 나라의 조공관계를 부정하는 벨로네의 상기 조회 내용에 대하여 아무런 항의도 하지 않은 것은 바로 "조선이 중국을 종주국으로 승인해 주기만 한다면 제3국의 인정 여부는 별로 중요한 것이 아니"라는 조공관계의 전통적 관념에서 비롯된 것이다.[24] 그 다음날인 7월 17일에 총리아문에서는 1865년에 프랑스 공사 벨데미의 요청을 거절하였던 이유를 다시 언급하면서 영국함대의 조선해역 탐사계획을 조선 측으로 미리 통보해 달라는 영국공사 알콕(Sir Rutherford Alcock, 阿禮國)의 요청을 공식 거절하였다.[25] 이와 관련하여 총리아문에서는 7월 18일자 同治황제에게 올린 상주문을 통해 프랑스 측의 조선침략 움직임에 대한 입장을 다음과 같이 보고하였다.

첫째, 일찍 지난 해(1865년)부터 프랑스 선교사의 조선선교계획을 통보하면서 조선정부로 연락해 주도록 요청해 온 것으로 보아 프랑스는 분명 오래 전부터 조선에 선교하려는 뜻을 품어 왔고, 이번에 저들 선교사의 피살을 이유로 조선에 대한 군사보복계획을 공식 통보해 온 이상 결코 쉽게 넘어갈 것 같지는 않다.

둘째, 조선과의 조공관계를 감안할 때 프랑스 측의 행동을 그대로 내버려 둘 수는 없으므로 현재 프랑스 측을 설득할 수도 없고 제지할 수도 없는 상황에서 오로지 프랑스 측에 화해를 권고하면서 그 과정에

---

23) 『關係史料』第2卷,「總署發法國照會」, 28쪽. 위의 『韓佛關係資料』205쪽에 수록된 프랑스 측의 번역본은 상기 중국어본과 대조해 볼 때 전문의 번역이 아니었고, 일부 중요한 구절 역시 중국어의 본 뜻에 정확히 부합되는 번역이 아니었다.

24) 陳偉芳 著, 權赫秀 譯,『淸日甲午戰爭과 朝鮮』, 백산자료원, 1996, 53쪽 ; 蔣廷黻,『中國近代史研究』, 臺北 : 里仁書局, 民國 71年(1982), 222~223쪽.

25) 『關係史料』第2卷,「總署收英使阿禮國照會」,「總署發英國照會」, 26쪽, 28쪽.

서 저들의 교만한 자세를 나름대로 제압해보려고 한다.

여기서 프랑스 측의 조선침략 움직임을 "설득하기도 어렵고 제지하기도 어렵다(勸禁兩窮)"는 표현은 바로 당시 청정부의 난처한 입장을 잘 대변해 주고 있다. 즉 청정부의 안보적 그리고 외교적 이익상 청나라와 조공관계를 갖고 있는 조선에 대한 침략위협을 중요시하지 않을 수도 없지만, 그렇다고 강력한 군사력을 앞세워 보복전쟁을 공언하는 프랑스를 효과적으로 제지할 수 있는 군사적 실력은 물론 그러한 의지조차 없는 상황에서 오로지 프랑스공사에게 보내는 위와 같은 회답조회를 통해 화해권고의 노력을 시도해 볼 수밖에 없었다.

프랑스 공사관으로 위와 같은 회답조회를 보내는 한편 총리아문에서는 다음과 같은 두 가지 대응조처를 강구하였다. 첫째로 총리아문에서 天津주재 三口通商大臣 崇厚와 南京주재 兩江總督 겸 五口通商大臣 吳棠을 비롯한 연해지역과 동북지역의 군사 및 행정장관들에게 프랑스의 조선침략계획을 비밀리에 통보하면서 한반도와 마주한 중국 연해지역의 대비태세를 강화하도록 요구하였다.[26] 한편 총리아문에서는 특히 위와 같은 통보 내용에 대한 보안을 철저히 유지하도록 요구하였는데, 그것은 바로 위와 같은 통보 내용이 청나라 연해지역의 안전을 위한 군사적 대비조치에 불과할 뿐 결코 프랑스의 조선침략계획을 실력으로 저지하려는 의도가 아니므로 대내외적으로 각별한 보안을 유지할 필요가 있었기 때문이다.

그 뒤 8월 초에 山東巡撫 閻敬銘은 총리아문으로 조선에서 탈출한 리델(Ridel, Felex Clau, 李福明) 신부 일행이 탑승한 소형선박이 같은 해 7월 6일 오후에 煙臺港으로 입항하였고 리델 신부는 그 다음날로 南濤 기선 편에 天津으로 출발하였다는 요지의 정보를 보고하였다.[27] 위

---

26) 『關係史料』第2卷,「總署發上海通商大臣函」,「總署發三口通商大臣函」, 33
~34쪽, 35쪽.

와 같은 정보는 이미 연대주재 프랑스 영사를 통해 확인한 믿음직한
내용이었고 특히 조선으로부터 탈출한 리델 신부 일행이 이미 프랑스
극동함대 사령관과 접촉을 가졌다는 사실은 프랑스 함대의 조선침략
행동이 곧바로 개시될 수 있음을 예고하는 중요한 정보였다. 그러나
청정부에서는 결국 위와 같은 중요한 정보를 조선정부로 통보해 주지
않았는데, 그 원인은 당시 한중 두 나라 사이의 연락채널의 미비 등 기
술적 문제보다도 역시 프랑스와 조선의 전쟁사태에 직접 개입하지 않
으려는 청정부의 소극적 불간섭정책에서 비롯된 것으로 생각된다.

당시 총리아문에서 취한 두 번째 조치는 바로 7월 24일자로 조선과
의 조공관계사무를 담당하고 있는 禮部로 위와 같은 사실을 통보해 주
었는데,[28] 그 목적은 물론 예부의 채널을 통해 조선정부에 프랑스의
군사보복계획을 통보해 주기 위해서였다. 이에 청정부 예부는 곧바로
수백년 동안 유지되어 온 한중 두 나라의 조공관계를 감안하여 프랑스
의 군사보복계획을 조선으로 통보해 주어 나름대로 대비하도록 해야
한다는 요지의 상주문을 올려 같은 해 8월 1일자로 同治皇帝의 裁可
를 받아내고, 곧이어 조선으로 위와 같은 내용을 급히 咨報해 주면서
신중하게 대처하도록 요구하였다.[29] 조선왕조 측에서 청정부 예부의

---

27) 『關係史料』第2卷,「總署收山東巡撫閻敬銘文」, 35~36쪽 ; 샤를르 달레 저,
   安應烈, 崔奭祐 譯註,『韓國天主敎會史』(下), 왜관 : 분도출판사, 1980, 452~
   453쪽 참조.
28) 『關係史料』第2卷,「總署發禮部文」, 32쪽.
29) 國史編纂委員會 編纂,『同文彙考』三,「丙寅禮部知會因法國敎士殺害等情
   排解搆兵仍行査照咨」, 2467~2468쪽. 한편 위 자료에 수록된 예부 자문의 마
   지막 부분에는 "同治五年 월 일"이라고 하여 구체적으로 어느 달 어느 날인
   지를 밝히지 않았다. 위 咨文의 내용에 의하면 청정부 軍機處에서 위와 같은
   咨報 奏請과 관련하여 同治황제로부터 "面奉諭旨"한 것이 同治5年6月21日
   즉 서기 1866년 8월 1일이었으므로 위 咨文은 적어도 8월 1일 이후 즉 8월 초
   에 禮部에서 작성하여 조선으로 발송한 것으로 추정된다. 그리고 당시 한중
   두 나라 사이에 咨文왕래의 시간이 보통 한달 정도 걸리는 점을 감안한다면

위 咨文을 받은 것은 프랑스 함대가 제1차 침략을 감행하기 한달 전인 8월 16일이었는데, 대원군 정권은 곧바로 감사의 뜻을 밝히는 한편 병인박해의 진상을 설명하는 입장에서 회답 咨文을 작성하여 청정부로 보내주었다.[30]

같은 해 8월 20일자로 작성된 이 회답자문에서 대원군 정권은 프랑스 신부들이 조선에 불법 입국한 뒤 '凶徒匪類'를 집결시켜 不軌를 도모하였기에 국법에 의해 처단된 것이라고 해명하면서 프랑스 측의 군사보복계획을 비난하였고, 아울러 "藩臣에게는 외교가 있을 수 없다(藩臣無外交)"는 전통적 조공관계의 원칙을 다시 한번 언급하면서 서양열강에 대한 鎖國政策의 의지를 再闡明하였다.[31] 한편 대원군 정권은 청정부 측의 위와 같은 咨報에 근거하여 분명 조선국내에 아직도 천주교세력이 활동하고 있다고 판단하고 대대적인 검거행동을 실시함으로써 "한때 뜸하여졌던 천주교의 박해가 다시 일어나게 되었다."[32]

그리고 대원군 정권은 연해지역을 비롯한 전국적 범위 내에서 군사대비태세를 적극 강화하였는데, 같은 해 9월 초에 평양으로 진입한 미국상선 제너럴 셔먼호(General Sherman, 舍門將軍)를 소각한 사건도 당시 크게 강화된 군사적 대비태세와 무관하지 않다고 볼 수 있다. 실제로 대원군 정권은 제너럴 셔먼호 사건 직후인 9월 30일자로 청정부에

불과 반달 남짓한 8월 16일에 벌써 서울로 전달된 위 자문은 분명 보통 전달 수단이 아닌 긴급전달수단 즉 飛咨로 보내진 것으로 추정된다.

30) 『承政院日記』고종 3년 7월 8일 ; 『高宗實錄』고종 3년 7월 8일.

31) 『同文彙考』三, 「回咨」, 2468쪽 ; 『承政院日記』고종 3년 7월 8일 ; 『高宗實錄』고종 3년 7월 8일 ; 『同治朝籌辦夷務始末』卷44, 同治5年8月丁未, 己酉. 한편 달레의 상게 『韓國天主敎會史』(下) 455쪽에 의하면 청정부 禮部의 상기 咨文 및 대원군 정권의 回答咨文의 내용은 곧바로 조선 각지로 널리 전파되었고 심지어 당시 조선에 아직 숨어 있던 프랑스선교사들까지도 그 사본을 입수할 수 있었다고 한다.

32) 柳洪烈, 『增補 韓國天主敎會史』下卷, 가톨릭출판사, 1984년 四版, 98쪽.

게 자문을 보내 제너럴 셔먼호 사건을 통보하였는데, 특히 1832년(淸道光 12, 조선 純祖 32)이래 서양열강의 통상 및 교섭요청을 거절하여 청정부의 지지를 받아온 사례를 열거하면서 위와 같은 對西洋 鎖國政策은 사실상 한중 두 나라의 전통적 조공관계의 이익과 부합되는 것이라고 역설하였다.[33]

청정부 예부에서는 병인양요가 이미 일어난 뒤인 9월 말에 賚咨官 吳慶錫 편에 전달된 대원군 정권의 상기 8월 20일자 회답자문을 접수한 뒤 곧바로 동치황제에게 그 내용을 상주하였다. 이어서 軍機處를 거쳐 예부의 상주문 내용을 전달받은 총리아문에서는 9월 29일자 상주문을 통해 다음과 같은 요지의 대응책을 제시하였다.[34] 즉 이미 7월 16일자 회답조회를 통해 화해권고를 하였지만 두 달이 지난 현재까지 벨로네 측으로부터 아무런 반응도 없는 이상, 현재로서는 과연 프랑스 측이 조선침략계획을 포기하였는지 아니면 여전히 해군함대를 동원하여 전쟁을 일으키려고 하는지를 확실하게 파악할 수 없으므로 일단 예부를 통해 조선정부에게 미리 대비태세를 갖추도록 통보해 주어야 한다는 것이었다.

총리아문에서 최초로 병인양요 사태에 관한 정보보고를 받은 것이 10월 11일경이었으므로 9월 29일 현재까지 프랑스 측의 조선침략계획 포기 여부를 확실하게 파악하지 못하고 있다는 총리아문의 언급은 사실이라고 생각되며, 그만큼 전통적 조공관계의 상황에서 청정부가 조선에서 일어난 상황을 제때에 파악하지 못하고 있음을 보여주고 있다. 여하튼 이틀 뒤인 10월 1일자로 동치황제의 裁可를 받은 총리아문에

---

33) 『同文彙考』三, 「同年歷陳洋舶情形咨」, 3468~3470쪽 ; 『承政院日記』 고종 3년 7월 27일 ; 『高宗實錄』 고종 3년 7월 27일 ; 『同治朝籌辦夷務始末』 卷45, 同治 5年 10月 丁亥, 辛卯.
34) 『同文彙考』三, 「禮部知會洋舶前往均未可定咨」, 「原奏」, 2471~2472쪽.

서는 곧바로 그 내용을 예부로 통보해 주었고, 예부에서도 그 다음날
인 10월 2일자로 총리아문의 상기 상주문 내용을 통보해주는 자문을
작성하여 다시 한번 조선으로 '飛咨'해 주었다.35) 그러나 이 咨文은 병
인양요가 일어난 뒤인 10월 18일에야 조선으로 전달되었으므로 사실
상 조선정부에게 미리 대비태세를 갖추도록 사전통보해 주려던 본의
를 달성하지 못하게 되었다.

　뿐만 아니라 프랑스에 대한 총리아문의 화해권고 노력 역시 곧바로
수포로 돌아가고 말았다. 앞서 조선에 대한 청정부의 아무런 권위도
인정하지 않는다고 선언한 벨로네 공사는 더 이상 총리아문의 회답조
회에서 밝힌 화해권고의사를 아랑곳하지 않은 채 병인양요를 일으킬
때까지 총리아문으로 아무런 조회도 보내지 않았다. 그후 프랑스 극동
함대 사령관인 로즈(Pierre Gustave Roze, 羅玆) 해군소장의 지적에 따라
벨로네의 상기 조회 내용은 같은 해 11월에 프랑스 외무성에 의해 무
효화되었지만,36) 한중 두 나라 사이의 전통적 조공관계를 부정하는 입
장은 로즈 제독 및 프랑스 정부에 의해 그대로 계승되었다. 로즈 해군
소장은 병인양요를 일으키기 직전인 1866년 9월 7일자로 해군장관에
게 보낸 서신에서 恭親王의 선언 등을 이유로 "중국과 조선 사이에 이
미 宗主關係가 존재하지 않는 것이 확실"하다고 주장하였고, 프랑스
외무성 역시 같은 해 11월 10일자로 벨로네에게 보낸 훈령에서 "조선
이 中國帝國의 屬國인가 아닌가는 지금 검토할 필요가 없다"고 명백
히 지시하였다.37)

　결국 청정부는 병인양요가 일어나기 2개월 전에 이미 벨로네 대리

35) 『同文彙考』 三, 「禮部知會洋船前往均未可定咨」, 「原奏」, 2471~2472쪽.
36) 『韓佛關係資料』, 197~212쪽 ; 장동하, 「병인박해에 대한 프랑스의 대응과 강
　　화점령사건」, 병인양요의 재조명과 외규장각도서문제 학술토론회 발표논문,
　　71~79쪽.
37) 『韓佛關係資料』, 206~207쪽, 211~212쪽.

공사의 조회를 통해 프랑스 측의 조선침략계획을 통보 받았지만 소극적 불간섭정책을 고집한 나머지 프랑스 측의 조선침략계획을 끝내 제지하지 못하였고, 프랑스 측에서는 조선의 내정외교문제에 대한 불간섭 입장에 관한 청정부의 거듭된 성명을 이유로 한중 두 나라의 전통적 조공관계 자체를 공개적으로 부정한 뒤 총리아문의 화해권고를 그대로 묵살하였고, 나아가서 저들의 조선침략 행동에 대한 청정부의 간섭을 원천적으로 봉쇄해버렸다. 그리고 청정부는 프랑스 함대의 조선침략 행동이 청나라 연해지역의 안전에 미칠 영향을 걱정하여 自國 연해지역의 군사적 대비태세를 강화하였고, 또한 선후로 두 차례의 자문을 통해 조선정부에게 나름대로 군사적 대비태세를 강화하도록 통보해 주었는데 그중 병인양요가 일어나기 한달 전에 전달된 제1차 자문은 대원군 정권의 군사대비태세 강화 및 새로운 천주교탄압에 직접적인 영향을 미쳤다.

결과적으로 조선과의 전통적 조공관계를 고집하면서도 조선과 프랑스의 군사적 충돌사태에 대한 실질적인 책임 및 개입행동을 회피하려는 청정부의 소극적인 불간섭정책은 프랑스 측이 거리낌없이 병인양요를 일으킬 수 있었던 하나의 객관적 원인이라고 볼 수 있다.

4. 병인양요 및 청정부의 대응

조선에서 일어난 병인양요에 대한 청정부의 대응은 크게 프랑스 측의 조선침략 행동에 대한 대응과 조선정부와의 상호연락 등 두 가지로 나누어 볼 수 있는데, 순서 상 먼저 프랑스 측의 조선침략 행동에 대한 대응을 살펴보기로 한다.

필자의 조사에 의하면 청정부가 최초로 병인양요사태에 관한 보고

를 받은 것은 병인양요의 제1차 단계가 이미 끝난 1866년 10월 11일에
三口通商大臣 崇厚를 통해 전달된 東海關道 潘霨의 정탐보고에 의해
서였다.[38] 烟臺지역에서의 정탐결과 및 煙臺주재 영국영사와의 면담
등 루트로 수집된 위 정보에 의하면 당시 영국과 미국도 자국국민의
피살사실을 이유로 군함을 파견하여 프랑스 함대와 함께 조선을 공격
하려고 하였으며 약소한 조선의 군사실력으로는 아무래도 맞설 수 없
을 것이라고 하였는데, 여기서 영국과 미국에 관한 내용은 물론 앞서
제너럴 셔먼호 사건과 관련된 訛傳이었다.

곧이어 총리아문에서는 벨로네 대리공사의 10월 21일자 조회를 통
해 프랑스 함대에 의한 조선 서해안 및 漢江의 봉쇄소식을 통보 받았
는데,[39] 그것은 이미 병인양요의 제2차 단계에 관한 군사적 조치에 해
당하였다. 당시 로즈 사령관은 실제 봉쇄시일보다 10일이나 앞당겨 기

---

38) 『關係史料』第2卷, 「總署收三口通商大臣崇厚函」, 37쪽.
39) 『韓佛關係資料』, 255쪽. 벨로네의 이번 조회의 날짜와 관련하여 위 자료의
   같은 쪽에 모두 세 가지 서로 다른 발송시간이 기록되어 있다. 먼저 벨로네의
   조회 본문에 앞서 "북경 1866. 10. 21."이라는 발송시간이 표기되어 있고, 바
   로 그 뒤에 수록된 공친왕의 11월 4일자 회답조회의 첫 부분에는 "위의 경고
   와 함께 10월 24일자 공문을 받았으며"라고 하여 발송시간을 10월 24일로 기
   록하였고, 같은 회답조회문의 두 번째 부분에서는 또 "금월(음력) 6일 각하는
   불란서 해군에 의한 조선해안의 봉쇄를 알리는 서신을 보내고" 운운하면서
   음력으로 금월 즉 9월 6일에 위 조회를 보내온 것으로 기록되어 있다. 필자의
   확인 결과 위의 두 번째 발송시간인 서기 1866년 10월 24일에 해당하는 음력
   은 병인년 9월 16일이므로 이른바 "금월(음력) 6일"로 기록된 부분은 "금월(음
   력) 16일"의 誤記로 추정할 수 있으며, 그렇다면 공친왕 명의의 회답조회에서
   언급한 벨로네 조회의 발송시간은 모두 음력 9월 16일 즉 양력 10월 24일로
   일치하게 되므로 오히려 첫 번째의 발송시간으로 기록된 10월 21일이라는 시
   간의 신빙성이 문제시 될 수 있다. 그러나 위와 같이 세 가시 시로 다른 발송
   시간을 보다 더 자세하게 고증할 수 있는 傍證의 자료가 부족하므로 여기서
   일단 문제 제기를 한 뒤 본문에서는 여전히 위 『韓佛關係資料』 기록에 따라
   벨로네 조회의 발송시간을 10월 21일로 함으로써 신중을 기하도록 하겠다.

록한 문서로 위와 같은 漢江봉쇄령을 중국 및 일본주재 각국 공사를 통해 열강정부로 전달하였는데, 그 이유는 한강봉쇄를 사실화하여 청정부를 비롯한 외국의 간섭을 배제하려는 외교적 전략에 따른 것이었다.[40] 그러나 아직도 조선에서 전개되고 있는 병인양요의 구체적 상황을 제대로 파악하지 못하고 있는 총리아문에서는 거의 반달이 지난 11월 4일에야 恭親王 명의의 회답조회를 통해 앞서 7월 16일자 회답조회를 언급하면서 다시 한번 프랑스 측의 전쟁행위 자제 및 진상조사를 요청하고 나섰다.[41]

이에 벨로네는 곧바로 11월 11일자 회답조회를 통해 조선정부의 천주교 박해에 대한 "중국정부 측의 공범에 아주 진지한 의심"을 강력하게 지적하였다.[42] 벨로네의 위와 같은 지적에 당황한 총리아문에서는 11월 16일자 조회를 통해 벨로네의 지적사실을 일일이 해명하는 한편 11월 23일에는 벨로네 및 북경주재 각국 공사에게도 조회를 보내 프랑스 공사관과의 왕복조회 내용을 통보하면서 "공평한 평가"를 요청함으로써 은근히 열강의 간섭을 기대하였다.[43] 당시 청정부가 벨로네의 위와 같은 지적에 유난히 민감한 반응을 보인 것은 바로 병인양요가 일어나기 전부터 조선과 프랑스 사이의 충돌사태에 대한 실질적인 책임

---

40) 『同治朝籌辦夷務始末』 卷45, 同治 5年 10月 戊子 ; 李元淳, 「丙寅洋擾一考」, 『韓佛修交100年史』, 56~57쪽.

41) 『韓佛關係資料』, 255쪽.

42) 『韓佛關係資料』, 256~257쪽 ; 『同治朝籌辦夷務始末』 卷45, 同治 5年 11月 乙巳. 상기 『韓佛關係資料』의 257~258쪽에 수록된 恭親王의 11월 16일자 회답조회에 의하면 "음력 10월 4일에 貴下의 急書를 받았습니다"로 되어 있는데, "음력 10월 4일"이란 양력으로 1866년 11월 10일에 해당되므로 위 자료 256쪽에 기록된 "1866. 11. 11."이라는 날짜와 하루가 차이나며 이에 대한 보다 자세한 고증이 필요하다고 생각된다.

43) 『韓佛關係資料』, 257~259쪽 ; 『同治朝籌辦夷務始末』 卷45, 同治 5年 11月 乙巳.

을 극구 회피하려는 불간섭정책의 일환에서 이해할 수 있다. 한편 총
리아문에서는 프랑스 측이 청정부의 거듭된 군사보복행동 자제요청과
화해권고에 대해 아무런 반응을 보이지 않으므로 이른바 '以夷制夷'적
수법으로 열강세력을 끌어들여 프랑스의 조선침략 행동에 대한 견제
를 시도하였는데, 청정부의 對朝鮮政策 분야에서 위와 같은 '以夷制
夷'적 수법은 그후에도 종종 나타났다.[44]

그러나 벨로네는 총리아문의 위와 같은 행동이 국제적 관례를 위반
하는 것이고 그 어떤 나라도 프랑스와 조선 사이의 전쟁사태에 개입할
수 없다면서 역시 중국주재 각국 외교대표들에게 청정부 측과 왕복조
회 문서를 통보해 주는 등 외교적으로 맞불작전에 나섰다.[45] 그러던
중 로즈 사령관이 이끄는 프랑스 함대가 11월 18일자로 한강봉쇄의 해
제를 선언하고 21일까지 조선에서 철수함으로써 병인양요사태가 종료
되자 청정부와 북경주재 프랑스 공사관 사이의 외교전 역시 龍頭蛇尾
로 끝나고 말았다.

이처럼 두 단계에 걸쳐 두 달 남짓 전개된 병인양요 기간에 청정부
는 단 한 건의 불확실한 정보만 입수한 채 병인양요의 사태를 전혀 파
악하지도 못하였고 따라서 프랑스의 조선침략에 대한 아무런 실질적
인 행동을 취하지 못하였으며, 병인양요의 제2단계에서는 조선정부에
병인박해사태에 대한 청나라의 책임문제를 둘러싸고 프랑스 공사관과
외교적 논쟁을 벌이다가 병인양요의 종결을 맞이하고 말았다.

한편 병인양요가 전개되는 기간에도 한중 두 나라 사이에는 전통적
조공관계에 의한 使臣의 왕래는 그대로 유지되었는데, 1866년 한 해

---

44) 權錫奉, 『淸末對朝鮮政策史硏究』, 一潮閣, 1986, 79~116쪽 ; 權赫秀, 『19世
紀末 韓中關係史硏究-李鴻章의 朝鮮認識과 政策을 中心으로』, 白山資料
院, 2000, 38~51쪽.
45) 『韓佛關係資料』, 258~290쪽.

동안 한중 두 나라의 사신왕래 사실에 관해서는 다음 <표 1>을 참조
할 수 있다. 즉 1866년 한 해 동안 조선왕조에서는 歲幣行 또는 年貢
行으로 불리는 冬至使의 파견[46) 외에도 王妃책봉을 위한 奏請使를 파
견하였고 청나라에서도 왕비책봉을 위한 勅使를 조선으로 파견하였다.

<표 1> 1866年 韓中兩國間 使臣往來 一覽表[47)

왕래시간	使臣名稱	왕래내용	사료출처
1866. 2. 12	冬至正使 李興敏, 副使 李鍾淳 일행	北京의 紫禁城 午門 밖에서 同治皇帝를 "瞻覲"	『淸穆宗實錄』 同治4年 12月 戊午
1866. 8. 9	王妃冊封奏請正使 柳厚祚, 副使 徐堂輔 일행	北京의 紫禁城 午門 밖에서 同治皇帝를 "瞻覲"	同上書 同治5年 6月 丙辰
1866. 11. 1	朝鮮國王妃冊封正使 魁齡, 副使 希元	서울 景福宮 仁政殿서 王妃冊封儀式 거행하고, 고종을 만남.	『承政院日記』, 『高宗實錄』 高宗3年 9月 24일
1866. 11. 30	冬至正使 李豊翼, 副使 李世器 일행	서울서 고종에게 "辭陛"	同上書 고종3년 10월 24일

그 중에서도 청나라의 朝鮮國王妃冊封使 理藩院右侍郎 魁齡과 委
散秩大臣 希元 일행은 프랑스 함대가 본격적인 조선침략 행동을 감행
하는 병인양요의 제2단계 기간에 서울에 도착하여 11월 1일부터 3일까
지 3일간 체류하면서 朝鮮國 왕비 즉 閔妃에 대한 책봉의식을 거행하
고 고종과 두 차례 회견을 가졌는데,[48) 이 과정에서 당시 가장 위급한

---

46) 『通文館志』 卷3, 1~2쪽 ; [韓]全海宗 著, 全善姬 譯, 『中韓關係史論』, 北京
   : 中國社會科學出版社, 1997, 183쪽. 청나라가 北京에 定都하기 전의 1637년
   부터 1644년 기간에 조선왕조에서는 해마다 冬至, 正朝, 聖節, 歲幣(年貢)으
   로 불리는 네 차례의 朝貢使臣을 보내야 했는데, 1645년(淸 順治 2年, 조선
   仁祖 24年)에 이르러 위의 네 차례 使行을 冬至使로 통합하여 해마다 한번씩
   보내게 되었다.

47) 『淸穆宗實錄』, 『高宗實錄』 등 韓中 양국의 여러 문헌에 근거하여 필자가 작
   성함.

48) 『承政院日記』 고종 3년 9월 24일, 9월 26일 ; 『高宗實錄』 고종 3년 9월 24일,

사안이었던 병인양요문제를 논의한 기록은 한중 두 나라의 문헌에서 모두 찾아볼 수 없었다. 이처럼 한중 두 나라 사이의 전통적 조공관계는 '서양의 충격'이라는 새로운 도전에 대응할 수 있는 능력을 사실상 잃어버리고 말았는데, 그러한 의미에서 병인양요는 중국중심의 동아시아 전통적 국제질서인 조공관계체제의 몰락을 예고하는 역사적 사건이라고 할 수 있다.

전통적 조공관계에 있어서 위와 같은 사신왕래가 대체로 공식적이고 의례적인 절차를 의미한다면 咨文의 왕래는 보다 구체적인 사무를 논의하는 일종의 공식연락채널이라고 할 수 있다. 필자의 조사에 의하면 병인양요를 전후하여 1866년 8월부터 1867년 3월까지 반년 남짓한 기간에 한중 두 나라는 무려 13건의 자문을 주고받았는데, 그에 대한 자세한 내용은 다음 <표 2>를 참조할 수 있다. 이처럼 빈번한 咨文의 왕래는 물론 프랑스 함대의 조선침략으로 나타난 '서양의 충격'에 대한 한중 양국간 전통적 조공관계의 구체적 반응이라고 볼 수 있다. 그러나 무려 13건에 달하는 咨文을 살펴보면 프랑스 함대의 조선침략을 공동대응하기 위한 실질적인 논의나 협상이 전혀 없었던 반면 주로 전통적 조공관계의 권위와 관련된 사안 및 마침 병인양요 기간에 일어난 제너럴 셔먼호 사건의 문의 등 내용에 불과하였다.

<표 2>에서 열거한 총 13건의 왕복자문 가운데서 병인양요가 일어나기 전 청정부가 조선으로 보낸 자문이 두 번이나 있었는데, 그중 벨로네의 7월 13일자 照會내용을 통보하면서 조선 측의 대비를 촉구하던 禮部의 8월 초 飛咨는 앞서 살펴본 것과 같이 대원군 정권의 군사대비태세 강화에 나름대로 도움이 되었다. 그러나 프랑스 함대의 조선침략 가능성을 경고하는 청정부 禮部의 10월 2일자 咨文은 역시 飛咨

9월 25일, 9월 26일.

<표 2> 병인양요 전후 韓中 양국간 咨文왕래 일람표[49]

번호	대원군 정권	청정부 禮部	작성/발송시일	咨文 내용	비 고
1	咨文		1866년 8월초 작성 및 발송	프랑스 宣戰내용 통보, 조선측의 신중대처 요청	飛咨, 8월 18일 서울에 전달됨
2	8월초 禮部 飛咨의 회답		1866년 8월 20일 작성	천주교탄압사실 통보 및 쇄국입장 밝힘	9월 말경, 北京에 전달됨
3	咨文		1866년 9월 30일 작성	제너럴 셔먼호 사건 통보, 쇄국입장 밝힘	11월 6일 北京에 전달됨
4		8월 20일자 回咨再回答	1866년 10월 2일 작성	프랑스 함대의 침략 가능성에 대비 요청	飛咨, 10월 18일 서울에 전달
5	"洋擾緣由" 咨報		1866년 10월 23일경 작성	프랑스측 "回橃" 내용 중 "侵逼上國" 사실 咨報	12월 12일, 북경으로 전달됨
6		9월 30일 來咨의 회답	1866년 11월 17일 작성	9월 30일자 來咨 접수 및 轉奏사실 통보	飛咨, 12월 3일에 서울로 전달
7		9월 30일 來咨 再回答	1866년 11월 하순 작성 및 발송	제너럴 셔먼호 사건의 신중대처 요구	韓文奎 "帶回" 시간불명
8	병인양요 경과 咨報		1866년 11월 30일 작성 및 발송	병인양요경과 咨報 및 "排解法國搆兵" 감사 등	1867년 2월초, 북경에 전달
9		李興敏私函 관련 咨文	1866년 11월말경 작성 및 발송	李興敏이 萬靑黎에게 보낸 私函件 처리결과 통보	1866년 12월 16일 서울로 전달됨
10	11월하순 回咨 회답		1866년 12월 11일 작성	제너럴셔먼호사건 해명, 쇄국의지 再闡明	1867년 2월초, 북경에 전달됨
11		10월 23일朝鮮來咨회답	1866년 12월 24일 작성	프랑스 "回橃" 관련 來咨 上奏사실 통보	서울로 전달된 시간 不明
12		12월 11일 回咨에 회답	1867년 2월 16일 작성	제너럴셔먼호 사건 해명咨文 轉奏사실 통보	서울로 전달된 시간 不明
13		咨文	1867년 3월 9일 작성	『中法天津條約』 第31條 내용 통보	1867년 3월 30일 서울에 전달

49) 『淸穆宗實錄』, 『同治朝籌辦夷務始末』, 『高宗實錄』, 『同文彙考』 등 韓中 양국의 여러 문헌에 근거하여 필자가 작성함.

였음에도 불구하고, 병인양요가 일어난 뒤인 10월 18일에 서울로 전달됨으로써 조선정부로 사전통보해 주려던 본의를 달성하지 못하였다.

따라서 상기 청정부 禮部의 10월 2일자 飛咨에 대한 조선 측의 10월 23일자 回咨에는 앞서 8월 20일자 回咨 내용과 대조적으로 별다른 감사의 뜻을 밝히는 내용이 없이 극히 사무적인 간단한 문구뿐이었다.[50]

즉 청정부는 병인양요가 일어나기 전인 8월 초부터 10월 초까지 두 번이나 조선으로 飛咨라는 긴급전달수단을 통해 프랑스 함대의 조선 침략 가능성을 통보해 주었고 그중 8월 초 飛咨는 대원군 정권의 군사 대비태세 강화에 상당한 도움이 되었다. 물론 두 번째의 10월 2일자 飛咨는 사실상 사전경고와 통보의 역할을 제대로 하지 못하였지만, 여하튼 두 달 동안에 연속 두 번의 飛咨라는 긴급연락수단을 통해 프랑스 함대의 침략가능성을 경고하면서 나름대로 대비하도록 통보한 것은 당시 청정부가 프랑스 측의 조선침략 행동에 대한 불간섭정책을 고집하면서도 조선에 대한 전통적 조공관계를 그대로 유지하려는 모순된 입장을 단적으로 보여주고 있었다.

위 10월 2일자 飛咨를 받은 지 이틀 뒤인 10월 20일에 대원군 정권은 프랑스 함대의 로즈 사령관이 조선 측의 항의 檄文에 회답하는 문서(「洋檄」) 내용 중 프랑스가 청나라를 항복시킨 사실을 언급한 대목이 청정부의 권위를 손상시켰다고 하여 그 내용을 특별히 청정부 禮部로 咨報하였다.[51] 이처럼 한창 프랑스의 무력침략을 받고 있는 위급한 상황에서 대원군 정권이 당시 한중 두 나라 사이의 유일한 공식연락채널인 자문을 통해 조선의 영토안전 및 주권과 관련된 현실적 문제를

---

50) 『同文彙考』三,「回咨」, 2472쪽.
51) 『同文彙考』三,「歷陳洋檄緣由咨」,「回檄」, 2470~2471쪽 ; 『同治朝籌辦夷務始末』同治 5年 11月 甲子 ; 崔奭祐 編著, 『韓佛關係資料 1846~1887』, 『韓國教會史研究資料』第19輯, 韓國教會史研究所, 1986, 330쪽.

논의하지 않고 오히려 조공관계체제와 관련된 청정부의 명분 및 권위의 문제만 다루고 있는 것은 바로 열흘 뒤인 11월 1일 즉 병인양요 기간에 서울로 도착한 청정부 冊封勅使 일행이 조선 측과 병인양요문제에 대해 아무런 실질적 논의를 하지 않았던 것과 마찬가지로 한중 두 나라 사이의 전통적 조공관계가 이미 西勢東漸의 세계사적 변화의 현실과 얼마나 괴리되어 있는가를 단적으로 보여주고 있다.

청정부 禮部에서는 병인양요사태가 이미 종료된 같은 해 12월 12일에야 盛京禮部를 거쳐 대원군 정권의 상기 10월 20일자 咨報를 받아보았는데, 그 내용을 의례 同治황제에게 轉奏하면서 조선 측에서 가장 우려하던 이른바 '上國侵逼'의 내용에 대해서는 별다른 반응을 보이지 않고 오로지 총리아문에서 "(청나라)朝廷의 懷遠의 뜻을 보여주고 또한 藩邦의 嚮化의 정성을 굳게 하도록" 잘 대처해야 한다고 주장하였다. 禮部의 위와 같은 주장은 12월 15일자로 同治황제의 재가를 얻어내었고 따라서 禮部에서는 위와 같은 내용을 곧바로 12월 24일자 回咨를 통해 조선으로 통보해 주었다.[52] 대원군 정권에서 프랑스 측의 '洋檄' 내용을 크게 문제시하는 것과 대조적으로 청정부의 위와 같은 무관심한 태도는 역시 병인양요 당시의 불간섭정책과 같은 맥락에서 이해할 수 있다.

한편 대원군 정권은 병인양요 기간 중 9월 30일자 자문을 통해 平壤에서 일어난 제너럴 셔먼호 사건을 청정부 예부로 통보해 주면서 조선의 현실사정 및 성리학 중심의 유교적 '學術'이념상 서양열강의 통상 요청과 '異敎'의 전파는 결코 허용할 수 없다는 단호한 입장을 표명하였다.[53] 위 咨文은 領時憲書賫咨官 韓文奎에 의해 같은 해 11월 6일

---

52) 『同文彙考』 三, 「禮部知會歷陳洋檄轉奏咨」, 2477쪽.
53) 『承政院日記』 고종 3년 7월 27일 ; 『高宗實錄』 고종 3년 7월 27일 ; 『同文彙考』 三, 「歷陳洋舶情形咨」, 2468~2470쪽 ; 『同治朝籌辦夷務始末』 卷45, 同

에 북경의 예부로 전달되었는데, 이에 예부에서는 일단 위 자문의 내용을 의례 同治황제에게 轉奏하였다는 요지의 간단한 回咨를 먼저 11월 17일자로 조선에 飛咨해 주었다.[54] 이처럼 의례적인 간단한 내용의 回咨를 飛咨의 긴급연락수단으로 전달하는 것은 그만큼 당시 청정부에서 제너럴 셔먼호 사건을 중시하고 있다는 사실을 입증해 주고 있다.

실제로 10월 11일경 총리아문에서는 이미 三口通商大臣 崇厚의 보고를 통해 프랑스의 목조선 한 척이 조선 측에 의해 격침되었고 그 과정에서 영국인과 미국인의 피해도 있어 영국과 미국 측이 프랑스와 연합하여 조선에 대한 공동원정을 계획하고 있다는 정보를 입수하였고,[55] 곧이어 북경주재 미국공사대리 윌리엄스(Samuel Wells Williams, 衛廉士, 衛三畏)로부터 미국상선 한 척이 조선에서 소각되고 선장 및 선원들이 모두 피살되었다는 내용의 조회를 받은 적도 있다.[56] 따라서 대원군 정권의 9월 30일자 자문을 통해 확인된 제너럴 셔먼호 사건은 병인양요 당시 청정부가 조선문제에 대한 실질적인 책임을 회피하면서 고집해 온 불간섭정책을 근본적으로 동요시킬 수 있는 엄중한 후과를 초래할 수 있다는 점에서 청정부에게 커다란 불안을 새롭게 안겨준

治 5年 10月 丁亥·辛卯.
54) 『同文彙考』 三, 「禮部知會洋舶情形據咨轉奏咨」, 「原奏」, 2473쪽.
55) 『關係史料』 第2卷, 「總署收三口通商大臣崇厚函 附件一 : 東海關道潘霨稟」, 37쪽. 여기서 프랑스의 목선이 조선에서 격침되었다는 소문은 물론 앞서 제너럴 셔먼호 사건의 訛傳이었지만 그와 관련하여 미국 및 영국 측이 조선에 대한 공동원정을 계획하였던 것은 사실이었는데, 자세한 내용은 金源模, 『近代韓美交涉史』, 弘盛社, 1979, 166~167쪽 참조.
56) 『淸代中朝關係史檔案史料續編』, 「照錄美國衛廉士信函」, 353쪽 ; United States Diplomacy Correspondence. Mr. Williams to the Foreign Office, Legation of the United States, Peking. October 23, 1866. Appended in USKR, pp.32~33 ; 金源模, 위의 책, 464쪽 참조.

셈이었다.

이와 관련하여 同治황제에게 올린 총리아문의 11월 12일자 상주문
은 청정부의 위와 같은 불안한 입장을 잘 보여주었는데, 그 내용은 대
략 다음과 같았다.[57] 첫째, 프랑스의 조선침략 행동이 이미 시작된 이
상 청정부의 화해권고는 더 이상 실질적인 효력이 없을 것이며 나아가
서 조선 측에서 화해하려고 하더라도 프랑스 측은 과거에 요구하던 宣
敎權 외에 조선원정과 관련된 전쟁비용의 배상도 함께 요구해 나설 것
으로 예상된다. 둘째, 현재 영국과 미국도 프랑스와 연합하여 조선에
대한 공동작전을 시도하고 있으며 그 중에서도 프랑스가 가장 위협적
이고 그 다음이 영국으로 보인다. 셋째, 조선에 대한 군사행동을 시작
한 이상 프랑스는 물론 영국과 미국도 장차 분명 조선에 대한 通商, 宣
敎 및 군비배상의 요구를 제기할 것으로 예상되는데, 프랑스와 영국
측에서 청정부의 화해권고를 받아들일 리가 없고 그렇다고 청정부가
조선정부에 열강의 위와 같은 요구를 받아들이도록 강요할 수도 없다.

따라서 총리아문에서는 禮部의 채널을 통해 청정부와 북경주재 佛
美 두 나라 공사관 사이의 왕복조회 내용을 전달해 주면서 조선정부에
서 만반의 대비태세를 갖추도록 통보해 주자고 건의하였고, 곧바로 동
치황제의 재가를 거쳐 11월 하순 경 귀국하는 韓文奎 편에 위와 같은
내용의 回咨를 조선으로 다시 전달해 주었다.[58] 이처럼 제너럴 셔먼호

---

57) 中國第一歷史檔案館 編, 『淸代中朝關係檔案史料續編』, 北京 : 中國檔案出
版社, 1998, 「總理衙門大臣奕訢等奏陳酌辦朝鮮洋舶請飭禮部咨照該國相機
設法摺」, 349~351쪽.

58) 『同文彙考』三, 「禮部再行知會洋舶情形轉奏咨」, 「禮部知會總理衙門相機酌
辦仍示法美往復函咨」, 2474~2476쪽 ; 『同治朝籌辦夷務始末』卷45, 同治 5
年 10月 壬辰. 이번 咨文이 제너럴 셔먼호 사건과 관련하여 앞서 禮部의 11
월 17일자 飛咨에 이어 다시 발송되었으므로 작성 및 발송시일은 대략 11월
하순으로 추정된다.

사건과 관련하여 청정부에서 한 번의 飛咨를 포함한 연속 두 번의 回
咨를 보내 조선 측의 적절한 대응을 요구한 것은 사실상 조선의 안전
을 걱정하기에 앞서 조선과 서양열강 사이의 군사적 충돌사태가 걷잡
을 수 없이 확대되어 청정부까지 끌어들일 수 있는 최악의 사태를 막
기 위한 외교적 노력의 일환이었다.

실제로 훗날 미국공사 버링감(Anson Burlingame, 蒲安臣, 蒲麟痕, 蒲
玲堪)이 제너럴 셔먼호 사건에 대한 청정부의 책임을 추궁해 왔을 때
총리아문에서는 조선에 대한 실질적인 관할권 행사를 거부하면서 한
중 두 나라의 조공관계는 의례적(ceremony)인 것에 불과하다고 답변하
였는데,59) 이처럼 병인양요와 직접 관련이 없는 제너럴 셔먼호 사건의
대응과정에서도 청정부는 여전히 불간섭정책을 고집해왔다.

제너럴 셔먼호 사건과 관련하여 대원군 정권은 또한 李興敏私函이
라는 비공식적 채널을 통해 청정부에게 사태의 진상에 대한 설명을 시
도하였다. 李興敏은 1865년(乙丑, 淸 同治 4年, 조선 高宗 2年)에 冬至
正使 자격으로 청나라를 방문하면서 禮部尙書 萬靑黎와 의례적인 만
남을 가진 적이 있는데, 그후 병인양요가 방금 시작된 1866년 9월 21일
에 萬靑黎 앞으로 개인명의의 私函을 작성하여 같은 해 11월 6일경 領
時憲書賚咨官 韓文奎 편에 북경의 萬靑黎 댁으로 직접 전달해 주었
다.60) 여기서 이홍민은 제너럴 셔먼호 사건의 경과를 설명하면서 서양
열강의 통상요구를 거부하고 앞으로 서양에서 들어온 이른바 '洋貨'를
'一切禁斷' 하겠다는 단호한 입장을 전달하였고, 특히 제너럴 셔먼호
측에서 '上國公文' 운운해 가면서 청정부의 지지를 받고 있는 것처럼

---

59) *United States Diplomacy Correspondence.* Inclosure C. Mr. Burlingame to H. H. Bell,
   Acting Admiral Commanding, U. S. Asiatic Squadron, Pecking. November 27th,
   1866, Appended in *USKR*, pp.39~40 ; 金源模, 앞의 책, 164~165쪽 참조.
60) 『淸代中朝關係檔案史料續編』,「禮部尙書萬靑黎奏報接據朝鮮國貢使李興敏
   來函恭錄呈覽摺」,「抄錄李興敏原函」, 355~358쪽.

공언한 사실을 언급하면서 은근히 서양열강의 조선진출 시도에 대한 청정부의 태도와 관련한 조선 측의 우려와 의구심을 전달하였다.

앞서 살펴본 바와 같이 대원군 정권에서 제너럴 셔먼호 사건을 청정부로 공식 통보하는 咨文이 李興敏의 상기 私函보다 거의 열흘 늦은 9월 30일자로 작성되었고 또한 거의 일년 전에 단 한번 의례적인 만남 밖에 없었던 李興敏이 갑작스럽게 萬靑黎의 집으로 직접 私函을 보내면서 그 내용 중 異例的으로 고종과 대원군에 대한 칭송을 가득 늘어놓는 등의 혼적으로 보아, 위 私函은 분명 대원군 정권에서 李興敏私函이라는 사적인 채널을 통해 제너럴 셔먼호 사건 및 방금 시작된 병인양요사태에 대한 청정부의 진실한 태도를 알아보기 위한 의도적인 행동으로 추정된다. 이에 萬靑黎도 同治황제에게 위와 같은 사실을 상주하면서 조선정부에서 이번의 "洋舶搆兵"사태와 관련하여 咨文과 같은 공식 문서를 통해 충분히 언급할 수 없었던 내용을 私函의 형식으로 전달한 것이며 자신의 회답서신 역시 분명 조선국왕에게 보여질 것으로 판단하였다.

따라서 萬靑黎는 同治황제의 재가를 거쳐 청정부에서 '公文'형식으로 '洋舶'의 조선진출을 허락해 주는 일은 결코 있을 수 없지만 그렇다고 '洋舶'의 출몰이 과연 中止될 수는 없으므로 조선정부에서 나름대로 적절한 대응이 필요하다는 요지로 回信을 작성하여 귀국하는 韓文奎 편에 발송하였다.[61] 萬靑黎의 위와 같은 回信 내용이 총리아문 측과 사전협상에 의해 작성되었는지는 자세히 밝혀지지 않고 있지만, 여하튼 원칙적으로 조선정부의 鎖國政策을 지지하면서도 제너럴 셔먼호 사건 및 병인양요사태에 직접 개입하지 않으려는 불간섭정책의 기조에 있어서는 서로 일치하였다. 그리고 萬靑黎의 回信은 앞서 李興敏

61) 『淸代中朝關係檔案史料續編』, 「禮部尙書萬靑黎奏報擬覆朝鮮使臣李興敏書函摺」, 「擬覆李興敏函」, 358~360쪽.

의 私函처럼 개인적 차원에서 전달된 것이 아니라 예부의 回咨라는
공식 절차로 발송하였는데,[62] 그것은 바로 병인양요의 긴급한 상황 속
에서도 이른바 '人臣無外交'라는 전통적 조공관계의 원칙과 관례를 고
집하고 있는 청정부 측의 보수성을 잘 보여주는 대목이다.

실제로 같은 해 12월 16일에 萬靑黎의 회신을 포함한 상기 禮部 回
咨를 전달받은 대원군 정권은 곧바로 李興敏을 譴罷하는 한편 冬至使
行 편에 그와 같은 사실을 통보하는 咨文을 발송해 주었는데, 그것은
사실 청정부의 위와 같은 보수적 조처에 대한 마지못한 호응자세로 생
각된다.[63] 이처럼 병인양요 기간에 조공관계의 관례를 벗어나 청정부
의 관계당국자와 보다 효과적인 연락채널을 확보하려던 대원군 정권
의 시도는 전통적 조공관계의 원칙을 고집하는 청정부 측의 보수성으
로 말미암아 곧바로 좌절되었는데, 훗날 고종정권이 李裕元을 통해 李
鴻章과 개인적 서신연락채널을 확보한 것도 사실상 위와 같은 노력의
연장선상에서 이해할 수 있다.[64]

같은 해 11월 18일에 프랑스 함대의 철수로 병인양요사태가 종료되
자 대원군 정권은 11월 30일자로 병인양요의 자세한 경과를 통보하는
咨文 및 청정부의 화해권고노력에 대한 감사의 表文을 작성하여 謝恩
冬至使 李豊翼 일행 편에 발송하였다.[65] 그리고 앞서 제너럴 셔먼호

---

62) 『同文彙考』 三,「禮部知會抵萬尙書信函轉奏天聽咨」, 2477쪽.
63) 『承政院日記』 고종 3년 11월 11일, 13일 ;『日省錄』 고종 3년 11월 11일, 13일
    ;『同治朝籌辦夷務始末』 卷45, 同治 5年 10月 庚子 ;『關係史料』 第2卷,
    「總署收軍機處鈔交禮部招 附件三 : 朝鮮國王咨文」, 44~45쪽.
64) 李裕元,『嘉梧藁略』書「與年貢使鄭穉仲書」, 서울대학교 奎章閣 所藏本 ; 졸
    저,『19世紀末 韓中關係史硏究』, 43~44쪽 참조.
65) 『同文彙考』 三,「歷陳洋匪侵擾咨」,「謝排解法國搆兵表」, 2472~2474쪽 ;『同
    治朝籌辦夷務始末』 卷47, 同治 6年 1月 丁卯 ;『關係史料』 第2卷,「總署收
    禮部文」,「總署收軍機處片」,「總署收軍機處鈔交禮部招」,「總署收禮部文」,
    38~47쪽.

사건을 거듭 문의하는 청정부 禮部의 두 차례 咨文에 대한 회답으로 12월 11일자 回咨를 작성하여 冬至使行의 所到處로 下送해 주었는데,[66] 여기서 대원군 정권은 제너럴 셔먼호 사건을 자세히 해명하면서 특히 프랑스가 요구하는 通商, 傳敎, 賠償 따위는 비록 앞으로 몇 년 동안 더 곤욕을 당하더라도 결코 허용할 수 없다는 단호한 鎖國의지를 밝혔다. 위와 같은 문서는 앞서 살펴본 李興敏 譴罷관련 回咨 및 '中法天津條約' 제31조의 내용을 문의하는 別單과 더불어 다음해인 1867년 2월 초에야 李豊翼 일행에 의해 북경으로 전달되었다.[67] 이와 관련하여 청정부 총리아문에서는 1867년 2월 27일자 상주문을 통해 병인양요사태가 종료된 뒤 청정부의 입장을 정리하였는데, 대략 다음과 같은 세 가지 내용으로 요약할 수 있다.[68]

첫째, 프랑스 측의 향후 움직임. 현재 프랑스 함대가 조선으로부터 철수하였지만 그대로 조선침략 행동을 포기한 것인지 아니면 새로운 침략행동을 다시 준비하고 있는지는 아직 속단할 수 없는 상황이다.

둘째, 조선 측의 입장. 조선정부가 이미 '民情國勢' 상 '通商傳敎'의 요구를 결코 허용할 수 없다고 강력하게 밝혀온 이상 중국도 조선정부를 강요할 수 없으며, 다만 禮部의 回咨를 통해 스스로 잘 대처하도록 통보해 줄 수밖에 없다.

셋째, '中法天津條約'과 조선의 관계. 조선 측이 문의해온 '中法天

---

66) 『同文彙考』 三, 「覆陳洋舶事實仍謝總理衙門相機酌辦咨」, 2476~2477쪽 ; 『同治朝籌辦夷務始末』 卷47, 同治 6年 1月 丁卯 ;『關係史料』 第2卷, 「總署收軍機處鈔交禮部摺 附件二 : 朝鮮國王咨文」, 40~44쪽.

67) 『淸穆宗實錄』 同治 5年 12月 癸丑 ;『關係史料』 第2卷, 「總署收禮部文」, 「總署收軍機處片」, 「總署收軍機處鈔交禮部摺」, 「總署收禮部文」, 38~47쪽.

68) 『關係史料』 第2卷, 「總署奏摺」, 48~49쪽 ;『淸代中朝關係檔案史料續編』, 「總理衙門大臣奕訢等奏朝鮮覆陳洋舶侵擾請仍由禮部咨照預爲籌備摺」, 371~372쪽.

津條約'제31조에는 중국 또는 프랑스가 제3국과 교전시 상대국 선박
의 통행권과 관련된 내용인데, 그 내용을 조선 측으로 통보해 주면서
중국이 프랑스를 비롯한 서양열강과 체결한 모든 조약의 내용은 "오로
지 중국 본토를 가리키되 外藩에 미치는 것이 아니며 조선과 관련된
것은 추호도 없다"는 뜻을 함께 전달해 주어야 한다.

한마디로 서양열강의 조선진출문제에 대한 불간섭정책을 그대로 이
어나가겠다는 총리아문의 위와 같은 주장은 곧바로 同治황제의 재가
를 받은 뒤 禮部의 回咨를 통해 조선으로 전달되었다.[69] 청정부의 위
와 같은 불간섭정책은 그후 1871년의 辛未洋擾 때도 그대로 지속되었
으며 이에 대한 자세한 연구는 훗날로 기약하겠다.

5. 맺는 말

위에서 살펴본 바와 같이 1866년의 병인양요가 한국역사상 최초로
서양열강과 대결한 전쟁사태로서 그후 한국에 대한 자본주의 열강세
력의 침투와 침략의 시작을 의미한다면, 오래 동안 전통적 조공관계를
유지해온 한중관계사에 있어서도 분명 하나의 획기적인 사건이었다.

당시 중국과의 조공관계는 조선왕조가 對西洋 鎖國政策을 고집하
면서 서양열강의 통상교섭요구를 거부하는 제도적 장치의 역할을 하
였고, 중국 청정부 역시 아편전쟁이후 서양열강과 근대적 조약관계를
체결하였음에도 불구하고 조선왕조의 위와 같은 對西洋 鎖國政策을
변함없이 지지해주었다. 그러나 서양열강세력이 '포함정책'의 강력한
수단을 통해 근대적 통상 및 조약관계를 요구해오고 또한 동아시아 조

---

69) 『關係史料』第2卷,「總署發禮部文」, 49쪽 ; 『同文彙考』三,「禮部知會覆陳
    洋舶事實謝總理衙門酌辦知道咨」, 2477~2479쪽.

공관계체제의 중심이었던 중국이 몰락하기 시작하면서 전통적 조공관계는 더 이상 서양열강의 조선침략을 막아주는 제도적 장치의 역할을 할 수 없었고, 중국의 커다란 그림자 뒤에 "은둔"해 있던 조선은 결국 서양열강세력의 침략위협 앞에 직접 노출될 수밖에 없었다.

1866년 당시 조선왕조 대원군 정권의 천주교 박해사실을 모르고 있던 청정부는 북경주재 프랑스 대리공사 벨로네의 7월 13일자 조회를 통해 프랑스 측의 군사보복 계획을 갑작스럽게 통보 받았다. 이에 청정부는 곧바로 7월 16일자 회답조회를 통해 프랑스 측에 진상 조사 및 화해를 권고하면서도 조선문제에 대한 불간섭정책을 고집함으로써 프랑스 측의 조선침략계획을 적극 제지하지 못하였다. 한편 청정부는 自國 연해지역의 군사적 대비태세를 강화하는 동시에 두 차례의 자문을 통해 조선정부에게 나름대로 군사적 대비태세를 강화하도록 통보해주었는데, 그중 병인양요 직전에 도착한 첫 번째 자문은 대원군 정권의 군사적 대비태세 강화에 나름대로 도움이 되었다.

여하튼 프랑스 측은 청정부의 對朝鮮 불간섭정책에 관한 거듭된 성명을 빌미로 한중 두 나라의 전통적 조공관계를 공개적으로 부정하면서 청정부의 화해권고를 그대로 묵살하고 나아가서 저들의 조선침략 행동에 대한 청정부의 간섭을 원천적으로 봉쇄할 수 있었는데, 결과적으로 청정부의 불간섭정책은 프랑스 측이 거리낌없이 병인양요를 일으킬 수 있는 객관적 원인으로 되었다.

같은 해 9월부터 11월까지 두 단계에 걸쳐 두 달 남짓이 전개된 병인양요 기간에 청정부는 병인양요 사태의 자세한 상황을 거의 파악하지도 못하였고 따라서 프랑스의 조선침략에 대한 아무런 실질적인 행동을 취하지 못하였으며, 10월부터 시작된 병인양요의 제2단계에서는 대원군 정권의 천주교박해와 관련된 청나라의 책임문제를 둘러싸고 프랑스 공사관과 외교적 논쟁을 벌이다가 병인양요의 종결을 맞이하고 말았다. 이처럼 청정부는 병인양요기간에 프랑스의 침략행동을 제지하거나 조선왕조의 항전을 지원해주는 그 어떤 실질적인 행동도 취하지 않은 채 袖手傍觀의 불간섭정책으로 一貫하였다.

한편 병인양요 기간에도 한중 두 나라 사이에는 전통적 조공관계의 의한 사신왕래 및 자문의 왕래가 그대로 유지되었지만, 마침 병인양요 기간에 서울로 도착한 청정부의 조선왕비책봉칙사 일행이 대원군 정권 측과 병인양요의 대응과 관련된 구체적 논의를 가졌다는 기록은 전혀 찾아볼 수 없었다. 그리고 병인양요를 전후하여 한중 두 나라가 서로 주고받은 무려 13건의 咨文에서도 프랑스 함대의 조선침략에 공동대응하기 위한 실질적인 논의의 내용이 전혀 없었던 반면 제너럴 셔먼호 사건 및 전통적 조공관계의 권위와 관련된 사안 등 내용으로 가득하였는데, 바로 한중 두 나라의 전통적 조공관계가 이미 병인양요와 같은 '서양의 충격'에 효과적으로 대응할 수 있는 능력을 잃어가고 있는 사실을 단적으로 보여주고 있다.

한마디로 전통적 조공관계체제의 유지 및 자국의 안보이익 차원에서 조선에 대한 서양열강세력의 진출을 반대하면서도 프랑스 측의 군사실력에 직접 대항할 수 없으므로 조선에서 일어난 병인양요에 대한 아무런 실질적 개입행동을 취하지 않은 것이 바로 당시 중국 청정부의 보수적이고 이기적인 不干涉政策이었고, 그러한 불간섭정책은 결과적으로 포함정책의 강력한 수단으로 근대적 국제질서의 원칙을 주장하는 프랑스 측이 사상 최초로 한중 두 나라 사이의 전통적 조공관계를 공식 부정하고 거침없이 병인양요사태를 일으킬 수 있는 객관적 원인을 제공해주었다.

그러한 의미에서 병인양요는 오로지 조선왕조와 프랑스 두 나라의 충돌뿐만이 아니라 또한 천주교를 매개로 하는 서구문명 및 프랑스를 비롯한 서양열강이 주장하는 근대적 국제관계질서와 한국과 중국을

포함한 동아시아의 유교문명 및 중국을 중심으로 한 전통적 조공관계
질서 사이의 일대 충돌사태로서 한중 두 나라의 비극적 근대사 및 한
중 두 나라 사이의 전통적 조공관계의 몰락을 예고해주는 역사적 사건
이었다.

1871년의 辛未洋擾와
중국 淸政府의 對應 연구

1. 들어가는 말

　1871년의 辛未洋擾사건은 1866년의 丙寅洋擾에 이어 조선역사상 두 번째인 서양국가와의 전쟁이자 또한 조선역사상 최초로 미국과의 전쟁사태로서 19세기 말부터 전개된 조선근대사의 중요한 사건일 뿐만 아니라 수천 년 유서 깊은 中朝關係史에 있어서도 역시 하나의 중대한 사건으로 볼 수 있다. 그러나 필자의 조사에 의하면 지금까지 신미양요에 관한 연구는 북한학계1)와 한국학계2) 그리고 일본학계3) 및

1) 북한학계의 관련연구는 다음과 같은 저서를 참조할 수 있다. 김희일,『미제의 조선침략사』1, 평양 : 로동당출판사, 1961 ; 박사 원종규 집필, 조선부문사 『조선인민의 반침략투쟁사(근대편)』, 평양 : 과학백과사전종합출판사, 1994.
2) 한국학계의 관련연구는 주로 다음과 같은 것이 있다. 金源模,『近代韓美交涉史』, 서울 : 弘盛社, 1979 ;『근대한미관계사 : 한미전쟁편』, 서울 : 철학과 현실사, 1992 ; 朴日根,『近代韓美外交史』, 서울 : 博友社, 1968 ;『美國의 開國政策과 韓美外交關係』, 서울 : 一潮閣, 1980 ; Il-Keun Park(朴日根)ed., *Anglo-American Diplomatic Materials Relatig to Korea(1866-1886)*, Seoul : Shin-mun-dang, 1982 ; 國際歷史學會議 韓國委員會 編,『韓美修交100年史』, 서울 : 동위원회 발행, 1982 ; 李民植,『근대한미관계연구』(증보판), 서울 : 백산자료원, 1998.
3) 일본학계의 관련연구는 주로 다음과 같은 저서를 참조할 수 있다. 田保橋潔,『近代日鮮關係の研究』上卷, 京城 : 朝鮮總督府中樞院, 昭和 15年(1940) ;

구미학계[4]를 포함하여 주로 韓美關係史의 차원에서 다루어져왔을 뿐 韓中關係史[5]의 차원에서 신미양요에 대한 당시 중국 청정부의 대응을 본격적으로 다룬 전문적 연구는 거의 全無한 실정이며 특히 신미양요 와 직접 관련된 조선왕조와 미국 및 중국 청정부 등 관련국가의 문헌 사료와 연구성과를 종합적으로 이용한 연구가 없었다.

신미양요 당시 중국 청정부와 조선왕조 사이에 전통적 조공관계체 제(The Tributary System)가 유지되고 있었고 따라서 일찍이 1866년 제너 럴 셔먼호(General Sherman, 舍門將軍號) 사건의 발생으로부터 1871년 신미양요의 발발에 이르기까지 미국 측에서도 중국 청정부를 통해 조 선왕조 대원군 정부와 교섭을 시도해야 하는 실정을 감안할 때, 청정 부의 대응과 역할은 신미양요 연구에 있어서 결코 간과할 수 없는 하 나의 중요한 부분이 아닐 수 없었다. 이에 본고에서는 지난 2002년의 제1회 세계 코리아학 학술대회에서 발표한 1866년 병인양요 당시 중국 청정부의 대응에 관한 연구논문[6]에 이어 중국 청정부 및 조선왕조 그

原田環, 『朝鮮の開國と近代化』, 廣島 : 溪水社, 平成 9年(1997).

4) 歐美학계의 관련연구는 다음과 같은 저서를 참조할 수 있다.
F. C. Jones, *Foreign Diplomacy in Korea, 1866-1894*. Department of History, Harvard University, 1935 ; Tyler Dennett, *Americans in Eastern Asia : a Critical Study of the Policy of the United States with Regard to China, Japan and Korea in the 19th Century*. New York : The Macmillan Company, 1941 ; Yur-bok Lee(이유복), *Diplomatic Relations between the United States and Korea, 1866-1887*. New York : Humanities Press, 1970 ; Key-hiuk Kim(金基赫), *The Last Phase of the East Asian World Orde : Korea, Japan and the Chinese Empire, 1866-1882*, Berkeley : University of California Press, 1980.

5) 중국학계의 경우 아직 신미양요에 대한 전문적 연구가 없는 것으로 나타났다. 권혁수, 「中國學界의 近代中韓關係史 연구상황에 대하여」, 북경대학교 『코 리아학연구』 총제7기, 1999 ; 권혁수. 『19世紀末韓中關係史硏究 - 李鴻章의 朝鮮認識과 政策을 中心으로-』, 서울 : 白山資料院, 2000, 5~8쪽 참조.

6) 權赫秀, 「1866년의 병인양요에 대한 중국 청정부의 대응」, 『제1회세계코리아 학대회논문집』 I, 123~139쪽 ; 권혁수, 「丙寅洋擾와 中國 淸政府의 對應 硏 究」, 『白山學報』 第65號, 2002. 12, 250~282쪽.

리고 미국 등 관련국가의 문헌사료 및 연구성과를 바탕으로 1871년 신
미양요 당시 중국 청정부의 대응과정을 중국과 조선왕조의 관계 및 중
국과 미국의 관계라는 두 가지 차원에서 구체적으로 살펴봄으로써 신
미양요 관련연구의 한층 더 심화를 위한 一助를 나름대로 시도할 뿐만
아니라 나아가서 이 사건이 결과적으로 朝中 두 나라의 전통적 조공관
계의 근대적 전환에 어떠한 역사적 영향을 미쳤는가를 실증적으로 검
토해 보기로 한다.

2. 제너럴 셔먼호 사건 이후 中美朝 3국의 외교교섭

흔히 전근대시기 조선왕조의 대외정책과 관련하여 '鎖國政策'으로
표현하고 있지만, 사실 소위 '쇄국정책'은 결코 당시 조선왕조 대외정
책의 전부가 아니었다. 말하자면 조선왕조는 당시 중국과 전통적 조공
관계를 유지하면서 정치, 경제 및 문화적 관계를 활발하게 전개하고
있었고 일본과 琉球 등 주변국가들과 역시 '交隣'으로 불리는 평화적
관계를 유지하였을 뿐만 아니라[7] 아직 아무런 공식관계를 갖고 있지
않는 서양국가의 상선 즉 소위 '異樣船' 또는 '洋舶'의 조난사태에 대
해서도 구호의 책무를 나름대로 충실하게 이행해왔다. 조선왕조시대에
편찬된 『通文館志』에 의하면 조선은 "동과 서쪽으로 遼燕과 접해 있
고 남으로 島夷와 이웃해 있으며, 북으로는 野人들과 이웃하고 있어
일찍 箕子 때부터 신라와 고려시대를 거치면서 使命과 交通의 왕래가
끊어진 적이 없었다."[8] 그러한 의미에서 조선왕조의 역사상 다른 나라

---

7) 董德模, 『朝鮮朝의 國際關係』, 서울 : 博英社, 1990 ; 楊秀芝, 『朝鮮 · 琉球關
   係硏究－朝鮮前期를 中心으로』, 한국정신문화연구원 한국학대학원 박사학
   위논문, 1994 참조.
8) 金指南 · 金慶門 편찬, 『通文館志』 序, 서울 : 景仁文化社 영인본, 1972, 1쪽.

를 상대로 전면적인 '쇄국정책'을 실시한 적은 없으며, 이른바 '은둔의
나라(Hermit Nation, 隱遁之國)' 역시 구미열강을 비롯한 일부 특정국가
의 시각에서 잘못된 소위 오리엔탈리즘(Orientalism, 東洋主義)적 표현
이라고 할 수 있다.9)

실제로 朝美關係의 경우 제너럴 셔먼호 사건의 두 달 전인 1866년
(고종 3, 淸 同治 5) 6월10) 즉 병인양요 직전의 긴박한 상황 속에서도
평안도 鐵山 宣沙浦 앞바다에 漂着한 미국상선 서프라이즈호(Surprise)
는 당시 대원군 정부의 구조를 받고 곧바로 청정부를 통해 중국주재
미국 외교관 측으로 무난히 이송되었다.11) 여기서 주목되는 점은 적어
도 당시 조선정부 지배층 인식에 의하면 위와 같은 조난선박 구호조치
는 전통적 조공관계의 원칙에 의해 중국 청정부의 이른바 "먼 곳의 사
람들을 편안하게 품어주는(懷綏遠人)"12) 기존방침을 따른 결과였다.
그러한 의미에서 中朝 두 나라 사이의 전통적 조공관계는 당시 조선왕
조의 내외적 통치체제의 한 구성부분으로서 특히 조선왕조의 대외관
계는 사실상 조공관계라는 기본 틀 속에서 전개될 수밖에 없었는데,
신미양요의 전후과정에서 중조 두 나라의 관계 및 청정부의 구체적 대
응이 각별히 중요한 의미를 갖게 되는 것도 바로 그러한 역사적 배경

---

9) 李泰鎭, 『고종시대의 재조명』, 서울 : 태학사, 2000, 135~164쪽 ; Anders
   Karlsson, "A Hermit Nation Not for Everyone : First-hand Contacts with Qing and
   Their Consequences in Late Choson P'yongan Province", 『제1회 세계코리아학대회
   논문집』 Ⅲ, 1289~1300쪽 참조.
10) 본고에서 연월일의 표기는 모두 양력을 사용하되, 필요한 경우 음력 및 조선
   과 청나라의 연호 등을 괄호로 표기해 두기로 한다.
11) 『承政院日記』 고종 3년 5월 23일 ; 『同文彙考』 原編續 漂民七上國人 ; 김원
   모, 『근대한미교섭사』, 101~109쪽 ; 박일근, 『미국의 개국정책과 한미외교관
   계』, 17~18쪽 참조.
12) 『同文彙考』 原編 洋舶情形, 「報洋夷情形咨」, "弊邦於外國漂船之來到, 救恤
   資送, 自有成憲……正所以仰體大邦懷綏遠人之德意也".

때문이었다.

주지하는 바와 같이 신미양요의 직접적인 도화선이 된 제너럴 셔먼호 사건은 일찍이 병인양요사태가 한창 진행 중이던 1866년 9월 초 평양성 밖의 대동강에서 일어났고, 곧이어 대원군 정부는 9월 30일자 자문을 통해 위와 같은 사실을 청정부 禮部로 통보하면서 서양열강의 통상요청 및 '異敎'의 전파를 결코 허용할 수 없다는 단호한 입장을 밝히는 한편 특히 서양열강에 대한 '쇄국정책'은 사실상 전통적 조공관계의 이익에 부합된다는 점을 역설하였다.[13] 이어서 같은 해 10월 11일경 당시 청정부의 대외사무를 주관하고 있는 總理各國事務衙門에서는 天津 주재 三口通商大臣 崇厚의 보고를 통해 제너럴 셔먼호 사건 관련정보를 입수하였다.[14] 말하자면 청정부는 10월 17일경에야 사건 관련보고를 받은 중국주재 미국공사관[15]보다 더 빨리 제너럴 셔먼호 사건에 관한 정보를 입수하였는데, 그것은 바로 당시 중조 두 나라 사이의 조공관계 채널에 의한 것이었다.

한편 미국공사관 대리공사 윌리엄스(Samuel Wells Williams, 衛廉士, 衛三畏)는 본국 國務省에 보고하기에 앞서 10월 23일자로 청정부 총리아문에 외교공문을 보내 위 사건의 진상조사협조를 공식 요청하였

---

13) 『承政院日記』고종 3년 7월 27일 ; 『同文彙考』原編, 洋舶情形, 「歷陳洋舶情形咨」; 寶鋆 纂修, 『同治朝籌辦夷務始末』卷45(北平 : 故宮博物院, 民國 19年), 同治 5年 10月 丁亥・辛卯 ; 권혁수, 「병인양요와 중국청정부의 대응 연구」, 261쪽.

14) 中央研究院近代史研究所編, 『淸季中日韓關係史料』(이하 『關係史料』로 약칭함) 第2卷, '總署收三口通商大臣崇厚函 附件一 : 東海關道潘蔚稟」, 37쪽. 여기서 프랑스의 목조선 한척이 조선에서 격침되었다고 한 것은 물론 미국상선 제너럴 셔먼호 사건에 관한 와전이었다. 권혁수, 「병인양요와 중국 청정부의 대응연구」, 272쪽 참조.

15) *The Executive Documents of the Foreign Relations of United States*, Messers Meadows and Co. to Burlingame, Tientsin, October 24th, 1866 ; 김원모, 『근대한미교섭사』, 103~104쪽.

는데,16) 물론 당시 조선왕조와 아무런 공식관계가 없는 까닭이기도 하
지만 역시 조선과 중국 사이의 전통적 조공관계를 의식한 행동이라고
볼 수 있다. 이에 총리아문에서는 10월 28일자 회답문서를 통해 盛京
將軍 및 山海關監督 등 지방관헌을 통한 진상조사 협조를 약속하는
한편 조선이 예로부터 중국의 '屬國'임에도 불구하고 정치, 법령, 종교
등은 모두 자주적으로 행한다는 사실을 밝혀두었다.17) 곧이어 11월 6
일에 청정부 禮部는 領時憲書賷咨官 韓文奎 편에 앞서 대원군 정부
에서 보낸 제너럴 셔먼호 사건 관련 9월 30일자 자문을 전달받고 그
내용을 곧바로 同治황제에게 보고하는 한편 飛咨라는 긴급연락수단을
통해 11월 17일자 자문으로 위와 같은 '轉奏' 사실을 대원군 정부로 통
보해 주었는바,18) 그만큼 청정부에서 병인양요 기간 조선과 서양열강
사이에 새롭게 일어난 충돌사건을 중요시하고 있음을 보여주었다.

이어서 북경으로 歸任한 미국공사 버링감(Anson Burlingame, 蒲安臣,
蒲麟痕)은 11월 20일 총리아문을 방문하여 首長격인 恭親王 奕訢에게
청정부의 의사를 직접 타진하였지만, 공친왕은 중조 두 나라 사이의
조공관계는 의례적(ceremony)인 것에 불과하므로 청정부가 조선에 대한
아무런 실질적 책임을 질 수 없다는 기존의 입장을 재확인해 주었
다.19) 이처럼 제너럴 셔먼호 사건의 진상을 미국공사관 측보다 더 일

16) 中國第一歷史檔案館 編,『淸代中朝關係史檔案史料續編』(北京 : 中國檔案出
   版社, 1998),「照錄美國衛廉士信函」, 353쪽 ; No.34, Williams to the foreign
   Office, Peking, October 23, 1866 ; 박일근,『미국의 개국정책과 한미외교관계』,
   24～25쪽.
17)『同治朝籌辦夷務始末』卷45, 同治 5年 丙寅 10月 辛卯,「給美國衛廉士信
   函」;『淸代中朝檔案史料續編』,「照錄給美國衛廉士信函」, 353쪽.
18)『同文彙考』三,「禮部知會洋舶情形據咨轉奏咨」,「原奏」; 권혁수,「병인양요
   와 중국 청정부의 대응연구」, 171～172쪽.
19) No.124, Burlingame to Seward, Peking, December 15, 1866 ; 박일근,『미국의 개국
   정책과 한미외교관계』, 26～27쪽.

찍 그리고 자세하게 파악하고 있는 청정부 관계당국에서 위와 같이 조
선문제에 대한 불간섭정책을 거듭 표명함으로써 결과적으로 미국 측
으로 하여금 무력을 동반한 진상조사 및 조선왕조와 직접협상의 길을
모색해 나서도록 하였다. 실제로 버링감 공사는 총리아문 방문 직후
11월 27일에 미국 아세아 함대사령관 벨(Admiral Henry H. Bell, 貝爾)제
독에게 군함을 출동한 진상조사계획을 제안하였고, 같은 해 12월 15일
부로 국무장관 시워드(William H. Seward, 西華德)에게 보낸 보고서에서
는 중조 두 나라의 관계가 '의례적'인 것에 불과하다는 사실을 강조하
면서 다음해 봄 무렵 대규모 함대를 동원한 조선원정을 직접 건의하였
다.20) 말하자면 제너럴 셔먼호 사건을 빌미로 한 무장침략 즉 신미양
요는 일찍이 1866년 말부터 벌써 예고되어 왔으며, 청정부의 불간섭정
책은 결과적으로 그러한 사태를 초래하게 된 중요한 객관적 원인으로
지적할 수 있다.

그후 1867년 1월 조선 서해안의 黃海道 長淵縣으로 출동한 미국 아
세아 함대 군함 와츄세트호(Wachusett, 俄柱嘶, 滑猪舌)는 현지 주민에
대한 조사를 통해 제너럴 셔먼호가 소각되고 선원 역시 몰살되었다는
사실을 확인할 수 있었고 대원군 정부 역시 제너럴 셔먼호가 미국상선
이라는 사실을 뒤늦게 알게 되었다.21) 당시 청정부 총리아문에서는 南
洋通商大臣 曾國藩 등의 보고에 의해 상기 와츄세트호의 조선출동 사
실과 목적을 파악하고 있었고 특히 영미불 3국의 조선공동침략 및 일
본의 조선침략 가능성에 관한 외국신문 기사 내용을 크게 걱정하면서
2월 25일 동·치황제의 재가를 거쳐 예부 '密咨'를 통해 위와 같은 정보

---

20) Burlingame to Bell, Peking, November 27th, 1866 ; Burlingame to Seward, Peking,
    December 15th, 1866 ; 박일근,『미국의 개국정책과 한미외교관계』, 27~28쪽.
21) 김원모,『근대한미교섭사』, 167쪽 ; 박일근,『미국의 개국정책과 한미외교관
    계』, 29~31쪽.

58

를 조선정부로 통보해 주면서 나름대로 대비하도록 촉구하였다.22)

여기서 청정부는 특히 가까운 이웃나라 일본의 경우 중국과 '조공' 또는 '통상'관계도 없을 뿐만 아니라 일찍 명나라 때 중국의 동남연해 지역 및 조선을 직접 침략한 적도 있고 특히 최근 적극적인 근대화노력을 통해 "그 뜻하는 바가 결코 작은 것이 않음(其志不在小)"을 보여주고 있어 일단 조선을 침략하게 된다면 곧바로 청나라의 국경을 직접 위협하게 될 것을 걱정하였다. 즉 구미열강은 물론 신흥 일본의 조선 침략위협마저 효과적으로 제지할 수 없는 상황에서 무엇보다도 자국의 주변안전을 걱정할 수밖에 없는 현실적 딜레마가 청정부로 하여금 미국 측의 동정 등 관련정보를 통보해 주면서 사전대비를 촉구하는 등 조공관계상 조선왕조에 대한 의무를 나름대로 이행하는 한편 조선왕조와 서양열강의 충돌사건에 직접 개입을 극구 회피하려는 불간섭정책을 고집하게 된 주요 원인이라고 볼 수 있다.

실제로 1868년 3월 초 미국대리공사 윌리엄스 및 영국공사 알콕(Sir Rutherford Alcock, 阿禮國)이 각각 제너럴 셔먼 호 생존선원의 구출협조를 공식요청해 왔지만, 총리아문에서는 예부를 통해 위와 같은 외교정보를 즉각 조선정부로 비밀리에 통보해 주는23) 반면 미국과 영국 측에 대해서는 같은 해 3월 10일자 회신을 통해 여전히 조선 '政敎禁令'의 '자주'를 이유로 공식 거부입장을 밝혔고, 7월 11일자 조회에서는 소위 선원 생존설이 사실무근이라고 해명하는 것으로 그쳤다.24) 같은 해 5

---

22) 『關係史料』第2卷, 「總署奏摺 附件一 : 照錄新聞紙五條」, 「總署奏片」, 51~54쪽. 당시 南洋通商大臣이 보내온 정보자료에 의하면 "花旗夾板船名然那能而沙滿在彼打破, 其水手被高麗人殺死一事"라고 하여 제너럴 셔먼호의 이름(然那能而沙滿)과 국적(花旗) 및 사건진상을 정확히 밝혀주고 있다.

23) 『關係史料』第2卷, 「總署發禮部文」, 「總署收禮部文」, 97~98쪽.

24) 『關係史料』第2卷, 「總署收美國照會」, 「總署收英國照會」, 「總署發美國照會」, 「總署發英使阿禮國照會」, 93~97쪽 ; 『同治朝籌辦夷務始末』卷57, 「美

월 미국인 젠킨스(Frederick B. Jenkins, 詹金斯, 秦鎭西)와 독일인 오페르트(Ernest Jacob Oppert, 奧貝特, 戴拔)일당에 의한 충청도 德山郡 소재 대원군 생부 南延君墓 도굴사건이 발생하였는데,[25] 당시 국무장관 시워드의 조카로 상해주재 미국총영사로 있던 시워드(George Frederick Seward, 西沃德, 西華)는 젠킨스 일당의 소위 '조선원정'계획을 적극 지원해 주면서 시워드 국무장관에게 제출한 4월 24일자 보고서에서 특히 "조선제국(The Empire)은 비록 북경에 의례적으로 조공(complimentary tribute)하고 있지만 사실 엄연한 독립국가"라는 점을 강조하였다.[26] 물론 시워드 총영사가 젠킨스 일당의 묘소 도굴음모를 사전에 간파하지 못하였지만 여하튼 중조 두 나라의 조공관계에 대한 무시와 부정은 곧바로 미국 측의 거침없는 조선침략 행동으로 이어졌던 것이 사실이다.

한편 대원군 정부는 같은 해 6월 18일자로 앞서 와츄세트호의 來航 및 젠킨스 일당의 도굴사건 등 관련정보를 청정부 예부로 일괄 '咨報'하면서 특히 청나라로 밀입국한 조선인 천주교신자의 검거체포를 공식 요청하였다.[27] 이에 총리아문에서는 곧바로 兩江總督 曾國藩 등 지방관헌을 통해 상해지역에서 검거수사를 전개하였지만 결국 헛물을 켜고 말았고, 미국·프랑스 등 상해주재 각국 영사관에 도굴사건의 진상조사 및 처리협조를 공식 요청한 것[28] 역시 불평등조약에 근거한 치

國照會」, 「給美國照覆」, 「英國照會」, 「給英國照覆」; Chinese Foreing Office to Williams, July 11th, 1868 ; 박일근, 『미국의 개국정책과 한미외교관계』, 38쪽.

25) 에른스트 오페르트(Ernest Oppert) 著, 韓沿劤 譯, 『朝鮮紀行(A Forbidden Land : Voyages to the Corea)』, 서울 : 일조각, 1974 ; 김원모, 『근대한미교섭사』, 197~204쪽 참조.

26) No.282, Mr. George F, Seward to Mr. William H. Seward, United States Consulate General, Shanghai, April 24th, 1868 ; 김원모, 『근대한미교섭사』, 206~207쪽.

27) 『承政院日記』 고종 5년 윤4월 28일 ;『同文彙考』 原編, 洋舶情形一 ;『同治朝籌辦夷務始末』卷60, 同治 7年 6月 乙卯「朝鮮咨文」.

28) 『關係史料』 第2卷, 「總署發禮部文」, 「總署收禮部文 附件一 : 兩江總督咨」,

60

외법권을 빌미로 심지어 추호의 "도덕적 책임"마저 느끼지 않는 서양
열강의 영사재판에서 내려진 무죄판결의 결과를 막을 수 없었다.[29]

이처럼 당시 청정부와 조선왕조의 전통적 조공관계체제는 상호간의
정보제공 및 필요한 대비 촉구[30] 등 일반적 차원의 협조에만 국한된
채 소위 '서양의 충격(Western Impact, 西方衝擊)'으로 표현되는 구미자
본주의열강의 침략을 효과적으로 제지할 수 있는 현실적 능력을 이미
잃어버리고 있었으며, 따라서 미국의 조선침략계획은 거침없이 전개될
수밖에 없었다. 중조관계사의 시각에서 볼 때 위와 같은 사태는 1866
년 병인양요 당시 청정부의 대응모습[31]과 본질적인 차이가 없었는데,
주지하는 바와 같이 미국학자 덴네트(Dennett, 丹涅特)는 일찍이 청정
부의 이기적 불간섭정책을 '심술쟁이정책(a dog in the manger-policy)'으
로 혹평한 적이 있다.[32]

3. 辛未洋擾 기간의 中美 교섭

한편 미국정부는 1868년 7월 말에 이미 제너럴 셔먼호 사건의 진상
을 자세히 보고 받으면서[33] 곧바로 조선왕조에 대한 무력행동방침을
마련하기 시작하였다. 1869년 4월 4일에 출범한 그랜트(Ulyssess Simpson

「總署發禮部文」, 106~110쪽.

29) Joseph H. Longford, *The Story of Korea*, London : Adelphi Terrace, T. Fisher Uniwin, 1911 ; 박일근, 『미국의 개국정책과 한미외교관계』, 48~55쪽.
30) 당시 대원군 정권의 군비강화정책에 관한 자세한 내용은 延甲洙, 『대원군집 권기 부국강병정책 연구』, 서울 : 서울대학교출판부, 2001 참조.
31) 권혁수, 「병인양요와 중국청정부의 대응 연구」 참조.
32) Tyler Dennett, American in Eastern Asia, p.452.
33) No.43, Rowan to Welles, July 24th, 1868 ; 박일근, 『미국의 개국정책과 한미외교 관계』, 38쪽.

Grant, 格蘭特) 대통령의 미국 신정부는 이듬해 즉 1870년 4월 20일자로 내린 신임 국무장관 피시(Hamilton Fish, 菲什)의 훈령에서 신임 중국 주재 공사 로우(Frederick Ferdinand Low, 鏤斐迪)를 조선파견 전권공사로 임명하여 통상개국조약 체결을 위한 조선원정을 지시하는 한편 특히 중국과 조선의 '정치적 관계'를 감안해 모든 방법을 강구하여 중국정부의 "호의(good will) 居中斡旋(good offices)"을 얻어내도록 요구하였다.[34]

이에 1870년 5월 초 북경으로 부임한 로우 공사는 피쉬 국무장관에게 보낸 7월 16일자 보고를 통해 청나라에 대한 조선의 의례적 조공이 결코 "정치적 조공(a governmental tribute)"이 아니며 조선 역시 "청나라가 조선의 정치적 정책을 간섭 또는 지배할 권리가 없다고 간주하고 있는 실정"[35]이라는 사실을 강조하면서 같은 해 11월 미국 아세아함대 사령관 로저스(Admiral John Rodgers, 羅爵斯, 羅傑斯) 제독 및 상해주재 시워드 총영사와 북경 3자회담을 통해 조선원정계획을 검토하였고 특히 청정부 및 같은 해 말 북경을 방문하게 될 조선왕조 조공사절의 루트를 통해 조선에 관한 정보를 적극 입수하기로 결정하였다.[36] 여기서 중국과 조선왕조의 조공관계 내용과 성격을 자세히 분석한 로우 공사의 7월 16일자 보고서 특히 그중 조선을 독립된 주권국가로 인정하는 인식은 그후(물론 신미양요 기간을 포함) 미국정부의 조선외교정책에 중요한 영향을 미쳤다.[37]

실제로 1871년 2월 11일 로우 공사는 총리아문을 방문하여 장차 조

34) No.9, Fish to Low, Washington, April 20, 1870 ; 김원모,『근대한미교섭사』, 235
~237쪽.
35) No.225, Low to Fish, Peking, July 17th, 1870 ; 김원모,『근대한미교섭사』, 237~
238쪽.
36) No.37, Low to Fish, Peking. November 22th, 1870 ; 김원모,『근대한미교섭사』,
238~239쪽.
37) 박일근,『미국의 개국정책과 한미외교관계』, 65쪽.

선방문계획을 사전 통보하는 한편 조선정부와 직접 교섭을 요청하는
자신의 친서를 조선왕조 조공사절 편에 전달해 주도록 요청하였지만
총리아문의 공친왕은 '外藩'과의 관계는 총리아문 소관이 아니라는 이
유로 거절하면서 나아가 로우 공사의 조선방문계획마저 극구 만류해
나섰다.38) 이어서 음력 설 직전의 2월 15일(음력 12월 26일)에 로우 공
사는 또 총리아문을 방문하여 친서전달 요구를 다시 한번 제출하였지
만 여전히 거절당하고 말았다. 그후 辛未年(1871) 음력설과 정월 대보
름이 지난 뒤 로우 공사는 3월 7일자 조회를 통해 자신의 조선파견공
사 임명사실을 통보하는 한편 자신의 친서를 조선정부로 전달해 주도
록 공식 요청하였다.39)

로우 공사의 위와 같은 끈질긴 요청에 총리아문에서는 3월 12일자
상주문을 통해 미국 측에서 굳이 조선행을 고집하고 있는 이상 친서전
달을 거부할 경우 결국 조선정부만 아무런 소식도 모르게 되기 때문에
분명 "속국을 관심하는 도의"에 어긋나게 된다는 점을 강조하면서 예
부를 통한 전달을 건의하였고 곧바로 동치황제의 재가를 얻었다.40) 이
에 청정부 예부에서는 병부의 긴급연락채널을 통해 총리아문의 위 상
주문 및 로우 공사의 친서를 즉각 조선정부로 전달하는 한편 조공관계
체제상 다시 외국의 문서를 대신 전달해 줄 수는 없다는 입장을 분명
히 강조하였고,41) 따라서 총리아문에서는 로우 공사에게 보낸 3월 28

---

38) 『同治朝籌辦夷務始末』卷80, 同治 10年 辛未 正月 壬子 ; 『關係史料』第2
　　卷,「總署奏摺」, 159~160쪽.

39) 『同治朝籌辦夷務始末』卷80, 同治 10年 正月 壬子條,「美國致朝鮮信函」;
　　『關係史料』第2卷,「總署收美使鏤斐迪照會 附件一 : 美使鏤斐迪致朝鮮國
　　王函」, 158~159쪽.

40) 『同治朝籌辦夷務始末』卷80, 同治 10年 正月 壬子條,「總理各國事務恭親王
　　等奏」;『關係史料』第2卷,「總署奏摺」, 159~160쪽.

41) 『關係史料』第2卷,「總署發禮部文」,「總署收禮部文 附件一 : 禮部奏摺 ; 附
　　件二 : 禮部奏片」, 161쪽, 165~166쪽.

일자 조회를 통해 이번의 친서전달은 특별한 호의와 파격적인 배려에
의한 것일 뿐 다시는 있을 수 없다고 단호하게 밝혀두었다.42)

한편 총리아문에서는 당시 청나라 지방정부 차원에서 대외관계사무
를 담당하고 있는 兩江總督 겸 南洋通商大臣 曾國藩과 直隷總督 겸
北洋通商大臣 李鴻章에게 위와 같은 사실을 통보하면서 특히 일본의
조선침략협조 가능성을 예의주시 하도록 요구하였다.43) 앞서 지적한
바와 같이 일본의 조선침략 가능성을 예의주시하는 것은 결국 청정부
의 주변안전을 걱정하기 때문이었고 이처럼 서양열강의 조선침략에
앞서 먼저 자국 및 주변환경의 안전대비책을 강구하기에 급급한 것은
앞서 1866년의 병인양요 때와 다름이 없었다.44) 그후 청정부가 보내준
로우 공사의 친서는 4월 10일경 서울로 전달되었고,45) 이에 대원군 정
부는 곧바로 4월 14일자 '回咨'를 통해 미국 측의 침략위협을 단호하게
거부하는 한편 특히 조공관계의 원칙에 의한 의례적인 조난선 구조 외
에 미국 측과 따로 협상할 일이 전혀 없다면서 청정부에서 미국 측의
조선행을 대신 막아주도록 요청하였다.46)

위 '회자'가 盛京禮部를 거쳐 북경으로 전달된 것은 같은 해 6월 4일
경 즉 신미양요가 이미 일어난 다음이었는데,47) 따라서 신미양요 직전
청정부 대신전달이라는 간접적 채널을 통해 미국 측과 조선왕조 사이

---

42) 『關係史料』第2卷,「總署發美使鏤斐迪函」, 167쪽.
43) 『關係史料』第2卷,「總署發南北洋大臣曾國藩李鴻章函」, 165쪽. 위 문서의
    원문은 "詳見密啓"라고 하여 수록되어 있지 않고 다만 그 내용을 요약한 "草
    目"만 수록되어 있다.
44) 권혁수,『병인양요와 중국청정부의 대응 연구』, 254쪽 참조.
45) 『承政院日記』고종 8년 2월 21일 ;『日省錄』고종 8년 2월 21일.
46) 『同文彙考』三, 洋舶情形,「回咨」; No.5, Kong of Corea to Board of Rites,
    Peking ; 김원모,『근대한미교섭사』, 231~234쪽.
47) 『關係史料』第2卷,「總署收禮部文 附件一 : 朝鮮國王咨 ; 附件二 : 禮部奏
    摺」, 173~176쪽.

64

에 처음이자 마지막으로 주고받은 공식 외교문서(로우 공사의 친서 및 위 회자)는 결국 양측의 상호 불신과 충돌을 완화 또는 해소하는 실질적 역할을 전혀 하지 못한 셈이었다. 여기에는 물론 조공관계의 원칙과 관례에 따른 중조 두 나라 사이 전통적 연락채널의 효율성 문제도 없지 않지만, 무엇보다도 미국 측에서 처음부터 조선왕조 측의 공식회답을 기다리겠다는 성의가 없었기 때문이었다. 실제로 로우 공사는 4월 5일자 조회를 통해 총리아문으로 친서전달에 대한 감사인사와 더불어 조선출발계획을 통보하였고 곧이어 4월 22일자 조회를 통해 향후 미국공사관의 관련사무를 윌리엄스가 대리하게 된다는 사실을 통보하는 한편 같은 날 곧바로 아세아 함대 사령관 로저스와 합류하기 위해 상해로 출발하였다.48) 한편 이홍장의 4월 10일자 보고를 통해 미국 측이 전쟁도발보다는 무력행사를 통한 조선왕조와 수교통상에 목적을 두고 있다는 정보를 입수한 뒤49) 총리아문에서는 또한 로우 공사가 청나라 天津 해관에 근무하는 미국인 상무관 드류(Edward Bangs Drew, 杜德維)를 임시통역관으로 채용하는 것을 반대하지 않음으로서 결국 드류가 조선원정에 동행할 수 있게 해주었다.50)

주지하는 바와 같이 그후 5월 말부터 7월 초까지 미국 아세아 함대에 의한 조선침략전쟁 즉 신미양요가 일어났는데, 그동안 청정부는 李鴻章 및 曾國藩 등의 보고에 의해 신미양요 관련정보를 속속 입수하면서51) 사태의 전개과정을 자세하게 파악하고 있었음에도 불구하고

---

48) 『關係史料』第2卷, 「總署收美使鏤斐迪函」, 「總署奏片」, 167쪽, 169쪽.
49) 『關係史料』第2卷, 「總署收直隷總督李鴻章函」, 168쪽.
50) Hosea Ballou Morse, *The International Relations of the Chinese Empire*, vol.Ⅲ, *The Period of Subjection 1894-1911*, Shanghai, etc. : Kelly and Walsh, Limited, pp.5～6.
51) 『關係史料』第2卷, 「總署收直隷總督李鴻章函」, 「總署收北洋大臣李鴻章文 : 附件一 : 江海關道涂宗瀛來稟 ; 附件二 : 江海關道涂宗瀛來稟」, 「總署收南洋大臣曾國藩函」, 「總署收北洋大臣李鴻章文」, 「總署收南洋大臣曾國藩文」, 「總署收南洋大臣曾國藩文」, 「總署收北洋大臣李鴻章文」, 「總署收南洋

조선왕조에 대한 실질적 지원 또는 미국 측의 침략행위에 대한 효과적 제지 등 아무런 조처도 취하지 않았고 심지어 북경주재 미국공사관 측과도 아무런 교섭이 없었던 것으로 나타났다. 당시 이홍장 등의 관련 보고는 상해 등 지역에서 발행되는 외국신문 및 상해, 천진 등 지역 주재 각국 영사 및 해당 지방관원 등 다양한 루트를 통해 수집된 정보자료로서[52] 신미양요의 전개과정을 파악하기에 충분하였으므로 앞서 병인양요 당시 프랑스와 조선왕조의 전쟁사태를 거의 파악하지 못하고 있던 상황[53]과 뚜렷한 차이를 보여주었지만, 청정부의 불간섭정책은 아무런 변함이 없었다. 말하자면 관련정보의 많고 적음과 사태의 파악 여부 등 기술적인 문제 때문이 아니라 청정부의 정책 자체가 로우 공사의 지적처럼 "그들 정부를 곤란에 빠뜨릴 가능성이 있는 모든 분규를 분명히 회피하고자 하는"[54] 목적이었기 때문이었다.

그리고 미국함대의 철수로 신미양요 사태가 마무리되는 시점인 7월 말부터 청정부 총리아문과 미국공사관 측은 위의 조선왕조 대원군 정부의 '회자'전달문제로 장장 5개월 가량 외교적 논쟁을 벌인 적이 있다. 같은 해 7월 22일 윌리엄스 대리공사가 총리아문으로 조선정부의 상기 '회자'를 공식 요구하자 그 다음날 총리아문에서는 상기 회자 중 조난선 구호에 관한 극히 일부 내용만 전달해 주었고,[55] 8월 5일 윌리

通商大臣曾國藩文」,「總署收津海關道陳欽函 附件一 : 美密領事函」,「總署收北洋大臣李鴻章文」, 168쪽, 169~172쪽, 176~179쪽 ; 吳汝綸 編,『李文忠公(鴻章)全書・譯署函稿』(臺北 : 文海出版社影印本)卷1,「條列五事」, 12~13쪽.

52) 신미양요 당시 청정부 대외관계분야 특히 對朝鮮關係 분야에서 李鴻章의 위치 및 구체적인 역할에 관한 내용은 권혁수,『19세기말 한중관계사연구』, 16~18쪽 참조.

53) 권혁수,「병인양요와 중국 청정부의 대응 연구」, 266쪽.

54) No.61, Low to Fish, Peking, April 3th, 1871 ; 박일근,『미국의 개국정책과 한미외교관계』, 70쪽.

엄스 측의 비난성 추궁을 받고 난 뒤 예부로 확인절차를 거쳐 8월 11일자 조회를 통해 조선정부 측에서 로우 공사의 위 친서를 받았다는 사실만 확인해 주고 미국 측에 직접 보낸 조선정부의 회신은 없다고 해명하였다.[56] 그러던 중 9월 18일 총리아문에서는 예부와 군기처를 통해 대원군 정부에서 賫咨官 李應俊 편에 보내온 고종 명의의 자문 등 10건의 관련자료(자세한 내용은 다음 부분 참조)를 일관 전달받아 신미양요의 진상을 정확히 파악할 수 있었고 또한 이홍장 등의 보고[57]를 통해 미국 측의 목적이 애당초 交戰보다는 통상조약 체결에 있었으며 더 이상의 침략행동은 없을 것으로 판단하게 되면서 미국 측과 교섭에 한층 더 여유를 가지게 되었다. 여기서 이홍장 및 청정부가 조선왕조에 대한 무력침략을 이미 감행한 미국을 오히려 호의적으로 이해하려는 태도는 19세기 말 중국인들의 미국인식과 무관하지 않았으며[58] 나아가서 그후 조선왕조와 미국의 수교통상을 적극 권고하는 외교정책과도 무관하지 않았다.[59]

9월 23일 총리아문을 직접 방문한 윌리엄스가 본국정부의 지시를 내세우면서 다시 조선정부의 '회자' 원문을 요청하자 총리아문에서는 10월 2일자 조회를 통해 조선정부의 '회자'의 기본내용을 설명해 주면서 특히 청나라도 조선정부에게 싫어하는 일을 억지로 강요하지 않는

55)『關係史料』第2卷,「總署發美署使衛廉士函」,「總署發美署使衛廉士函」, 187쪽.
56)『關係史料』第2卷,「總署收美使衛廉士函」,「總署發禮部片」,「總署收禮部片」,「總署發美署使衛廉士函」, 192~193쪽, 194~195쪽.
57)『關係史料』第2卷,「總署收北洋大臣李鴻章文」,「總署收南洋大臣曾國藩文」,「總署收北洋大臣李鴻章文」, 193, 195, 211쪽.
58) 李定一,『中美早期外交史』, 臺北 : 傳記文學出版社, 1978, 67~68쪽 ; 楊玉聖,『中國人的美國觀――個歷史的考察』, 上海 : 復旦大學出版社, 1996, 7~35쪽 참조.
59) 권혁수,『19세기말 한중관계사연구』, 17쪽.

이상 청나라와 친선관계를 갖고 있는 미국 역시 중국의 '속국'인 조선에 강요하지 말아야 한다고 강조하였다.[60] 곧이어 총리아문에서는 10월 9일자 상주문을 통해 향후 '속국'인 조선에 대한 의무상 서양 각국의 對朝鮮 교섭요청을 계속 만류하여 서로 편안하게 지내도록 해야 할 것이지만 동치황제의 上諭로 미국 측의 교섭요구를 직접 제지해 달라는 조선국왕의 요구는 사실상 수용할 수 없다는 입장을 제시하였는데,[61] 바로 조공관계를 고집하면서도 조선왕조에 대한 서양열강의 침략행동을 실력으로 막아줄 수 없다는 청정부의 기본 대응방침을 단적으로 보여주었다.

그후 북경으로 귀임한 로우 공사는 10월 10일자 조회를 통해 '西域各國'의 국제적 관례에 따라 조선왕조 측 '회자'의 전문을 그대로 전달해 줄 것을 강력히 요구하였고[62] 이에 총리아문에서는 부득불 10월 14일자 조회로 앞의 '회자' 全文 등 관련문서를 제대로 전달해 주었다.[63] 곧이어 로우 공사는 11월 2일 다시 총리아문을 방문하여 위의 '회자' 전달을 감사하는 한편 청정부에서 조선을 '속국'으로 주장하는 이상 조선왕조 측에서 접수거부한 자신의 친서를 대신 전달해 주도록 요청하였고, 또한 11월 22일 조회를 통해 자신의 친서를 첨부한 채 위와 같은 요청을 공식 제기했다.[64] 그러나 앞서 살펴본 바와 같이 이미 미국의

60) 『關係史料』第2卷, 「總署發美使鏤斐迪照會」, 「總署奏摺」, 209쪽, 213~215쪽.
61) 『關係史料』第2卷, 「總署奏摺」, 213~215쪽.
62) 『關係史料』第2卷, 「總署收美使鏤斐迪函」, 216쪽.
63) 『關係史料』第2卷, 「總署發美使鏤斐迪函」, 219쪽. 한편 박일근 교수의 『미국의 외교정책과 한미외교관계』, 110쪽에서는 11월 2일 총리아문에서 관련문서를 전달해 주었다고 했는데, 일단 그 날짜가 잘못되었다. 그리고 같은 책 110쪽의 각주 174에서 제시한 "9月初 7日 禮部文稱" 자료 역시 위 사실과 전혀 관련이 없는 조선해안 표류 異樣船의 구조 및 선원의 청나라 이송에 관한 내용이었다.

제2차 침략행동은 없을 것으로 파악한 총리아문에서는 12월 23일자 조
회를 통해 로우 공사의 지적을 일일이 논박하는 한편 "귀국이 듣기 싫
어하는 것을 중국이 강요할 수 없고 조선이 나아가기 싫어하는 것을
중국 역시 강요할 수 없다"면서 중국의 '우방'인 미국 역시 '중국의 속
국'인 조선의 '자주'를 허용해 주어야 한다면서 문서전달을 공식 거부
하였다.65)

　　바로 그 다음날 상주문에서 총리아문은 위와 같은 사실을 보고하는
한편 미국 측과 조선왕조 모두 중조 두 나라의 조공관계를 이용하려는
의도를 보여주고 있으므로 청정부의 경우 "오로지 중간에서 화해권고
를 하면서 미국에게 굳이 (조선으로) 갈 필요가 없다고 설득하는 것 외
에는 별다른 대책이 없다"고 실토하였다.66) 위와 같은 실토는 일찍 병
인양요 당시 프랑스 측의 조선침략 행동을 "설득하기도 어렵고 제지하
기도 어렵다(勸禁兩窮)"67)고 한 총리아문의 1866년 7월 18일자 상주문
의 내용과 너무 흡사한 대목으로서 그동안 청정부 불간섭정책의 변함
없음을 단적으로 보여주었다. 그러한 의미에서 신미양요 직후 청정부
가 "서방제국의 적개심을 도발하지 않고, 조청 양국간의 현 상태를 유
지하고, 영속시키기 위한 모든 수단과 방법을 이용할 것"이라고 한 로
우 공사의 논평68)은 당시 청정부가 불간섭정책을 고집할 수밖에 없는
현실적 입장을 정확하게 지적하였다. 바로 위와 같은 인식을 바탕으로
그후 미국정부의 조선외교정책은 "조선왕국을 중국과 별개의 주권국

---

64) 『關係史料』 第2卷, 「總署收美使鏤斐迪照會 附件一 : 美使鏤斐迪致朝鮮國
　　王照會」, 234~238쪽 ; 박일근, 『미국의 개국정책과 한미외교관계』, 110~112
　　쪽.
65) 『關係史料』 第2卷, 「總署發美使鏤斐迪照會」, 243~244쪽.
66) 『關係史料』 第2卷, 「總署奏摺」, 「總署奏片」, 244~246쪽.
67) 『關係史料』 第2卷, 「總署奏摺」, 30~31쪽 ; 권혁수, 「병인양요와 중국 청정부
　　의 대응」, 258~259쪽.
68) *China Despatch*, vol. 30. August 3th, 1871 ; 김원모, 『근대한미교섭사』, 240쪽.

가로 인정하는 방향"으로 전개되어 갔다.[69]

4. 辛未洋擾 기간의 中朝 교섭

앞서 살펴본 바와 같이 1866년의 제너럴 셔먼호 사건 이후부터 1871
년의 신미양요에 이르기까지 청정부는 미국 측 동정 등 관련정보를 조
선왕조로 속속 통보해 주었는데, 그러한 통보행위는 청정부 나름대로
조공관계상 조선왕조에 대한 의무에 충실하려는 모습을 보여주었을
뿐만 아니라 대원군 정권의 대비책 강화에도 어느 정도 도움이 되었던
것이 사실이다.[70] 반면에 정작 1871년 5월부터 7월 초까지 있었던 신
미양요 기간에 중조 두 나라 사이의 공식 연락은 앞서 병인양요 때[71]
에 비해 훨씬 더 적게 나타났는데, 자세한 내용은 <표 1>을 참조할

<표 1> 신미양요 전후 중조 두 나라 사이 咨文往來 一覽表[72]

번호	청정부 禮部	대원군 정권	작성/ 발송시일	자문내용	비고
1		回咨	1871년 4월 14일	조난선 구조는 가능하지만 통상은 절대불가, 청정부가 미국공사의 조선행을 막아주도록 요청	盛京禮部 거쳐 6월 4일에 북경도착
2		咨文	1871년 7월 4일	신미양요관련문서 및 고종명의 자문 등 통보, 통상불가방침 재천명	齎咨官 李應俊편 9월 10일 북경전달
3		咨文	1871년 7월 13일	黃海道 白翎津 등 표류 "異樣船" 선원 청나라 이송사실 통보	盛京禮部 거쳐 10월 6일 북경도착
4	咨文		1871년 7월 16일	영국선원 억류사실 문의 및 청나라 이송요청	盛京禮部 거쳐 8월 12일 경 서울도착

---

69) 박일근,『미국의 개국정책과 한미외교관계』, 114쪽
70) 연갑수,『대원군집권기 부국강병정책 연구』, 147~253쪽 참조.
71) 권혁수,「병인양요와 중국 청정부의 대응연구」, 266~277쪽.
72)『承政院日記』,『同文彙考』및『同治朝籌辦夷務始末』,『淸季中日韓關係史料』등 청정부와 조선왕조의 관련문헌에 근거하여 필자가 작성함.

수 있다.

위 표에서 보는 바와 같이 정작 신미양요 기간에 작성 또는 발송된 자문은 사실상 한 건도 없는 셈이며 그중 3번 및 4번 자문의 경우 같은 해 6월부 황해도 白翎津 앞 바다에 표착한 프러시아(Prussia, 普魯士, 布國) 상선 구조 및 선원의 청나라 이송에 관한 내용73)으로서 일단 본고의 논의에서 제외하기로 한다. 따라서 여기서는 신미양요 직전과 직후 대원군 정부에서 보내온 1번과 2번 두 건의 자문을 집중적으로 논의하게 된다. 그중 1번 즉 4월 14일자 '回咨'는 앞서 로우 공사의 친서에 대한 회답 내용이었지만 여전히 청정부 예부채널을 통해 제출함으로써 조공관계의 원칙과 관례를 그대로 고집하였다. 여기서 대원군 정부는 제너럴 셔먼호 사건은 조선에 대한 무단침략 및 軍民傷害 등 범행으로 자초한 응징에 불과하며 미국 측에서 다시 침략해 올 경우 즉각 대항, 소멸시킬 것이라는 단호한 입장을 밝히는 한편 조난선박의 경우 의례 구조해 줄 수 있지만 미국 측의 통상교섭의 요구는 "무릇 人臣으로서 의당 외교가 있을 수 없다(凡在人臣, 義無外交)"는 조공관계의 원칙 및 척박한 국내경제 사정에 의해 결코 수용할 수 없으므로 청정부에서 미국 측을 잘 설득하여 제지해 주도록 요청하였다.74)

앞서 살펴본 바와 같이 총리아문에서는 신미양요 직후 10월 9일자 상주문을 통해 동치황제의 上諭로서 미국 측의 조선교섭요구를 대신

---

73) 『承政院日記』 고종 8년 5월 26일, 고종 8년 6월 28일 ; 『同文彙考』 原編續漂民七, 上國人 ; 『同治朝籌辦夷務始末』 卷81, 同治 10年 5月 丙辰 ; 『關係史料』 第2卷, 「總署收英使威妥瑪照會 附件一 : 欒芳亭口供」, 「總署奏摺」, 「總署發英使威妥瑪函」, 「總署收英使威妥瑪照會」, 「總署收禮部片」, 「總署收禮部片 附件一 : 禮部奏摺 ; 附件二 : 朝鮮國王咨附夾單」, 「總署收軍機處交出禮部摺 附件一 : 朝鮮國王咨 ; 附件二 : 朝鮮國王咨」, 181~183쪽, 186쪽, 193쪽, 219~226쪽, 229~232쪽.

74) 『同文彙考』 原編續, 洋舶情形, 「回咨」 ; 『關係史料』 第2卷, 「總署收禮部文 附件一 : 朝鮮國王咨 ; 附件二 : 禮部奏摺」, 173~176쪽.

막아달라는 요구를 들어줄 수 없다는 입장을 분명히 밝혔는데, 그 원
인은 물론 미국 측에 대한 청나라 황제 上諭의 실효성문제 등 현실적
인 고려도 있었지만 무엇보다도 조선왕조와 서양열강의 충돌사태에
직접 개입하지 않으려는 불간섭정책에서 비롯된 것으로 볼 수 있다.
한편 미국의 통상교섭요구로 나타난 '서양의 충격'에 직면하여 여전히
소위 '人臣無外交'75) 원칙을 고집하는 입장은 결국 중국중심의 전통적
조공관계의 틀 속에서 대내외적 지배체제를 그대로 유지하려는 조선
왕조 대원군 정부의 보수성을 잘 보여주었는데, 이 점은 신미양요 직
후 청정부 예부로 보낸 2번 자문에서 한층 더 뚜렷하게 나타났다.76)

앞서 4월 14일자 '회자'가 사실상 청정부 채널을 이용하여 미국 측에
보낸 회답 내용이었던 반면 2번의 7월 4일자 자문은 대원군 정부가 신
미양요 직후 청정부에 직접 제출한 자세한 통보 내용으로서, 말하자면
신미양요 전후 기간에 신미양요사태와 관련하여 중조 두 나라 사이의
유일한 공식연락문서라는 점에서 중요한 의미를 갖게 된다. 특별히 이
응준을 북경으로 파견하여 전달한 위 문서에는 신미양요기간 江華府
留守兼鎭撫使 鄭岐源 및 富平都護府使 李基祖와 미국 측 로우 공사
및 드류77) 통역관이 서로 주고받은 문서 9건 그리고 고종명의의 자문

---

75) 『禮記・郊特牲』, "爲人臣者無外交, 不敢貳君也".
76) 『承政院日記』고종 8년 5월 17일 ; 『同文彙考』原編, 洋舶情形, 「歷陳美國兵
船洋擾情形咨」; 『關係史料』第2卷, 「總署收軍機處交片 附件一 : 禮部尙書
存誠等奏摺 ; 附件二 : 朝鮮江華府留守鄭岐源致美使照會 ; 附件三 : 美贊理
欽差文案總辦杜德綏覆江華鎭撫使照會 ; 附件四 : 朝鮮富平都護府使覆美使
照會 ; 附件五 : 朝鮮富平都護府使李基祖致美使照會 ; 附件六 : 美使覆朝鮮
富平府使照會 ; 附件七 : 朝鮮富平都護府使覆美使照會 ; 附件八 : 美使覆朝
鮮富平府使照會 ; 附件九 : 朝鮮富平都護府使覆美使照會 ; 附件十 : 美使致
朝鮮富平府使照會 ; 附件十一 : 朝鮮國王咨文」, 196~207쪽.
77) 드류(Edward Bangs Drew)의 한자이름은 Drew를 음역한 杜德維인데, 조선왕조
측의 관련문서에서는 모두 "杜德綏"로 잘못 표기되어 있다. 한편 신미양요
기간 조선왕조 측과 교섭과정에서 드류의 직함을 "美國贊理欽差文案總辦"

을 포함한 모두 10건의 관련문서가 포함되어 신미양요와 관련한 대원
군 정부의 가장 자세하고 공식적인 문서라고 할 수 있다. 그중 고종명
의로 청정부 예부에 제출한 7월 4일자 자문에서는 신미양요의 전후사
정을 간략하게 설명하면서 '自稱和好'하는 미국 측의 무장침략 행위를
강력히 비난하였고 아울러 청나라 황제가 미국공사에게 上諭를 내려
조선과 통상교섭계획을 아예 단념하고 또한 더 이상의 침략도발도 없
게 해 주도록 요청하였다. 말하자면 청나라와 조공관계를 빌미로 미국
의 통상교섭요구를 거부하였던 것과 마찬가지로 역시 조공관계를 이
용해 미국을 비롯한 서양열강의 접근을 막아보려는 의도를 보여주었
다.

같은 해 9월 10일에 위와 같은 자문을 전달받은 청정부 예부에서는
일단 총리아문과 공동 검토해 볼 필요가 있다고 주장하였지만,[78] 총리
아문에서는 10월 9일자 상주문을 통해 조선과 조공관계상 향후 조선왕
조에 대한 서양각국의 교섭요구 및 도발행위는 나름대로 설득해 줄 수
있겠지만, 미국공사에게 황제의 상유를 내려달라는 요청은 들어줄 수
없다는 입장을 분명히 밝혔다.[79] 여기에는 물론 미국공사가 과연 청나
라 황제의 상유를 받아들이겠느냐 하는 실효성 문제도 고려되었지만
무엇보다도 조선왕조와 서양열강의 분쟁사태에 직접 개입하지 않으려
는 불간섭정책에서 비롯된 것으로 풀이할 수 있다. 청정부의 위와 같
은 공식입장은 다시 이응준 편에 같은 해 12월 7일경 서울로 전달되었
고[80] 따라서 조선왕조 측의 요청은 사실상 공식 거부된 셈이었다.

으로 표기한 것은 미국 측에서 동양식 관직명칭을 모방하여 임의로 붙여준
것에 불과하다. 中國社會科學院近代史硏究所飜譯室編, 『近代來華外國人名
辭典』, 北京 : 中國社會科學出版社, 1981, 116쪽 참조.

78) 『關係史料』第2卷, 「總署收禮部文 附件一 : 禮部奏摺」, 207~208쪽.
79) 『關係史料』第2卷, 「總署奏摺」, 213~215쪽.
80) 『高宗實錄』 고종 8년 10월 25일 條承文院啓.

그후 총리아문의 12월 24일자 상주문에서 청정부의 위와 같은 불간
섭정책의 이유와 목적을 한층 더 자세하게 밝혔는데 대략 다음과 같은
내용이었다.[81] 즉 "미국은 속국이라는 두 글자를 빌려 중국의 세력으
로 조선을 제압하여 저들의 음모를 달성하려 하고, 조선 역시 속국이
라는 두 글자를 빌려 중국의 힘을 청해서 미국을 제어함으로써 보호를
받으려고" 하는데, 특히 조선왕조에서 신미양요 기간 청정부로 보낸
자문의 내용을 그대로 미국 측에 전달해 준 행동은 결국 청나라와 조
공관계를 빌미로 책임을 회피하려는 의도라고 할 수 있다. 따라서 청
정부의 경우 조선왕조와 미국의 충돌사태에 대하여 "오로지 중간에서
화해권고를 하면서 미국에게 굳이 (조선으로) 갈 필요가 없다고 설득하
는 것 외에는 별다른 대책이 없다"는 것이었다. 실제로 신미양요 기간
조선왕조 측에서 청정부 예부로 보낸 4월 14일자 '회자' 사본을 미국
측에 직접 전달해 줌으로써 그후 로우 공사가 총리아문으로 위 '회자'
전문의 전달을 요구하는 사태가 발생하였는데, 따라서 청정부로서는
조선왕조 측의 위와 같은 처사를 크게 불만스러워 할 수밖에 없었고
그만큼 청정부가 조선왕조와 서양열강의 충돌사태에 직접 개입하기를
싫어하고 있었음을 단적으로 보여주고 있다.

사실 이른바 속국의 내정외교를 일반적으로 직접 간섭하지 않는 것
은 전통적 조공관계의 관례이자 원칙이었고[82] 청정부의 위와 같은 불
간섭정책 역시 그러한 원칙과 관례를 따른 것으로서 그것은 결국 당시
서양열강의 교섭요청에 대한 조선왕조의 거부 입장과 마찬가지로 청
정부와 조선왕조가 한결같이 고집하고 있는 전통적 조공관계체제와

---

81) 『關係史料』第2卷,「總署奏片」, 246쪽.
82) 1876년 2월 총리아문에서는 일본공사 森有禮에게 보낸 조회를 통해 위와 같
    은 원칙을 자세하게 설명한 적이 있다. 『關係史料』第2卷,「總署發日使森有
    禮照會」, 295쪽 ; 권혁수, 『19세기말 한중관계사연구』, 28~31쪽 참조.

본질적으로 일치한 것이라고 할 수 있다. 반면에 미국을 비롯한 서양 열강이 주장하는 근대적 조약관계체제(The Treaty System)의 시각에서 볼 때 위와 같은 불간섭정책은 결국 조선에 대한 책임을 포기하는 것으로 간주될 수밖에 없었는데,[83] 이와 관련하여 신미양요 직후 로우 공사의 다음과 같은 논평을 주목할 수 있다.[84]

"淸은 서방제국의 적개심을 도발하지 않고, 朝淸兩國間의 현 상태를 유지하고 영속시키기 위하여 모든 수단과 방법을 이용할 것이라고 추측할 만하다. 조선이 현재 취하고 있는 교섭거부 태도를 그대로 고수하고 있는 한 조선에 대한 청의 지배권은 인정되고 준수될 것이다.… …북경당국은 이 점을 분명히 알고 있었고 그렇기 때문에 조선을 현 상태로 유지하기를 희망하고 있다."

사실 조공관계를 비롯한 내외적 전통 지배체제를 현 상태 그대로 유지하려는 보수성에 있어서 당시 청정부나 조선왕조 모두 본질적 차이는 없었지만, 문제는 그러한 전통적 조공관계체제가 1866년의 병인양요에 이어 다시 미국을 대표로 하는 서양열강의 '포함외교(Gunboat Diplomacy, 砲艦外交)'에 의해 여지없이 부정되고 無力化면서 중국중심의 동아시아 전통적 국제관계질서를 다시 한번 크게 동요시켰다는 점이다. 그후 청정부는 근대적 조약관계체제의 일부 형식과 내용을 도입하여 전통적 조공관계체제를 한층 더 강화하려는 이른바 '하나의 외교 두 가지 체제(one diplomacy two system, 一個外交兩種體制)'의 대외정책을 추진하기 시작하였고,[85] 조선왕조 역시 서양열강 및 일본에 대한

---

83) Morse, *op. cit.*, pp.4~6.
84) *China Despatch*, vol. 30, August 3th, 1871 ; 김원모, 『근대한미교섭사』, 240쪽 참조.
85) 19세기 말 중국대외관계의 근대적 전환과정에서 하나의 과도기적 특징으로

근대적 수교통상관계와 청나라에 대한 전통적 조공관계를 병행하는 소위 '兩截體制'(兪吉濬)[86]의 대외관계를 형성해 나가기 시작한 것도 바로 위와 같은 '西勢東漸'의 국제정세 변화에 나름대로 대응하기 위한 노력으로 이해할 수 있다.

5. 맺는 말

위와 같이 본고에서는 조선역사상 미국과 최초의 전쟁사태인 1871년 신미양요 당시 조선왕조와 전통적 조공관계를 맺고 있던 중국 청정부의 구체적 대응과정을 살펴보았는데, 그 내용을 대략 다음과 같은 세 가지로 요약할 수 있다.

첫째, 일찍이 1866년 9월의 제너럴 셔먼호 사건 발생 직후 청정부에서는 곧바로 조선왕조 대원군 정부의 자문 및 이홍장 등의 보고 내용에 의해 사건의 진상을 정확하게 파악하고 있었지만, 중국주재 미국공사관측의 진상조사협조 요청에 줄곧 거부 또는 비협조적 태도로 일관하면서 조선왕조에 대해서는 필요에 따라 미국 측의 동정을 통보해 주

나타난 이른바 "하나의 외교 두가지 체제(One Diplomacy Two System, 一個外交兩種體制)" 현상과 정책에 관한 자세한 논의는 최근년간 필자의 다음과 같은 연구를 참조할 수 있다. 권혁수, 『19세기말 한중관계사연구』;「審視近代韓中關係之轉變－以19世紀開化派勢力之韓中關係構想爲中心」, 第五屆亞太地區韓國學國際學術會議 발표논문, 中國 北京大學, 2000年 8月;「한중관계의 근대적 전환과정에서 나타난 비밀외교채널－李鴻章과 李裕元의 往復書信을 중심으로」,『韓國學論集』 37, 한양대학교, 2003. 10, 216~239쪽;「李鴻章與朝鮮國王高宗往來咨文及書信考(1882~1894)」, 第五屆韓國傳統文化國際學術硏討會 발표논문, 中國 南京大學, 2003年 10月.

86) 原田環,『朝鮮の開國と近代化』, 191~218쪽;鄭容和,「유길준의 양절체제론 : 이중적 국제질서에서의 "방국의 권리"」,『국제정치논총』제37집 3호, 1999 ;연갑수,『대원군집권기 부국강병정책연구』, 142~146쪽 등 참조.

어 나름대로 대비책을 강화하도록 촉구하는 이율배반적 모습을 보여
왔다. 한편 불간섭정책에 관한 청정부 총리아문의 거듭된 입장표명은
결국 미국 측으로 하여금 중국과 조선왕조의 전통적 조공관계를 단순
한 의례적 관계로 간주하게 하였고 나아가서 조선왕조에 대한 거침없
는 침략행동으로 이어졌다. 그러한 의미에서 청정부의 불간섭정책은
앞서 1866년 병인양요 때와 마찬가지로 조선왕조에 대한 서양열강의
침략행동을 막아주지 못하였을 뿐만 아니라 오히려 조선왕조에 대한
미국의 '포함외교'가 거침없이 전개될 수 있게 한 객관적 국제환경요인
을 마련해 주었다고 볼 수 있다.

　둘째, 그후 신미양요 기간 청정부는 앞서 병인양요 때와 달리 이홍
장 등의 보고에 의해 조선왕조와 미국 측의 전쟁사태를 거의 정확하게
파악하고 있었음에도 불구하고 자국의 주변안전과 관련된 일본의 협
조 가능성 등 문제만 예의주시하였을 뿐 조선왕조에 대한 지원노력 또
는 미국 측의 침략행동에 대한 효과적인 제지노력이 전혀 없었다. 즉
관련정보의 많고 적음과 사태의 진상파악 여부와 관련 없이 조선왕조
와 서양열강의 충돌사태에 직접 개입하지 않으려는 청정부의 불간섭
정책은 병인양요 때와 아무런 다름이 없었다. 한편 미국공사관 측과
교섭과정에서 청정부는 여전히 조선왕조와 조공관계를 주장하면서도
미국 측의 조선교섭요구를 전달해 주기를 거부하였는데 따라서 그후
미국정부는 조선을 청나라와 별도의 독립국가로 간주하는 對朝鮮정책
을 새롭게 추진하기 시작하였던 것이다.

　셋째, 앞서 병인양요 기간과 달리 1871년 5월부터 7월까지 신미양요
가 전개되던 동안 청정부와 대원군 정권 사이에는 아무런 직접 연락이
없었던 것으로 나타났으며 신미양요를 전후하여 두 나라 사이에 서로
주고받은 4건의 자문 중 두 건은 조선해안 표류 '異樣船'의 구조 및 선
원이송에 관한 내용이었다. 그러나 미국공사 로우의 친서에 대한 회답

으로 보내온 4월 14일자 '회자'에서 대원군 정권은 조난선박의 구조를 약속하면서도 미국 측의 통상교섭요구를 계속 거부하였고 특히 청나라 황제의 상유로 미국 측의 조선행을 직접 제지해 주도록 공식 요청하였지만 청정부 총리아문에서는 결국 그 요청을 거부하였다.

그리고 신미양요 직후 대원군 정권은 齎咨官 李應俊을 파견하여 신미양요 기간 미국 측과 주고받은 관련문서 9건 및 고종명의의 7월 4일자 자문을 청정부 예부로 전달하면서 신미양요의 경과를 자세히 통보하였고 다시 한번 청나라 황제의 상유에 의한 미국 측 교섭요구 제지를 공식 요청해왔다. 그러나 총리아문에서는 검토해 볼 필요가 있다는 禮部의 주장에도 불구하고 미국은 물론 조선왕조 역시 모름지기 청나라와 조공관계를 이용하려는 의도를 보여주고 있다면서 다시 한번 위와 같은 요청을 거부함으로써 불간섭정책을 끝까지 고집하였다.

요컨대 중조 두 나라 사이의 전통적 조공관계는 1866년의 병인양요에 이어 1871년 신미양요 때도 마찬가지로 미국의 포함외교에 의해 다시 한번 無力化되면서 그후 '西勢東漸'의 국제정세에 직면한 전통적 조공관계체제의 새로운 변화를 예고해 주었는데, 바로 그러한 변화가 중조 두 나라 전통적 조공관계의 근대적 전환과정으로 나타났다.

한중관계의 근대적 전환과정에서 나타난 비밀 외교채널

-李鴻章-李裕元의 往復書信을 중심으로-

1. 들어가는 말

19세기 말 한중관계사 연구에 있어서 이홍장과 이유원 사이의 왕복 서신에 대한 연구는 다른 주제에 비해 상당히 많이 진행된 것으로 볼 수 있는데, 대표적으로 權錫奉,[1] 宋炳基,[2] 하라다(原田環)[3] 및 필자[4]

---

1) 權錫奉, 「李鴻章의 對朝鮮列國立約勸導策에 對하여」, 『歷史學報』 21, 1962 ; 「洋務官僚의 對朝鮮列國立約勸導策」, 『淸末對朝鮮政策史研究』, 一潮閣, 1986, 79~116쪽.
2) 宋炳基, 「19世紀末의 聯美論序說-李鴻章의 密函을 中心으로」, 『史學誌』 9, 1975 ; 「李裕元·李鴻章의 交遊와 李鴻章의 西洋各國과의 修交勸告」, 『近代韓中關係史研究-19世紀末의 聯美論과 朝淸交涉』, 檀國大出版部, 1985.
3) 原田環, 「朝·中「兩截體制」成立前史-李裕元と李鴻章の書簡を通して」, 飯沼二郎, 姜在彦 編, 『近代朝鮮の社會と思想』, 東京 : 未來社, 1981 ; 「朝·中「兩截體制」成立前史」, 『朝鮮の開國と近代化』, 廣島 : 溪水社, 平成 9年, 191~218쪽.
4) 졸고, 「근대중조관계사에서의 단명의 열선-리홍장과 리유원의 관계를 론하여」, 『제2차조선학국제학술토론회론문집』, 북경 : 민족출판사, 1989, 384~397쪽 ; 「西洋各國과의 修交通商勸告」, 『19世紀末 韓中關係史 研究-李鴻章의 朝鮮認識과 政策을 中心으로』, 白山資料院, 2000, 38~51쪽.

의 연구가 있다. 그중 권석봉과 송병기의 연구는 서양각국과 수교통상을 권고한 부분만 부각시켜 대체로 1882년 朝美條約의 체결 배경에 관한 시각에서 다루어졌기 때문에 이홍장-이유원의 서신연락관계 자체에 대한 본격적인 연구는 아니었고, 필자의 연구는 왕복서신을 직접 조명하려는 의도에도 불구하고 서신 전체에 대한 자세한 연구가 못되었다. 하라다(原田環)의 연구는 왕복서신 전체에 대한 최초의 본격적인 연구였지만, 여전히 19세기 말 한중관계사의 근대적 전환차원에서 거시적인 분석을 위주로 하였다.

즉 위와 같은 선행연구에서 이홍장과 이유원의 서신연락관계의 배경과 영향 등에 대한 논의가 많이 진척된 반면 정작 그러한 서신연락관계가 성립될 수 있는 직접적인 계기인 이유원의 使淸에 관한 내용이 검토되지 않았고, 또한 무려 17통으로 추정되는 왕복서신의 구체적인 내용도 자세히 검토된 적이 없다. 역사학의 연구가 무엇보다도 사료의 고증과 분석을 통한 역사적 접근방법에 의해 이루어져야 함을 감안할 때 이홍장과 이유원의 서신연락의 배경과 의미 등에 대한 외곽적 차원에서의 분석 못지 않게 그러한 분석작업의 대상이 되는 위와 같은 기본史實에 대한 고증과 천착이 필요하다고 생각된다.

따라서 본고에서는 지금까지 선행연구에서 거의 논의되지 않은 이유원의 使淸에 관한 문제 및 이홍장과 이유원의 왕복서신의 구체적인 내용에 대한 고증과 분석을 통해 이 주제 및 그와 관련된 근대 한중관계사의 연구에 一助하려고 한다.

2. 李裕元의 使淸과 두 가지 使命

주지하는 바와 같이 1875년 말 청나라를 다녀간 이유원의 공식직함은 王世子冊封陳奏兼奏請使로서 바로 고종과 민비 사이에 태어난 元子 坧의 세자책봉을 요청하기 위해서였다. 일찍이 16세의 나이로 왕비가 된 민비는 貴嬪 李氏가 먼저 서자 完和宮을 출산하여(1868년, 고종 5) 당시 攝政 자격으로 사실상 정권을 장악하고 있던 대원군의 각별한 사랑을 받고 있는 불리한 상황에서 이듬해에 뒤늦게 출산한 아들을 곧 바로 잃었고, 그후 1874년에야 다시 원자를 출산하였다. 그러나 비록 庶出이지만 민비 소생의 원자보다 나이가 더 많은 완화궁을 세자로 책봉할 수 있는 가능성이 현실적으로 제기되고 있고, 또한 그 뒤에는 여전히 막강한 정치적 세력을 확보하고 있는 대원군의 영향력이 作用하고 있는 상황에서 민비의 입장은 마냥 불안할 수밖에 없었다.5) 말 그대로 '母以子貴'하는 궁중에서 원자의 출산 및 그에 대한 세자책봉은 왕실에서 민비의 지위 및 현실정치에 대한 영향력과 직결되는 절체절명의 문제였고, 또한 바로 1년 전에 親政體制로 돌입한 고종정부가 대원군의 정치적 영향력에서 벗어나 홀로 서기를 하게 되는 중요한 정치적 상징의미를 지니지 않을 수 없었다.

실제로 원자의 출생에서 세자책봉에 이르기까지 고종정부는 많은 恩典과 경축조치를 거듭 내렸는데, 바로 당시 고종정부와 민비가 원자의 출생 및 세자책봉을 얼마나 중요하게 인식하고 있었는가를 잘 보여주는 사례였다. 바로 이처럼 중요한 세자책봉을 위해 적극적으로 나선 사람이 이유원이었는데, 당시 이유원은 정치적으로 상당히 불리한 입장에 처해 있었다. 고종 10년 11월 13일에 領中樞府事에서 정부수반에 해당하는 領議政으로 임명된 이유원은 사실상 친정체제로 방금 들어선 고종정부 초기의 핵심 구성원이었지만,6) 바로 그 이듬해에 대원군

---

5) 李覺鍾,『純宗實紀』, 京城 : 新民社, 1927, 91~92쪽 ; 黃玹,『梅泉野錄』卷之一 上, 國史編纂委員會, 1955, 1쪽, 23쪽 ; 尹孝定,『韓末秘史-最近 六十年의 秘錄』, 敎文社, 1995, 50~54쪽 참조.

의 還去를 請하면서 이유원을 論斥하는 前掌令 孫永老의 上疏에[7] 의
해 정치적 권력투쟁의 목표로 되면서 사직과 면직이 거듭되는 정치적
부침을 겪게 된다.

<표 1> 元子의 출생 및 世子冊封에 관해 내려진 恩典 및 慶祝조치 내용

년월일	은전 및 경축조치 내용	자료 출처
高11.2.8	誕生祝賀,前右議政 韓啓源 特別敍用, 島配罪人 南廷順 放送, 文蔭武罷削人 및 輕囚人 蕩滌釋放	承院/ 日省/ 高宗 高11.2.8
高11.2.14	大王大妃께 致詞를 親上하고 便殿에서 奎章閣 등 의 進箋 받음, 增廣試 擇日實施토록 지시함, 各道 의 舊還 및 2개월분 市民從役 등 蕩減, 貢市人들에 게 貢人米. 市人米 지급.	承院/日省/高宗. 高11.2.14 高宗文集, p.395
高11.5.20	進賀大臣 들에게 元子 仰瞻케 한뒤 잔치베품, 洪趾 海 등 罪名 交周하려다 大臣들 요청으로 철회	同上 高11.5.20
高12.1.1.	禮曹에 世子冊封 擇日하도록 지시, 1월 7일과 2월 18일을 각각 定名吉日과 冊禮吉日로 推擇함. 冊封都監都提調 李裕元, 世子傅 李最應 등 임명.	同上 高12.1.1 嘉梧藁略 年譜二
高12.1.7.	世子冊封奏請 正使 李裕元 등 임명.	同上 高12.1.7 嘉梧藁略 年譜二
高12.2.8.	世子初度日, 朝官의 竄配. 士庶의 島配이하 모두 放免 및 罪名 蕩滌, 儒生停擧도 蕩滌케 함. 飾喜同樂위해 明日의 應製에 中央 및 地方 모두 참가케 하고 入直將官 및 軍兵들도 應試케 함.	同上 高12.2.8 高宗文集, p.402 金弘集遺稿, pp.25~ 26
高12.2.18	仁政殿에서 王世子 冊禮 거행함.	同上 高12.2.8
高12.2.19	王世子冊禮의 國朝御牒 및 璿源譜略에 記載事를 宗親府에 擧行케 함, 仁政殿에서 受賀頒赦, 諸道 舊還 30萬石 및 市民徭役 등 蕩減토록 지시함.	同上 高12. 2. 19

*承院·日省·高宗은 각각 承政院日記, 日省錄 및 高宗實錄의 略稱임.[8]

6)『承政院日記』고종 10년 11월 13일 ;『日省錄』고종 10년 11월 13일 ;『高宗
  實錄』고종 10년 11월 13일.

7)『承政院日記』고종 11년 11월 29일 ;『日省錄』고종 11년 11월 29일 ;『高宗
  實錄』고종 11년 11월 29일 ; 李裕元,『嘉梧藁略』年譜二, 當宇十一年甲戌十
  一月二十九日.

8)『高宗文集』및『金弘集遺稿』의 자세한 출처는 다음과 같다.「元子誕生第七
  日親上致詞於大王大妃殿仍爲臨殿受賀敎」,「東宮冊儲後朝官年七十士庶年

당시 고종은 君父를 협박하였다는 죄로 孫永老를 義禁府에 가두어 鞫問하게 한 뒤 전라도 珍島로 圍離安置시켰고, 이에 時原任大臣 등이 聯箚로 孫永老의 治罪를 중지하도록 요청하는 등 정치적 파문이 크게 일어나게 되었다.[9] 그후 世子冊封을 奏請하기 위해 청나라로 출발할 때까지 반년 남짓한 기간에 이유원의 관직은 <표 2>와 같이 거듭된 변화를 보여주었다. 위와 같은 정치적 파문의 뒷면에는 이유원의 정치적 행태 및 그 인품에 대한 대원군과 그 추종세력 그리고 士大夫層의 경멸감 및 적대의식이 크게 작용한 것으로 볼 수 있다.[10]

여하튼 앞서 孫永老의 上疏로 인해 탄핵받기부터 그 이듬해인 고종 12년 7월 30일에 世子冊封奏請使로 辭陛할 때까지 불과 반년 남짓한 기간에 이유원은 두 번의 탄핵과 두 차례의 敍用이라는 정치적 浮沈을 거듭하였고, 결국 청나라로 떠나기 전에 스스로 영의정을 사임하고 말았다. 정부수반에 해당하는 이유원의 위와 같은 정치적 부침은 그 개인에 대한 대원군 및 그 추종세력의 반감을 떠나 親政體制로 방금 진입한 고종정부 초기의 심각한 정치적 파동이라고 할 수 있는데, 그 과정에서 이유원은 영의정에서 물러나는 대신 世子冊封奏請이라는 重責을 자청해 나서는 것으로서 자신의 정치적 몰락위기를 극복하려고 한 것으로 보인다. 실제로 『純宗實紀』등의 기록에 의하면 대원군이 庶子출신의 完和宮을 長子라는 이유로 세자로 책봉시킬 기미를 보이

八十並加一資市民泮人徭役蕩減敎」,『高宗文集-珠淵集-』, 城南 : 韓國精神文化硏究院, 1999, 395쪽, 402쪽 ;「送橋山李相國奉使奏請序 乙亥」, 高麗大學校中央圖書館 編,『金弘集遺稿』, 高大出版部, 1976, 25～26쪽.

9)『承政院日記』고종 11년 12월 2일, 12월 3일 ;『日省錄』고종 11년 12월 2일, 12월 3일 ;『高宗實錄』고종 11년 12월 2일, 12월 3일 ;『嘉梧藁略』年譜二, 當宇十一年 甲戌 十二月.

10) 黃玹,『梅泉野錄』卷之一 上, 24～25쪽 ; 尹孝定,『韓末秘史-最近 六十年의 秘錄』, 21～22쪽, 55쪽 ; 田保橋潔,『近代日鮮關係の硏究』上卷, 京城 : 朝鮮總督府中樞院, 1940, 28～29쪽 등 참조.

<표 2> 李裕元의 관직변동상황 一覽表

년월일	관직변동상황	자료출처
高11.11.29	孫永老의 上疏件으로 城外로 選出하고, 高宗이 還第토록 敎諭함	承院/日省/高宗 高11.11.29 嘉梧藁略 年譜二
高11.12.4.	領議政을 罷職함	同上 高11.12.4
高11.12.5.	敍用하여 相職에 復拜함	同上 高11.12.5
高11.12.16	고종, 熙政堂에서 이유원 召見함	同上 高11.12.16
高11.12.24	이유원, 鄭勉洙의 上疏로 自退하고 經行, 고종 該疏 封還케 하고 이유원에게 還第토록 敎諭함.	同上 高11.12.24 嘉梧藁略年譜二
高11.12.24	고종, 敎를 내려 李裕元을 彈劾한 鄭勉洙를 大官을 構逼하였다면 靈光郡서 荏子島로 竄配함.	同上高11.12.24 嘉梧藁略年譜二
高11.12.27	영의정을 罷職함	同上高11.12.27 嘉梧藁略年譜二
高11.12.28	前領議政 李裕元을 敍用함	同上高11.12.28 嘉梧藁略年譜二
高12.1.1.	世子冊封都監都提調에 임명함	同上高12.1.1 嘉梧藁略年譜二
高12.1.7.	世子冊封奏請正使로 임명함	同上高12.1.7 嘉梧藁略年譜二
高12.2.15.	領議政兼世子師로 임명함	同上 高12.2.15 嘉梧藁略年譜二
高12.4.22.	領議政을 辭任함	同上 高12.4.22 嘉梧藁略年譜二

자 다급해진 민비가 즉각 이유원을 청나라로 보내 자신이 출산한 원자 坧의 세자책봉을 奏請하도록 하였고,[11] 또한 김홍집도 이유원이 그의 고령을 걱정하는 고종의 거듭된 만류에도 불구하고 청나라로 출발하였다고 한다.

고종이 이유원의 使行길에 특별히 御醫를 동행시켜 건강을 돌보게 하였고 또한 출발 당시 조정대신들이 都城밖에까지 멀리 배웅하였던 것도 모두 당시 고종과 민비 및 정부에서 그만큼 세자책봉문제를 중요

---

11) 李覺鍾, 『純宗實紀』, 92쪽 ; 尹孝定, 『韓末秘史 – 最近 六十年의 秘錄』, 50~54쪽.

시하였던 것으로 풀이할 수 있다.[12] 바로 그러한 의미에서 이유원의
使淸은 무엇보다도 세자책봉이라는 중대한 정치적 사명을 완성하기
위해서였고, 구체적으로 세자책봉을 통해 친정체제의 강화 및 척족세
력의 영향력 확보를 위한 고종과 민비의 정치적 의지와 개인의 정치적
재기를 위한 이유원의 의욕이 함께 이루어낸 결과라고 볼 수 있다.

<표 3> 北京에서 李裕元 일행의 공식일정

시간	활동내용	자료출처
1875. 10. 29	北京에 도착, 禮部로 奏請文 및 方物 전달	同文彙考三 德宗實錄 52冊
11. 3	神武門밖에서 光緒皇帝의 壽皇殿 行禮 瞻觀	위와 같음
11. 7	午門앞에서 慈禧太后의 萬壽節 축하행사 참가	德宗實錄 52冊
11. 27	午門앞에서 領賞한 뒤 곧바로 귀국	同文彙考三 德宗實錄 52冊

이처럼 世子冊封의 奏請이라는 중책을 지닌 奏請正使 이유원 및
副使 金始淵과 書狀官 朴周陽 일행은 1875년 8월 30일(고종 12년 7월
30일)에 고종을 辭陛하고 서울을 출발하였는데, 당시 이유원의 관직은
領中樞府事로 표기되어 있었다.[13] 일찍이 1845년(憲宗 11年, 淸道光
25年)에 謝恩兼冬至使의 書狀官 신분으로 북경을 다녀온 적이 있는
이유원으로서는 사실상 두 번째의 使淸行이었다.[14] 여하튼 이유원 일

---

12) 『金弘集遺稿』, 「送橘山李相國奉使奏請序 乙亥」, 25~26쪽.
13) 『承政院日記』고종 12년 7월 30일 ;『日省錄』고종 12년 7월 30일 ;『高宗實
   錄』고종 12년 7월 30일 ;『嘉梧藁略』年譜二 ;『金弘集遺稿』, 25~26쪽.
14) 당시 謝恩兼冬至使는 李憲球였고 副使는 李同淳이었으며 이유원은 書狀官
   이었는데, 이유원은 북경체류기간에 청나라 문인들과 널리 교유하면서 그들
   로부터 서예 및 회화작품을 무려 43건이나 받았다고 한다.『承政院日記』憲
   宗 11년 6월 乙卯, 10월 壬子, 憲宗 12년 2월 壬申 ;『憲宗實錄』憲宗 11년 6
   월 乙卯, 10월 壬子, 憲宗 12년 2월 壬申 ;『淸宣宗實錄』39冊, 北京 : 中華書
   局影印本, 180~190쪽 ; 李裕元, 「題四十三帖」,『嘉梧先生文集』, 景仁文化

행은 2개월 뒤인 10월 29일에 북경에 도착하여 청나라 禮部로 세자책
봉을 요청하는 奏文 및 청나라 皇帝와 皇太后에게 전달하는 方物을
함께 제출하였다.15) 필자의 조사에 의하면 세자책봉의 奏請이라는 사
명을 맡고 찾아온 이유원 일행은 조공관계의 원칙과 관례에 따라 북경
에서 한달 동안 대략 위 <표 3>과 같은 공식일정을 가진 것으로 나타
났다.16)

당시 이유원은 청나라 문인들과 交遊할 겨를도 없이 분주하게 노력
한 결과 청정부로부터 세자책봉에 관한 허락을 얻어냄으로써 첫 번째
사명을 무난히 완수할 수 있었다.17) 같은 해 12월 1일에 청나라 光緖
황제는 고종의 요청에 따라 원자 坧을 세자로 책봉한다는 勅諭를 내렸
고,18) 곧이어 세자책봉을 위해 散秩大臣 吉和 및 內閣學士 烏拉喜崇
阿를 欽差正使 및 副使로 각각 임명하였다.

전통적 조공관계의 절차 및 관례에 의하면 조선정부의 세자책봉요
구를 보고하면서 光緖皇帝의 재가를 요청하는 것은 당연히 禮部의 소
관이었다. 그러나 최근 중국에서 발간된 사료에 의하면 광서황제에게
조선정부의 세자책봉요구를 재가해 주도록 요청하는 上奏文은 大學士

社, 1993, 408쪽.
15) 「乙亥請冊封世子原奏」, 「陳請封事情別奏」, 『同文彙考』 三, 國史編纂委員
會, 1978, 2250~2551쪽.
16) 『同文彙考』 三, 「禮部知會使臣事宜咨」, 2554~2555쪽 ; 世續 等修, 『淸德宗
實錄』 52冊, 北京 : 中華書局影印本, 294~305쪽. 한편 이유원 일행은 한달
가까이 북경에 체류하면서 청나라 관료문인들과 교유하고 골동품거리로 유
명한 琉璃廠을 찾는 등 사적인 일정도 가졌는데, 자세한 내용은 『嘉梧先生文
集』, 「題四十三扇帖」, 「北征篇」, 408쪽, 418~423쪽 참조.
17) 『嘉梧先生文集』, 「題四十三扇帖」, 408~409쪽 ; 『韓末秘史—最近 六十年의
秘錄』, 53~54쪽.
18) 中國第一歷史檔案館 編, 『淸代中朝關係檔案史料彙編』(北京 : 國際文化出版
公司, 1996. 이하 모두 『檔案史料彙編』으로 略稱함), 圖版5, 「勅諭朝鮮國王
底」 ; 졸저, 『19世紀末 韓中關係史硏究』, 25쪽.

및 直隸總督 이홍장을 필두로 大學士 및 陝甘總督 左宗棠 그리고 協
辦大學士 沈葆楨 등 세 사람의 공동명의로 제출된 것으로 나타났다.[19]
조선사무에 관한 문제를 전통적으로 조선을 포함한 이른바 '藩屬國'의
문제를 전담하고 있던 예부도 아니고 또한 외교문제전담기구로 설립
된 總理各國事務衙門[20]도 아닌 위의 세 사람이 공동명의로 상주문을
제출하게 된 까닭은 아직 자세히 밝혀지지 않았다. 여하튼 당시 直隸
總督 및 北洋通商大臣을 함께 맡고 있던 이홍장이 조선문제에 깊숙이
개입하고 있었으며,[21] 따라서 세자책봉문제에도 상당한 영향력을 발휘
하고 있었던 것으로 보인다.

한편 세자책봉에 관한 청정부의 결정내용은 곧바로 예부를 통해 조
선으로 통보되었고,[22] 조선정부는 이유원 일행의 귀국복명과[23] 더불어
세자책봉을 위한 제반의 준비를 지체없이 진행하였다.[24] 그후 청정부
의 世子冊封使 吉和와 烏拉喜崇阿 일행은 1876년 2월 16일경 서울에
도착하여 전통적 조공관계의 절차에 의한 冊封禮를 거행하였다.[25] 결

---

19) 『檔案史料彙編』, 圖版5, 「勅諭朝鮮國王底」.

20) 總理各國事務衙門에 관한 대표적인 연구로는 Meng Ssu-ming(蒙思明), The
Tsungli Yamen : Its Organization and Functions, Cambridge, Mass. : HUP, 1962 ; Banno,
Masataka(坂野正高), China and the West 1851-1861 : The Origins of the Tsungli Yamen,
Cambridge, Mass. : HUP, 1964 ; 吳福環, 『淸季總理衙門硏究』, 臺北 : 文津出
版社, 1995 등 참조.

21) 졸저, 『19世紀末 韓中關係史硏究』, 15쪽 참조.

22) 『同文彙考』 三, 「禮部知會准請咨」, 「禮部知會派遣欽差咨」, 2551~2553쪽.

23) 『承政院日記』 고종 12년 12월 16일 ; 『日省錄』 고종 12년 12월 16일 ; 『高宗
實錄』 고종 12년 12월 16일 ; 『嘉梧藁略』 年譜二, 當宇十二年十二月.

24) 『高宗文集-珠淵集』, 「王世子冊封擇日擧行敎」, 402쪽.

25) 『同文彙考』 三, 「頒誥命彩幣勅」, 「冊封誥」, 2555쪽 ; 『承政院日記』 고종 12
년 정월 22~25일 ; 『高宗實錄』 고종 12년 성월 22~25일 ; 졸저, 『19世紀末
韓中關係史 硏究』, 32쪽. 한편 중국계 일본학자 彭澤周의 『明治初期日淸韓
關係史の硏究』, 東京 : 塙書房, 1969, 69~70쪽에서는 청나라 冊封使들의 이
름을 언급하면서 烏拉喜崇阿를 喜崇阿로 잘못 기록하였다.

국 세자책봉을 통해 고종과 민비는 친정체제 및 척족세력의 정치적 기반을 한층 더 확고히 할 수 있었고, 이유원 또한 세자책봉의 奏請이라는 중대한 사명을 완수함으로써 자신의 정치적 위상과 영향력을 한층 더 높일 수 있었다. 귀국 복명한 이유원이 고종으로부터 별도의 포상을 하사 받고[26] 또한 領中樞府事라는 요직을 계속 차지하게 된 것이 바로 그 단적인 보기라고 할 수 있다.

이처럼 세자책봉의 奏請이 이유원 일행에게 주어진 첫 번째 및 공개적 사명이라고 한다면, 이홍장과 비밀연락채널을 확보하는 것은 그들에게 주어진 두 번째이자 비밀사명이라고 볼 수 있다. 주지하는 바와 같이 전통적 조공관계의 체제에서는 나름대로 여러 가지 복잡한 절차와 의식이 요구되고 있으며, 특히 이른바 '人臣無外交'라고 하여 두 나라 정부관원들 사이의 사적인 교류와 관계는 엄격히 금지되었다. 실제로 丙寅洋擾가 일어난 해인 1866년(고종 3, 淸同治 5)의 경우 조선정부의 冬至正使 李興敏이 청나라 禮部尙書 萬靑黎에게 서신을 보내 서양선박의 조선해역 침범상황(近時洋舶情形)을 논의하였는데, 이른바 '僭越'의 뜻이 있다고 하여 청나라 同治皇帝에게까지 보고되었고 결국 조선정부도 李興敏의 관직을 파면할 수밖에 없었다.[27]

위와 같은 제한에도 불구하고 고종과 조선정부가 이홍장 등 청정부 내 실력자들과 직접 서신연락 등 비밀채널을 확보하려고 한 것은 무엇보다도 서양세력의 침략위협에 의한 심각한 위기의식 때문이었다. 주지하는 바와 같이 19세기부터 조선해역에 통상 및 개항을 요구하는 서양세력이 진출하기 시작하면서 조선왕조는 점차 심각한 위기의식을

---

26) 『承政院日記』고종 11년 12월 18일 ;『高宗實錄』고종 11년 12월 18일 ;『嘉梧藁略』年譜二, 當宇十一年十二月.

27) 권혁수, 「1866년의 병인양요에 대한 중국 청정부의 대응」, 『제1회 세계한국학대회논문집』Ⅰ, 한국정신문화연구원, 2002, 123~139쪽 참조.

느끼게 되었고, 바로 그러한 위기의식이 병인양요와 신미양요를 거치면서 대원군 정부의 강경한 쇄국정책으로 나타났다.[28] 반면에 친정체제를 갖춘 고종정부로서는 對日本關係의 개선 등을 통해 대외관계의 경색국면을 타파하려는 노력을 보이기 시작하였고, 그러한 과정에서 가장 아쉬운 부분이 바로 일본 및 서양세력에 대한 정확한 지식과 정보였다.

문제는 전통적인 조공체제의 절차와 관계에 따를 경우 급변하고 있는 국제정세의 변화는 물론 일본 및 서양세력에 대한 정확한 정보를 제때에 수집할 수 없었던 것이다. 이와 관련하여 이유원도 1873년에 謝恩兼冬至使로 청나라를 다녀온 鄭健朝에게 보낸 서신에서 조선정부의 조공사신들이 북경에서 청정부내 漢人관료들과 접촉하는 것으로만은 국제정세에 대한 정확한 정보를 입수할 수 없다고 지적하였다.[29]

"근래 서양무리들이 왜놈들을 끼고 날뛰는 기밀사항은 (청정부내)당국자 외에는 그 누구도 알 수가 없으며 漢人(관료)들은 비록 품계가 높다고 하더라도 그러한 내용을 알 수가 없다. 우리 사람들이 접촉하는 것은 오직 漢人(관료)들뿐이니 내막사정을 모르기야 서로 마찬가지다. 또한 漢人(관료)들만큼 말을 조심스럽게 하는 사람이 없어서 설혹 그 내막을 약간 털어놓더라도 극히 피상적으로만 언급한 것인데, 따라서 그들과 筆談을 나누더라도 그 속에 숨은 뜻을 알아차릴 수가 없으니 이는 또한 언어실력이 부족하기 때문이다."

---

28) 原田環,「十九世紀の朝鮮における對外的危機意識」,『朝鮮史研究會論文集』 21, 1984 ; 原田環,「ウェスタン・インパクトと朝鮮」,『朝鮮の開國と近代化』, 廣島・溪水社, 平成 9年, 42~83쪽 ; 閔斗基,「十九世紀後半 朝鮮王朝의 對外危機意識-第一次. 第二次中英戰爭과 異樣船 出沒에의 對應」,『東方學志』2, 1986 ; 安外順,「大院君執政期 高宗의 對外認識-遣淸回還使 召見을 中心으로-」,『東洋古典研究』3, 1994 등 참조.
29)『嘉梧藁略』書,「與年貢使鄭棵仲書」; 앞의 졸저, 43쪽.

　말하자면 조선정부의 조공사신들이 북경에서 주로 禮部의 漢人관료들과 접촉하는데, 이들 漢人관료들은 비록 높은 품계를 갖고 있지만 서양세력과의 관계 등 중대한 외교문제를 관장하는 핵심직책에 있지 않기 때문에 그에 관한 기밀사항을 사실상 모르고 있고 설혹 필담과정에서 약간의 언급이 있더라도 조선 측의 조공사신들은 언어실력의 부족으로 말미암아 그 속에 숨은 뜻을 제대로 이해할 수 없다는 것이었다. 당시 고종정부가 이유원의 使淸을 통해 이홍장과 같은 청나라의 실력자와 직접 연락채널을 확보하려고 한 것도 결국 보다 확실하고 정확한 대외관계정보의 수집을 통해 심각한 위기상황에 처해 있는 대외관계의 새로운 전환을 시도하기 위한 것으로 볼 수 있다.

　이유원 일행의 使淸이 바로 고종정부가 대원군 시절 강경 일변도의 쇄국정책을 수정하여 대일본관계의 개선을 비롯한 대외정책의 새로운 변화를 시도하고 있던 시점에 이루어졌음을 감안하면 위와 같은 연락채널의 확보는 매우 시급할 수밖에 없었다. 그리고 앞서 1876년 4월에 復命한 進賀謝恩兼歲幣行 正使 南廷順이 고종에게 直隷總督 李鴻章이 天津에 상주하면서 威望을 얻어 서양세력과 일본이 모두 두려워한다고 보고하였고,30) 그 이듬해인 1878년에 冬至兼謝恩行의 首譯으로 청나라를 다녀온 李容肅도 復命 후 제출한 聞見別單에서 이홍장이 對西洋 관계업무를 직접 관장하고 있다고 보고하였다.31)

　즉 조선정부는 일찍부터 청정부내 새롭게 부상하고 있는 실력자로서 특히 대외관계분야에서 주도적 역할을 담당하고 있는 이홍장을 주목해왔던 것이다. 후술하는 바와 같이 이홍장에게 보낸 이유원의 여러 서신이 사실상 고종의 뜻을 직접 반영한 사실을 감안할 때, 결국 이유

---

30)『承政院日記』고종 14년 3월 21일 ; 原田環, 앞의 책, 75쪽.
31)『同文彙考』四,「戊寅冬至兼謝恩行首譯李容肅聞見事件」, 3830쪽 ; 앞의 졸저, 53쪽.

원이 이번 使行에서 조공관계의 전통적 금기를 무릅쓰고 이홍장에게
주동적으로 서신을 보내 사적 연락채널을 확보하려고 한 것도 고종과
조선정부가 대외정책 차원에서 의도적인 행동으로 볼 수 있다. 실제로
이유원은 귀국길에 永平府를 지나면서 游智開에게 주동적으로 자신이
이홍장과 "納交"하고 싶다는 의향을 전달하고 아울러 자신이 작성한
서신을 이홍장에게 전달해 주도록 부탁한 것으로 나타났다.[32]

한편 당시 조선에는 대원군세력을 비롯하여 對日本關係의 개선을
비롯한 고종정부의 개화적 외교정책을 반대하는 여론이 매우 큰 힘으
로 작용하고 있었고, 훗날 黃遵憲의 『朝鮮策略』을 타깃으로 한 이른
바 衛正斥邪運動이 바로 그 결과였다.[33] 따라서 아직 확고한 통치기반
을 다지지 못한 고종정권으로서는 여전히 막강한 영향력을 과시하고
있는 보수세력 및 그 여론을 억누르기 위한 노력을 강구할 수밖에 없
었고, 당시 조선과 조공관계를 유지하고 있는 청나라 실력자인 이홍장
과의 연락채널을 확보하는 것도 결국 그러한 노력의 일환으로 볼 수
있다. 이와 관련하여 일본학자 田保橋潔은 다음과 같이 지적하였다.[34]

"(이유원은) 비록 이홍장과 회담의 기회는 얻지 못하였지만 그래도
文通을 할 수 있었고, 또한 淸國官界의 분위기가 조선이 自力을 헤아
리지 않고 强隣(일본을 가리킴)과 일을 일으켜 宗主國에 누를 끼칠 것
을 걱정하고 있다는 점을 확인한 것은 國王戚臣들이 대원군을 중심으
로 한 排外論者들을 억누르고 대일교섭의 평화적 방침을 수립하는 데

32) 『嘉梧藁略』書, 「答游愚天智開書 附：原書」.
33) 叢成義, 『衛正斥邪派와 開化派知識人의 對外認識變化 比較研究』, 고려대
     박사학위논문, 1994 참조.
34) 田保橋潔, 『近代日鮮關係の研究』上卷, 552~553쪽. 한편 일부 연구(李瑄根,
     『韓國史－最近世篇』, 乙酉文化社, 1962, 395쪽)에서 江華島條約의 체결에
     앞서 이유원이 이미 이홍장으로부터 회신을 받았다는 지적은 사실이 아니었
     다.

있어서 가장 유력한 지지를 얻은 것이나 다름이 없었다."

그리고 당시 조선왕조의 정치현실에서 청나라의 실력자인 이홍장과
개인적인 서신연락채널을 확보하는 것은 이유원 자신의 정치적 재기
및 영향력 확대에도 충분히 도움이 될 수 있는 것으로 말하자면 이유
원의 개인적 정치적 욕심과도 무관하지 않다고 볼 수 있다.[35] 한마디
로 이유원의 使淸에는 첫 번째로 세자책봉의 奏請이라는 공개적인 사
명 외에도 두 번째로 청정부의 실력자인 이홍장과 사적인 서신연락채
널을 확보하려는 비밀사명이 처음부터 주어진 것으로 볼 수 있는데,
그러한 두 가지 사명은 결국 親政體制 초기 고종정부의 내외적 정치
환경과 직결된 것으로 볼 수 있다.

즉 대내적으로 세자책봉을 통해 친정체제 및 민비를 비롯한 戚族세
력의 정치적 영향력 강화라는 필요성이 절박하였고, 대외적으로는 청
나라와 전통적 조공관계의 기본 틀을 유지하면서 대일본관계의 개선
및 서양세력에 대한 보다 정확한 지식과 정보의 입수 등을 통해 나름
대로 근대적 국제관계 변화에 적응하려는 시도를 보여주었는데 바로
훗날 兪吉濬이 說破한 이른바 '兩截體制'的 대외정책의 胎動으로 볼
수 있다.[36]

조선정부의 위와 같은 움직임은 전통적 조공관계와 근대적 조약관
계의 공존 또는 兼容이라는 기조 하에 이른바 "하나의 외교 두 가지
체제(one diplomacy two system)"라는 새로운 대외관계 국면을 조성하고

---

35) 앞의 졸저, 43~44쪽.
36) 兪吉濬의 兩截體制論에 대한 대표적인 연구로는 原田環, 「朝中兩截體制成
立前史－李裕元と李鴻章の書簡を通して」, 姜在彦・飯田沼一郎 編, 『近代
朝鮮の社會と思想』, 東京 : 未來社, 1981 ; 鄭容和, 「兪吉濬의 兩截體制論 :
二重的 國際秩序에서의 '邦國의 權利'」, 『國際政治學論叢』 第27輯 3號, 韓
國國際政治學會, 1998 참조.

아울러 對朝鮮關係를 한층 더 강화하려는 이홍장 등 청정부 당국자들의 새로운 조선인식 및 정책과 일치하였고,[37) 그 결과로 나타난 것이 바로 이홍장과 이유원 사이에 6년 남짓 지속된 서신연락채널이었다.

3. 李鴻章-李裕元의 往復書信에 대한 구체적 내용 검토

앞서 살펴본 바와 같이 이홍장─이유원 사이의 서신왕래는 먼저 이유원에 의해 시작되었다. 1875년 12월 말 무렵의 귀국 길에 李裕元은 華北지역에서 遼東으로 가는 길목인 永平府를 지나면서 이홍장의 측근인 永平府知府 游智開[38)를 통해 이홍장에게 주로 '敬慕'의 심정을 담은 첫 서신을 보내었다. 그리고 이홍장은 이듬해인 1876년 1월 9일 保定에서 위 서신을 전달받았고, 또한 李裕元이 조선정부의 '執政之列'에 속한 주요 관원이라는 游智開의 귀뜸과 일본과 한창 강화도회담을 전개하고 있는 時點임을 감안하여 바로 그 이튿날로 답장을 써서

---

37) 이에 대한 자세한 논의는 앞의 졸저 및 拙稿, 「審視近代韓中關係之轉變 : 以 19世紀開化派勢力之韓中關係構想爲中心」, 第5屆 亞太地區韓國學國際學術會議發表文, 中國 北京大學, 2000. 9. 20~22 참조.

38) 游智開의 字는 子岱이고, 湖南省 新化사람으로서 일찍 1851년(咸豊 元年)에 과거급제한 후 江南과 華北의 여러 곳에서 지방관을 역임하면서 청렴하고 능력있는 관리로 이름을 얻고 따라서 曾國藩과 李鴻章으로부터 깊은 신임을 받았다. 『淸史稿』 卷451, 游智開傳 ; 馬昌華 主編, 『淮系人物列傳─文職·北洋海軍·洋員』, 合肥 : 黃山書社, 1995, 140~141쪽 참조. 그리고 당시 游智開가 다스리던 永平府는 예로부터 華北지역에서 遼東으로 통하는 교통요로였고, 明淸시대에는 조선에서 중국으로 朝貢하는 陸上貢道가 거쳐가는 길목으로서 조선사신을 접대하기 위한 朝鮮館(조선측의 燕行錄 등 기록에는 흔히 察院 또는 公站으로 기록되어 있음)도 설치되어 있었는데 한때는 중국 내 貢道에서 가장 壯麗한 朝鮮館이었다고 한다. 『通文館志』 卷3 ; 張存武, 『淸韓宗藩貿易(1637~1894)』, 臺北 : 中央硏究院近代史硏究所, 1979, 33~44쪽 참조.

발송하였는데 조선과의 특별한 관계를 강조하면서 의도적으로 '외교의 뜻'을 언급하였다.

훗날 金允植의 설명에 따르면 이유원은 이홍장으로부터 받은 최초의 回信을 고종에게 바쳤고, 고종 또한 그 내용에 깊은 관심을 보이면서 그후 이유원이 이홍장에게 보낸 서신은 모두 고종의 뜻에 따른 것이라고 하였다.[39] 바로 그러한 의미에서 이홍장과 이유원의 서신연락은 처음부터 단순한 개인적인 서신왕래가 아니라 조선정부의 고종 및 훗날 청정부의 光緖황제까지 개입하여 정치적 외교적 메시지를 서로 전달하는 일종의 비밀외교채널 또는 핫라인(hotline, 熱線)이라고 할 수 있다.[40] 따라서 그후 두 사람 사이의 서신왕래는 한동안 상당히 빈번하였고, 이홍장도 "한가한 해에 한 번씩 通函할 때마다 늘 러시아사람들을 방어하고 일본인들을 대처하는 방법을 말해주었다"고 술회한 적이 있다.[41]

필자의 조사에 의하면 이홍장과 이유원은 1875년 12월부터 1881년 2월까지 모두 17통의 서신을 주고받은 것으로 나타났다.[42] 앞서 지적한 바와 같이 지금까지의 선행 연구들에서는 주로 朝美條約의 체결과 관련된 일부 서신의 내용만 단편적으로 취급하였고, 무려 17통의 왕복서신의 구체적인 발송 또는 작성시기 그리고 그 내용에 대한 검토는 오히려 부족하였다. 이에 필자는 선행연구에서 취급하지 않았던 17통의 왕복서신에 관한 구체적인 발송 또는 작성시기 그리고 전달경위와 내

---

39) 『李鴻章全集・奏稿』(이하 모두 『奏稿』, 『譯署函稿』 등 방식으로 略稱함) 卷 42, 「密議朝鮮外交摺 附朝鮮陪臣金允植投遞密書」, 37~43쪽 ; 金允植, 『雲養集』 卷11, 書牘上 「上北洋大臣李鴻章書」.
40) 앞의 졸고, 「근대중조관계에서의 단명의 열선-리홍장과 리유원의 관계를 론하여」 및 앞의 졸저, 43~44쪽 참조.
41) 『奏稿』 卷34, 「密勸朝鮮通商西國摺」, 44~45쪽 ; 『關係史料』 第2卷, 「總署收軍機處交出李鴻章摺」, 373~374쪽.
42) 原田環, 『朝鮮の開國と近代化』, 191~218쪽 ; 졸저, 44~45쪽.

용을 일일이 검토함으로써 이홍장-이유원 사이의 서신연락관계에 대한 보다 실체적인 접근을 시도하려고 한다.

이유원이 이홍장에게 보낸 첫 서신은 이미 알려진 바와 같이 人事問候와 더불어 조선문제에 대한 이홍장의 관심을 요청하는 내용이었다.[43] 이홍장이 유지개를 통해 이 서신을 전달받은 것은 1876년 1월 9일(光緒 元年 12월 13일)로 이홍장 관련 문서에 명시되어 있지만, 이유원이 언제 그 서신을 작성하여 유지개에게 보냈는지는 아직 밝혀지지 않고 있다.

앞서 살펴본 이유원 일행의 북경 체류일정을 감안할 때 그들이 1875년 12월 27일에 북경을 출발한 것으로 되어 있으므로 永平까지 오는 시간을 대략 2일 정도로 계산한다면, 이유원은 대략 1875년 12월 말에 위 서신을 작성하여 游智開에게 전달을 부탁한 것으로 추정할 수 있다. 실제로 이유원에게 보낸 游智開의 서신에 의하면 이유원은 영평에 도착하여 유지개와 만난 그날 저녁에 곧바로 從事官 金寅浩를 보내 이홍장과 '納交'하고 싶다는 의사를 전달하였고 그 이튿날 아침에 위 서신을 보내왔다고 하였다.[44]

한편 이홍장은 이유원의 서신을 전달받은 그 다음날로 회신을 작성하여 유지개를 통해 조선으로 보내도록 하였는데, 그 내용은 조선과 조공관계를 강조하고 朝日관계의 현황에 대한 관심을 표명하는 것이었다.[45] 또한 이홍장은 총리아문으로 위와 같은 사실을 통보하면서 이

---

43) 『譯署函稿』 卷4, 「論日本派使入朝鮮 附 : 朝鮮使臣李裕元來函」, 31~32쪽. 한편 이 서신은 『嘉梧藁略』 등 이유원 관련 문서에 수록되어 있지 않다.

44) 『嘉梧藁略』 書, 「答游愚天智開書 附 : 原書」.

45) 『譯署函稿』 卷4, 「論日本派使人朝鮮 附 : 覆朝鮮使臣李裕元」, 31~32쪽 ; 『關係史料』 第2卷, 「總署收北洋通商大臣李鴻章函 附件一 : 照錄朝鮮使臣李裕元來函並答復函稿」, 276~278쪽 ; 『嘉梧藁略』 書, 「答肅毅伯李中堂鴻章書 附 : 原書」.

유원이 조선정부의 '執政之列'에 속하는 인물이기 때문에 자신도 회신에서 '외교의 뜻'을 약간 언급하였다고 밝혔다.[46] 그후 유지개가 이유원에게 보낸 서신에 의하면 이홍장의 답장은 1876년 3월 31일에 서울로 復命한 조선정부의 陳慰進香兼謝恩行 正使 李秉文의 인편으로 이유원에게 전달한 것으로 되어 있는데,[47] 역시 李秉文 일행이 귀국 길에 영평을 지날 때 유지개가 이유원에게 전달해 주도록 부탁한 것으로 보인다.

이렇게 이홍장의 답장을 전달받은 이유원은 곧바로 답장을 작성하여 이홍장에게 보냈는데, 그 내용은 자신에 대한 회신 및 조선의 외교문제에 대한 관심에 감사의 뜻을 밝히면서 지속적인 관심과 지지를 부탁하고 아울러 이홍장이 문의한 일본과의 관계는 '遣使修信'을 통해 옛처럼 좋아졌다고 답변하였다.[48] 앞서 지적한 바와 같이 이유원은 이홍장의 첫 답장을 고종에게 보여주었고 그후 이유원의 모든 서신은 사실상 고종의 뜻을 반영한 것이라는 김윤식의 언급에 의하면 이번 이유원의 답장 내용도 고종과 조선정부의 의사를 반영한 것으로 보아도 무방할 것이며, 그만큼 두 사람 사이의 서신연락은 처음부터 정치외교적 채널의 성격을 지닌 것으로 볼 수 있다.

한편 이유원의 첫 번째 답장으로 되는 위 서신의 작성 및 발송시기는 처음부터 명기되지 않았고, 따라서 일본학자 하라다(原田環)도 그 시기를 1876년 7월로 추정하면서 의문표(?)를 달아 확실치 않음을 밝혀두었다. 이에 필자는 대략 1876년 6월경에 작성 및 발송한 것으로 추정

---

46) 『關係史料』 第2卷, 「總署收北洋通商大臣李鴻章函 附件一 : 照錄朝鮮使臣 李裕元來函並答復函稿」, 276~278쪽.

47) 『嘉梧藁略』 書, 「答游天愚智開贈橘書 附 : 原書」.

48) 이 서신은 이홍장 및 청정부 관계문헌에는 수록되어 있지 않고, 오직 이유원의 『嘉梧藁略』 書에 「答肅毅伯李中堂鴻章書」라는 제목으로 수록되어 있고 작성 및 발송시기는 밝히지 않았다.

하였는데,[49] 그 근거는 대략 다음과 같은 세 가지였다. 첫째, 위 서신의 원문에는 '上年入都'라는 구절이 있는데, 말하자면 자신이 지난해 북경을 다녀왔다고 하였으니 일단 그 다음해인 1876년으로 추정할 수 있다. 둘째, 위 서신에서 이홍장에 문의하였던 對日관계의 현황을 소개하면서 이미 '遣使修信'을 통해 옛날처럼 사이가 좋아졌다고 답변하였는데, 일단 1876년 4월 27일에 서울을 출발한 修信使 김기수 일행의 일본방문이 있은 후로 보아야 할 것이다. 셋째, 그후 이홍장에게 보낸 서신들이 대체로 청나라로 출발하는 조공사신들의 인편으로 전달된 점을 감안할 때 1876년 6월 7일에 서울에서 고종을 辭陛하고 출발한 進賀兼謝恩使 韓敦源 일행에게[50] 위 서신의 전달을 부탁한 것으로 추정되며, 그럴 경우 대략 6월 초에 위 서신을 작성하였을 것으로 추정된다.

이유원으로부터 위 서신을 전달받은 이홍장은 자신의 幕僚인 薛福成을 통해 두 번째 답장을 작성하여 보냈는데, 그 내용은 대체로 서양 각국과 수교통상을 통해 새로운 대외관계를 수립해야 한다고 역설하는 것이었다.[51] 한편 이번 답장의 작성 및 발송시기는 구체적으로 밝혀지지 않았고 하라다 역시 막연하게 1876년으로만 추정하였는데, 필자는 보다 구체적으로 1876년 9월 말에서 10월 초 무렵으로 추정하였다.[52] 그 근거로 주로 다음과 같은 두 가지 사료를 제시할 수 있다. 첫째, 위 서신을 작성한 薛福成의 문집에서 이미 丙子년 즉 1876년에 작성한 것으로 밝혀져 있다. 둘째, 游智開에게 보낸 이홍장의 1876년 10월 19일자 서신에서 이유원에게 보낸 서신을 얼마 전에 인편을 통해

---

49) 앞의 졸저, 45쪽.
50) 『承政院日記』고종 13년 병자 5월 16일 ; 『高宗實錄』고종 13년 병자 5월 16일.
51) 薛福成, 『庸盦文外編』卷3, 「代李伯相答朝鮮國相李裕元書」.
52) 앞의 졸저, 45쪽.

유지개에게 보냈다는 구절이 있는데,53) 바로 이번 두 번째 답장을 가
리키는 것으로 추정된다. 결국 이번 두 번째 답장도 역시 유지개를 통
해 조선으로 귀국하는 사신 편에 전달된 것으로 보아야 할 것이다.

그후 이유원은 순서 상 다섯 번째 서신으로 되는 답장을 보냈는데,
그 원문은 이유원 및 이홍장 관련 문서에서 모두 찾아 볼 수 없었고
다만 이유원의 이번 서신에 대한 이홍장의 1878년 9월 29일자 회답서
신에서54) 그 내용을 대략 다음과 같이 類推해 볼 수 있다. 첫째로 이번
서신은 '丁丑望日' 즉 1877년 11월 19일에 작성되어 역시 유지개를 통
해 이홍장에게 전달되었고, 둘째로 서신의 내용은 이홍장이 '過謙'하다
고 표현할 정도로 매우 겸손하게 쓰여졌고 또한 무려 16가지 선물이
함께 보내졌으며, 셋째로 이홍장은 이번 서신을 받고 1년 정도 지나서
야 회답서신을 보낸 것으로 나타났다. 따라서 이유원이 이번 서신에서
개인적인 인사말 외에는 별다른 중요한 정치외교현안을 언급하지 않
았던 것으로 추정된다.

이홍장은 이유원의 위와 같은 서신에 대한 회답서신을 또 자신의 막
료 설복성에게 작성하도록 하였는데, 1878년 9월 29일자로 작성된 이
번 서신에서 러시아의 침략에 대비하기 위해서라도 일본과 관계를 개
선하고 나아가서 서양각국과 수교통상 할 필요성이 있다고 역설하였
다.55) 이번 서신은 이홍장이 이유원과 서신연락을 갖게 된 뒤 처음으
로 서양각국과 수교통상의 필요성을 적극 권고하기 시작하는 것으로
서 앞서 살펴본 선행연구들에서도 이미 많이 지적되었다. 그리고 이홍
장이 이유원에게 보낸 1879년 2월 16일자 서신 등의 내용56)에 의하면

---

53) 『朋僚函稿』 卷16, 「復游子岱太守」, 28쪽.
54) 『庸盦文外編』 卷3, 「代李伯相再答朝鮮國相李裕元書(戊寅)」; 『嘉梧藁略』
　　書, 「答肅毅伯書附 : 原書」.
55) 『庸盦文外編』 卷3, 「代李伯相再答朝鮮國相李裕元書(戊寅)」; 『嘉梧藁略』
　　書, 「答肅毅伯書附 : 原書」; 權錫奉, 앞의 책, 87쪽 주12 참조.

두 사람 사이의 여섯 번째 서신으로 되는 이번 답장은 역시 유지개를 통해 1878년 12월 21일에 서울로 復命한 조선정부 告訃使 趙翼永 일행의[57] 人便으로 이유원에게 전달된 것으로 나타났다.

이에 이유원은 1878년 11월 19일자로 이홍장에게 보내는 답장을 작성하였는데, 일본에 대한 개항상황 및 구속된 프랑스 선교사의 석방사실 등 대외관계 현황을 통보하면서 이홍장과 청정부의 지속적인 관심과 지지를 당부하였다.[58] 그리고 훗날 이홍장이 이유원에게 보낸 1879년 2월 16일자 서신에 의하면 이유원은 앞서 이홍장의 9월 29일자 회답서신을 미처 받아보지 못하였고 또한 이번 답장과 함께 15가지 선물을 보낸 것으로 되어 있고,[59] 1878년 11월 21일에 서울을 출발한 冬至正使 沈舜澤 등의 인편을 통해 유지개를 거쳐 이홍장에게 전달된 것으로 나타났다.[60]

한편 이번 답장의 작성시기와 관련하여 하라다(原田環)는 1878년 12월 8일로 표시하였는데,[61] 이는 음력을 양력으로 환산하는 과정에서 나타난 誤謬로 생각된다. 실제로 1878년 12월 8일에 해당하는 음력날짜는 戊寅年 11월 15일로서 이홍장의 1879년 2월 16일자 서신에서 "游太守(유지개를 가리킴)轉送十月廿五日惠書"라고 명백히 밝힌 음력 10월 25일과 무려 20일이나 차이가 난다.

이유원으로부터 위의 답장을 전달받은 이홍장은 곧바로 1879년 2월 16일자 회답서신을 작성하였는데, 그 내용은 대체로 다음과 같은 내용

56) 『嘉梧藁略』書,「答肅毅伯書 附 : 再書」.
57) 『承政院日記』고종 15년 무인 11월 28일 ; 『高宗實錄』고종 15년 무인 11월 28일.
58) 『嘉梧藁略』書,「上保定書」.
59) 『嘉梧藁略』書,「答肅毅伯書 附 : 再書」.
60) 『嘉梧藁略』書,「答肅毅伯書」 ; 『高宗實錄』고종 15년 무인 10월 27일.
61) 『近代朝鮮の社會と思想』, 72쪽 ; 『朝鮮の開國と近代化』, 193쪽.

이었다.[62] 첫째, 청정부 총리아문에서 앞서 프랑스 선교사의 석방을 권유한 것은 결국 조선을 위한 것이며, 향후 조선정부에서도 외국 선교사들을 함부로 능욕하기보다는 국외로 추방하는 편이 외국과의 분쟁을 피할 수 있는 좋은 방법이 될 것이다. 둘째, 일본에 대한 개항장 설치문제는 이미 청나라 주일공사 何如璋을 통해 일본정부에게 나름대로 권고하고 있으니 큰 문제는 없을 것이다. 셋째, 서양각국은 오로지 통상에만 관심이 있고 또한 萬國公法에서도 이유 없이 다른 나라의 영토를 점령하지 못하도록 되어 있으므로 조선정부 역시 대외적으로 신의를 지키면서 외국과 조약을 체결해야 할 것이다. 끝으로 이홍장은 약간의 선물을 마련해 보낼 생각이었으나 조선정부 측의 조공사신들의 귀국하는 인편에 서신을 보내기 위해 미처 선물을 보내지 못하였다고 덧붙였다. 즉 이번 서신 역시 유지개를 통해 조선으로 귀국하는 조공사신의 인편으로 전달되었고, 그 시간에 귀국한 조선정부의 사신들이란 바로 1879년 4월 16일자로 復命한 冬至正使 沈舜澤 일행을 가리키는 것으로 생각된다.[63]

그후 이홍장은 이유원의 1879년 1월 7일자 서신을 전달받았고 이어서 청정부의 새로운 조선정책 결정 및 광서황제의 지시에 따라 설복성을 시켜 같은 해 8월 26일자로 회답서신을 작성하여 서양각국과 수교통상하도록 적극 권고하였는데, 그 내용과 의미는 이미 앞서 살펴본 선행연구에 의해 많이 논의되었기 때문에 여기서 생략하기로 한다. 한편 이홍장은 사안의 중대성을 감안하여 유지개를 통해 조선정부 조공

---

62) 『嘉梧藁略』書,「答肅毅伯書 附 : 再書」. 한편 『龍湖閒錄』四, 424～425쪽에 「河谷李領府」라는 제목으로 수록된 서신원문은 탈자나 오자가 많이 나타나 인용시 위 『嘉梧藁略』에 수록된 원문과 반드시 대조해 보아야 할 것으로 생각된다.

63) 『承政院日記』고종 16년 기묘 3월 25일 ;『高宗實錄』고종 16년 기묘 3월 25일.

사신들의 인편으로 전달하던 종전과는 달리 盛京將軍 岐元을 통해 조선으로 急遞하도록 특별히 조처하였다.[64] 그리고 이번 서신을 통한 권고행동과 관련하여 이홍장은 광서황제에게 올린 보고서에서 이유원이 국왕의 叔父이며 비록 '致仕'하였지만 오랜 重臣으로서 여전히 나라의 '大政'을 관장하고 있으며 또한 국제정세 및 근대화사업을 의미하는 이른바 '時務'에도 매우 밝다고 보고하였다.[65] 즉 그만큼 이유원의 개인적 배경과 정치적 성향 및 조선정부의 내막에 대한 이홍장의 이해가 부족하거나 잘못된 것으로 볼 수 있는데, 훗날 이홍장과 이유원 사이의 서신연락관계가 중단되는 것도 이러한 상호인식 및 기대의 차이와 무관하지 않은 것으로 생각된다.[66]

바로 이번 서신이 1881년 3월에 元山주재 일본 총영사 마에다(前田)에 의해 입수되어 일본 외무성으로 보고되었고,[67] 곧이어 일본언론에도 발표되어 훗날 이홍장이 조선정부 대표들에게 불만을 표시한 적이 있다.[68] 이처럼 이홍장과 이유원의 왕복서신이 당시 조선을 둘러싼 주변열강의 이해관계와도 직결될 정도로 중요한 정치외교적 의미를 지닌 것으로 볼 수 있다.

이홍장의 위 서신은 대략 같은 해 9월 중순경에 이유원에게 전달된 것으로 보이는데,[69] 이유원은 같은 해 10월 7일자로 작성한 회답서신

---

64) 『譯署函稿』卷9,「論勸導朝鮮通商」, 34쪽 ; 『奏稿』卷34,「密勸朝鮮通商西國摺」, 44~45쪽 ; 『關係史料』第2卷,「總署收北洋大臣李鴻章函」, 363~364쪽.

65) 『奏稿』卷34,「密勸朝鮮通商西國摺」, 44~45쪽, "查李裕元現雖致仕, 據稱係其國王之叔, 久任元輔, 尙得主持大政, 亦頗曉暢時務".

66) 앞의 졸저, 47쪽.

67) 『日本外交文書』第14卷,「在元山前田總領事報告朝鮮政策ニツイテ李鴻章論策進達ノ件 附屬書 : 李鴻章ヨリ李裕元ニ贈ル書」, 369~371쪽.

68) 앞의 졸고,「근대중조관계사에서의 단명의 열선—리홍장과 리유원의 관계를 론하여」참조.

69) 권석봉, 앞의 책, 97쪽 주 25 ; 송병기, 앞의 책, 32~35쪽 ; 앞의 졸저, 47쪽 참

에서 위와 같은 권고 내용에 대한 언급을 한마디도 하지 않았다.[70] 대신 이유원은 위 서신을 전달한 조선정부 齎咨官 李容肅을 통해 "學習軍器武備"에 요청을 제출함으로써 말하자면 서양각국과 수교통상에 관한 권고는 간접적으로 거절하는 한편 武備自强策에 관한 내용은 선택적으로 수용하겠다는 의사를 완곡하게 표현한 것으로 보이는데,[71] 그 배경과 의미에 대한 것은 선행연구에서 이미 많이 논의되었다.[72]

이처럼 이유원이 위 서신에서 이홍장의 권고내용에 대한 아무런 코멘트를 하지 않았기 때문에 이홍장 역시 같은 해 12월 24일자로 회답서신을 작성하여 李容肅의 인편으로 발송하였다.[73] 이번 회답서신의 내용과 관련하여 청정부 총리아문에 보낸 이홍장의 보고에 의하면 앞서 권고하였던 서양각국과 수교통상에 관한 언급은 전혀 없이 조선의 대외관계에 대한 일반적인 관심만 표명한 것 외에는 일반적인 인사말 밖에 없었다고 한다.[74]

그후 이유원은 서양각국과 수교통상에 관한 이홍장의 권고내용에 대하여 공식적으로 거절의사를 밝히는 내용으로 새롭게 답장을 작성하여 역시 같은 해 12월 24일자로 청나라를 방문하는 冬至使 韓敬源 일행의 人便으로 발송하였다.[75] 순서상 두 사람 사이의 13번째 왕복서

조. 권석봉 및 송병기 두 교수는 앞의 연구에서 모두 음력 7월 말 경으로 추정하였는데, 1879년(己卯)이 마침 윤3월이 있었던 해이므로 음력 7월 말은 西紀로 대략 같은 해 9월 중순에 해당한다.

70) 『關係史料』第2卷, 「總署收北洋大臣李鴻章函 附件一 : 照錄朝鮮原任太師李裕元函」, 394~396쪽.

71) 앞의 졸저, 47쪽 참조.

72) 송병기, 앞의 책, 28~32쪽에서는 이번 서신의 내용을 모두 7개 부분으로 세분하여 자세히 분석하였다.

73) 『譯署函稿』卷10, 「籌朝鮮」, 15~17쪽 ; 『關係史料』第2卷, 「總署收北洋大臣李鴻章函 附件二 : 照錄復朝鮮原任太師李裕元函稿」, 394~396쪽.

74) 『譯署函稿』卷10, 「籌朝鮮」, 15~17쪽.

75) 『嘉梧藁略』書, 「答肅毅伯書」; 『龍湖閒錄』四, 「橘山答書付冬至使行使」,

신으로 되는 이번 편지는 이유원이 이홍장에게 보낸 가장 긴 문장으로
되어 있으며 그 내용에 관하여 이미 선행연구에서 많이 논의되었지만,
그 원문에 대한 자세한 비교검토는 제대로 이루어지지 않은 것으로 생
각된다. 이와 관련하여 권석봉과 송병기 두 교수는 청정부 측 문서인
『關係史料』第2卷에 수록된 서신원문과 이유원의 개인문집인『嘉梧
藁略』에 수록된 서신원문을 실제로 발송된 서신으로 보고『龍湖閒錄』
에 수록된 서신원문은 처음부터 발송하지 않은 草稿로 추정하였다.76)

  그러나 위 세 곳에 수록된 서신원문은 문구상 약간의 차이가 있으므
로 인용시 위 세 곳의 사료를 서로 대조하는 교감작업이 필요한 것으
로 생각된다. 예컨대『關係史料』및『嘉梧藁略』에 수록된 서신원문에
도 脫字로 보이는 구절이 가끔씩 보이는데, 첫 구절에서 "間因憲書咨
官李容肅" 운운한 구절은 분명 문맥상 통하지 않으며 오히려『龍湖閒
錄』에 수록된 서신원문에서 "中秋間因憲書咨官李容肅" 운운하는 것
처럼 '間' 앞에 '中秋' 또는 '秋'자를 붙이는 것이 훨씬 더 정확한 것으
로 생각된다.

  그후 1880년 8월 14일에 이유원은 다시 이홍장에게 서신 한 통을 작
성하여 무려 22種 1,217件에 달하는 선물과 함께 보내왔는데, 그 내용
은 조선정부가 추진중인 이른바 '武備自强策'에 대한 이홍장과 청정부
의 지원을 요청하는 것이었다.77) 이처럼 대량의 선물은 두 사람 사이
의 서신왕복관계에서 유일한 사례로서 이홍장이 광서황제에게 그 선

441~443쪽 ;『關係史料』第2卷,「總署收北洋大臣李鴻章函 附件一 : 照錄朝
鮮原任太師李裕元來函」, 397~401쪽 ;『承政院日記』고종 16년 기묘 11월 7
일 ;『高宗實錄』고종 16년 기묘 11월 7일.
76) 권석봉, 앞의 책, 99쪽 주 30 및 송병기, 앞의 책, 36쪽 수 74 참조.
77)『奏稿』卷38,「妥籌朝鮮武備摺 附件一 : 謹將朝鮮國致仕太師李裕元來函並禮單
敬繕淸單恭呈御覽」, 28~29쪽 ;『關係史料』第2卷,「總署收北洋大臣李鴻章文
附件二 : 謹將朝鮮國致仕太師李裕元來函並禮單敬繕淸單恭呈御覽」, 416~421쪽.

물들을 받아야 하는지 재가를 요청해야 할 정도였다. 결국 이번 서신에서 부탁한 내용의 중요성 및 선물의 수량과 가치를 감안할 때 그것은 이미 致仕하여 정치일선에서 물러나 있고 또한 근대화사업에 사실상 보수적인 태도를 갖고 있던 이유원의 개인적 의지에 의한 것이라기보다는 고종과 조선정부의 의사를 반영한 것으로 생각된다.78)

이에 이홍장도 광서황제에게 제출한 보고서에서 자신이 곧바로 회답서신을 작성하여 이유원을 계속 '開導'해 보겠다는 입장을 밝혔고,79) 그후 이유원도 훗날 卞元圭의 인편으로 이홍장의 1880년 10월 31일자 회답서신을 받았다고 밝힌 적이 있다.80) 그러나 이번 회답서신의 원문은 이홍장과 청정부 관련문서 및 이유원 관련문서에서 모두 찾아볼 수 없었다. 그러나 바로 이번 서신에 대한 회답으로 이유원은 같은 해 12월 12일자 답장을 작성하여 天津으로 이홍장을 찾아온 朝鮮國王委員 李容肅의 인편으로 보내왔는데,81) 그 내용은 武備自强策 등 근대화사업에 대한 소극적 태도를 밝혀 이유원 자신의 보수적 성향을 그대로 보여주었다.

이처럼 이유원이 여전히 외교를 싫어하는 태도를 보임으로써 이홍장은 그가 더 이상 방해하지 못하도록 간곡히 '開導'하겠다면서 귀국하는 李容肅 편에 1881년 2월 26일자 회답서신을 작성하여 보냈다.82) 두 사람 사이의 마지막 서신으로 되는 이번 회답서신에서 이홍장은

---

78) 앞의 졸저, 55~56쪽.
79) 『奏稿』卷38,「妥籌朝鮮武備摺」, 24~27쪽.
80) 『關係史料』第2卷,「總署收北洋大臣李鴻章函 附件一 : 照錄朝鮮原任太師 李裕元函」, 470~471쪽.
81) 『關係史料』第2卷,「總署收北洋大臣李鴻章函 附件一 : 照錄朝鮮原任太師 李裕元來函」, 470~471쪽 ;『譯署函稿』卷12,「論朝鮮外交」, 6~7쪽. 한편 이유원관련 문서에는 이 서신이 수록되어 있지 않다.
82) 『關係史料』第2卷,「總署收北洋大臣李鴻章函 附件四 : 照錄復朝鮮致仕太 師李裕元函」, 461~479쪽.

'振興武備'의 필요성을 강조하고 또한 黃遵憲의 『朝鮮策略』까지 언급
하면서 서양열강을 포함한 외국과 '遠交'해야 한다고 역설하였다.

<표 4> 李鴻章-李裕元의 왕복서신 一覽表

번호	李裕元	李鴻章	작성 또는 발송 시일	주요내용
1	발신(第1函)		1875. 12월말 작성	인사 및 회신요청
2		第1函 회답	1876. 1.10. 작성/발송	朝日關係 문의 등
3	第2函 회답		1876. 6. 작성	조선문제 관심 요청
4		第3函 회답	1876년 9월말~10월초 작성	외국과수교통상시사
5	第4函 회답		1877. 11.19. 작성	原文 미상
6		第5函 회답	1878. 9.29. 작성	서양과수교통상권고
7	발신(第7函)		1878. 11.19. 작성	외교현황 통보
8	第6函 회답		1879. 1.7. 작성	朝日關係현황 통보
9		第7函 회답	1879. 2.16. 작성	수교통사필요성강조
10	第8函 회답		1879. 8.26. 작성	수교통상 공식권고
11	第10函 회답		1879. 10.7. 작성	10函권고비공식거절
12		第11函 회답	1879. 12.24. 작성	오로지 "通候寒暄"
13	第10函 회답		1879. 12.24. 작성/발송	長文, 10函권고 거절
14	발신(第14函)		1880. 8.14. 작성	軍器學習지원 요청, 많은 선물 보냄.
15		第14函 회답	1880. 10.31. 작성	수교권고, 原文미상
16	第15函 회답		1880. 12.12. 작성	軍器學習件 소극적.
17		第16函 회답	1881. 2.26. 작성	振興武備및遠交 권고

여하튼 이홍장이 벌써 이유원을 자신과 청정부가 추진하고 있는 조
선정책 및 당시 조선정부가 추진하고 있는 개화정책의 장애요인으로
간주하고 있는 부정적 인식은 그후 이홍장이 이유원과의 서신연락을
더 이상 지속시키지 않은 중요한 원인으로 생각되며, 또한 청정부의
對朝鮮政策이 바야흐로 적극적으로 전개되어가고 조선정부와 연락도
한층 더 밀접해지면서 더 이상 이유원을 통한 사적인 서신연락채널이
필요 없게 된 현실적인 원인이 작용한 것으로 볼 수 있다. 실제로 이홍
장은 이미 1882년부터 고종과 직접 자문 및 서신을 주고 받아왔다.[83]

한편 바로 1881년 초에 조선에서 嶺南萬人疏를 비롯한 이른바 辛巳
斥邪運動이 일어났고, 그 과정에서 이유원은 자신에게 돌아오는 보수
세력의 공격을 피하기 위해 고종에게 올린 상소문에서 과거 자신에게
보낸 이홍장의 서신과 黃遵憲의『朝鮮策略』등이 모두 믿을 바가 못
된다는 식으로 급급히 변명하였다.⁸⁴⁾ 이유원의 위와 같은 기회주의적
행동은 오히려 고종의 미움과 정부당국의 반발을 사게 되었고, 결국
이유원은 같은 해 9월 7일자로 平安道 中和府로 竄配당하고 말았
다.⁸⁵⁾ 이유원 및 조선정부내의 위와 같은 변화사정은 또한 이홍장과
이유원 사이의 서신연락관계가 더 이상 지속되지 못한 하나의 객관적
원인이 되었을 것으로 생각된다. 위와 같은 검토내용을 위 <표 4>와
같이 정리할 수 있다.⁸⁶⁾

4. 맺는 말

이홍장과 이유원의 서신연락관계에 대해서는 앞서 지적한 바와 같
이 필자를 포함한 선행연구가 있었으므로 小稿는 사실상 필자의 近著
를 포함한 선행연구의 잘못된 점이나 부족한 점을 다시 한번 검토해

---

83) 權赫秀,「李鴻章與朝鮮國王高宗往來咨文及書信考(1882~1894)」, 第五屆韓
國傳統文化國際學術硏討會發表論文, 中國 南京大學校, 2003年 10月.
84)『承政院日記』고종 18년 윤7월 8일 ;『日省錄』고종 18년 윤7월 8일, "以臣愚
見, 已知李書(李鴻章의 서신을 가리킴). 黃書(黃遵憲의 朝鮮策略을 가리킴)
俱是挾雜, 不足取信".
85)『承政院日記』고종 18년 윤7월 14~15일 ;『日省錄』고종 18년 윤7월 14~15
일.
86) 이 표는 原田環이 작성한 도표를(『近代朝鮮の社會と思想』, 72쪽 ;『朝鮮の開
國と近代化』, 193~195쪽) 바탕으로 필자가 새롭게 검토한 내용들을 추가하
여 작성하였고, 또한 필자의 졸저 45쪽의 내용에서 나타난 오류도 아울러 시
정한 내용으로 새롭게 작성된 것임을 밝혀둔다.

보는 補論의 성격을 지니게 된다. 그러한 의미에서 小稿는 다음과 세 가지를 새롭게 지적하였다.

첫째, 이홍장과 이유원의 서신연락관계가 성립될 수 있는 직접적인 배경이 된 것은 바로 이유원의 使淸이었는데, 거기에는 먼저 世子冊封의 奏請이라는 공개적인 첫 번째 사명이 주어졌다. 당시 세자책봉문제는 고종정부의 친정체제 및 민비를 중심으로 척족세력의 강화라는 측면에서 매우 중요한 의미를 갖고 있었고, 결과적으로 이유원은 세자책봉의 奏請에 관한 사명을 원만하게 완성함으로써 고종과 민씨 척족세력의 신임과 더불어 자신의 정치적 재기를 함께 이룰 수 있었다.

둘째, 이유원의 使淸에는 또한 처음부터 청정부의 실력자인 이홍장과 개인적 서신연락채널을 확보하려는 숨겨진 두 번째 사명이 주어진 것으로 보이며, 이유원이 조공관계의 전통적 관례와 금기를 무릅쓰고 주동적으로 이홍장에게 서신연락을 요청한 것도 결국 하나의 의도적인 행동으로 생각된다. 그러한 의도적인 행동은 사실상 훗날 유길준에 의해 '兩截體制(the dual system)'로 불리는 새로운 국제관계의 변화에 나름대로 적응하려는 고종정부의 외교적 노력을 반영하였고, 또한 '하나의 외교 두 가지 체제(one diplomacy two system)'로 불리는 새로운 대외정책을 對朝鮮關係에 적용시키려는 이홍장 및 청정부의 정책변화와 서로 맞물리면서 결국 이홍장과 이유원 사이의 서신연락관계로 발전할 수 있었다. 바로 그러한 의미에서 이홍장과 이유원 사이의 서신연락관계는 처음부터 단순한 개인적 관계차원을 벗어나 정치외교적 의미를 지닌 일종의 비밀채널로 볼 수 있으며, 바로 그러한 과정에서 한중 두 나라 사이의 전통적 조공관계는 차츰 근대적 전환과정을 겪게 되었다.

셋째, 필자는 이홍장과 이유원 사이에 주고받은 총 17통의 서신의 작성 또는 발송시일 및 구체적인 내용을 일일이 검토함으로써 한중관

계의 근대적 전환과정에서 중요한 역할을 하였던 위의 서신연락관계
에 대한 보다 구체적이고 사실적인 접근을 시도하였다. 특히 필자의
近著를 포함한 선행연구에서 잘못된 것으로 생각되는 부분을 지적한
것은 무엇보다도 본 주제에 대한 斯界 諸賢의 보다 많은 관심과 叱正
을 겸허하게 기다리고 싶은 심정에서 비롯되었음을 삼가 밝혀둔다.

김옥균 암살사건과 청정부의 관계에 대하여

1. 들어가는 말

1894년 3월 중국 上海에서 발생한 金玉均 암살사건은 일찍부터 淸日戰爭의 導火線으로 인식되어 왔었으나, 이 사건과 중국 淸政府와의 관계에 대한 연구는 당시 이 사건과 관련되었던 중국, 한국 및 일본 3국학계에서 별로 없었다.[1] 이에 본고에서는 당시 淸政府와 朝鮮政府

---

1) 필자의 조사에 의하면 중국의 경우 일찍 王信忠, 『甲午中日戰爭之外交背景』, 國立淸華大學, 1937 ; 陳偉芳, 『甲午戰爭與朝鮮問題』, 北京 : 三聯書店, 1959(이 책은 필자가 이미 『淸·日甲午戰爭과 朝鮮』이라는 제목으로 번역하여 서울 白山자료원에서 1996년 11월에 출판되었다) ; 林明德, 『袁世凱與朝鮮』, 中央硏究院近代史硏究所, 1970, 臺灣 ; 戚其章, 『甲午戰爭國際關係史』, 人民出版社, 1994, 北京) 등 저서에서 간략한 사실적인 서술만 있고 전문 연구논문으로는 臺灣에서 張公子의 「金玉均暗殺事件與韓中日三國關係之惡化」, 『中韓文化論集』 4, 臺北 : 中華學術院韓國硏究所, 1978이라는 개설적인 논문 한 편밖에 없으며, 한국에는 白鍾基의 「金玉均暗殺事件을 에워싼 韓日間의 外交紛爭과 日本의 抗淸運動」(『大東文化硏究』 11, 성균관대학교대학원, 1976)이라는 논문 한 편이 있었으나 그것은 제목에서도 보이듯이 韓日外交關係의 시각에서 다룬 것이고, 일본의 경우 河村一夫의 「李鴻章と金玉均の關係について」(『朝鮮學報』 74, 1975)라는 글이 단 한 편 있었는데 그 내용이나 분량으로 보아 제대로 된 연구논문이라기보다도 당시 日本外務省에 근무하고 있는 저자가 작성한 일종의 연구보고서 즉 Report 수준에 불과한 것이며, 그에 앞서 『朝鮮學報』 제60호(1971년)에 게재한 「韓國於日露兩國爭覇對國王宸慮」라는 글 역시 비슷한 경우였다. 그리고 최근의 연구로 재일교포 琴

그리고 일본정부의 外交書類를 포함한 關聯史料들을 바탕으로 청정부의 金玉均觀 그리고 甲申政變 기간 및 그후 日本亡命 기간 김옥균과 청정부의 관계 특히 김옥균 암살사건과 청정부의 관계를 살펴봄으로써 淸日戰爭 직전 中韓兩國關係 및 이과 관련된 東北亞國際關係史의 한 내막을 밝혀보고자 한다.

2. 청정부가 본 갑신정변 이전의 김옥균

주지하는 바와 같이 조선의 정치무대에서 개화파가 하나의 정치세력으로 등장하기 시작한 것은 대략 1880년대 이후의 일이었다.[2] 1882년 3월 당시 弘文館 校理로 있던 김옥균은 고종의 下命으로 徐光範, 兪吉濬, 柳赫魯 등 同志 일행을 거느리고 일본을 방문하여 도쿄(東京), 나가사키(長崎) 등 도시에서 일본정부기관 및 각종 근대화시설까지 널리 訪問, 參觀하면서 사회각계 인사들과도 활발한 접촉을 벌였다. 3월 26일 청정부 나가사키영사관의 余瑞 領事는 현지에서 유명한 서양요리집인 島鄕福屋에서 연회를 차려 김옥균 일행을 초청하였고 그후 29일 나가사키현 知事의 초대연회에서도 만나서 환담하였다고 한다.[3] 그리고 나가사키 지방신문인 『西海新聞』(후일 『鎭西日報』로 개칭됨)의 1882년 4월 6일자에는 김옥균과 당시 일본에 체류하고 있는 청나라사람 孫子希와의 담화내용이 소개되어 있는데, 당시 孫子希는 김옥균

秉洞씨의 『金玉均と日本－その滯日の軌跡』(東京 : 綠陰書房, 1991. 7)이 있는데 일본에서의 문헌조사와 현지 답사자료가 돋보이는 이 책에서도 청정부측의 관계사료에 대한 검토는 거의 없었으며 김옥균과 청정부의 관계에 대한 서술 역시 일본 측의 史料들을 정리하는 수준에서 그치고 말았다고 할 수 있겠다.

2) 李光麟, 「開化黨의 形成」, 『開化黨硏究』(重版), 일조각, 1996, 16~17쪽.
3) 『西海新聞』 明治 15年 3月 29日付 및 3月 31日付.

에게 外交通商의 필요성을 역설하여 김옥균에게 깊은 감명을 주었다
고 한다.4)

이어서 같은 해 6월 2일 도쿄에 도착한 김옥균 일행은 일본정부와
여러 가지 교섭을 진행하는 한편 興亞會 등 사회단체의 활동에도 적극
참가하면서 당시 청정부 주일공사관의 黎庶昌 공사 및 姚文棟, 王琴
仁, 張滋昉 등 임원들과도 접촉하고 淸, 韓, 日 3국의 聯盟에 관한 논
의도 나누었다.5) 그리고 도쿄와 요코하마(橫濱) 등지에서도 청정부의
주일공사관 측과 상호방문 등 접촉이 있었으나 당시 청정부의 주일공
사 黎庶昌은 이러한 접촉사실을 청정부에 보고하지 않았던 것으로 보
아 별로 중요한 논의는 없었던 것으로 생각된다.

그러던 중 7월 19일 조선에서 壬午軍亂이 일어남으로써 김옥균 일
행은 당시 조선으로 파견된 일본정부의 全權大臣 하나부사(花房義質)
의 배에 동승하여 급기야 조선으로 귀국하였다. 임오군란 당시 청정부
는 육해군부대를 파견하여 擧事 군인들을 탄압하고 대원군 李昰應을
중국으로 납치해 가면서 對朝鮮政策을 실력간섭정책으로 전환하였는
데 이는 한창 조국의 독립과 자강을 꿈꾸고 있는 김옥균에게 상당히
충격적이었다.

"金玉均은 (임오군란 당시 淸軍에 의한-필자) 大院君의 拘束拉致 소
식을 듣자 慨然히 일어서서 淸國打倒의 결심을 굳혔다. 그는 국제정세
의 여하에 관계없이 國父를 속여서 납치해 가는 것은 국토를 유린하고
국민을 모욕하고 조선의 王家를 노예로 삼으며 나라의 면목을 유린한
것이라고 하여 개연히 일어서서 청국 타도를 決意한 것 같다. 그가 뒷
날 갑신정변 때 오로지 한 뜻으로서 事大黨의 擊滅을 결심한 것은 실

4) 『西海新聞』 明治 15年(1882년) 4月 6日付.
5) 『東京日日新聞』 明治 15年 6月 3日付.

로 대원군 납치사건에 起因한다고 말할 수 있다."[6]

한편 1880년대는 당시 淸政府가 1882년의 壬午軍亂 이후 정치, 경제, 군사 등 여러 면에서 조선에 대한 종전의 불간섭정책에서 실질적인 積極干涉政策으로 전화하던 시기였으므로, 조국독립과 자강을 위하여 조선에서의 청정부세력 타도를 결심하고 있는 김옥균 등의 움직임은 결국 청정부의 감시망에 잡히게 되었다. 바로 1882년의 임오군란 이후 조선정부는 일본과의 濟物浦條約에 근거하여 錦陵尉 朴泳孝를 正使로 한 修信使 일행을 일본으로 파견하였었다. 당시 박영효는 개화세력 내에서 김옥균 다음 가는 핵심인물이었으며 그가 인솔한 수신사 사절단 역시 從事官 徐光範 및 수행원 金玉均, 柳赫魯, 邊樹 등 개화파 일색이었다. 이들은 3개월 동안 일본에 체류하면서 임오군란 당시 일본인들의 피해에 대한 사과라는 본연의 임무 외에도 일본의 각 기관을 시찰하고 일본 朝野의 각계인사들과 광범하게 접촉하면서 주일 외국사절들과도 만나 의견교환을 하였으며 물론 당시 청나라 주일공사인 黎庶昌과도 만났었다.[7]

이와 관련하여 黎庶昌은 당시 청정부의 對朝鮮政策을 비롯한 거의 모든 대외정책을 사실상 총괄하고 있는 北洋通商大臣 兼 直隷總督 李鴻章으로부터 "옆에서 힘이 되어주라"[8]는 지시를 받고 있었으므로 朝鮮修信使들의 활동을 관심있게 지켜보고 있었다. 따라서 1882년 12월 5일 청정부의 總理各國事務衙門(이하 總理衙門으로 약칭)에 도착

---

6) 林毅陸編, 『金玉均傳』上卷, 東京 : 慶應出版社, 昭和 19년, 147쪽.

7) 이번 修信使 일행의 행적에 관해서는 당시 正使로 갔던 朴泳孝 자신이 『使和記略』에서 자세히 기록해 두었다.

8) 「總署收出使大臣黎庶昌文」, 中央研究院近代史研究所 編, 『淸季中日韓關係史料』(이하 『關係史料』로 약칭, 臺北 : 中央研究院近代史研究所, 1970) 第3卷, 1021~1028쪽.

한 보고서에서 黎庶昌은 이미 訪日 1개월이 넘은 조선정부 修信使와
일본정부간의 교섭상황을 알리면서 정사 朴泳孝와 부사 金晚植이 전
해 준 임오군란 배상금문제에 관한 한일양측의 교섭문서(節略) 2통까
지 첨부하였다.[9] 그리고 1883년 2월 6일 총리아문에 도착한 보고서에
서 다시 귀국 직전의 박영효 일행의 대일교섭 상황을 자세하게 보고하
면서 특히 일본정부가 조선정부에 洋銃 700자루를 기증한 것은 일본
이 조선에 대해 은혜를 베풀고 호감을 얻기 위한 것이라고 지적함으로
써 이에 대한 청정부의 경계심을 호소하였다.[10] 그러나 청정부의 총리
아문 및 이홍장 등으로부터 별다른 논의나 반응이 없었던 것으로 보아
적어도 청정부의 대조선정책의 결정 및 수행과정에 있어서 조선의 개
화세력문제는 아직 하나의 중요한 고려사항으로 되지 않았다고 생각
한다.

그럼에도 불구하고 1882년의 일본행은 개화세력의 성장에 있어서
매우 중요한 계기로 작용하였던 것이 분명하였다. 김옥균 등 개화세력
은 바로 이 같은 외국방문을 통하여 새로운 문물제도를 직접 관찰하면
서 당시 조선에서 가장 근대적인 안목과 식견을 가진 진보적 집단으로
성장하였으며, 아울러 조선정부 내에서의 그들의 위상과 입지도 그만
큼 강화되어 갔다. 당시 이미 두 번째로 일본을 방문하는 김옥균은 수
신사 박영효가 귀국한 후에도 서광범과 계속 일본에 남아 일본정부 요
인들을 상대로 차관교섭을 벌였다. 그후 김옥균이 귀국한 것은 1883년
3월경이었는데 귀국 직전 그는 청정부 주일공사 여서창을 방문하여 일
본정부의 소개로 덴마크 회사가 조선에서 釜山-서울간 電報線을 건
설하게 된다고 알려주었다.[11] 이에 黎庶昌은 총리아문으로 보낸 보고

9) 「總署收出使大臣黎庶昌文」, 『關係史料』 第3卷, 1058~1061쪽.
10) 「總署收出使大臣黎庶昌文」, 『關係史料』 第3卷, 1108~1109쪽.
11) 「總署收出使日本大臣黎庶昌函」, 『關係史料』 第3卷, 1129~1132쪽.

서에서 위 사실은 결국 "조선을 탐내는 일본의 마음이 아직도 없어지지 않은 것으로 그러니 天津으로부터 仁川까지의 전보선건설 역시 지체없이 조속히 經營해야 할 것"이라고 건의하였다. 한편 여서창은 같은 보고서에서 아무런 설명도 없이 김옥균의 「治道略論」[12]을 첨부하였는데 그 문서는 김옥균과 회담시 받은 것으로 보이며 그것을 청정부에 보고한 것은 당시 주일공사로 있던 여서창이 김옥균과 김옥균의 글이 어느 정도 注視해 볼 가치가 있다고 생각했던 것으로 추측되나, 總理衙門에서 김옥균 및 그의 글에 대한 아무런 평론도 없는 것으로 보아 적어도 당시 淸政府의 대외정책 결정자들은 아직 여서창만큼이나 김옥균을 중시하지 않았던 것이라고 할 수 있겠다.

그 다음해인 1883년 6월에 김옥균은 다시 東南諸島開拓使兼管捕鯨事[13]의 직함을 갖고 제3차로 渡日하여 차관교섭을 진행하였으나 별다른 결과를 얻지 못하였던 것으로 알려졌다. 당시 일본의 신문기사에 의하면 김옥균은 1884년 1월 28일 도쿄서 청정부 주일공사관의 新春宴會에 참석하는 등[14] 청정부의 주일공사관 측과도 접촉이 있었으나

---

12) 李光麟 교수의 연구에 의하면 김옥균의 「治道略論」은 1884년『漢城旬報』제26호(開國 493년 閏5월 1일간)에 게재되었으나 사실 序文 부분에 불과하였고 그 全文은 후일 김옥균이 재직하고 있던 統理交涉通商事務衙門에서 간행한 것으로 현재 서울대 奎章閣에 소장되어 있으며, 그에 앞서 후쿠자와(福澤諭吉)가 경영하였던 일본『時事新報』의 明治 16년(1883) 1월 13일 및 1월 15일자에 간략하게 소개되었다고 하였다(이광린, 앞의 책, 190~192쪽 참조). 김옥균 자신이 「治道略論」의 마지막 부분에서 "聖上卽祚十九年十一月望" 즉 고종 19년 11월 15일(1882년 12월 24일)이라고 작성시간을 밝혀두었으니 이 글은 위에서 그 자신이 이미 밝힌 것과 같이 修信使 朴泳孝와 金晩植의 권고하에 일본 현지에서 작성한 것이며 따라서 그것을 평소 친분을 갖고 있던 후쿠자와 등 일본인들에게도 보여주었고 아울러 청나라 주일공사관을 방문하면서 黎庶昌에게도 전해주었던 것으로 추정된다.

13) 『承政院日記』고종 20년 3월 17일조.

14) 『朝野新聞』明治 17년 2월 1일부.

중요한 담화나 교제는 없었던 것 같다. 바로 이번 일본방문 도중 김옥
균은 일본정치가 고토(後藤象次郎)에게 보낸 「朝鮮改革意見書」에서
당시 조선과 청나라와의 관계에 대한 극히 否定的인 견해를 피력하였
다.

> "自來로 淸國이 (조선을) 屬國으로 생각해 온 것은 참으로 부끄러운
> 일이며, 나라(조선)가 振作의 희망이 없는 것은 역시 여기에 원인이 없
> 지 않다. 여기서 첫째로 해야 할 일은 羈絆을 撤退하고 특히 獨全自主
> 之國을 樹立하는 일이다."15)

그러던 중 베트남문제를 둘러싸고 몇 년 동안 프랑스와 다투어 오던
청정부가 드디어 1884년 8월부터 프랑스와의 전쟁으로 돌입하게 되었
다. 마침 조선에 주둔하고 있던 淸軍 6개 營 중 이미 3개 營이 본국으
로 철수한 상황이어서 김옥균 등은 淸佛戰爭을 하나의 절호의 기회로
생각하였다.16) 당시 개화파의 한 사람이었던 尹致昊 역시 자신의 일기
에서 청나라는 그동안 조선의 독립을 해쳐 왔는데 이제 프랑스와 전쟁
을 하게 됨으로써 조선에 관심을 갖지 못하게 될 것이고, 또 결국은 전
쟁에 패배할 것이므로 이로 인해 조선의 독립도 자연히 이루어질 수
있을 것으로 보았다.17)

1884년 10월 30일 한때 개화세력에게 상당히 냉담하였던 일본공사
다케조에(竹添進一郞)가 휴가차 본국에 갔다가 다시 서울로 歸任하면
서 의도적으로 개화세력에 접근해 오자 마침 위기의식에 사로잡혀 있
던 김옥균 등은 선택할 여지도 없이 일본 측과 손을 잡게 되었다. 1월
3일 김옥균 등은 이미 박영효의 집에서 일본공사관의 시마무라(島村

---

15)『金玉均全集』, 亞細亞文化社, 1979, 110~111쪽.
16)『甲申日錄』1884년 11월 24일조,『金玉均全集』, 54쪽.
17)『尹致昊日記』I, 93쪽, 고종 21년 8월 3일(1884년 9월 21일)조.

久) 서기관과 만나면서 자신들의 거사계획을 그대로 털어놓을 정도였
다.18) 이어서 1주일 후인 11월 12일 다케조에 공사는 김옥균 등의 거사
계획에 관하여 甲乙 두 가지 방안으로 요약하여 본국정부에 보고하면
서 사실상 개화파의 거사를 지지하여 중국과 開戰하자는 甲案을 주장
하였다.19)

따라서 개화세력과 일본이 무슨 일이라도 일으킬 것이라는 소문이
서울에서 긴장하게 나돌다보니 당연히 청정부에게도 전달되었다. 이와
관련하여 11월 12일 다케조에 공사가 본국으로 보고서를 제출하기 전
에 당시 조선에 주둔하고 있는 淸軍의 總理營務處會辦朝鮮營務직에
있던 袁世凱는 이미 이홍장에게 보낸 비밀보고서(密稟)에서 조선의 긴
박한 위기상황을 다음과 같이 전하였다.

"조선의 君臣들은 일본인들에게 농락되어 깊이 빠져들어 도무지 뉘
우치지를 못하고 국왕(고종을 가리킴)에게도 영향을 주어 국왕 역시 그
유혹에 깊이 빠져 중국(의 통제)을 떠나서 다른 것을 도모하려고 하고
있다. 그 근본원인을 살펴보면 프랑스 사람들이 (청나라와) 일을 일으

---

18) 伊藤博文撰, 金子聖太郎 等編, 『秘書類纂朝鮮交涉資料』上卷, 東京 : 原書
   房, 1970, 270~271쪽.
19) 「竹添公使致伊藤井上兩參議函(明治十七年十一月十二日)」, 金正明編, 『日韓
   外交資料集成』 제3책, 東京 : 巖南堂, 1963, 4~7쪽. 그후 11월 28일자 伊藤
   博文參議와 吉田淸成外務大輔의 명의로 내려진 일본정부의 훈령에서는 위
   의 서신에서 제기한 甲·乙 두 가지 방안에 대하여 개화파들을 煽動하여 조
   선에서 내란을 일으키는 甲案은 穩當하지 않으므로 (조선에서) 중국세력과
   일을 일으키지 말고 조선을 그대로 放任하자는 乙案을 취하도록 하였으나
   (金正明, 앞의 책 참조), 이 훈령은 실제로 갑신정변이 발생한 후에야 인천에
   도착한 일본 郵船 千歲丸편으로 전달되었다. 박영효의 회고에 의하면 위의
   훈령을 받아 본 일본공사 다케조에의 태도가 갑자기 변하여 일본군을 철수함
   으로써 결국 정변 실패를 초래하였다고 하였다(일본 古筠紀念會, 『古筠』 창
   간호, 1935. 3).

키니 중국이 병력을 더 분산시켜 조선에 增兵을 하지 못할 뿐만 아니라 러시아와도 다투지 못할 것으로 짐작하여 이 기회에 강한 이웃(나라 즉 일본을 가리킴)을 끌어들여 自衛를 한다면 곧바로 稱雄自主하고 (중국과) 나란히 설 수 있어 (다시는) 중국에게 통제되지 않으며 아울러 다른 사람(나라)에게도 머리를 굽히지 않아도 될 것으로 본 것이다. 이와 같은 의견은 (조선) 온 나라의 권세가 있는 사람들의 태반이 모두 그러한 즉 오로지 金允植, 尹泰駿, 閔泳翊의 의견이 좀 다른데 (때문에 그들은) 국왕의 뜻을 크게 어겨 국왕으로부터 점차 疏遠 당하고 있다. 스스로 생각건대 이와 같은 情形이 3년 정도 지속된다면 그 形迹이 반드시 드러날 것이다. 조선은 중국의 울타리(屛藩)로서 진실로 (중국)門戶의 關鍵이니 他族(일본 등 열강세력을 가리킴)이 가까이 들어와 있는 것은 실로 걱정스럽다."20)

이처럼 원세개는 개화세력의 비상한 움직임을 일찍 간파하고 청정부에 사태의 위중함을 보고하였지만 위에서 3년 정도 운운한 것으로 보아 사건이 당장 일어날 줄은 미처 예상하지 못하였던 것으로 생각된다. 갑신정변이 일어난 후 "애당초 (갑신정변이) 그토록 빠르게 일어나고 또한 그토록 酷烈하게 일어날 줄은 미처 몰랐다"21)고 한 것이 바로

---

20) 「袁世凱來稟(光緒十九年九月二十五日到)」, 吳汝綸編, 『李文忠公(鴻章)全集』 譯署函稿(이하 『譯署函稿』로 약칭, 대만 文海出版社 영인본) 권16, 10~11쪽. 이 비밀보고서에 관하여 林明德 교수는 원세개가 음력 9월 25일 즉 11월 12일에 이홍장에게 제출한 것으로 보고 있지만(『袁世凱與朝鮮』, 46쪽 참조) 사실상 위의 『譯署函稿』의 편집자가 분명히 "光緒 19年 9月 25日到" 즉 11월 12일 이홍장에게 도착하였다고 밝힌 것으로 보아 당시 조선과 중국 사이에 아직 진보선이 가설되지 않아 陸路나 海路로 인편을 통해 서신을 전달해야 하는 사정을 감안할 때, 원세개의 보고서는 적어도 11월 12일에서 2~3일 앞선 날짜에 발송한 것으로 보아야 할 것이며, 결과적으로 원세개가 그만큼 일찍이 개화세력의 움직임을 感知하고 있었다고 보아야 할 것이다.

21) 故宮博物院編, 『淸光緖朝中日交涉史料』 卷6, 북평 : 故宮博物院, 1932, 15쪽.

당시 청정부의 진실한 고백이었다. 한편 이홍장은 위 원세개의 보고를 매우 중시하면서 원세개를 비롯한 조선주둔 청군장교들에게 "聲色을 나타내지 말고 鎭靜을 굳게 지키면서 偵探한 情形을 수시로 자세히 密報"하도록 지시하고 아울러 북경의 총리아문에게도 원세개의 비밀 보고서를 전달해 주었다.[22]

한마디로 당시 조선에 대한 실질적인 간섭정책을 바야흐로 전개하고 있던 청정부는 갑신정변 이전까지만 하여도 조선에 상주하고 있던 원세개와 주일공사관을 통하여 조선에 관한 정보를 수집하면서 조선 개화세력의 움직임까지도 제때에 파악하고 나아가서 그들이 일본과 결탁하여 조선에서의 중국세력을 배척하려 하고 있다는 점에서 깊은 경계심을 갖고 그들의 동정을 예의 주시하고 있었지만 개화세력의 主將인 김옥균 개인에게는 별다른 주의를 가지지 못한 것으로 보였다.

3. 갑신정변 기간의 청정부와 김옥균

그러나 김옥균 등 개화파들에게 있어서 이른바 開化는 선진적인 歐美文明의 수용에 의한 개화라는 데 그치지 않고 淸으로부터의 독립까지를 포함한 것으로서 당시 조선과 종속관계에 있는 청나라로부터의 자주독립을 第一義로 생각하고 있었던 것이다.[23] 후일 김옥균 자신 역시 일본망명지에서 고종에게 올린 上疏를 통하여 "閔氏一派가 淸國에 붙어서 國權을 蔑如하는 것을 가만히 보고만 있을 수 없어 혁명을 企圖하였다"[24]고 피력하였고 개화파의 一員이었던 徐載弼도 김옥균을

---

22)「總署收北洋大臣李鴻章函」,『關係史料』제3권, 1491~1492쪽.
23) 李完宰,『初期開化思想研究』, 민족문화사, 1989, 135~143쪽.
24) 金玉均,「巨文島事件에 관한 上疏」,『新東亞』1966년 1월호 부록.

회고하는 글에서 "그는 조국이 淸國의 宗主權하에 있는 굴욕감을 참지 못하여, 어쩌면 이 수치를 벗어나 조선을 세계 각국 중의 평등과 자유의 一員이 될까 晝夜로 勞心焦思하였다"[25]고 전하였다.

따라서 청정부의 입장에서는 위와 같은 청나라 세력의 배척을 목적으로 급격한 쿠데타를 통한 개혁을 단행하려는 김옥균 등 조선개화파들을 소위 亂黨으로 지목할 이유가 충분하였다. 바로 갑신정변이 일어난 1884년 12월 4일 저녁 개화파 인물인 洪英植이 주최하는 郵征局開局 축하연회에는 당시 청정부의 總辦朝鮮商務委員 陳樹棠도 書記官 譚庚堯와 함께 참석하였는데 그들 두 사람은 개화세력이 파견한 자객들에 의해 민영익이 亂刺된 참상을 직접 보았으니 말하자면 갑신정변의 현장을 직접 목격한 청정부 관원들이었다. 그러나 당시 일본 측에 의해 '無骨海蔘'이라고까지 불리고 있던 陳樹棠이 훗날 李鴻章에게 보낸 보고[26]에 의하면 당시 그는 과연 평소의 소심한 성격 그대로 즉시 현장에서 탈출하여 總辦公館으로 돌아와서 그 후의 사태발전 및 누가 사건을 일으켰는지에 대해 전혀 모르고 있었던 것이다. 한편 그는 임오군란과 비슷한 폭동이 일어난 것으로 짐작하였던지 袁世凱에게 급히 서신을 보내 청군을 출동시켜 사태를 진압하도록 요청하면서 자신의 공관에서도 청군병사들을 시켜 경호를 강화하는 동시에 사람을 보내 이홍장의 추천으로 朝鮮統理交涉通商事務衙門의 協辦직을 맡고 있으면서 우정국연회에도 참석하였던 묄렌도르프에게 문의하여서야 개화당이 '作亂'하였다는 것을 알게 되었다고 한다.

한편 원세개는 陳樹棠의 서신연락을 받고 급히 吳兆有, 張光前 등 청군장교들과 함께 청군을 출동시켜 사건발생지인 우정국 현장과 사

---

25) 徐載弼, 「回顧甲申政變」, 閔泰瑗, 『甲申政變과 金玉均』, 國際文化協會, 1947 참조.
26) 「照錄總辦朝鮮商務陳道樹棠來稟」, 『關係史料』 제3권, 1506쪽.

120

건 직전까지 고종이 거처하고 있던 창덕궁 그리고 서울시내의 종로일
대를 순찰하였으나 상황이 不明하므로 일부 순찰병력만 남기고 일단
병영으로 귀환하였다.[27] 김옥균의 『甲申日錄』에 의하면 그날 저녁 자
신들도 淸軍의 일부가 景祐宮 부근까지 와서 멀찍이 '探望'하다가 다
시 병영으로 돌아갔다는 사실을 알고 있었다고 하였다.[28] 또한 원세개
는 중상을 입은 민영익을 거두고 있다는 묄렌도르프의 집에까지 찾아
가서 민영익 본인으로부터 "개화당에 의해 부상당했다"는 말을 직접
들었고 아울러 청군병영에 소속된 한국어 통역관(通事)들을 시켜 곳곳
에 수소문하게 한 결과 개화파들이 일본공사와 결탁하여 이미 일본군
을 거느리고 入宮하였으며 나아가서 국왕보호의 명목으로 고종을 경
우궁으로 移御시켰고 평소 親淸派로 불리면서 원세개 자신과도 친분
이 있었던 韓圭稷, 李祖淵, 閔泳穆, 尹泰駿 등 4명의 '朝鮮練軍四將'
이 살해되었다는 사실까지도 알아내었다.[29]

이처럼 부지런히 探問한 결과 원세개는 당연히 다른 청군장교들보
다도 훨씬 더 자세하게 갑신정변의 내막사정을 파악하게 되었고 따라
서 정변이 일어난 바로 그 이튿날인 12월 5일 새벽(五更)에 자신의 숙
부이자 이홍장의 측근인 直隷候補道旅順口營務處 袁保齡[30]을 통하여

27) 「照錄統帶駐防朝鮮慶各營吳提督兆有等聯銜來稟」, 『關係史料』 제3권, 1506
~1508쪽.
28) 『金玉均全集』, 86쪽.
29) 「同知袁世凱家書」, 『關係史料』 제3권, 1504~1505쪽. 여기서 원세개는 그날
밤 개화파에 의해 살해된 사람이 위 4명으로만 알고 있었으나 실제로는 閔台
鎬와 趙寧夏 등을 포함하여 모두 6명이 넘었다. 여기서 그만큼 당시 상황이
혼란스럽고 복잡하였다는 사실을 보여주기도 한다.
30) 袁保齡은 원세개의 從祖父인 袁甲三의 아들로서 일찍 同治年間(1862~1875)
에 과거급제한 후 直隷候補道의 관직으로 北洋艦隊의 최대 基地인 旅順의
海防을 책임지고 있었는데, 특히 그의 직속 上司이기도 한 北洋大臣 李鴻章
의 신임을 많이 받았다고 한다. 袁保齡의 형인 袁保恒도 진사급제한 후 아버
지 袁甲三을 따라 軍事에 참여하면서 이홍장의 幕僚로도 있었던 등 원씨가

이홍장에게 갑신정변에 관한 비밀보고서를 최초로 제출할 수 있었던
것이다. 그러나 이 비밀보고서는 『李文忠公全書』 등 이홍장 관계서류
와 청정부의 비밀문서에서 모두 찾아 볼 수 없고 다만 위의 비밀보고
서와 함께 袁保齡에게 보낸 집안편지(家書) 1통만 청정부 總理各國事
務衙門의 비밀문서에 수록되어 있었는데[31] 그 내용으로 보아 위의 비
밀보고서와도 거의 비슷할 것으로 추측된다. 원세개는 이 집안편지에
서 갑신정변을 일으킨 세력을 "開化黨 徐光範, 金玉均, 洪英植, 朴泳
孝"로 정확히 지적하면서 다음과 같이 건의하였다.

"일본인들이 이미 開化人들을 도와서 中國黨(정변 당시 개화파에 의
해 살해된 韓圭稷, 李祖淵, 閔台鎬 등 조선정부내 親淸派로 불렸던 관
원들을 가리킴 : 필자)을 제거한 이상 조선은 이제 곧 일본인들에게 병
탄 당하거나 멀지 않아 (조선정부) 스스로 (중국을) 배반하게 될 것이
다.
　(이제)軍事가 매우 급하오니 (增援)병력을 목마른 듯 바라고 있다. 천
만번 빌건대 방법을 강구하여 군함과 군대를 파견하여 大局을 돌보도
록 해주기 바란다. 이번에는 모름지기 吳淸帥(吳長慶을 가리킴)와 같
은 大將을 파견해야만 일을 잘 처리할 수 있을 것이며 李昰應도 함께
나오게 하여 (淸軍)兵營 안에 몰래 숨겨 두면서 (조선의) 人心을 거두

<hr>

문은 일찍 袁甲三시대부터 이미 이홍장과 깊은 인연을 갖고 있었다. 원세개
는 8세 때 아직 後嗣가 없는 숙부 袁保慶에게 양자로 보내어졌다가 14세 때
嗣父 袁保慶이 病死하자 從叔父인 袁保恒과 袁保齡 두 형제가 데려다 키우
면서 교육을 시켰으므로 사실 이 두 從叔父는 원세개의 성장과정에 있어서
그의 生父나 嗣父보다도 훨씬 더 많은 영향을 주었던 사람이며 원세개가 吳
長慶의 부대로 들어가서 조선으로 나올 수 있었던 것 역시 그의 嗣父 袁保慶
과 吳長慶 두 사람 사이의 오랜 우정의 덕분이었다고 한다. 沈祖憲等編, 『容
菴弟子記』 卷1 참조.
31) 「同知袁世凱家書」, 『關係史料』 제3권, 1504~1505쪽. 이 家書는 또 淸芬閣
編, 『項城袁氏家集』 閣學公集書牘 卷3에도 수록되어 있다.

게 해야 할 것이다."[32]

여기서 원세개는 이미 갑신정변을 일으킨 세력을 김옥균 등 '開化人'이라고 정확히 지적하면서 아울러 갑신정변으로 인한 조선의 장래 정세까지 나름대로 예측하고 이에 대한 청정부의 강력한 간섭을 주장하였다.

바로 원세개가 이홍장에게 비밀보고서를 올리던 그날인 12월 5일, 김옥균 등은 이미 과거 민씨세력에 의해 정치권력으로부터 소외되었던 宗室세력까지 연합하여 左議政 李載元, 右議政 洪英植, 前後營使 兼左捕將 朴泳孝, 左右營使兼代理外務督辦右捕將 徐光範, 戶曹參判 金玉均 등으로 구성된 새 정부를 수립하고, 아울러 14條 政綱으로 요약된 새 정부의 개혁방침도 결정하였다. 김옥균의 『甲申日錄』에 의해 밝혀진 이 14조 정강의 제1조가 바로 "大院君을 조속히 귀국케 하고 淸國에 대한 朝貢虛禮를 폐지할 것"이었는데 이는 청나라와의 전통적인 宗藩關係를 완전히 끊어 버리고 나라의 자주독립을 역설하였던 김옥균 등 개화당인들의 정치이상을 잘 보여주는 것으로서 결과적으로 위의 보고서에서 원세개가 이미 예측하였던 소위 "중국을 배반"하는 방향으로 전개되었던 것이다. 정변 당일인 12월 4일 밤에 韓圭稷, 李祖淵 등 6명의 親淸派 대신들을 살해한 것도 政敵 肅淸차원과 더불어 그들이 "淸兵을 이끌어 들이려고 하는 계책"을 꾸미고 있다는 현실적인 의심에 의한 것이었다.[33] 따라서 원세개를 비롯한 당시 조선에 상주하고 있던 청나라 관원과 장교들은 당연히 김옥균을 갑신정변의 '魁首'로 지목하게 되었고 이러한 태도는 결국 청정부의 최고층에까지 영향을 주었던 것이다.

---

32) 위와 같음.
33) 『甲申日錄』, 『金玉均全集』, 87쪽.

같은 12월 5일 아침 청정부의 總辦朝鮮商務委員 陳樹棠이 직접 묄렌도르프의 집으로 찾아가서 상황을 알아 본 즉 묄렌도르프로부터 고종이 거처하고 있는 경우궁에는 이미 조선인들의 출입이 금지되어 있고 고종은 개화파와 일본군에 의해 '挾制' 당하고 있으며 '英, 美, 獨 3국의 公使'[34]가 그날 아침 고종을 알현할 때도 고종은 인사정도의 말만 나눌 뿐 다른 일에 대해서는 일절 말하지 못하고 있더라는 이야기를 들을 수 있었다. 이에 陳樹棠은 다시 서울에 주재하고 있는 미국공사 푸트(Lucius H. Foote, 福脫), 영국총영사 애쉬튼(William George Aston, 阿須敦) 및 독일총영사 젬부쉬(Zembsch, 曾額德)를 찾아가 의논한 결과 이들 외국사절들은 한결같이 청군 측에서 "쉽게 움직이지 말고 저들(개화파와 일본군을)의 動靜을 지켜보고 다시 (대책을) 의논하자"고 주장하였다. 따라서 陳樹棠은 서울 주재 외교단의 위와 같은 의견을 吳兆有, 袁世凱 등 청군지휘관들에게 전해주면서 아직 상황이 잘 파악되지 않고 조선국왕으로부터 請兵요청도 없는 이상 잠시 鎭靜을 취하면서 사태발전을 지켜보는 한편 비밀리에 本國으로 원병요청을 하기로 대책을 세웠다.[35]

이에 吳兆有 등은 그날로 조선주둔 청군지휘관 공동명의(聯銜)로 이홍장에게 갑신정변에 관한 비밀보고서를 제출하였다. 이 비밀보고서에서 그들은 갑신정변의 발발경위와 피살된 민태호 등 6명의 명단 그리

---

34) 여기서 陳樹棠이 "英美德三公使"라고 한 것은 당시 서울에 주재하고 있던 미국공사 푸트와 영국총영사 에쉬튼 그리고 독일총영사 젬부쉬를 가르킨 것으로 에쉬튼과 젬부쉬는 사실 공사가 아닌 총영사였다. 당시 영국과 독일은 미국과 달리 아직 조선에 공사를 파견하지 않고 다만 중국주재 공사의 관할 하에 있는 총영사만을 파견함으로써 결과석으로 조선에 대한 청정부의 藩屬政策을 사실상 인정해 주는, 다시 말하면 조선문제에 있어서 일종의 현상유지정책을 실행하고 있었다고 볼 수 있다.
35) 「照錄總辦朝鮮商務陳道樹棠來稟」, 『關係史料』 제3권, 1505~1506쪽.

고 바로 12월 5일 당일에 수립된 새 정부의 주요 구성원 등 최근상황
까지 정확하게 보고하고, 나아가서 "왕(고종)은 金玉均, 徐光範, 朴泳
孝 등에게 미혹되어 있는데 (그들은) 모두 오래 전부터 洋人들(의 힘)
을 빌려서 중국을 배반하려고 한 자"들이라면서 갑신정변의 주도세력
을 김옥균 등으로 지적하고 아울러 이홍장에게 속히 군함을 파견하여
增援해 줄 것을 요청하였다.36) 이 보고서는 위의 원세개의 개인적인
보고와는 달리 정식 지휘계통을 거쳐 공식으로 제출된 책임성 있는 보
고서로서 그 내용상 한층 더 자세하고 정확할 뿐만 아니라 김옥균을
갑신정변의 주모자로 지목함으로써 후일 청정부의 정책결정과정에 있
어서도 가장 중요한 기본참고자료로 활용되었으며, 청정부와 김옥균의
관계라는 시각에서 볼 때 향후 청정부와 김옥균의 관계를 돌이킬 수
없이 악화시키는 결정적인 계기이기도 하였다.

　당시 청나라와 조선 사이에는 아직 전보선이 가설되지 않았기 때문
에 旅順에 기지를 두고 天津과 仁川을 왕래하는 北洋艦隊의 군함편이
가장 빠른 체신연락루트였다. 따라서 당시 청정부의 對朝鮮關係事務
를 총괄하고 있는 이홍장이 갑신정변에 관한 보고를 최초로 받은 것은
사변이 발행한 지 1주일이 지난 12월 9일 旅順의 袁保齡이 전해 온 원
세개의 보고서였다. 당시 원보령은 위에서 본 원세개의 보고서를 전해
주는 한편 이홍장에게 프랑스와도 한창 전쟁 중인 현 상황에서 프랑스
와 일본 두 나라와 모두 싸울 수 없으므로 "프랑스와는 화해하고 (조선
에서) 일본을 징벌하자(款法剿倭)"37)는 외교대책을 건의하기도 하였다.
이에 이홍장은 그날로 北京의 總理衙門에 전보로 알리는 한편 주일공
사 黎庶昌에게 갑신정변에 관한 일본의 태도와 동향을 조사하라고 지

---

36) 「照錄統帶駐防朝鮮慶各營吳提督兆有等聯銜來稟」, 『關係史料』 제3권, 1507
　　~1508쪽.
37) 「照錄旅順口營務處保齡來稟」, 『關係史料』 제3권, 1502~1504쪽.

시하고 아울러 군함 5척을 조선으로 급파하여 사태를 수습하게 하였다. 한편 이홍장은 프랑스와의 전쟁이 진행되고 있는 현상황에서 다시 일본과의 전쟁을 치른다는 것은 매우 엄중한 문제로서 쉽게 결정할 수 없으니 고위관원(大員)을 조선으로 파견하여 현지에서 사건을 수습하도록 하자고 건의하였다.[38]

이에 청정부는 12월 11일 光緖皇帝의 諭旨로 갑신정변에 관한 제1차 정책결정을 내렸던 바 대체로 평화적으로 해결한다는 방침으로서 이홍장과 吳大澂 등에게 관련대책을 熟議한 후 오대징이 몇 개 영의 병력을 거느리고 조선국경(朝鮮邊界)이나 서울로 직접 가서 사건을 수습하되 오조유, 원세개 등 조선주둔 청군지휘관들에게는 이홍장을 통하여 "倭人들과 성급히 싸우지 말라"는 지시를 내렸다.[39] 여기서 조선주둔 청군지휘관들에게 일본 측과 섣불리 싸우지 말라는 지시는 조선주둔 청군이 벌써 12월 6일 서울에서 일본군과 접전한 사실을 뒤이어 도착한 원세개 등의 후속보고서를 통하여 이미 알고 있었기 때문이다. 한편 위의 광서황제 諭旨에서는 "이번 갑신정변이 역시 '李昰應餘黨'의 소행인가?"라고 下問함으로써 청정부의 최고층에서는 아직 갑신정변의 진정한 주모자가 도대체 누구인지를 확실히 파악하지 못하고 있는 듯하였다.

바로 광서황제의 위와 같은 下問에 대답하기 위하여 이홍장은 12월 15일 총리아문으로 보낸 편지에서 원세개 등의 보고에 근거하여 갑신정변은 실제로 "모두 조선의 臣下들 중 일본과 한 무리가 된 자(黨倭者)들이 일으킨 것으로서 일본과 한 무리가 된 그들은 모두 대원군의 무리(大院君之黨)는 아니었다"[40]고 보고하였다. 이로써 청정부는 갑신

---

38) 故宮博物院編,『淸光緖朝中日交涉史料』(이하『交涉史料』로 약칭) 卷5, 北京 : 故宮博物院, 1932, 24쪽.
39)『交涉史料』卷5, 25~26쪽.

정변의 주도세력이 개화세력이라는 사실을 최종 확인하게 되었다.

이처럼 갑신정변에 관한 吳兆有 등 조선주둔 청군장교들의 보고서
가 속속 도착되고 주일공사관에서도 일본 측이 결코 중국과 전쟁을 일
으킬 의사는 없는 것 같다는 보고서가 올라옴으로써 청정부에서도 사
건의 진상을 제대로 파악하고 나아가서 "亂을 平定하는 것을 주요 목
적으로 하고, (사건수습에 있어서는) 중국과 일본 사이의 오해를 분명
히 풀고 (이 사건으로 인한 조선에서의 中日 兩國間) 불화의 매듭을
푸는 것을 제1의 요의로 한다"[41]는 최종 정책결정을 내렸다. 청정부가
이와 같은 평화적인 해결책을 채택한 것은 결코 조선에 대한 적극간섭
정책을 새롭게 변화한 것이 아니고 그해 8월 23일과 24일 프랑스 함대
의 기습에 의해 북양함대에 이어 청나라 제2의 해군艦隊인 福建水師
와 당시 청나라에서 가장 큰 조선소인 馬尾造船廠이 완전히 격파되고,
10월 23일에는 臺灣 전체가 프랑스 함대에 의해 완전 봉쇄되는 등 프
랑스와의 전쟁이 한창 진행되고 있는 위기상황에서 정녕 조선에서 일
본과 싸울 형편이 못되었기 때문이었다.

따라서 이홍장과 吳大澂은 갑신정변에 관한 구체적인 대책을 논의
한 결과 12월 19일에 다음과 같은 대책을 결정하였다.

1) 吳大澂이 後門洋銃(즉 라이플 소총을 가리킴 : 필자)으로 무장한 淸
　 軍 400명을 거느리고 조선에 가서 사건을 조사처리한다.
2) 주로 '亂黨'들을 조사처리하되 일본과는 싸우지 않는다.
3) 旅順에 주둔해 있는 淸軍 중 1개 營을 조선으로 먼저 출동시켜 馬
　 山浦에 주둔케 한다.
4) 丁汝昌으로 하여금 超勇號와 揚威號 두 척의 군함을 이끌고 馬山

---

40) 「總署收北洋大臣李鴻章函」, 『關係史料』 제3권, 1509~1513쪽.
41) 『交涉史料』 卷5, 25~26쪽.

浦로 가서 육군(위의 청군 1개 營을 가리킴)을 지원케 한다.
5) 丁汝昌을 통하여 吳兆有, 袁世凱 등 조선주둔 청군지휘관들에게 경
   거망동하지 말고 (청정부가 파견한 吳大澂 등의) 조사처리를 기다리
   도록 지시한다.[42]

여기서 "주로 亂黨들을 조사처리"한다는 방침은 결국 청정부가 이
번 갑신정변 처리에 있어서 김옥균 등 개화파세력의 제거를 가장 주요
한 목적으로 삼고 있다는 점을 보여주고 있다.

이처럼 청정부에서 갑신정변에 관한 대책을 긴장해서 검토하고 있
을 때 원세개 등은 이미 조선에서 작전을 개시하였다. 당시 서울에 주
둔하고 있는 淸軍은 총 3개 영에 1,500명의 병력으로서 공사관 보호명
목으로 파견되어 있는 200여 명의 일본군보다 훨씬 우세하였으나 아직
상황도 분명하지 않고 서울주재 외교단의 권고도 있는데다가 더욱이
조선정부로부터의 공식요청이 없었기 때문에 출동을 못하고 있었을
뿐이었다. 그러나 정변 사흘째 되는 12월 6일 서울에는 벌써 민비는 피
살되고 국왕 고종은 생사불명이며 따라서 洪英植 등이 이제 9살밖에
되지 않는 고종의 庶子(이는 청군 측의 정보자료에서 나온 소식으로서
구체적으로 그 庶子가 누구인지는 밝히지 않았으나 그 나이로 미루어
보아 아마 훗날 純宗이 된 민비 소생의 둘째 아들 坧을 가리키는 것으
로 생각된다)를 옹립한다는 소문까지 나돌아 인심이 흉흉하고 수십만
(원세개가 수십만이라고 하였으나 그 숫자는 상당 부분 과장된 느낌이
든다) 군중이 모여서 왕궁으로 쳐들어가 '왜놈(倭奴)'들을 모조리 죽이
려 하였다고 한다.[43]

---

42) 「會奏吳大生赴朝鮮摺」, 『李文忠公全集』 奏稿(이하 『奏稿』로 약칭) 卷52, 6
   쪽.
43) 「照錄委辦親慶等營會辦朝鮮防務袁丞世凱來稟」, 『關係史料』 제3권, 1535~
   1542쪽.

128

이에 원세개는 오조유 등과 상의하여 장차 청군이 출동할 경우 일본
군과의 충돌이 불가피할 것으로 판단하고 원세개 등에 의해 훈련된 조
선 左右 2개 營의 營官인 金鍾呂와 申泰熙를 비밀리에 불러서 백은
600냥의 거금까지 쥐어주면서 내일 있을 청군의 공격시 협동작전을 약
속하는 한편 후일 양국교섭에서 유리한 입장을 차지하기 위해 12월 5
일에 미리 평소 자신과 친분이 있던 조선정부의 右議政 沈舜澤에게
편지를 보내 淸軍出動을 요청하도록 종용하였다.44) 김옥균의『甲申日
錄』에 의하면 12월 5일 고종 일행이 다시 창덕궁으로 환궁한 후 개화
파 측에서 왕궁호위를 위해 병사들을 시켜 각 궐문을 닫으려 할 때 청
군병사들이 宣仁門을 못 닫도록 저지하고 나섰으며, 이에 박영효는 강
경책으로 맞서자고 주장하였으나 김옥균과 다케조에 공사의 설득으로
결국 선인문은 닫지 못한 채 그대로 두었다고 하였다.45) 다시 말하자
면 원세개 등은 이미 정식 출동하기 전에 벌써 창덕궁 공격을 위한 유
리한 지점을 확보하고 있었던 것이다. 실제로 12월 6일의 공격을 개시
할 때 昌德宮의 敦化門과 함께 宣仁門46)은 창덕궁으로 공격해 들어가
는 淸軍의 2개 攻擊進路로서 매우 중요한 역할을 하였다.

한편 심순택은 원세개의 편지를 받은 그 이튿날인 12월 6일 이른 아

44)「袁世凱致沈舜澤函」(甲申年十月十八日), 田保橋潔,『近代日鮮關係の研究』
上卷, 朝鮮總督府中樞院, 1940, 957쪽. 이 책에 실린 원세개의 편지원문 중
일부 誤字가 있는 것으로 보이나 그 편지가 다른 문서에서는 찾아 볼 수 없
으므로 그대로 存疑한다. 이 점은 林明德 교수도『袁世凱與朝鮮』66쪽에서
지적한 적이 있다.
45)『金玉均全集』, 94쪽.
46) 昌慶宮은 昌德宮의 동쪽 壽康宮 옛터에 위치하고 있으며 임진왜란때 불에
탔다가 광해군 8년 重建되었는데 그 중 正門인 "弘化門 바른 편에 있는 門
을 宣仁門이라고 하고 조정 신하들은 대개 이 문으로 出入한다. 文獻備考에
의하면 이 문의 옛 이름은 瑞麟門인데 뒤에 宣仁門으로 고쳤다"고 한다. 柳
本藝,『漢京識略』卷1, 宮闕篇 昌慶宮條 참조.

침 답장을 보내 "奸臣 金玉均 등이 宮中에 난리가 났다고 핑계하여"
일본공사에게 일본군을 거느리고 입궁케 하고 국왕을 핍박하여 거처
를 옮기게 하면서 현재까지 3일동안 출입을 금지하여 大臣 6명과 中官
(내시) 1명이 이미 살해되는 등 긴박한 사정을 호소하면서 "빌건대 (淸
軍) 3營의 大人인 袁司馬(袁世凱를 가리킴), 吳統領(吳兆有를 가리킴),
張總兵(張光前을 가리킴)께서 火速하게 派兵하여 (국왕을) 保護해 주
도록" 요청하였다.[47] 그리고 정변이 일어나던 그날 저녁부터 金允植,
南廷哲 등 조선정부 대신들이 청군 주둔지로 찾아와 청군의 출동을 泣
訴하였고 12월 6일에도 戶曹參判 南廷哲, 右營中軍 申奭熙와 承旨
李鳳九로부터 書信과 口頭로 請兵 요청이 또 있었으므로 청군 측에서
는 조선정부의 요청에 의한 출동이라는 명분을 충분히 얻었다고 생각
하였다.

  여하튼 심순택 등의 요청으로 출병의 명분을 갖추었다고 생각한 원
세개 등은 청군의 출동을 준비하는 한편 후일 외교교섭을 염두에 두고
다음과 같은 措處도 다그쳐 취하였다.[48]

  1) 조선주둔 청군의 최고지휘관인 記名提督 吳兆有의 명의로 武弁(하
    급군관이라는 뜻으로 사용되는 표현이지만 구체적으로 어떤 직위인
    지는 원 사료에서도 밝히지 않았다) 周得武를 창덕궁으로 보내 고
    종을 알현하려고 하였으나 김옥균 등에 의해 거절당하고 말았다.
  2) 원세개와 친분이 있는 전 京畿監司 沈相薰을 시켜 고종을 알현케
    하고 청군이 곧 昌德宮으로 "大擧入宮"할 것이라는 소식을 비밀리
    에 알려주도록 하였다.[49]

---

47) 『華案』卷7. 그리고 田保橋潔, 앞의 책, 975~976쪽에도 이 편지기 수록되어
   있다.
48) 「照錄統帶駐防朝鮮親慶各營吳提督兆有等聯銜來稟」, 『關係史料』 제3권,
   1532~1535쪽.

3) 이날 아침 辰刻(辰時란 상오 7시부터 9시까지의 시간을 가리키는데 정확한 시각은 아직 밝혀지지 않고 있다) 일본공사 다케조에에게 청군의 출동을 알리는 서신을 보내어 출동의 목적이 "첫째로 國王(고종을 가리킴)을 保護하는 것이고 둘째로 貴部(일본군을 가리킴)를 援護하는 것으로 별다른 뜻은 없다"고 사전통보하였다.

4) 總辦朝鮮商務委員 陳樹棠에게 서울주재 각국 외교사절들에게 위와 같은 淸軍 출동의 뜻을 照會로 통보케 하였다.

한편 김옥균은 『甲申日錄』에서 같은 날(12월 6일) 아침 자신이 원세개에게 편지를 보내어 지난 밤 청군병사들이 昌德宮과 담을 하나 사이에 두고 있는 昌慶宮의 宣仁門을 못 닫게 한 행동을 질책하면서 향후 다시 그처럼 무리한 행동이 있을 경우 결코 좋은 말로만 상대하지 않을 것이라고 경고하였다고 기록하였다.[50] 그리고 김옥균은 또 『甲申日錄』에서 이날 아침 청군 측에서 한 '士官'을 보내어 고종을 알현하려고 하였으나 자신들에 의해 거절당하자 '統領駐防各營記名提督果勇巴圖魯吳張有'의 명으로 된 고종에게 보내는 편지 한 통만 남기고 돌아갔다고 하였다.[51] 실제로 당시 일본군과 함께 창덕궁을 장악하고 국왕

---

49) 林毅陸編, 『金玉均傳』上卷, 369~370쪽과 尹孝定, 『風雲韓末秘史』, 114쪽 참조. 위 『金玉均傳』에서는 당시 沈相薰이 원세개의 비밀편지를 고종에게 전달하였다고 하였으나 후일 원세개가 이홍장에게 보낸 보고서에서 그러한 비밀편지에 대한 언급이 없었던 것으로 보아 실제로 편지는 없었던 것으로 보이며(만약 실제로 그러한 편지가 있었더라면 자신의 공로를 자랑하기 위해서라도 원세개는 이홍장에게 제출한 보고서에서 그 편지에 대해 대서특필하였을 것이 분명하였다), 또한 당시 개화파들의 엄밀한 감시 속에서 편지를 전달한다는 자체가 거의 불가능하였을 것으로 생각된다.

50) 『金玉均全集』, 95쪽. 그러나 이 편지는 청정부 측의 문서에서 전혀 언급되지도 않아서 그 편지의 실제 존재여부가 확실치 않다. 林毅陸의 『金玉均傳』上卷, 368쪽에도 그 편지가 있었다고 하였으나 사실 위 김옥균의 『甲申日錄』에 근거한 것으로 그 외에 별다른 증거는 제시하지 못하였다.

51) 『金玉均全集』 99~100쪽에 그 편지의 原文이 수록되어 있는데, 그중 冒頭의

고종까지 모시고 있던 개화파들은 김옥균을 중심으로 하여 모든 대책을 강구하고 있었으며 특히 對淸軍관계의 일은 거의 김옥균이 전담하고 있었던 것이다. 김옥균 자신 역시 『甲申日錄』에서 "나는 戶曹參判의 직책으로 무릇 財政에 속하는 일들은 모두 (도맡아서) 商論하지만 (무엇보다도) 첫째로 軍務를 급선무로 하였다"고 自述하였다.[52] 이처럼 김옥균은 당시 가장 긴급한 사안이기도 한 對淸軍관계를 거의 전담하면서 원세개 등의 알현 요구를 거절하는 등 淸軍 측의 개입을 원천 봉쇄하려고 노력하였으므로 당연히 후일 청군 측으로부터 유난히 미움을 사게 되었음은 자명한 사실이다.

위와 같은 긴박한 상황 전개의 결과 청군 측은 드디어 12월 6일 오후 2시 30분경 창덕궁에 대한 공격을 개시하였다. 당시 상황에 대한 『甲申日錄』의 기록을 보기로 하자.

"오후 2시 半에 2통의 서신이 竹添(공사)에게 도착한 것을 보았는데 미처 서신들을 開封하기도 전에 갑자기 砲聲(총소리라고 함이 더욱 정확할 것으로 보나 原文은 砲聲으로 되어 있다 : 필자)이 亂發하는 소리가 들리며 東南門으로부터 淸兵들이 挾攻해 들어와서 궁궐 안은 (매우)소란스러웠다."[53]

'統領駐防各營記名提督'은 吳兆有의 직함과 직책을 가리키는 것이고 '果勇巴圖魯'는 吳兆有가 청정부로부터 수여받은 勇號이다. 勇號는 청정부가 武功을 세운 武官들에게 내리는 일종의 襃賞으로서 巴圖魯(BAATAR)는 본래 몽골어의 勇士란 뜻이며 淸初에는 滿洲族과 몽골족 출신 무관들에게만 授與하였지만 후에는 奮勇, 果勇 등 漢字를 앞에 붙여서 漢族 출신 武官들에게도 授與하였던 것이다(『續文獻通考』 131, 職官17 世職 참조). 그리고 위 『金玉均全集』에 수록된 편지 原文의 冒頭에서 '吳兆有'의 이름을 '吳張有'로 誤記한 것은 저자 金玉均의 誤謬로 생각된다.

52) 『金玉均全集』, 97쪽.
53) 『金玉均全集』, 101쪽. 여기서 다케조에에게 도착하였다는 청군 측의 서신은 실제로 1통밖에 없었으며 그 도착시간이 그날 아침이었는지 아니면 오후였는

132

벌써 그날 아침부터 우세한 청군의 공격이 걱정되어 김옥균 등에게
일본군을 철수할 의사를 밝혔던 다케조에 공사는 청군의 맹공격으로
200명밖에 되지 않은 일본군이 점점 수세로 몰리게 되자 김옥균 등의
간곡한 반대에도 불구하고 장차 "我國(일본)도 (청정부세력에 대해) 군
사로 대응할 것"54)이라는 빈 말만 남긴채 일본공사관으로 철수하였다
가 이튿날 즉 12월 7일 아침 분노한 조선군민들에 의해 포위된 공사관
을 탈출하여 12월 8일 인천에 도착하였다. 이에 일본군의 실력지지에
절대적으로 의존하고 있던 김옥균 등 개화파들도 대세가 이미 기울어
졌음을 인정하고 김옥균과 朴泳孝, 徐光範, 徐載弼 등은 다케조에 공
사를 따라 일본으로 망명의 길을 선택하였고 고종의 곁에 남아있던 洪
英植과 朴泳敎 등은 모두 慘殺됨으로써 갑신정변은 결국 3일천하로
비극적인 종말을 맞이하였다. 후일 조선정부의 조사에 의하면 12월 6
일 당일 창덕궁으로 공격해 오는 청군과 창덕궁을 지키던 일본군 및
조선정부의 親軍前後 2營의 병력이 交戰한 결과 개화파 측에서는 洪
英植과 朴泳敎 및 士官生徒 7명으로 도합 9명이 살해되었고 청군 측
에서는 副營中哨什長 張占元 등 9명의 장병이 전사하였고 일본 측에
서는 군인과 민간인 합계 38명이 사망된 것으로 나타났고 조선 측에서
는 38명의 장병과 95명의 민간인이 사망한 것으로 나타났다.55) 이처럼
우세한 병력으로 갑신정변을 탄압한 청군 측은 그날 밤 국왕 고종을
아예 청군병영으로 모시는 한편 조선정부의 時原任 대신들을 불러들
여 긴급대책을 강구하였는데 우선 督辦交涉通商事務 金宏集으로 하
여금 다케조에 공사에게 정변에 개입한 행동을 항의하는 뜻의 照會56)

지에 관한 논쟁은 후일 갑신정변에 관한 중일 양측의 교섭에서 매우 중요한
사안으로 되었다.
54) 『甲申日錄』, 『金玉均全集』, 104쪽.
55) 「謹將朝鮮亂後査明由外部抄送事略冊繕具淸摺恭呈釣覽」, 『關係史料』 第3
卷, 1559~1564쪽.

를 발송케 하고 아울러 미국공사 등 주한외교사절들에게도 일본공사
가 조선의 '叛徒'와 通謀하여 국왕을 拘禁하고 大臣을 살해하였다는
사실을 알리면서 공정한 판단을 요구하는 조회를 보내게 하였다.[57] 그
리고 개화당정권에 의해 내려졌던 傳敎와 政令은 모두 還收되었고 조
선정부 역시 보수파와 親淸派들의 대거 등용으로 一大更迭이 단행됨
으로써 갑신정변의 성과는 하나도 남지 않게 되었다. 이어서 12월 9일
조선정부는 김옥균, 박영효, 홍영식, 서광범, 서재필을 五賊으로 지목
한 체포령을 내렸고 신임 督辦交涉通商事務 趙秉鎬와 仁川監理 洪淳
學 및 外衙門協辦 묄렌도르프를 인천으로 보내 당시 다케조에 공사
일행을 따라 일본 汽船 千歲丸에 피신해 있던 김옥균 등을 인도해 줄
것을 요청하였으나[58] 결국 千歲丸 선장의 거절로 이루지 못하였다.

당시 다케조에 공사는 김옥균 등을 보호해 주면 장차 조선정부 및
청정부 측과의 교섭에서 자신의 입장이 곤란해질 것을 근심하여 갑신
정변 때 김옥균 등을 적극 부추기던 태도를 180도로 바꾸어 인천까지
따라온 김옥균 일행을 인천 일본영사관에 머물지 못하게 하고 또한 그
들의 일본 망명도 별로 달가와하지 않으면서 심지어 조선정부 측에서
인도를 요구할 때 그들에게 千歲丸으로부터 下船을 강요하는 냉혹함
을 보이기도 하였다.[59] 12월 14일 조선정부는 다시 禮曹參判 徐相雨
와 묄렌도르프를 각각 特差全權大臣과 副大臣으로 임명하여 일본으
로 가서 일본정부에게 다케조에 공사의 정변개입 행동을 항의하고 김
옥균 등 개화당 요인들의 身柄引渡를 요구케 하도록 결정하였으나[60]

---

56) 이 照會는 청정부의 문서에도 수록되어 있었다. 「照錄朝鮮外署與日使來往照
會」,『關係史料』제3권, 1547쪽.
57) 『舊韓國外交文書』美案 I (이하『美案』으로 약칭), 84쪽.
58) 『舊韓國外交文書』日案 I (이하『日案』으로 약칭), 168쪽.
59) 田保橋潔, 『近代日鮮關係の研究』上卷, 985~986쪽.
60) 『承政院日記』고종 21년 10월 27일조.

후일 일본정부의 대표 이노우에 가오루(井上馨)가 직접 朝鮮으로 교섭하러 왔으므로 실제로 파견되지는 않았다. 당시 조선국왕 고종의 명의로 청정부에 보낸 咨文에서도 "17일(음력 11월 17일 갑신정변 당일을 가리킴)의 變은 亂黨 김옥균, 박영효 등"[61]에 의해 저질러졌다고 명백히 지적함으로써 조선정부는 이미 김옥균을 갑신정변의 주모자로 지목하고 있다는 점을 보여준다.

한편 청군을 이끌고 갑신정변을 탄압하였던 원세개 등 청군지휘관들도 정변과정에서 김옥균이 주도적 역할을 하였다는 사실을 곧 알게되었다. 당시 오조유와 원세개 등은 창덕궁 공격 등 행동을 취할 때마다 이홍장에게 즉각 보고서를 제출하였으나 그 보고서들이 北洋艦隊의 군함편으로 전달되었기 때문에 보통 2~3일 후에 이홍장에게 전해졌으므로 사실 조선주둔 청군의 행동은 대개 先斬後奏식으로 사후승낙만 받았던 것이다. 그러던 중 12월 11일 인천에 남아있던 다케조에 공사가 조선정부와의 교섭을 중단하고 일본으로 귀국하였고, 같은 날 서울 동대문 밖으로 피신하였던 민비와 세자 역시 청군과 조선군의 호위하에 환궁하였다. 이어서 吳兆有 등은 12월 2일 갑신정변 전후사정에 관한 보고서를 이홍장에게 제출하였고[62] 같은 날 원세개는 또 개인 자격으로 보다 더 자세한(사실 갑신정변에 관한 가장 자세한 보고서라고도 할 수 있으나 원세개 자신의 역할과 공로를 강조하기 위하여 과장된 부분도 없지 않다.) 보고서를 제출하면서 "홍영식, 김옥균, 박영효, 박영교, 서광범, 서재필 등은 모두 開化黨으로서 평소부터 東洋(일본을 가리킴)을 주인으로 섬기고 있었다.……이번 變亂은 김옥균, 홍영식 등이 중국을 배반하고 强國을 업고 스스로 황제로 추대하자는 것으

61) 「照錄朝鮮國王咨文」, 『關係史料』 第3卷, 1587~1588쪽.
62) 「統帶駐防朝鮮親慶各營吳提督兆有等聯銜來稟」, 『關係史料』 제3권, 1532~1535쪽.

로 국왕을 유혹하여"[63] 일어난 것이라고 지적함으로써 역시 김옥균이
주모자임을 확실히 밝혔다. 필자의 조사에 의하면 원세개가 이 보고서
에서 김옥균 등을 '開化黨'이라고 지적한 것은 청정부 관계문서에서
가장 일찍 그리고 정확하게 '開化黨'이라는 용어를 사용한 것으로 생
각된다. 그리고 원세개는 이 보고서에서 조선에 대한 더욱 적극적인
간섭을 제의하였다.

"(현재) 서양(의 세력이) 한창 왕성하고 있어서 몇 해도 못 지나서 반
드시 또다른 음모가 있을 것이니 (그때 가서) 중국은 더욱 막기 어려울
것이다. 그러니 (지금 조선의) 민심이 아직 중국을 感服하고 있는 때를
타서 곧 高官을 파견하여 (조선에) 監國을 설치하고 重兵을 거느리면
서 (조선의) 內治와 外交 모두를 대신 다스려 주는 것이 더 나을 것 같
으니 이 기회를 놓쳐서는 안된다. 조선은 琉球나 安南(베트남을 가리
킴)과 다르기에 만약 다른 나라에게 넘겨지면 中原(중국)이 어찌 편히
잠잘 수 있겠는가?"[64]

이처럼 고급관원을 파견하여 조선에 상주해 가면서 조선정부의 내
정과 외교를 직접 간섭하자는 건의는 당시 청정부 내에서도 가장 급격
한 주장이었으며 실제로 청정부가 갑신정변 후 원세개를 '駐紮朝鮮總
理交涉通商事宜'라는 직함으로 조선에 상주시켜 가면서 조선의 내정
외교에 대한 적극적인 간섭을 해 온 것으로 보아 원세개의 위와 같은
주장이 이홍장 등 청정부의 對朝鮮政策 결정자들에게 적지않은 영향
을 미친 것으로 보아야 할 것이다. 여하튼 조선 현지에 상주하고 있는
원세개 등이 위와 같이 김옥균을 정변주도자로 보는 태도는 후일 청정

---

63) 「照錄委辦親慶等營會辦朝鮮防務袁丞世凱來稟」, 『關係史料』 제3권, 1535~
1542쪽.
64) 위와 같음.

부가 파견한 吳大澂 등에게도 직접 영향을 주었음이 분명한 것이며 나아가서 청정부의 최고층까지도 그 영향을 받게 되었다.

한편 이홍장의 명령으로 출동한 丁汝昌은 12월 22일 군함 2척을 거느리고 조선 서해안 南陽灣 馬山浦에 도착하여 24일에는 40명의 병력을 인솔하고 서울에 도착하였으며, 뒤이어 500명의 청군 병력을 거느린 청정부의 欽差會辦朝鮮事宜大臣 吳大澂과 續昌이 12월 29일 마산포로 입항하여 3일 뒤인 12월 31일 서울로 들어왔다. 갑신정변 및 갑신정변 진압시 중일군사충돌사건을 조사처리하는 특명을 받고 온 이들은 1885년 1월 18일 청정부 총리아문에 접수된 보고서에서 갑신정변의 전후사정에 대한 자세한 보고를 하면서 역시 정변의 주도세력이 "조선의 亂黨 김옥균, 박영효, 홍영식, 박영교, 서광범, 서재필 등"[65]이라고 지적하였다.

아울러 吳大澂은 1885년 1월 2일 고종과의 筆談에서도 "(김옥균 등 일본으로 망명한) 亂黨을 죽이지 않으면 (조선의) 여러 사람들의 마음을 바로잡지 못할 것"[66]이라면서 일본 측과 교섭하여 그들을 인도해 오도록 종용하였고 당시 조선정부의 전권대신으로 일본대표 이노우에와 갑신정변 사후처리에 관한 교섭을 진행하고 있는 金宏集에게는 보다 더 直說的으로 "(조선정부 측이 만약) 井上大使(일본정부의 전권대표 井上馨을 가리킴)와 더불어 성급하게 조약을 체결하고 (김옥균등) 亂黨들을 不問으로 둔다면 大澂(오대징의 자칭)으로서 閣下(金宏集을 가리킴)를 힐책할 권한이 있을 뿐만 아니라 (조선) 온 나라의 人心도 아마 憤怒하고 不平해 할 것이다"[67]라면서 위협까지 서슴지 않았다. 이와 같이 김옥균 등 개화파들을 일본 측으로부터 인도받아 처단해야

---

65) 「總署收會辦大臣吳大澂等函」, 『關係史料』 第3卷, 1584~1592쪽.
66) 『照錄十一月十七日談草」, 『關係史料』 第3卷, 1588~1590쪽.
67) 「同時在議政府手書一條」, 『關係史料』 第3卷, 1592쪽.

한다는 주장은 이미 조선에 나와 있는 청정부 관원들의 일치한 견해로 굳어져 있었다.

한편 1885년 1월 21일 총리아문에 접수된 서신에서 당시 주일공사 黎庶昌도 이번 조선의 亂은 실로 김옥균 등이 일으킨 것으로서 일본인들도 미리 알고 있었으며 따라서 청정부는 마땅히 조선에 고급관원을 상주시켜 "(조선의 중국배반 움직임 및 일본 등의 세력침투) 鎭壓에 도움이 되게 해야 한다"[68]는 위의 원세개와 비슷한 주장을 제의하였다. 바로 그러한 견해들이 속속 청정부로 보고되면서 결국 청정부는 1885년 1월 19일 光緒황제의 諭旨로 향후 조선주둔 청군문제 등을 포함한 정책을 계속 논의하도록 지시하는 한편 특히 김옥균 등에 대한 처리방침을 다음과 같이 지시하였다.

"이번 조선에서 亂이 일어난 것은 金玉均이 第一人者인 것으로 보이고 또한 일본으로 도망갔다는 말이 있는데도 北京에 주재하고 있는 日本公使(일본주중공사 榎本武揚을 가리킴)가 總理各國事務衙門과의 談論에서 (오히려 그 사실을) 인정하지 않으면서 高麗(조선을 가리킴)를 위해 사람을 체포할 수는 없다고 한 말로도 보아 그들이 고의적으로 庇護해 주고 있음을 알 수 있다. 현재의 방법으로서는 마땅히 조선국왕에게 詰問하여 그(고종을 가리킴)로 하여금 김옥균 등이 도대체 어느 곳에 있는지를 조사해 밝혀서 체포함으로써 엄중히 처분하여 여러 사람들의 마음을 平定시키는 것이다."[69]

한마디로 김옥균 등 갑신정변의 주도세력을 철저히 추적하여 엄중히 처벌하도록 조선정부에게 계속 압력행사를 하자는 것이었는데, 그 원인은 물론 김옥균 등이 일으킨 갑신정변이 조선정부에 대한 一大叛

---

68) 「總署收出使大臣黎庶昌文」, 『關係史料』 第4卷, 1603~1604쪽.
69) 「總署收上諭」, 『關係史料』 第3卷, 1593쪽.

亂이었다는 점도 있겠지만 보다 더 중요한 것은 그들이 일본세력과 손잡고 "중국을 배반"하려고 했기 때문으로서 반드시 엄중 처벌해야만 한창 조선에서의 세력을 강화하려고 하는 청정부의 의도와 이익에 부합될 뿐만 아니라 후일 또 다시 나타날지도 모르는 그와 같은 사태에 대한 一罰百戒의 효과도 노릴 수 있을 것으로 판단되었기 때문이라고 본다. 다시 말하자면 김옥균 등 갑신정변 주도세력에 대한 엄중 처벌 원칙은 결국 당시 점차 적극적인 간섭으로 전환되고 있는 청정부의 대조선정책의 일환이었다.

4. 망명 중의 김옥균과 청정부

실제로 갑신정변 후 일본으로 망명한 김옥균 일행에 대한 조선정부 및 청정부의 추적은 끈질기게 계속되었다. 조선정부는 거듭 김옥균 등의 체포와 인도를 요구하였으나 일본 측은 양국간 범인인도에 관한 조약이 없다는 등의 핑계로 한사코 거절해 왔다. 당시 갑신정변 사건조사차 조선으로 나왔던 吳大澂은 1885년 1월 17일 청정부에게 김옥균 등이 "이미 削髮하고 倭의 복장을 고쳐 입은 이상 반드시 본국으로 몰래 들어오지는 않을 것이므로, 어떻게 상금을 걸고 정탐자를 사서 (그들을) 추적하여 체포하는 것에 관해서는 마땅히 조선(정부)이 스스로 일본과 협의하여 처리케 하는 것이 타당할 것 같다"70)고 건의하였다. 여기서 제안된 현상금을 걸어 자객을 구해서라도 김옥균 등을 추적하여 체포하자는 주장은 결국 후일 청정부의 실제방침으로 채택되었던 것이다.

조선정부 역시 1885년 2월 漢城條約의 내용에 근거하여 特派全權

---

70) 「軍機處交出吳大澂等抄摺」, 『關係史料』 第4卷, 1621~1623쪽.

大臣 徐相雨와 副使 묄렌도르프를 일본으로 보내 일본정부에 갑신정
변시 일본인 피해사건에 관한 謝意를 표명하는 國書를 제출하는 한편
김옥균 등의 체포와 인도를 교섭하였으나 결국 목적을 달성하지 못하
였다. 이에 조선정부는 아예 테러수단을 취하여 같은 해 5월에 고종의
사촌이기도 한 李載元을 시켜 김옥균과 비밀서신 연락을 하는 한편 자
객 張殷奎(또는 張甲福으로도 불림), 宋秉畯 등을 일본으로 밀파하여
김옥균 등을 암살하도록 하였으나 결국 실패하고 말았다.71) 따라서 김
옥균과 함께 일본으로 망명하였던 박영효 등은 10월 초 고종에게 上書
하여 청정부가 배후에서 책동한 암살음모를 통렬하게 규탄하였으나72)
한창 김옥균 등 암살에 열을 올리고 있던 조선정부에 있어서는 말그대
로 馬耳東風이었다. 당시 김옥균은 李載元에게 보낸 서신에서 1,000명
의 병력을 모집하고 1,000자루의 소총을 구입하여 조선을 공격하겠다
고 장담하여 조선정부는 물론 청정부와 일본정부까지도 크게 자극시
켰던 것이다. 그러나 위 서신은 1885년 12월 초에 청정부의 주일공사
관과 조선에 상주하고 있는 원세개를 통하여 선후로 청정부에 보고되
었고 따라서 이홍장은 청나라의 육해군에게 긴급출동을 준비시키는
한편 일본정부와 교섭하여 김옥균 등을 엄격히 단속하도록 지시하였
고 조선의 원세개에게도 철저하게 대비하도록 지시하였으며,73) 이 문
제의 김옥균 서신은 후일 중일한 3국간의 외교문제로까지 거론되기도
하였다.

한편 갑신정변의 실패로 말미암아 조선 국내정치에 대한 영향력을
거의 상실하였던 일본정부는 조선에 대한 러시아, 영국 등 열강세력의

<hr/>

71) 「高平小五郎致井上外務大臣函(明治十九年十一月十一日)」, 『日本外交文書』
　　第19卷, 526쪽.
72) 林明德, 『袁世凱與朝鮮』, 324쪽 참조.
73) 「電稿」(이하 『電稿』로 약칭함), 『李文忠公全集』 卷6, 24~26쪽.

침투를 막기 위하여 오히려 청정부와 협력하는 방침을 취하였다. 1885
년 초부터 제1차 朝露密約事件이 발생하고 이어서 4월에는 영국함대
가 조선의 巨文島를 점령하는 사건이 일어나자 일본외무대신 이노우
에는 6월 5일 주동적으로 청정부의 주일공사 徐承祖와 회견하고 조선
의 내정외교에 대한 중일 양국의 공동간섭을 제의하였고,[74] 한 달 후
에는 다시 청나라 주재공사 에노모토(榎本武揚)에게 天津에 상주하고
있는 이홍장을 찾아가서 조선의 내정외교에 대한 중일 양국 공동간섭
에 관한 8개 方法[75]을 제안케 하였다. 그러나 청정부의 영향력을 이용
하여 조선문제에 개입하려는 일본의 속셈을 간파한 이홍장은 위 제안
을 거부하였고 오히려 독자적으로 조선에 대한 적극적인 간섭정책을
전개하였다. 그리고 1885년 10월 30일자로 청정부의 '駐紮朝鮮總理交
涉通商事宜'로 정식 임명된 袁世凱는 갑신정변 이전부터 김옥균 등
개화파세력을 눈에 든 가시처럼 미워하던 태도에 변함없이 김옥균 등
에 대한 추적에 유난히 열을 올렸다. 같은 해 12월 인천항에 정박해 있
던 일본 군함 金剛號의 병사 몇 명이 서울로 올라와 여러 궁궐들을 관
광한 일이 있었는데 원세개는 제대로 사실을 확인하지도 않은 채 떠도
는 소문에 근거하여 이홍장에게 수십명의 변장한 일본군인들이 서울
에 나타나서 난리를 일으키려고 한다는 긴급보고를 올렸고 이에 이홍
장은 즉시 주일공사 徐承祖에게 타전하여 일본정부에게 그 사실 여부

---

74) 「總署收出使大臣徐承祖函」, 『關係史料』 제4권, 1845~1849쪽.
75) 「日本公使榎本武揚抄呈外務井上函」, 『譯署函稿』 卷17, 29~30쪽. 당시 일본
    측의 제안에 대한 이홍장의 평가는 대략 다음과 같았다. "대개 (저들이) 중국
    은 (조선에 대하여) 屬邦을 보호할 수 있는 권리가 있고 (조선의) 政事를 商
    議할 수 있는 便宜가 있는 줄을 뻔히 알고 있으므로 저들이 직접 조선인들과
    교섭할 경우 반드시 거부당할 것이 분명하니 이에 (우리의 힘을) 빌려서 (조
    선의 내정을) 간섭하고 나아가서 (조선에서 우리와) 세력을 다투려고 한 것이
    다." 「致總署函」, 『譯署函稿』 卷17, 57~58쪽.

를 확인하도록 지시하였다.[76] 그러나 서승조의 확인 결과 위의 정보는
원세개에 의해 상당부분 과장된 것으로 밝혀졌고 당시 일본외무대신
이노우에 역시 그 사실을 부인하면서 萬國公法에 의해 國是犯인 김옥
균 등을 인도해 줄 수 없다고 주장하였다.[77]

실제로 김옥균이 일본으로 망명한 1884년부터 1885년까지 일본 국
내의 일부 우익세력들을 중심으로 한 조선침략 시도가 선후로 3차나
있었으며 그 계획들이 모두 김옥균과 모종의 관련이 있는 것으로 알려
져 있었으므로[78] 일본정부의 신경을 크게 자극시켰다. 이에 일본정부
의 외무대신인 이노우에가 직접 나서서 청정부 측에 이 정보를 주동적
으로 통보해 주면서 이번 기회에 김옥균이 개입한 증거를 확실히 확보
하게 된다면 반드시 '엄중처벌'할 것이라고 담보하였다.[79]

그러던 중 1886년 1월 김옥균이 李載元에게 보낸 비밀편지 2통[80]이

---

76) 「總署收出使大臣徐承祖函」, 『關係史料』 제4권, 1986~1988쪽.
77) 위와 같음.
78) 琴秉洞씨는 『金玉均と日本－その滯日の軌跡』에서 선후로 樽井藤吉, 頭山滿
　　등 玄洋社 멤버 및 大井憲次郎을 중심으로 한 3차나 되는 조선침략 음모를
　　자세히 폭로하면서 그러한 계획 자체는 실제로 김옥균과 깊은 연관이 없었다
　　고 주장하였다.
79) 「總署收出使大臣徐承祖函」, 『關係史料』 제4권, 1973쪽.
80) 金玉均이 李載元에게 보낸 편지는 모두 5통으로 알려져 있으나 현재 3통밖
　　에 전해지지 않고 있다(『金玉均全集』, 121~128쪽 수록). 그중 2통은 李鴻章
　　의 개인문집인 『李文忠公全集』 譯署函稿 卷18, 22~25쪽(李光麟 교수는 『金
　　玉均全集』의 解題에서 『李文忠公全書』 卷18, 譯署函稿에 수록된 것이라고
　　하였으나 실제로 이홍장의 幕僚였던 吳汝綸에 의해 편집된 『李文忠公全集』
　　은 그 내용별로 奏稿, 朋僚函稿, 譯署函稿, 蠶池敎堂函稿, 海軍函稿 및 電稿
　　등 6개 부분으로 나뉘어져 각 부분별로 다시 卷號를 매긴 것으로 애당초 『李
　　文忠公全集』 자체에는 전체적인 卷號가 없으므로 이미도 譯署函稿 卷18을
　　『李文忠公全集』 卷18로 잘못 표기한 것으로 보며, 『李文忠公全書』라고 함은
　　『李文忠公全集』의 誤記로 본다)에 수록되어 있었고 나머지 1통은 『日本外交
　　文書』 第19卷에 수록되어 있다.

원세개에 의해 이홍장에게 보고되면서 김옥균문제에 관한 중일한 3국의 새로운 외교교섭이 시작되었다. 당시 이홍장은 주일공사 徐承祖에게 김옥균이 고토(後藤相次郎 : 당시 自由黨의 핵심멤버이기도 한 일본정치가 後藤象次郎 즉 後藤象二郎을 가리키는 것이다) 등 일본정치세력과 결탁한 점을 들어 "김옥균을 체포하여 처벌하지 않고서는 그 禍根을 끊어버릴 수 없다"[81]는 의사를 일본정부에 전달케 하고 또 원세개에게 조선정부의 고종과 대신들이 동요치 말도록 하게 하는 한편 이미 인천항에 超勇, 揚威, 鎭海, 操江 등 4척의 군함이 정박해 있음에도 다시 旅順에서 後門洋銃(라이플소총을 가리킴)으로 무장한 淸軍 200명을 비밀리에 파견하여 인천항에 정박해 있는 위의 4척 군함 속에 매복해 있으면서 만일의 사태에 대비하도록 지시하였다.[82] 마침 김옥균의 수행원으로 있던 白春培라는 자가 조선 국내로 잠입하였다가 체포되면서 김옥균이 일본인들과 결탁하고 있다고 자백하는[83] 바람에 서울에서는 한때 김옥균 등이 일본인들과 결탁하여 서울을 습격하려고 한다는 무서운 소문까지 나돌았다.

이에 이홍장은 또 주일공사 徐承祖에게 전보를 보내 일본 현지에서 김옥균의 소재를 확실하게 조사해 두고 아울러 일본외무성에 김옥균이 일본 국내세력과 결탁하여 일을 일으키지 못하도록 단속해 줄 것을 교섭하면서 만약 일본의 亂黨이 조선에 가서 난리를 일으킨다면 청정부로서는 반드시 군대를 출동시켜 탄압할 것이라는 강경한 입장을 전달하도록 지시하였다.[84] 그러나 교섭결과 위의 정보가 상당 부분 과장된 것으로 확인되었고 일본정부도 김옥균과 일본세력과의 결탁을 단

---

81) 「十一月十四日晚八點鍾接北洋大臣電」, 『關係史料』 第4卷, 1990쪽.
82) 「發覺朝鮮金玉均密謀」, 『譯署函稿』 卷18, 20~21쪽.
83) 『日案』 卷5. 그리고 白春培의 供述는 청정부 측의 문서에도 수록되어 있었다. 『譯署函稿』 卷18, 21~26쪽 ; 『淸光緖朝中日交涉史料』 卷9, 24쪽.
84) 日本外務省外交史料館所藏, 『韓國亡命者金玉均の動靜關係雜件』 第2卷.

속하는 것만 약속하고 김옥균 등의 체포와 인도를 요구하는 조선정부
와 청정부의 요구를 거절함으로써 이 사건은 별다른 결과도 없이 끝나
버렸다. 그럼에도 불구하고 이 사건으로 말미암아 김옥균에 대한 청정
부의 태도는 한층 더 악화되면서 암살수단으로라도 김옥균 등을 제거
하려는 결심은 더욱 굳어졌고 심지어 청정부와 일본정부가 공모하여
김옥균을 체포하려는 국제적인 음모까지 나타났다. 1885년 12월 30
일 원세개는 이홍장에게 보낸 전보에서 조선주재 일본공사관의 書記
官 구리노(栗野高平)가 찾아 와서 일본 측에서 먼저 김옥균을 비밀리
에 일본의 어느 항구에 정박해 있는 중국 선박으로 유인해 간 다음 중
국 측에서 그를 비밀체포하라는 방안을 제시하였다고 보고하였다.[85]
이에 이홍장은 일본 측의 제안을 주일공사 徐承祖에게 타전해 보내면
서 별다른 지시는 하지 않은 것으로 보아 이홍장 역시 후일 서승조가
구리노의 이 제안 자체가 "말로서 쉬운 것 같지만 실제로 실행하자면
아마 어려울 것"[86]이라고 평론한 것처럼 실현가능성이 없는 그 제안에
별로 동조하지 않은 듯하였다.

그러나 일본정부 측에서는 그후로부터 오히려 주동적으로 청정부와
협력하면서 김옥균을 제거하려는 제안을 끊임없이 해왔다. 1886년 1
월 8일 주일공사 徐承祖로부터 이미 이노우에 외무대신과 협의하여
일본인을 파견하여 김옥균을 중국 上海로 유인하고 그를 租界地 밖으
로 나오게 한 다음 미리 대기해 있던 청정부 측에서 그를 체포하자는
계획을 수립하였다는 전보를 받은 이홍장은 앞서 구리노 서기관의 제
안에 대해서는 별로 관심을 보이지 않았던 태도와는 달리 그날로 上海
地方官에게 전보를 보내 이 계획을 전달하면서 만약 김옥균을 체포할
경우 "곧바로 죽이지 말고 먼저 감금"[87]해 두라는 구체적인 사항까지

85) 「奇日本徐使」, 『電稿』 卷6, 32쪽.
86) 「總署收出使大臣徐承祖函」, 『關係史料』 제4권, 2005~2006쪽.

지시하였다. 그러나 이 유인체포계획은 사건의 후과를 염려한 일본정부 측에서 김옥균을 유인할 만한 적당한 인물을 찾기 어렵다는 평계로 주저하는 바람에 결국 무산되었다.

뒤이어 2월 1일 청정부의 총리아문에 접수된 徐承祖의 서신에 의하면 일본정부가 주최한 각국외교사절들을 초대하는 新春연회장에서 이노우에 외무대신은 서승조에게 일본정부에서 김옥균을 홍콩으로 강제출국시킨 후 事前에 청정부 측과 협의가 된 홍콩의 영국당국에서 김옥균을 다시 청정부의 관할하에 있는 중국영토로 강제로 압송함으로써 그를 체포하자는 계획을 검토하고 있다고 전하였다.[88] 한편 서승조는 일본에서 '洋諜'(서양인 첩보원이라는 뜻이지만 구체적으로 누구를 가리키는지는 분명하지 않고 대체로 일본에 주재하고 있는 어느 서양국가 공사관 직원을 가리켰을 것으로 추측된다)을 통해 얻은 金玉均日記를 곧 청정부로 보내겠다고 하였다. 이 김옥균일기는 바로 김옥균이 일본서 저술한 『甲申日錄』을 가리키는 것으로 추측되며 실제로 후일 이홍장도 갑신정변에 관한 김옥균의 '罪證'으로 김옥균의 일기를 확보하였다고 언급한 적이 있었다.[89]

이어서 1886년 2월 12일 이홍장은 원세개에게 보낸 전보에서 天津 주재 일본영사가 어제 찾아와 전해 준 일본정부의 총리대신 이토 히로부미(伊藤博文)의 의사를 통보해 주었는데 그 내용인즉 원세개가 일본을 방문하여 일본정부와 한반도 문제에 관한 논의를 하였으면 하는 요구와 함께 당시 서울에서 『漢城周報』 발간사무를 담당하고 있는 일본인 이노우에 가쿠고로(井上角五郎)가 김옥균과 지극한 사이인 데다가 그 신문을 통하여 중국과 일본정부를 비난하는 기사를 발표하기도 하

---

87) 「寄上海邵道」, 『電稿』 卷6, 33쪽.
88) 「總署收出使大臣徐承祖函」, 『關係史料』 제4권, 2005~2007쪽.
89) 「寄漢城袁道」, 『電稿』 卷7, 3쪽.

고 있으므로 청정부 측에서 조선정부에 영향력을 행사하여 그를 해임
하도록 해 줄 것을 요청하였다고 하면서, 일본정부가 현재 "중국과 한
국과 結好하자고 하고 있으니" 그들의 초청을 받아들여 일본을 방문하
고 아울러 이토와 이노우에(井上馨) 등과 "김옥균을 (다른 곳으로) 쫓
아내서 安置하는 방법"을 은밀히 상의하도록 지시하였다.[90] 여기서 당
시 일본정부가 중국 및 한국 두 나라와 結好하려고 한다는 이홍장의
판단은 비록 다분히 주관적이기는 하지만 실제로 당시 일본정부는 조
선문제에 있어서 청정부와 협력함으로써 조선에 대한 러시아 등 열강
의 침투를 막으려는 정책을 구사해왔던 것이며,[91] 또한 김옥균을 도쿄
로부터 멀리 떨어진 곳으로 유배시키자는 제안이 청정부 측에 의해 제
안되었다는 점도 주목할 만한 내용이었다.

이에 원세개는 한술 더 떠서 자신의 訪日 때 조선의 '壯士'를 몰래
데리고 가서 일본 현지에서 김옥균을 암살하려고 하였으나[92] 그 訪日
계획이 이루어지지 못하여 무산되었다. 그후 원세개는 또 근대중국 최
초의 미국유학생 출신으로서 자신의 영어통역이자 보좌역이기도 한
漢城公署佐理兼飜譯事宜 唐紹儀에게 조선인 자객을 동행시켜 일본에
가서 김옥균 암살을 시도케 하였으나[93] 결국 조선정부 측에서 적당한
인물을 찾아내지 못함으로써 또 한번 좌절되고 말았다. 한편 청정부의
주일공사관 측에서도 김옥균 암살을 위해 계속 열을 올리고 있었다.
1886년 2월 10일 청정부 총리아문에 접수된 주일공사 徐承祖의 서신
에 의하면 일본외무대신 이노우에가 당시 일본은행의 은행장 시부사
와를 통하여 김옥균을 중국 상해로 유인하여 체포하려고 한 비밀계획

---

90)「寄漢城袁道」,『電稿』卷7, 3쪽.
91) 陳偉芳,『朝鮮問題與甲午戰爭』, 96~98쪽 참조.
92)「商令袁世凱赴日本」,『譯署函稿』卷18, 28쪽.
93)「袁致李電(光緒十二年正月十三日)」, 袁世凱,『養壽園電稿』電槀稿.

을 추진하였던 사실을 자신에게 통보해 주면서 심지어 일본 현지에서 김옥균을 암살할 계획까지도 논의하였다.[94]

이처럼 김옥균 암살계획에는 청정부의 주일공사관과 일본외무대신 이노우에 및 일본 재계의 거물인 당시 日本銀行 行長 시부사와까지 참여하고 있었다. 이 시부사와(澁澤榮一)가 바로 1868년 일본 최초의 주식회사인 商法會社 창설을 비롯하여 第一國立銀行, 日本鐵道 등의 창설자로서 후일 일본 "財界의 태양", "實業王"으로까지 불린 일본근대화의 주역인물이었는데[95] 그가 김옥균을 유인암살하려는 국제적인 음모에 가담하였다는 사실은 충격적인 내용이 아닐 수 없다. 실제로 당시 일본정부는 일본에서의 김옥균의 동정을 철저하게 추적·감시하고 있었으며[96] 나아가서 김옥균 암살계획을 끊임없이 추진하고 있는 청정부 주일공사관에 상당히 협조적인 입장을 취하였던 것으로 위의 徐承祖 서신에 일본정부 측에서 제공한 조선정부의 밀명을 받고 김옥균에게 접근하면서 암살기회를 노렸던 조선인 자객 張殷奎(張甲福으로도 불렸음)에 관한 정보자료가 부록되어 있었던 사실이 바로 그 단적인 사례라고 하겠다. 당시 일본정부로서는 김옥균이 일본국내 自由黨 등 정치세력과의 결탁도 두려웠지만 보다 더 걱정하였던 것은 김옥균 등이 러시아나 미국 등 열강세력과 결탁할 경우 조선에서 일본세력의 확장에 크게 불리한 것으로 판단한 것으로 본다. 바로 얼마 뒤 김옥균 등이 미국으로 망명하려고 한다는 정보가 발견되자 이노우에는 그들이 미국으로 가서 다시 러시아로 갈 경우 반드시 후환을 남길 것이라면서 급히 서승조와 대책을 논의하였고 서승조는 이와 관련하여

---

94) 「總署收出使大臣徐承祖函」, 『關係史料』 제4권, 2011~2017쪽.

95) 富田仁, 『澁澤榮一』, 東京 : 吉川弘文館, 1989 등 참조.

96) 당시 일본경찰의 김옥균 등 동정에 관한 보고서는 현재 일본 國會圖書館 憲政資料室 所藏의 일본外務省文書 속에 포함되어 있으며 이에 대한 소개는 琴秉洞의 『金玉均と日本－その滯日の軌跡』, 238~243쪽을 참조할 수 있다.

1886년 2월 11일 이미 모종의 계획이 수립되어 필요한 사람까지 확보해 두었으니 청정부에서 은밀히 조선정부에 부탁하여 자객을 일본으로 파견해 김옥균을 암살하는 편이 좋을 것 같다는 전보를 이홍장에게 보내었다.[97]

결국 세계의 여론을 의식한 청정부와 일본정부는 거듭 거론되었던 김옥균 암살계획을 직접 실시하지는 못하고 또다시 조선정부를 적극 종용하는 원점으로 되돌아왔다. 이에 1886년 2월 조선정부는 김옥균의 門生으로서 한때 김옥균과 친하게 지내기도 하였던 統理軍國事務衙門主事 池運永에게 고종의 玉璽가 찍힌 소위 特差渡海捕賊使의 위임장까지 주어 일본으로 밀파하여 암살계획을 진행하도록 지시하였고, 지운영은 도일 직전 원세개를 직접 찾아서 암살계획을 논의하기도 하였다.[98] 그러나 지운영이라는 인물이 애당초 자객의 임무를 수행할 수 있는 그러한 '壯士'의 자질과 능력을 갖추지 못했던 것으로 그의 서툴기 만한 수상한 행적은 김옥균의 동지이자 수행원인 柳赫魯 등의 의심을 불러 일으켰고, 결국 유혁로 등의 계책에 넘어가 오히려 붙잡혀서 일본경찰 측에 넘겨졌으며 그가 지참하고 갔던 조선정부의 위임장 등 서류마저 모두 그들에게 빼앗겼다. 이에 다급해진 지운영은 일본경찰에 감금되어 있는 난처한 입장에서 부득불 청정부의 주일공사 서승조에게 서신으로 구조를 요청하였고,[99] 서승조 역시 전에도 만약 원세개 측에서 자객을 밀파해 오면 은근히 협력해 주라는 이홍장의 지시를 받은 적이 있는지라[100] 일본정부에게 지운영사건에 관한 관대한 처분을 요청하였던 것으로 알려졌다. 당시 일본정부는 지운영이 지참한 조선

97)「附錄正月初八日午後六點鍾發北洋電」,『關係史料』제4권, 2017쪽.
98)「袁致李電(光緒十二年正月十五日)」, 袁世凱,『養壽園電稿』電稾稿.
99)『日本外交文書』第19卷, 550~560쪽.
100)「十二年正月十二日午後九點鍾接李電」,『關係史料』제4권, 2017쪽.

정부의 委任狀의 眞僞 여부를 가지고 조선정부 측에 해명을 요구하기도 하였으나 결국 지운영을 조선으로 송환하였고 동시에 김옥균을 위험인물이라는 구실로 일본본토에서 멀리 떨어진 오가사와라섬(小笠原島)으로 流配시켰다.[101]

위의 지운영사건이 일어나자 김옥균은 일본정부의 외무대신 이노우에 가오루(井上馨) 등에게 자신의 신변보호를 요청하였으나 오히려 "우리나라(일본)의 治安을 방해하고 또한 외교상의 平和에 장애가 될 우려가 있다"는 이유로 내무대신 야마가타(山縣有朋)의 명의로 된 1886년 6월 15일 부의 국외퇴거영장을 받게 되어 어쩔수 없이 미국이나 프랑스로 망명하려고 해당국의 공사관과 연락을 하는 한편 여비를 조달하였으나 결국 실현되지 못하였다. 한편 일본정부 역시 김옥균이 외국으로 가서 다른 나라의 세력과 손을 잡는 것을 원하지 않았던지 같은 해 8월 5일 다시 일본 東京府 관할하에 있는 오가사와라(小笠原)섬[102]으로 "호송하여 별도의 명령이 시달될 때까지 그 섬을 떠나지 못하게"[103]하는 유배조치를 단행하였다. 이에 분노한 김옥균은 당시 일본외무성 차관인 요시다(吉田淸成)에게 서신을 보내 자신의 위급한 사정을 호소하였고,[104] 아울러 고종에게 올리는 상서를 작성하여 지운영

---

101) 『日本外交文書』第19卷, 582~585쪽.

102) 오가사와라(小笠原) 群島는 北緯 24.14度에서 27.45度, 東經 141.16度에서 142.60度까지의 범위 내에 散在해 있는 약 30개 섬의 총칭으로서 아열대지방에 속하며 행정적으로는 당시 東京府(오늘의 東京道)에 소속되어 있었는데 그 섬의 이름은 최초 발견자인 오가사와라(小笠原貞賴)라는 사람의 이름에서 비롯되었다고 한다. 琴秉洞, 앞의 책, 292~310쪽 참조.

103) 「內務大臣山縣有朋より沖守固神奈川縣知事宛訓令(明治 19年 8月 5日)」, 『日本外交文書』第19卷, 583~584쪽.

104) 「與吉田淸成書」, 『金玉均全集』, 131~138쪽. 이 서신에 의하면 당시 사정이 급한 김옥균은 평소 친분이 있던 요시다와 하루라도 빨리 연락하고 싶었으나 마침 그가 출타하여 날마다 애타게 그를 기다리다가 신문에서 그가 동경으로 돌아왔다는 소식을 보고 "(그) 기쁨이 하늘에서 내린 듯하여 뛰고 싶기까지

사건과 관련하여 조선정부의 처사 및 그 배후세력인 청정부를 통렬하게 규탄하고 국내정치에 힘을 쓰고 복잡한 국제관계 속에서 국가의 독립보전책을 강구하라고 호소하면서 "이제 朝鮮을 爲하여 謀하건대 淸國은 本來 足히 恃치 못할 것이오 日本도 亦然하여 此 三國은 各其 自家維持에도 餘力이 無한 模樣이온데 何暇에 他國을 扶助함을 得하리이까"라고 지적하였다.[105] 여기서 한때 일본세력과 손을 잡고 급격한 政變行動으로 개혁을 시도하였던 김옥균이 다년간의 망명생활을 거치면서 특히 일본정부의 철저한 自國利己主義的 처사를 거듭 경험해 가면서 당시 조선이 처해 있는 국제정세 및 조선문제에 관한 일본과 청나라 등 주변열강들의 이해관계에 대하여 훨씬 더 냉정해진 현실적인 감각을 갖게 되었다는 사실을 확인할 수 있었다.

그리고 앞서 柳赫魯 등이 池運永으로부터 탈취한 서류 중에는 이홍장이 일본정부에 보낸 서신도 3통 있다고 하였는데 그 속에는 조선에서 밀파한 자객의 암살행동을 묵인해 줄 것을 요청하면서 지운영은 이홍장 자신이 원세개에게 지시하여 조선정부로 하여금 파견케 한 사람이라고 통보하는 매우 충격적인 내용들이었다. 이에 격분한 김옥균은 1886년 7월 7일자로 이홍장에게 올리는 서신을 작성하였는데 이 서신

하였다(喜從天降 不勝踊躍)"면서 그간 일본정부에 대한 보호요청 경위와 일본정부 측의 야박한 반응 결과를 자세히 알리고 "바라건대 각하께서 (나의) 이처럼 逼迫한 사정을 불쌍히 생각해 주고 특히 평소 친하게 지내던 정분을 생각해서라도 (나의) 생명을 보존할 수 있는 방책을 강구해 달라"고 간절하게 호소하였다. 주지하는 바와 같이 김옥균은 詩, 文, 畵는 물론 서예에도 상당한 조예가 있는 것으로 알려져 있지만 위의 요시다에게 보내는 서신은 글씨체가 같은 책에 수록된 1883~1884년 제3차 방일시에 고토(後藤象次郞)에게 보낸 「朝鮮改革意見書」의 글씨보다도 더욱 흐트러진 것으로 보아 당시 김옥균의 당황하고 긴장하고 분노하였던 심정을 그대로 나타내고 있는 느낌을 주었다.
105) 「池運永事件糾彈上疏文」, 『金玉均全集』, 141~148쪽.

은 김옥균이 현재까지 이홍장은 물론 청정부 관원에게 직접 보낸 유일한 서신으로 보이는데 김옥균과 청정부의 관계를 설명하는 매우 중요한 자료이므로 그중 중요한 부분을 간추려서 살펴보기로 하겠다.[106]

"각하(이홍장을 가리킴)께서는 한나라의 大臣으로서 (청)나라의 安危는 거의 각하가 세운 계책의 得과 失에 달려 있는 것이고 또한 현재 각하께서 조선에 대해서도 은근히 힘든 줄을 모르고(노력하고) 있는 것 역시 모두 東亞의 大勢를 自任하고 있기 때문이 아니겠습니까? (그런즉) 각하께서 또 어찌 칼을 품고 殺人을 하는 일을 敎唆하셨겠습니까?
각하께서 이미 조선의 일을 스스로 맡아 나섰다면 마땅히 時事에 老鍊하고 道理에도 밝은 자를 뽑아서 (조선으로) 보내 수시로 忠言을 해주도록 할 것인즉, 그렇게는 하시지 않고 오히려 원세개 같은 口尙乳臭의 無知한 一介 武夫에게 (그 일을) 담당케 하니 (이는) 큰 일을 마치 장난으로 대하는 것과 같습니다. 그러나 각하께서 (만약에) 조선 한 나라를 一時的으로 자신(의 이익)을 圖謀하는 奇貨로 삼고 있다면 아마도 貴國과 東亞를 위해서도 결코 福됨이 아닐 것입니다.
(그리고) 각하께서 大淸國皇帝를 천하의 盟主로 推尊하여 구미 각 大國에게 公論을 (널리) 선포하고 그들과 연합하여 조선을 中立之國으로 세워서 萬全無危의 땅으로 만들고, 이어서 각하께서 노련한 수단으로 (조선과) 善隣友睦의 情을 다하여 광대뼈와 잇몸처럼 서로 의지하는 동맹(輔車之盟)을 굳게 맺으면서 東亞의 政略을 전개시킨다면 이 또한 어찌하여 조선의 행운일 뿐만 아니라 아마 귀국에게도 得이 되는 정책이 아니겠습니까?"

여기서 김옥균은 당시 이홍장과 원세개 등 청정부세력이 추진하고 있는 암살음모를 신랄하게 풍자하는 데만 그치지 않고 실제로 이홍장

---

106) 「與李鴻章書」, 『金玉均全集』, 151~152쪽.

과 원세개에 의해 실행되고 있는 청정부의 對朝鮮政策에 대한 심각한 비판까지 가하면서 당시 국제정세에 있어서 오로지 중국과 조선이 상호 협력하여 진정한 동맹을 맺어야만 열강세력의 침략위협에 그대로 노출되어 있는 조선을 구할 수 있으며, 또한 중국을 비롯한 동아시아 전체의 평화에도 도움이 될 것이라는 명쾌한 주장을 역설하였다.

그러나 당시 자객들의 암살위협에 의해 끊임없이 쫓기고 있던 김옥균의 형편상 고종에게 올린 상서나 이홍장에게 보낸 서신 모두 실제로 전달되기를 바랄 수 없었으므로 김옥균은 위의 두 문서를 각각 일본 『朝野新聞』 1886년 7월 8일자와 7월 13일자에 발표하였고 뒤이어 『東京日日新聞』, 『郵便報知新聞』 등에도 轉載되면서 그 내용이 공개되었다. 그리고 8월 12일자 『時事新聞』에는 김옥균이 주일 각국 공사들 앞으로 보낸 자신에 대한 일본정부의 조처의 부당함을 호소하면서 도움을 요청하는 서신이 발표되기도 하였고,[107] 또한 그 서신이 청정부의 주일공사관(당시 주일공사는 徐承祖였다)에도 당연히 보내졌을 것으로 추측되기도 하지만 일본정부의 눈치를 보고만 있는 駐日 외교사절들은 김옥균의 애절한 호소에도 그 어떤 도움을 주지 않았었다. 한편 이홍장과 청정부의 관계문서에서도 모두 위 김옥균의 서신들에 관한 내용이 언급되지 않았던 것으로 보아 당시 김옥균 암살을 적극 추진하고 있던 청정부의 주일공사관 측에서 김옥균이 오가사와라섬으로 유배되자 종전과는 달리 그에 대한 추적과 조사를 늦추면서 위 신문에 실린 김옥균의 서신도 청정부에 보고하지 않았기 때문이 아니겠는가 하고 추측을 해본다. 실제로 그후 김옥균이 오가사와라섬과 홋카이도 (北海道) 등지로 유배되는 4년 남짓 동안 청정부 측에서 김옥균 암살에 관한 별다른 계획이나 행동을 추진하였다는 기록을 아직 찾아볼 수

---

107) 『時事新聞』 明治 19年 8月 12日付.

없으니 청정부가 그만큼 일본본토에서 멀리 격리되어 있는 김옥균에 대해서는 별로 위험스럽게 생각하지 않았던 것으로 보이며 또한 현실적으로 그 멀리까지 자객을 보내 암살계획을 추진할 수도 없었던 것으로 생각된다.

그러다가 1890년 가을 일본정부가 4년 4개월 동안의 유배조치를 풀고 김옥균의 일본 內地居住를 허용하자 조선정부 측으로부터 다시금 김옥균 등 '甲申餘孼'들에 대한 추적이 거론되었으나 그 어떤 구체적인 행동은 아직 취해지지 않았다.[108] 한편 유배생활을 마치고 도쿄로 돌아온 김옥균은 어떠한 의도에서 그랬는지는 현재 알 길이 없지만 여하튼 도쿄 永田町에 있는 청정부의 주일공사관으로 자주 드나들면서 1890년부터 1892년까지 주일공사로 있던 이홍장의 아들 李經方과 접촉을 가졌었다. 李經方의 자는 伯行 또는 端甫이고 본래는 이홍장의 넷째 동생인 李昭慶의 아들이었는데 이홍장에게 後嗣가 없어서 그에게 入嗣하면서 이홍장의 長子가 되었다. 李經方은 일찍 유럽을 여행하여 외국문물을 익혔고 1889년 9월 9일 黎庶昌의 뒤를 이어 청정부의 제7임 일본주재공사로 임명되어 이듬해인 1890년 1월 29일에 일본 도쿄로 부임하였고 2년 후인 1892년 10월 11일에 母喪으로 귀국하면서 이임하였고, 그후에도 계속 이홍장을 따라 실제로 비서 겸 통역의 역할을 해왔으며 1895년 일본과의 시모노세키조약 체결대표 및 1910년 영국공사 등의 요직을 역임하였다.[109] 그러나 이경방 관계서류와 청정부 측의 기록에는 이경방과 김옥균의 왕래사실에 대한 내용을 찾아볼 수 없었고 참고로 이에 관한 당시 일본외무차관 하야시(林董)의 회고를 찾아볼 수 있었다.

108) 田保橋潔, 『日淸戰役外交史の研究』, 刀江書院, 1951, 19쪽.
109) 李盛平主編, 『中國近現代人名大辭典』, 267쪽 ; 故宮博物館明淸檔案部 · 福建師範大學歷史系編, 『淸季中外使領年表』, 28~29쪽.

"한국 망명객 金玉均은 일본에서 일을 할 수 있는 길이 막혔다고 여겨서 점점 이홍장에게 접근하여 일을 도모하려고 생각하였던 것으로 보였는바, (그는) 때때로 永田町에 있는 淸國公使館을 방문하여 끝내 李經方을 통하여 이홍장에게 서신을 보냈다고 그(김옥균)의 동지들이 스스로 나에게 말하였다. 그후 李公使(이경방을 가리킴)가 당시 외무대신인 에노모토(榎本武揚)子爵에게 한 말에 의하면 이홍장은 직접 김(옥균)에게 회답을 하지 않고 公使(李經方을 가리킴)에게만 傳言을 부탁해 왔고 또한 '그(김옥균)는 하찮은 인물이니 언제라도 죽여버리면 그만이다'라고 附記해 왔더라고 하였다."[110]

여기서 김옥균이 李經方을 통하여 이홍장에게 보냈다는 서신 및 이홍장으로부터의 傳言의 내용은 지금 확인할 수 없으나 당시 김옥균이 청정부의 주일공사 李經方 및 이경방의 후임으로 주일공사직을 맡았던 汪鳳藻[111]와도 접촉이 있었던 것은 일단 사실이었다. 이에 대하여 일본의 다보하시(田保橋潔)는 『近代日鮮關係の硏究』에서 그 사실 자체가 아직도 하나의 수수께기로 남아 있다면서 다음과 같은 8개 문제를 지적하였는데 이는 현재 찾아 볼 수 있는 김옥균과 李經方 및 汪鳳藻의 관계를 설명해 줄 수 있는 거의 유일한 자료이므로 요약해서 살펴보기로 하겠다.[112]

---

110) 『後は昔の記他』林董回顧錄(東洋文庫 173), 平凡社, 252쪽.
111) 汪鳳藻(1851~1918)의 字는 雲章이고 號는 芝房이며 江蘇省 元和사람이다. 그는 일찍이 근대 중국 최초의 외국어교육기관이기도 한 上海廣方言館 英文班과 북경의 京師同文館을 거쳐 1883년에 進士급제하였고, 그후 러시아주재 공사관 參贊(참사관) 등을 역임하였고 1892년 7월 9일 청정부의 주일공사로 정식 임명되어 1892년 10월 11일 일본 도쿄로 부임하였으며 2년 후 1894년 8월 4일 청일전쟁의 발발로 양국 국교가 결렬됨으로써 본국으로 소환되었다. 李盛平主編, 『中國近現代人名大辭典』, 北京 : 中國廣播電視出版社, 1989, 327쪽 ; 故宮博物院明淸檔案部·福建師範大學歷史系編, 『淸季中外使領年表』, 北京 : 中華書局, 1985, 28~29쪽.

1) 김옥균은 먼저 李經方과 교제하였고 그의 소개로 후임인 汪鳳藻와
   도 친하게 되었는데 특히 1893년 9월경부터 자주 청정부의 주일공
   사관을 방문하여 왕봉조와 회담을 나누었다고 한다.

2) 李經方이 귀국한 후 安徽省 蕪湖에 거주해 있었는데 김옥균에게
   자주 편지를 띄워서 청나라로 여행 나오라고 초청하였으며 그러한
   편지는 왕봉조를 통하여 두 번이나 전해졌다.

3) 청정부의 주일공사 汪鳳藻는 1894년 2월 6일 청나라 공사관에서 주
   최한 新年宴會에 김옥균을 초청하였고 김옥균이 이에 참석하였다
   고 한다.

4) 1893년 8, 9월경 汪鳳藻 공사는 이경방의 뜻이라면서 김옥균의 渡
   淸을 거듭 재촉하였다고 한다.

5) 김옥균 자신도 일찍부터 청나라로 갈 의향이 있어서 평소 중국어 회
   화를 배웠고 이에 왕봉조 공사는 청나라 공사관의 일본어 통역관인
   吳葆仁 등 두 사람을 그의 중국어교사로 추천하였다.

6) 吳葆仁이 김옥균을 따라 상해로 떠날 무렵 汪鳳藻 공사는 吳葆仁
   의 여비만은 공사관에서 지급하겠다고 하였으나 김옥균이 이를 사
   양하였다고 한다.

7) 김옥균이 도쿄를 출발하기 3일 전에 帝國호텔에서 汪鳳藻 공사를
   비롯한 청나라 공사관 임원들을 만찬초대하였으나 왕봉조 공사는
   응하지 않고 參贊官銜(참사관 대우)의 일본어 통역 劉慶汾 등 몇 사
   람만 출석하였다고 한다.

8) 1894년 3월 10일 밤 김옥균이 야행열차로 도쿄를 떠나기 직전 汪鳳
   藻 공사는 하인을 시켜 자신의 명함을 가지고 김옥균을 한 요리집
   으로 불러서 두시간 반 남짓 식사를 하면서 밀담을 나누었는데 그
   때 받은 왕봉조의 명함이 후일 김옥균의 유품 속에 들어 있었다고
   한다.

---

112) 田保橋潔, 『近代日鮮關係の硏究』下卷, 177〜178쪽.

물론 위에서 제시한 각 事項은 그 근거가 분명하지 않아 사료로서의 문제점이 없는 것은 아니지만 그래도 김옥균과 청정부 공사관 측과의 왕래사실만은 확인할 수 있었다. 그리고 구체적인 내막은 여전히 밝혀지지 않고 있었지만 여하튼 김옥균이 上海로 가기로 결심한 것과 그 결심이 행동으로 옮겨지기까지의 전반 과정에서 청정부의 공사관 측이 상당히 깊이 개입되어 있었다는 점 역시 분명한 사실이었다. 청정부 주일공사관의 일반관원이 아니고 그 首長격인 公使 李經方과 汪鳳藻가 선후로 몇 년 동안이나 김옥균과 접촉을 해왔다는 사실은 위에서 청정부 및 청정부의 주일공사관 측이 그토록 김옥균을 유인하여 체포하고 심지어 암살까지 하려고 애를 썼던 과거행적으로 미루어 볼 때 아무래도 그 의도가 미심쩍어 보이며, 또한 당시 청정부 관원들의 일반적인 사고방식이나 행위습관으로 미루어 보아 김옥균과의 접촉이 단순히 그들의 개인적인 동기와 차원에서 이루어졌다고 보기는 어려울 것으로 생각된다.

그러던 중 1892년 5월경 조선정부는 민씨 세도세력의 거물이기도 한 병조판서 閔泳韶의 주선으로 자객 李逸稙(본명은 李世稙)을 일본으로 밀파하여 김옥균 등 개화파 인사들에 대한 암살을 또 한번 시도하였다. 이일식은 종전의 서투른 자객들과는 달리 역시 암살임무를 맡고 온 權東壽, 權在壽 형제와 함께 상당히 은밀하게 김옥균, 박영효 등에게 접근하였으나 워낙 경각심이 높은 그들을 암살할 수 있는 기회를 좀처럼 얻지 못하였다. 그러다가 이듬해인 1893년 겨울 洪鍾宇와 金泰元을 포섭하여 암살조직에 가담시킴으로써 암살계획은 차츰 실행단계로 옮겨지기 시작하였다. 洪鍾宇는 일찍 1888년경 渡日하여 일본국내를 여행하면서 일본국내 유명인사들과도 교제를 가졌고, 1890년 12월에는 당시 東京帝國大學에서 프랑스어를 가르치고 있는 프랑스선교사의 소개로 프랑스 파리로 가서 1893년까지 2년 남짓 프랑스에 체류하면서 프랑스 동양학자의 연구보조원으로 東洋文獻의 번역과 정리를 도왔다고 한다.[113] 한마디로 홍종우는 당시 조선인으로서는 매우 드문 서양의 선진문물을 직접 견문한 사람으로서 워낙 진보적인 개화사상을 갖고 있는 김옥균의 호기심을 불러일으키기에 충분하였고 따라서 자연스럽게 김옥균에게 접근할 수 있었던 것이다.

그러나 당시 이일직 등의 목표는 김옥균 한 사람뿐만 아니라 박영효 및 그들과 함께 일본에 망명해 있는 동지 李圭完, 鄭蘭敎, 柳赫魯, 李誼昊 등 6명이었으므로 일본 현지에서 그들을 동시에 암살한다는 것은 아무래도 어려울 것으로 판단되어(당시 김옥균과 박영효 두 사람 사이는 별로 좋지 않았다) 홍종우로 하여금 김옥균을 중국 상해로 유인해 가서 암살케 하고 이일직과 권동수 등은 일본에 계속 남아서 박영효 등을 노리기로 하였다.[114]

당시 김옥균은 경제적으로 상당히 어려운 처지에 있었으며 또한 그에 대한 일본 여야인사들의 태도 역시 마냥 차갑기만 하여 몸과 마음 모두 지쳐있는 상태여서 청나라로 가서 이홍장 등과 손을 잡고 재기를 시도해 보라는 이일직과 홍종우의 감언이설에 마음이 동하지 않을 수 없었다고 한다. 한편 김옥균이 중국으로 떠나기 직전 평소 친교가 있던 일본인 미야자키(宮崎滔天)와의 담화 내용에 의하면 당시 김옥균 자신도 이번 上海行이 상당히 위험스럽다는 사실을 충분히 알고 있으면서도 "人間萬事는 (모두) 운명이다. 호랑이 소굴에 들어가지 않고서 호랑이 새끼를 잡을 수 없으니 이홍장이 나를 속이려고 비굴한 言辭로 맞이한다면 나는 놈(이홍장을 가리킴)을 속이려고 그 배에 타는 것인즉 먼저 가서 곧바로 죽음을 당하거나 감금되게 되면 (일은) 즉시 끝나버린다. (그러나) 5분간이라도 談話할 시간이 주어진다면 (곧) 내 것이다.

---

113) 琴秉洞, 앞의 책, 755~758쪽 참조.
114) 渡邊修一郎, 『東邦關係』, 奉公會, 1894, 237쪽.

여하튼 문제는 1개월로 끝난다"[115]고 말함으로써 나름대로 이번 上海
行을 통하여 조국과 민족을 위한 큰 꿈을 펼쳐보고 싶은 구상을 하고
있었던 것을 알 수 있다. 따라서 김옥균이 생명의 위험을 무릅쓰고 中
國行을 결심한 것은 당시 일본에서의 활동이 여러 가지로 어려워지자
자신의 안전에 무척 위험스러운 중국으로 가서라도 재기의 기회를 얻
어보려는-그의 말대로 호랑이 소굴에 들어가서 호랑이 새끼를 잡으
려는-불타는 애국심과 워낙 담대하고 호방한 그의 성격이 빚어낸 결
과로서 흔히 알려진 것처럼 결코 단순하게 홍종우 등의 詭計에 넘어간
어리석은 짓만은 아니라고 하겠다.

한편 이 사건에 관한 일본정부의 태도는 일본외무성에 所藏된 외교
사료에서 거의 밝혀지고 있다. 1894년 1월 31일 홍콩주재 일본영사 나
카가와(中川恒次郞)는 외무대신 무쓰(陸奧宗光)에게 당시 홍콩에 머물
고 있던 조선정부의 대신 閔泳翊이 찾아와서 알려 주었다는 李世植
(李逸植의 본명) 등의 위와 같은 김옥균 암살계획에 관한 정보를 보고
하면서 본국정부에 이에 대한 진상조사 등을 건의하였다.[116] 민영익은
본래 親淸派의 인물이었는데 후일 원세개와 사이가 나빠져서 홍콩으
로 장기간 피신해 있으면서 심지어 원세개를 "평생의 원수"로 생각하
고 있었고 그 전의 1890년에도 김옥균이 곧 귀국하게 된다는 소문을
퍼뜨려 조선의 정계를 시끄럽게 한 적이 있었다.[117] 따라서 李逸植 등

---

115) 『宮崎滔天全集』 第4卷, 283~284쪽.
116) 「金玉均等暗殺計劃ニ關スル閔泳翊ノ談話報告ノ件」, 『日本外交文書』 第27
  卷 第1冊, 482~483쪽.
117) 『時事新聞』 明治 23年 5月 11日付. 당시 일본의 신문에서 김옥균과 박영효
  등이 귀국을 시도하고 있다는 기사가 실려서 이에 긴장한 조선정부는 당시
  조선 국내에 남아있는 김옥균과 박영효의 가족들을 대량 체포하였고 그 소식
  을 접한 김옥균은 사실무근한 외국신문의 한낱 기사만 믿고 무고한 가족들을
  체포하는 조선정부의 행동을 매우 유감스럽게 생각한다는 내용의 발언을 하
  기도 하였다. 『時事新聞』 明治 23年 8月 28日付 참조.

은 민씨가문이 김옥균 등 개화파에게 깊은 원한과 적개심을 품고 있는
것으로 알고 그에게 위의 암살계획을 서신으로 알렸는데 민영익은 오
히려 그 禍가 자신에게도 미칠까봐 두려워서 일본 측에 위와 같이 밝
힌 것으로 나카가와 영사는 분석하고 있었다. 그리고 이세직과 공모하
고 있는 사람은 조선인 홍종우 외에도 일본인 가와쿠보(河久保常吉,
또는 川久保常吉로도 표기되었음)와 오미와(大三輪長兵衛) 등도 포함
되고 있다고 하면서 특히 민영익은 일본정부가 아직도 김옥균 등을 비
호해주고 있다고 생각하여 차츰 러시아 세력과 친하려는 성향을 보여
주고 있다고 지적하였다.[118] 여기서 일본인 가와쿠보(河久保常吉)는
日本銀行 總辦으로서 일찍 1892년(光緒 18年)경부터 서울에 상주하면
서 조선정부의 요로와 상당한 인맥관계를 갖고 있는 인물이기도 하
며,[119] 김옥균이 암살된 후에도 일본에서 이일직 등과 함께 박영효 등
을 계속 암살하려다가 오히려 박영효 등에 의해 起訴되어 일본 도교지
방법원의 재판을 받은 적도 있다.[120] 그리고 오미와는 당시 일본 오사
카 五十八銀行의 은행장(頭取)으로서 일찍 1891년경 조선에서 화폐제
도개혁을 추진하였던 즉 조선정부와도 깊은 관련이 있는 인물이었다.
또한 그는 이번 김옥균 암살사건에 있어서는 李逸稙 등에게 총 5만원
의 거사자금을 貸與하였던 실질적인 배후인물로서 이미 당시 일본의
언론에서 지적되고 있었으며,[121] 또한 그 '공로'로 大韓帝國시기에는
한국 宮內府鐵道監督을 맡고 있으면서 고종의 특별한 총애를 받았다
고 한다.[122] 그리고 오미와가 李逸稙 등에게 제공하였다는 그 5만원의

---

118) 위와 같음.
119) 「總署收北洋大臣李鴻章函」, 『關係史料』第6卷, 3277~3286쪽.
120) 이 재판에 관한 내용은 韓國學文獻硏究室編, 『舊韓末日帝侵略史料叢書』政
　　治篇5, 243~253쪽에 수록된 渡邊修二郎, 『東邦關係』를 참조할 수 있다.
121) 일본 『鎭西日報』明治 27年 4月 8日付 등 참조.
122) 1900년 즉 明治 33년 5월 16일 당시 주한공사 林權助가 靑木周藏 외무대신

거사자금은 사실상 일본정부가 제공하였을 가능성이 많은 것으로 지
적되고 있다.123)

한편 나카가와 영사의 위과 같은 보고를 받은 무쓰 외무대신은 헤이
고(兵庫)縣 知事에게 오사카에서 상해로 떠나는 김옥균 일행의 행동을
자세히 조사케 하는 한편 상해주재 일본총영사관의 오코시(大越成德)
總領事代理에게 김옥균 일행의 상해행 목적을 조사케 하고 또 조선주
재 일본공사 오토리(大鳥圭介)에게 조선정부의 태도를 알아보게 하였
다.124) 따라서 헤이고현 지사는 3월 26일자 비밀전보로 김옥균이 홍종
우 및 일본인 기타하라(北原延次)125)와 청나라 주일공사관의 직원 吳
昇 등 세 사람과 함께 고베(神戶)항에서 上海로 출발한 경위를 무쓰
외무대신에게 자세히 보고하였고,126) 서울에 주재하고 있는 오토리 공
사는 3월 28일자 전보에서 조선정부와 원세개 모두 김옥균의 상해행
소식을 아직 모르고 있다면서 만약 김옥균이 청나라에서 억류되거나
심지어 조선정부로 引渡된다면 국제적으로 큰 문제가 발생할 것이라
고 지적하였다.127)

앞으로 보낸 '機密第三六號' 보고서에서 오미와의 김옥균 암살사건 관련 내
용을 밝혔으며 이 보고서는 현재 『日本外交文書』에도 수록되어 있지만 여기
서는 『朝鮮學報』 제60호(1971)에 실린 河村一夫씨의 논문 「韓國に於ける日
露兩國の爭覇に對する國王のご宸慮」에서 재인용하였다.
123) 琴秉洞, 앞의 책, 821~824쪽.
124) 『日本外交文書』 第27卷 第1冊, 525~528쪽.
125) 北原延次는 김옥균이 유배되었던 오가사와라섬 출신으로 일찍이 1886년 김
옥균이 그 섬으로 유배되어 갔을 때부터 그를 섬겨온 하인이다. 그의 본명은
和田延次郎이고 北原延次는 이번 중국행에 임시로 바꾼 假名인데 아마도
그의 주인인 김옥균이 지어 주었을 것으로 본다. 한편 본문에서는 필요한 경
우를 제외하고는 原史料 그대로 北原延次라는 가명을 계속 사용하기로 한
다.
126) 「金玉均上海へ渡航シタル事情報告ノ件」, 앞의 책, 526쪽.
127) 「金玉均ノ上海渡航ニ關スル朝鮮政府ノ態度報告ノ件」, 앞의 책, 527~528쪽.

한편 김옥균은 1894년 3월 11일 수행원 기타하라(北原延次) 및 청정부 주일공사관 통역 吳昇을 거느리고 기차로 도쿄를 떠나 오사카에 도착하였다. 그들이 도쿄를 출발하기 직전 청나라 공사 汪鳳藻의 긴급연락을 받고 海月樓라는 음식점에서 왕봉조 공사와 만나 두 시간 반 남짓 식사와 함께 담화를 나누었다고 하는데 그 내용에 관해서는 전혀 알려지지 않았다. 당시 일본재야의 거물인 도야마(頭山滿)가 김옥균과 함께 도쿄에서부터 동행해 왔는데 김옥균은 자신의 중국행에 관하여 도야마에게 "호랑이 굴로 들어가지 않고서야 어찌 호랑이 새끼를 잡을 수 있겠느냐?"고 말하였다고 전해진다.[128] 김옥균은 오사카에서 10일간 체류하면서 李逸稙과 만나 上海行 여비로 현금 600圓과 상해도착후 天豊寶號에서 찾기로 된 액면 5000원짜리 수표를 제공받았다. 당시 권동수 형제와 홍종우도 이일직과 함께 오사카에 머물고 있었다.

이어서 김옥균 일행은 22일 오사카를 떠나 上海로 가는 배가 출발하는 고베(神戶)에 도착하였는데 홍종우는 뒤늦게 도착하여 합류하였다고 한다. 홍종우가 이처럼 김옥균 일행과 함께 오사카로 오지 않고 뒤늦게 따라 온 것은 오사카에서 이일직 등과 김옥균 암살계획에 대한 모의를 더 하기 위한 것으로 보아야 할 것인즉 그후 日本郵船會社에서 김옥균 일행의 神戶-上海 왕복 乘船券을 구입할 때도 홍종우가 돈을 지불하였다는 사실에서도 이 점을 미루어 짐작할 수 있다. 홍종우는 김옥균이 도쿄에 있을 때 4, 5회 來訪한 적이 있었고 두 사람 사이는 평생 사귀어 온 친지처럼 보이기도 하였으나 김옥균은 사실 그를 몹시 경계하면서 상해로 가는 여객선에서도 기타하라(北原延次)에게 홍종우가 매우 무서운 인물이니 항상 주의하라고 부탁하여 기타하라(北原延次)는 여행 도중 늘 홍종우를 조심스럽게 경계했다고 한다.

---

128) 琴秉洞, 앞의 책, 766쪽 참조.

위와 같은 김옥균 일행의 행적은 당시 일본경찰에 의해 철저하게 감시되어 후일 일본 측의 사료에서 자세히 밝힐 수 있었던 것으로, 말하자면 일본정부는 처음부터 김옥균의 상해행 계획을 알고 있었을 뿐만 아니라 또한 이일직 등의 암살계획마저 알고 있었으며 만약 그 암살계획이 실현될 경우 한일 양국간은 물론 국제적으로도 엄청난 사건으로 될 수 있다는 점도 잘 알고 있었으나 이에 대한 그 어떤 제재행동도 취하지 않은 채 김옥균 및 홍종우, 이일직 등 자객들의 행동을 일본국 내에서부터 목적지인 상해까지 비밀리에 예의주시하고 있었던 것이다.129) 그리고 일부 일본인들도 그 암살음모에 가담하고 있었으나 일본정부는 역시 그 어떤 제제조치를 취하지 않은 것으로 보아 혹시 일본정부가 어차피 문제거리이기도 한 김옥균이 암살되는 것을 묵인해 주고 있었으며 나아가서 그 일을 계기로 장차 전개될 自國의 對朝鮮 및 對中國政策에 활용하려는 속셈을 갖고 있지 않았나 하는 의문마저 갖게 한다.

결국 김옥균의 上海行 결심에는 주관적으로 당시 김옥균 개인의 어려운 사정과, 비록 알려지지는 않았지만 나름대로의 계획이 작용하였고 객관적으로는 이일직 등 조선정부에서 파견한 자객들의 부추김과 자금지원 그리고 李經方과 汪鳳藻 등을 비롯한 청정부 주일공사관의 개입(이홍장의 개입은 실제로 心證의 차원에서만 제기되었을 뿐 확실한 증거는 없었다) 및 일본정부의 放任 또는 默契(오미와 등 일본인을 통한 거사자금 제공 등 직접개입의 의혹도 있다)라는 세 가지 조건에 의해 이루어졌다고 할 수 있겠다.

129) 『日本外交文書』에는 김옥균 일행의 행적에 대한 자세한 경찰조사자료 및 보고서들이 많이 수록되어 있다. 이와 관련하여 중국학자 戚其章은 그의 저서 『甲午戰爭國際關係史』(北京 : 人民出版社, 1994, 5쪽)에서 "김옥균이 돌연히 일본을 떠나 중국으로 오게 된 사실에 대하여 일본정부는 사전에 (그 사실을) 모르고 있었다"고 하였으나 위의 사료들로 보아 잘못된 기술이라고 하겠다.

162

5. 김옥균 암살사건과 청정부

한편 김옥균은 일행 3명을 거느리고 日本郵船會社의 西京丸 郵船
편으로 3월 27일 중국 上海에 무사히 도착하여 일본인 요시지마(吉島
德三)가 경영하는 美國租界地 내의 東和洋行여관에 투숙하였다가 그
이튿날 오후 3시 경 홍종우에 의해 암살당했다. 이 사건에 관한 1차적
인 사료는 사건 직후 청정부의 上海 知縣 黃承暄이 사건현장을 조사
한 보고서130)와 역시 그의 訊問으로 얻어진 자객 홍종우와 김옥균의
수행원이었던 일본인 기타하라(北原延次) 및 여관주인 요시지마(吉島
德三)의 진술서(洪鍾宇等供詞)131) 그리고 당시 상해주재 일본총영사관
의 오코시(大越成德) 총영사대리가 무쓰 외무대신에게 보낸 조사보고
서132)가 있으며, 아울러 당시 중국 상해에서 영국상인 메이저 형제(美
査, Major Brothers)가 발행한 일간지 『申報』133)의 관련기사들이 있다.
이에 위의 1차적인 사료들을 바탕으로 3월 27일 상해 도착일부터 28일
암살되기까지의 실제상황들을 아래와 같이 재구성해 보기로 하겠다.

　3.27 :
　오후 5시경 김옥균은 홍종우, 오승 및 기타하라(北原延次) 일행과 함
께 일본 고베발 西京丸 郵船편으로 상해에 도착하여 곧바로 美國租界

130) 『關係史料』 第6卷, 3292~3293쪽.
131) 「上海縣訊過洪鍾宇等供詞」, 『關係史料』 第6卷, 3293~3294쪽.
132) 「金玉均來渡ヒ二竝暗殺ノ情況報告ノ件」, 『日本外交文書』 第27卷 第1冊,
　　　487~492쪽.
133) 『申報』는 중국에서 최초로 중국어로 발행된 근대식 신문으로서 1872년(同治
　　　11) 4월 30일 영국상인 메이저 형제(美査, Frederick Major & Ernest Major)가 上
　　　海에서 창간하였다. 처음에는 격일간으로 발행하였으나 4개월 후에는 일간지
　　　로 바뀌었다. 이 신문은 1909년 중국인 주주에 의해 인수되어 청나라 말기 및
　　　中華民國시대에 중국내 유력 일간지로 성장하였다가 1949년 5월에 停刊되었
　　　다.

地구역[134)]의 鐵馬路에 위치해 있는 일본인 요시지마(吉島德三)가 경영하는 여관 東和洋行에 투숙하였다. 여관주인 요시지마의 진술에 의하면 김옥균은 일본인 수행원 北原延次와 함께 제2층의 제1번 객실(이 여관은 西向으로 된 3층 洋屋이었다)에 투숙하였고 홍종우는 다른 객실에 들었으며 오승의 거처에 대해서는 밝히지 않았으나 후일 北原延次의 진술에 의하면 오승 역시 그들과 함께 東和洋行에 투숙하였다고 한다. 당시 상해주재 일본총영사관측은 이미 일본 외무성의 지시로 김옥균 일행에 대해 엄밀한 감시를 하고 있었으며 여관주인 요시지마에게도 김옥균 일행의 동정을 주의하도록 미리 지시해 두었다.

당시 김옥균은 일본서 사용하던 假名 이와다 슈사쿠(岩田周作)를 새롭게 이와다 미와(岩田三和)[135)]로 고쳐서 사용하였고 여관 투숙 직후 당시 미국선교사 알렌(Young John Allen, 林樂知)이 창설한 中西學院(Anglo-Chinese College)에서 강사로 있던 尹致昊에게 서신을 보내어 상해 도착사실을 알렸다. 그러자 윤치호가 직접 찾아와 김옥균과 담화를 나누었는데 당시 김옥균은 윤치호에게 자신은 李經方의 초청으로 상해로 오게 되었으며 상해에서의 일이 끝나는대로 蕪湖로 가서 이경방

---

134) 上海의 外國租界地는 1845년 12월 영국조계지의 설립으로부터 시작되어 1847년 4월 프랑스조계지, 1852년 미국조계지의 설립으로 형성되었는데 그중 영국조계지와 미국조계지는 1899년에 하나의 公共租界(International Settlement of Shanghai)로 통합되었다. 한편 이들 열강들은 1854년 4월 小刀會봉기군이 청정부의 통치하에 있는 上海縣城을 점령한 틈을 이용하여 공공연하게 소위 工部局(Shanghai Municipal Council)이라는 식민통치기구를 발족하여 상해의 외국조계지에 대한 통치행정을 청정부측으로부터 완전 독립시키면서 조계지내의 행정관리는 물론 조계지내 주민들(중국인까지 포함하여)에 대한 세금징수 및 사법·입법 기능까지 일부 갖추고 있어 말그대로 하나의 "나라 속의 나라(國中之國)"를 형성하였는데 당시 미국조계지는 蘇州河 以北에 있었다. 吳土川義編, 『上海租界問題』, 臺北 : 正中書局, 1980.

135) 청정부측 일부 사료에서는 岩田和三으로도 기록되어 있으나 일본측의 소사자료 및 홍종우, 北原延次 등의 진술내용에서 모두 岩田三和로 한 것으로 보아 岩田三和가 옳은 것으로 보아야 할 것이다. 그리고 이 새이름은 아마도 김옥균이 평소 주장하던 소위 三和主義사상에서 비롯된 것으로 보인다.

을 만날 것이라고 말했다고 한다(김옥균 암살사건 후 일본영사관의 보고서에 의하면 김옥균의 유물속에서 李經方이 체류하고 있다는 蕪湖 및 이홍자의 本家가 있는 合肥까지의 왕복시간을 메모해 둔 서류를 발견하였다고 한다) 담화가 끝난 뒤 윤치호는 곧바로 돌아갔고 김옥균 역시 별다른 외출이나 연락이 없이 여관에서 휴식만 취하였다.

3.28 :

이날 아침 김옥균은 홍종우에게 위의 天豊寶號로 가서 이일직이 준 액면 5000원의 수표를 현금으로 바꾸어 오도록 하였는데, 홍종우는 다녀와서 말하기를 위 天豊寶號의 주인이 없어서 현금결제를 못하였다면서 오후 6시경에 다시 가보겠다고 하였다.

오후 1시경 吳昇은 별도로 용무가 있어 출타하고 그후 北原延次 역시 1층에 내려와 있었으므로 홍종우와 김옥균 두 사람만이 각각 2층의 방에 남아 있었는데 당시 김옥균은 별로 심기가 좋지 않은 듯 침대 위에 누워 있었다고 한다. 그러던 중 3시경 갑자기 2층으로부터 흡사 중국의 폭죽소리와 비슷한 쿵하는 爆音이 연속 들려왔다. 실제로 그날 오전 여관 앞을 흐르는 蘇州河 위에 정박해 있는 중국 배 위에서 폭죽을 터뜨린 적이 있어서 北原延次나 여관주인 吉島德三 및 여관내 투숙객들 모두 2층에서 들려오는 총소리를 폭죽소리로 착각하고 있었다. 그러나 김옥균을 암살한 홍종우가 2층으로부터 황급하게 뛰어내려와 밖으로 도망가는 것을 보고 이상하게 여긴 北原延次는 금방 그 뒤를 따라 나가 보았으나 홍종우는 그 사이 벌써 자취를 감추고 말았던 것이다. 당시 홍종우는 본래 입고 있던 양복을 한복으로 갈아입고 한복의 넓은 소매 안에 6연발의 권총을 숨기고 김옥균의 방에 잠입하여 암살행위를 저질렀다고 한다.

이에 이상한 느낌을 받은 北原延次 등이 다시 2층으로 올라가 보니 김옥균은 이미 홍종우의 총탄에 의해 살해되었다. 당시 청정부의 上海縣 측은 租界地 경찰당국의 통보로, 그리고 일본 총영사관 측은 여관주인 吉島德三의 보고에 의하여 위 사건을 알게 되었으며 양측 모두 형사와 檢屍官을 대동하고 출동하여 암살현장을 조사하였는데 당시 현장상황은 대략 다음과 같다.

피살자 김옥균은 2층 제1번 객실의 대나무 침대 위에 누워 있었는데 서양식 머리에 몸에는 양복을 입었고 신은 신지 않은 채 약간 어둡게 보이는 황색 양말을 신고 있었다. 屍身의 身長은 4尺5寸(약 1.5m)이고 머리칼 길이는 1寸6分(약 5㎝)이었다. 피살자의 나이는 약 40여 세로 보이며(김옥균은 1851년생으로서 당시 44세였다 : 필자), 왼쪽 얼굴의 관골아래 부위에 총상이 한 곳 있는데 턱뼈가 부서져 있었고 총알이 뒷면의 뇌 부분까지 지나갔고 복부에도 덮고 있던 모포와 옷을 꿰뚫고 총알이 스쳐 지나간 擦過傷이 한 곳 있고 또 왼쪽 어깨의 肩骨 아래 부위를 관통한 총상이 한 곳 있었다. 모두 3곳의 총상으로서 상처는 이미 검은 피로 굳어져 있었으며 서양식 短銃에 의한 암살로 판단되고 실내와 복도에는 자객 홍종우가 남긴 것으로 보이는 총탄이 각 한 개씩 발견되었다.

그리고 암살현장에서 도주한 자객 홍종우는 곧바로 上海縣城과 약 5리 정도 떨어진 외국조계지를 벗어나 청정부 관할하에 있는 吳淞[136]으로 잠적하였다가 그 이튿날인 3월 29일 새벽 3시경 租界地 경찰당국에 의해 吳淞 부근의 한 민가에서 체포되어 미국조계지로 압송되어 왔다. 당시 오코시 일본총영사대리는 처음부터 이 사건에 연루된 홍종우 등 모든 人犯들을 일본 측에 넘겨서 처리케 할 것을 요청하였으나 결

---

136) 吳淞은 당시 寶山縣 소속으로서 현재의 上海港과 약 20㎞ 떨어져 있다. 吳淞은 長江과 黃浦江의 물이 모이는 곳으로 崇明島와 함께 長江의 入海口를 가로 막고 있어 예로부터 長江沿岸의 '七省鎖鑰'이라고 불리는 요충지였으며 이곳으로부터 黃浦江과 吳淞河를 거슬러 올라가면 바로 蘇潮 등 꼭 창지대로 진입할 수 있어 강남지역의 海防重鎭이기도 하였다. 청나라는 吳淞의 남과 북에 2개의 포대를 설치해 두었으며 김옥균 암살사건 당시에도 이곳에는 淸軍이 주둔하고 있었다.

국 홍종우는 청정부 측에 넘겨져 처리하게 되었다.

　여기서 초점을 청정부와 암살사건과의 관계라는 점에 맞추어 위 사건을 정리해 본다면 다음과 같은 문제점을 지적할 수 있다.

　첫째, 김옥균이 상해행을 결심하는데 있어서 청정부의 역할 특히 李經方의 초청이 가장 결정적인 요소로 보이는데 문제는 실제로 그러한 초청이 있었는가 하는 것이다. 당시 김옥균은 일본에서 미야자키(宮崎滔天)와의 담화에서 그리고 상해 도착 후 윤치호와의 담화에서도 거듭 자신은 李經方의 초청으로 상해행을 결심한 것이라고 밝혔었다. 따라서 김옥균 자신은 실제로 그 문제의 5,000원짜리 수표를 현금으로 바꾼 후에는 蕪湖로 가서 이경방을 만날 계획이 있었던 것으로 약 4주 정도면 일(그가 구상하고 있는 일이 도대체 무엇인지는 알려지고 있지 않지만)을 마치고 일본으로 다시 돌아갈 수 있을 것으로 생각했던 것으로 보이며, 또한 그의 유품 속에서 李經方이 있다는 蕪湖와 李鴻章의 本家가 있는 合肥까지의 왕복시간을 메모해 둔 서류가 발견되기도 하였다. 또한 김옥균이 홍종우와 서로 친근한 척하면서도 그가 위험한 인물이라고 자신의 수행원인 기타하라에게 미리 경계하도록 당부하였고, 또한 일찍부터 중국어 회화공부까지 하였다는 사실로 미루어 보아 그가 단순히 李逸稙 등의 감언이설에 넘어가서 上海行을 결심하였다고 단정하기에는 너무 무리인 것 같고 그 어떤 형태로든(예컨대 이일직 등에 의한 위조 가능성도 배제할 수 없다고 본다) 이경방측의 초청이 있었던 것으로 보아야 할 것이다.

　그리고 만약 李經方의 초청이 사실일 경우 그것이 단순히 이경방 자신의 개인적인 행동이라고 보기는 어렵지만 이경방 및 그 배후의 이홍장과 청정부의 직접관여 여부는 사료 부족으로 확실히 밝힐 수 없는 실정이다. 한편 김옥균이 上海行을 결심하고 실행하는 전후 과정에서 汪鳳藻를 비롯한 청정부 주일공사관 측의 행동으로 보아 그들 역시 어느 정도 이 계획에 개입되었음이 틀림없을 것으로 보인다.

둘째, 김옥균 일행의 통역 및 안내자로 따라온 吳昇이란 인물에 관한 문제였다. 吳昇의 이름에 관하여 일본 및 한국 측의 사료에는 대개 吳葆仁 또는 吳靜軒으로 기록되었으나 사실 그의 본명은 吳昇이고 字가 靜軒 또는 葆任이었다.[137] 당시 그는 청정부의 일본공사관 통역이었는데 김옥균의 下人인 기타하라의 진술에 의하면 김옥균이 일찍 청정부의 주일공사관으로 출입하던 시절부터 서로 알면서 스스럼없이 지내던 친한 사이였으며 上海로 가는 과정에서도 김옥균은 유독 吳昇에 대해서는 전혀 경계하지 않을 정도로 믿음이 깊었다고 하였다. 그리고 앞서 다보하시(田保橋潔)의 주장에 따르면 김옥균이 일찍 중국어 회화를 공부할 무렵 강사 역할을 해주기도 하였었다. 그는 마침(?) 40일간의 휴가를 얻어 고향인 福州로 歸省하려던 차 김옥균 등과 합류하였다고 하였으나, 40일의 휴가를 받았다는 그가 김옥균 등과 오사카에서 10일동안이나 지체하였고, 또한 상해에 도착하여서도 福州로 갈 생각은 하지 않고 김옥균 등과 동숙하고 있었으며, 우연찮게도 사건 발생 약 2시간 전에 그 여관을 나갔고 그후의 조사과정에서는 암살사건과 관련된 중요한 증인임에도 불구하고 아예 그 조사과정에서 제외되었던 등 사실로 미루어 보아 어딘지 이상한 느낌이 들지 않을 수가 없었다. 그러나 이에 관한 구체적인 사료를 그 어디에서도 찾아볼 수 없으므로 하나의 의혹으로만 남겨둘 수밖에 없었다.

셋째, 李逸稙 등이 김옥균에게 주었던 5,000원짜리 수표의 眞僞문제이다. 이 수표는 김옥균이 중국행 여비로 현금 600원과 함께 이일직에게서 받은 것으로 上海 현지에 가서 天豊寶號라는 錢莊에서 현금으로 찾게 되어 있었다. 그러나 3월 28일 심옥균의 분부에 따라 그 돈을 찾

---

137) 戚其章, 『甲午戰爭國際關係史』, 4쪽.

으러 갔던 洪鍾宇는 주인이 출타하였다는 핑계로 돈을 찾아오지 않았
고 바로 그날 오후 암살행동을 실시함으로써 문제의 그 수표는 결국
현금으로 바꾸지 못하였다. 그런데 후일 오코시 일본총영사대리는 경
찰측에서 문제의 天豊寶號를 찾아보았으나 결국 찾지 못하였다고 하
면서 위의 수표는 처음부터 이일직 등이 김옥균을 상해로 유인해 가기
위한 하나의 사기극에 불과하다고 지적하였다.[138]

그러나 필자의 조사에 의하면 위의 天豊이라는 錢莊은 당시 上海에
실제로 있었으며 그 이름은 天豊寶號가 아니라 天豊錢莊이었고 그 위
치 역시 오코시 총영사대리의 보고에서처럼 上海 北東門外鹹菜街에
있는 것이 아니라 上海 小東門外咸瓜街에 있었던 것이다.[139] 여기서
錢莊이라는 것은 銀莊, 票號, 또는 銀號 등으로 불리는 일종의 前近代
式 금융기관(Old-style Bank)이었다. 상해지역의 錢莊은 일찍이 명나라
말기에 나타나기 시작하면서 청나라 때에는 양자강(長江) 중하류지역
을 포함한 전국 각지까지 영업망을 구축하였던, 전국 으뜸의 금융기관
으로서 당시 黃河 이북지역을 본거지로 한 또 하나의 전국적 금융기관
인 山西票號와 비견할 정도였다고 한다. 錢莊의 주요업무로는 저축,
환전, 대출과 투자 등이 있었는데 莊票로 불리는 일종의 은행수표도
발행하였으며 위에서 김옥균이 이일직으로부터 받았다는 그 문제의
은행수표와 같은 것이었다.[140] 1876년의 한 사료에 의하면 당시 상해
에는 이미 105개소의 錢莊이 있었고 각 錢莊의 자본금은 은 2~4만兩

---

138) 「金玉均來渡ヒ二竝暗殺ノ情況報告ノ件」, 『日本外交文書』 第27卷 第1冊,
　　487~491쪽.
139) 天豊錢莊이 上海 北東門外鹹菜街에 있다고 한 것은 위의 오코시 총영사대
　　리의 보고서뿐만 아니라 위 琴秉洞씨의 책에서도 그렇게 기술되었으나 실제
　　로 상해에는 鹹菜街라는 거리가 존재하지 않았다.
140) 鄭亦芳, 『上海錢莊(一八四三~一九三七)-中國傳統金融業的蛻變』, 中央硏
　　究院三民主義硏究所叢刊 7, 臺北, 1981, 7~63쪽 참조.

정도였다고 한다.141) 김옥균 암살사건 발생 직후 상해에서 발행되는
중국신문『申報』에서는 벌써 위의 天豊錢莊이 암살사건과 모종의 관
련이 있다는 기사를 발표하기도 하였으나,142) 그 내막은 끝내 밝혀지
지 않았다.

　실제로 이 天豊錢莊 및 그 5,000원짜리 수표의 진위문제는 김옥균
암살사건의 진상과도 관련되는 중요한 증거이므로 여기서 다음과 같
은 두 가지 문제를 제기해 보기로 한다. 첫째, 위 天豊錢莊에서 찾기로
된 그 5,000원짜리 수표가 김옥균 암살사건의 중요한 증거자료였고 당
시 상해의 신문에서도 天豊錢莊과 암살사건 사이에 모종의 관련이 있
다고 지적하였음에도 불구하고 이 사건을 조사하고 있던 중국 청정부
측과 상해 미국조계지 경찰당국에서 모두 이에 대한 추적조사를 전혀
진행하지 않은 것으로 보이는데, 이를 단순히 수사당국의 실수나 무책
임의 탓이라기보다는 그 뒤에 무엇인가 숨겨져 있다는 느낌을 강력히
주고 있는바, 바로 위 天豊錢莊과 李逸稙 등 자객 측과 李經方 등 초
청 측과의 관련 여부였다. 물론 그 내막을 더 이상 밝힐 수는 없었으나
여하튼 이는 김옥균 암살사건과 청정부의 관련에 관한 또 하나의 의혹
이라고 할 수 있다. 둘째, 위 天豊錢莊이 실제로 존재하였고 또한 상해
의 신문에서도 그에 대한 기사가 발표되었음에도 불구하고 당시 상해
주재 일본총영사관의 오코시 총영사대리는 후일 외무성에 보낸 보고
서에서 위 天豊錢莊이 아예 존재하지 않은 것으로 보고하였는데, 그것
이 오코시 총영사대리의 단순한 실직행위에 의한 것인지 아니면 일부
러 그러한 사실을 허위보고한 것인지는 분명치 않다. 그러나 상식적으
로 일본영사관 측에서 현지 신문에 보도되기까지 한 天豊錢莊의 존재
여부조차도 제대로 파악하지 못하고 있다는 것은 당시 일본영사관 측

141)『申報』1884年 2月 19日.
142)『申報』1894年 3月 30日.

에서 외무성의 지시에 따라 김옥균 일행의 행동을 예의주시하고 있었던 행적에 비춰 봐도 아무래도 납득이 가지 않는 부분이므로 일본영사관 측의 위와 같은 허위보고 자체가 미심쩍게 보이는 것은 당연하였다.

한편 김옥균 암살사건이 발생한 후 상해 미국조계지 경찰당국으로부터 사건을 통보받은 청정부의 上海縣 知縣 黃承暄은 즉시 검시관 등을 거느리고 현장으로 출동하여 현장조사를 진행하는 한편 사건의 중대성을 감안하여 자신의 직속상사인 上海道員 聶緝槻를 통하여 北洋大臣 이홍장 및 北京의 총리아문에게도 보고하였다. 그리고 서울에 상주하고 있던 원세개는 암살사건이 일어난 3월 28일 당일 일본공사 오토리가 보낸 鄭永邦 書記生의 통보에 의해 그 사실을 알게 되었고, 역시 오토리 공사의 통보로 그 소식을 접한 조선정부도 매우 반가워하는 태도였다.[143] 이에 원세개는 급히 이홍장에게 타전하여 홍종우의 암살행동은 "그 뜻이 가상하다(其志可嘉)"고 말하면서 조선정부의 요청에 따라 상해지방관에게 지시하여 홍종우를 구해 주도록 요청하였다.[144] 따라서 이홍장은 3월 30일 上海道員 聶緝槻에게 타전하여 김옥균 암살사건처리에 관하여 다음과 같이 지시하였다.[145]

"김(옥균)은 조선에서 반란을 꾀하였던 首犯으로서 (그가) 중국으로 오게 되면 실로 처치하기가 어려운데 이제 조선인에 의해 (상해) 조계지에서 피살되었다고 하니 (실로) 그 죄에 應當한 처벌을 받은 것인즉 (그 사건에 대하여) 상관하지 않아도 될 것이고 만약 외국사람들이 시비를 해오면 곧 바로 (이러한 뜻을) 알려주면 된다."

---

143) 「金玉均殺害ニ關スル朝鮮政府ノ態度報告ノ件」, 『日本外交文書』 第27卷 第1冊, 494쪽.
144) 「寄上海聶道」, 『電稿』 卷15, 23쪽.
145) 위와 같음.

바로 이홍장의 위와 같은 지시에 따라 上海道員 聶緝槻는 上海知縣 黃承暄에게 미국조계지 경찰당국으로부터 인계받은 자객 홍종우를 縣政府 청사내로 옮겨서 극진한 대우를 해 주었다. 한편 조선정부는 원세개와 이홍장을 통하여 천진에 주재하고 있는 駐紮天津督理通商事務 徐相喬를 상해로 급파함으로써 상해에 주재하고 있는 上海駐箚察理通商事務 趙漢根과 함께 김옥균 암살사건을 처리케 하였다. 그리고 이홍장은 다시 상해도원 섭진규에게 타전하여 서상교 등에 협조해 주도록 지시하면서 원세개가 전해 온 조선정부의 뜻이라면서 자객 홍종우는 서상교에게 넘겨서 조선으로 데려가게 하고 김옥균의 시신도 조선으로 인도하도록 조계지당국과 교섭하게 하였다.146)

이처럼 당시 조선정부의 주요목적은 자객 홍종우를 안전하게 조선측으로 데려가는 것과 김옥균의 시신을 조선으로 인도하려는 것이었다. 이에 당시 조선에 상주하고 있는 원세개는 물론 청정부내의 이홍장 역시 매우 적극적으로 협조를 하였는 바 홍종우는 이미 上海縣정부측에 넘겨진 상태여서 별다른 문제가 없었지만 김옥균의 시신처리문제는 처음부터 매우 복잡하였다.

3월 28일 암살사건이 발생한 후 현장에 출동한 조계지 경찰측과 일본총영사관의 오코시 총영사대리 사이에는 김옥균의 시신을 어느 곳으로 옮겨야 할 것인가에 대하여 논의를 하였으나 결국 합의를 보지 못한 채 그대로 현장에 남겨 두었고, 당시 소식을 듣고 달려 온 윤치호는 조선인(조선정부가 아닌 윤치호 자신이나 자신과 비슷한, 적어도 조선정부처럼 김옥균을 능지처참할 정도로 학대하지 않을 조선인을 가리키는 것으로 보아야 할 것이며, 당시 상해에 그러한 조선인은 결국 윤치호 한 사람밖에 없었다는 점을 감안힐 때 바로 윤치호 본인이 김

---

146) 「寄上海聶道」, 『李文忠公全集』 電稿 卷15, 24쪽.

172

옥균의 시신을 引受하려고 노력하였다고 보아도 크게 무리가 없을 것으로 생각된다)에게 넘겨주어야 한다고 주장하였으나 어느 측도 그의 주장을 들어줄 리가 없었다. 그 이튿날인 3월 29일 청정부 上海縣 知縣 黃承暄 일행이 도착하여 현장조사를 하였는데 그때까지만 하여도 黃承暄은 김옥균의 시신을 청정부 측으로 인도하려는 노력을 별로 하지 않았던 것으로 보였는바, 결국 김옥균의 하인인 와다(和田延次郎, 당시는 北原延次라는 假名을 사용하고 있었다)에게 김옥균의 시신을 맡겨서 3월 30일 일본 고베로 귀항할 예정인 西京丸 郵船편으로 일본으로 옮겨가도록 하였던 사실로 보아도 알 수 있었다.

이에 와다(和田延次郎)는 30일 오전 그때까지 東和洋行여관에 방치되어 있던 김옥균의 시신을 관에 入殮하고 시신반출에 필요한 세관수속을 이행하였는데 바로 그 날 오후 6시경 上海知縣 黃承暄이 오코시 총영사대리에게 영문으로 된 조회 1통을 보내왔는데 그 내용인즉 일본인 北原延次 즉 와다에 의한 시신반출은 허락할 수 없으며 또한 원세개의 지시에 따라 김옥균의 시신을 일단 상해 현지에 남겨두도록 하겠다는 것이었다.147) 그러자 오코시 총영사대리는 즉시 上海縣 측의 처사가 부당하다는 항의의사를 표명하는 한편 와다에게는 김옥균의 시신을 미리 西京丸으로 移送해 놓도록 종용하였다. 따라서 와다는 그 날 밤 10시경 김옥균의 시신과 유물들을 西京丸 郵船이 정박해 있는 부두가의 棧橋까지 옮겨 갔으나 선박의 고장으로 예정대로 출항할 수 없다는 郵船 事務長 등의 말을 듣고 오도가도 못한 채 망설이고 있던 중 이를 발견한 조계지 경찰당국에 의해 김옥균의 시신 및 유물이 담긴 수화물 2, 3개를 압수당하였고 와다에게는 약간의 나머지 유물만 주어졌다. 이에 급해진 오코시는 이튿날인 3월 31일 아침 조계지 경찰

147) 「屍體留置要望セル縣令ヨリノ照會文」 『日本外交文書』 第27卷 第1冊, 497~498쪽.

당국을 직접 방문하여 시신을 압수한 이유를 따졌으나 조계지 경찰당
국에서는 조계지 관리규정상 시신 등을 도로나 棧橋 등에 두는 것은
위법사항이므로 단속을 한 것뿐이라고 답변하였는데, 오코시는 그것은
경찰당국의 변명에 불과하며 사실은 청정부 측 요청에 따라 취해지고
나아가서 김옥균의 시신을 청정부 측에 넘겨주기 위한 계획적인 행동
이라고 분석하였다.[148]

따라서 오코시 총영사대리는 3월 31일 새벽 김옥균의 시신처분에
관한 훈령을 본국 외무부로 공식 요청하였고 이에 무쓰 외무대신은 같
은 날 새벽 2시에 와다(和田延次郎)를 설득하여 김옥균의 시신을 上海
現地에서 매장하라는 훈령을 보내왔다.[149] 말하자면 일본정부 역시 처
음에는 청정부 및 조선정부와의 외교적인 분쟁을 걱정하여 김옥균의
시신을 상해 현지에서 매장하기로 하였던 것으로서 처음부터 김옥균
의 시신을 일본국내로 반입하려고 하지는 않았던 것이다. 한편 원세개
는 같은 날 조선으로부터 이홍장에게 전보를 보내와 조선정부의 많은
대신들이 김옥균과 서신을 주고받은 적이 있으며 심지어 대원군 李昰
應도 그러한 일이 있었던 것으로 알려져 있어, 만약 그러한 서신이 김
옥균의 유물 중에서 발각되면 조선정부내에서 일대 獄事가 일어날 것
이 분명하니, 上海當局에 지시하여 김옥균의 유물을 비밀리에 검사하
여 무릇 서류나 문서 같은 것은 모두 불태워 버리도록 요청하였다.[150]

이에 이홍장은 上海道 道員 聶緝槻에게 그렇게 하도록 지시하였으

---

148) 「金玉均屍體處分方ニ付報告ノ件」, 『日本外交文書』 第27卷 第1冊, 495~497
  쪽.
149) 「金玉均ノ屍體ヲ上海ニ埋葬スルク隨行者ニ勸告方訓令達ノ件」, 『日本外交
  文書』 第27卷 第1冊, 495쪽. 정부의 공식훈령을 요청하는 오코시의 전보와
  그에 대한 회답으로서의 위의 무쓰 외무대신의 전보는 모두 영문으로 되어
  있었다.
150) 「寄上海聶道」, 『李文忠公全集』 電稿 卷15, 24쪽.

174

나 이미 김옥균의 하인인 와다(和田延次郞)가 김옥균의 유물을 모두 챙겨둔 까닭에 청정부 上海지방당국에서는 후일 조계지 경찰당국으로부터 인계받은 것 외에는 김옥균의 유물을 전부 확보하지 못하였으며 그 유물 속에 들어 있는 서류들을 모두 불태워 버리지 못한 것은 당연한 일이었다.[151] 그러나 후일 오코시 총영사대리의 보고에 의하면 와다가 가져 온 김옥균의 유물 중에서도 별다른 문서를 발견하지 못하였는데, 그 원인은 바로 김옥균이 생전에 서신 등을 받아 보고는 곧바로 불에 태워버리고 해서 본래부터 남은 것이 없었기 때문이라고 한다.[152]

---

151) 「寄朝鮮袁道」, 『李文忠公全集』 電稿 卷15, 24쪽. 1894년 4월 1일자로 원세개에게 보내진 이 전보에서 이홍장은 김옥균유물처리에 관하여 上海道員聶緝槻가 다음과 같이 보고해 왔다고 전하였다.

"어젯밤(3월 30일 밤을 가리킴) 김(옥균)의 하인인 일본인(和田延次郞을 가리킴)이 김(옥균)의 靈柩와 짐을 모두 배(西京丸郵船을 가리킴) 위로 옮겼는데 (저희들이) 강제로 (김옥균의) 영구는 압류하였고 (김옥균의 그) 하인은 이미 (김옥균의) 짐을 가지고 일본으로 갔다. (그) 일본인 하인은 홍(종우)을 몹시 미워하므로 (김옥균의 짐 속에 있을) 서류들도 반드시 태워버렸을 것으로 생각된다."

여기서 김옥균의 하인인 일본인이 김옥균의 영구와 짐을 모두 배로 옮겼다는 부분은 사실이 아닌즉 실제로는 3월 30일 밤 와다가 西京丸으로 김옥균의 시신과 유물들을 옮기려다가 결국 부둣가 棧橋에서 공공조계지 경찰측에 시신과 유물의 일부를 압수당하였던 것으로, 따라서 자신이 김옥균의 靈柩를 압류했다는 말은 완전히 새빨간 거짓말이었다. 그리고 김옥균의 하인인 와다(和田延次郞)가 홍종우를 몹시 미워하고 있기 때문에 김옥균의 유물 속에 들어 있는 서류들도 반드시 태워버릴 것이라고 한 부분 역시 논리상 전혀 앞뒤가 맞지 않는 얼토당토한 말이었다. 결국 聶緝槻는 김옥균의 유물 속에 들어 있을 서류들을 모두 찾아내서 태워버리라는 이홍장의 지시를 제대로 집행하지 못한 자신의 실수를 감추기 위하여 거짓말투성이로 된 보고를 한 것으로, 한마디로 거짓과 무사안일 및 무책임과 부패가 만연되어 있는 당시 청정부내 관료사회의 한심한 내막을 잘 보여주는 단적인 사례라고 할 수 있겠다.

152) 「金玉均來渡ヒニ竝暗殺ノ情況報告ノ件」, 『日本外交文書』 第27卷 第1冊, 487~494쪽.

그러던 중 조계지 경찰당국은 청정부의 上海道員 聶緝槻의 요청에
따라 김옥균의 시신과 자객 홍종우(사실 홍종우는 이미 청정부 측에
넘겨져 있었다)를 정식으로 청정부 측에 인계하였다.153) 따라서 이홍장
은 4월 2일 원세개에게 보낸 전보에서 현재 상해에서 바로 조선으로
가는 배는 없으나, 이미 兩江總督兼南洋大臣 劉坤一과 협의, 군함을
파견하여 김옥균의 시신과 홍종우를 모두 조선으로 移送하되 석탄과
기름 등 필요한 비용은 조선정부의 上海駐箚察理通商事務 趙漢根이
지불하기로 하였다고 전하였다.154) 그러므로 4월 6일 서상교가 천진으
로부터 상해에 도착하자 청정부 上海知縣 黃承暄은 곧바로 홍종우와
김옥균의 시신을 인계해 주었으며 아울러 劉坤一과 聶緝槻 등은 약속
대로 군함 威靖號를 제공하기로 결정하였다.

한편 일본국내의 우익세력들은 김옥균의 암살소식이 전해지자 생전
의 김옥균을 냉대하던 태도와는 완전히 다르게 즉시 소위 金玉均友人
會를 조직하고 4월 4일에는 그 악명높은 浪人團體인 玄洋社의 주요
멤버인 사이토(齋藤新一郞)와 오카모토(岡本柳之助)를 상해로 급파하
여 사건진상을 조사하고 아울러 김옥균의 시신을 일본으로 가져오게
하였으며, 줄곧 김옥균과 함께 일본에 망명해 있던 그의 동지 柳赫魯
도 그들과 함께 나섰다. 이에 일본 외무대신 무쓰는 바로 4월 4일 당일
에 상해의 오코시 총영사대리에게 위 일본인들의 上海向發 소식 및
그들의 목적을 알리는 전보를 보냈고 당시 오코시 총영사대리는 "이제
와서 (김옥균의) 시신을 되찾아 오기에는 이미 불가능하다"는 이유로
그들을 상해로 오지 못하도록 제지해 줄 것을 요청하였다. 그러나 무
쓰 외무대신은 다시 답전하여 위의 일본인들의 上海行을 막을 수 없다
면서 아울러 오코시 총영사대리가 일본외무성의 이러한 훈령을 절대

153) 『淸季外交史料』 卷89, 8쪽.
154) 「寄朝鮮袁道」, 『李文忠公全集』 電稿 卷15, 24쪽.

비밀로 하는 한편 장차 상해에서의 그들의 행동에 대해서도 공개적으로 지지할 필요는 없겠지만 굳이 방해할 필요도 없다고 지시하였고 또한 그들은 상해주재 미국영사(김옥균 암살사건의 현장이 바로 미국조계지였기 때문이다)에게 보내는 일본정계의 거물 오쿠마(大隈重信) 백작의 서신도 갖고 있다고 하였다.155)

그러던 중 일본 도쿄에서는 또 홍종우의 배후 조종자인 李逸植 등이 박영효를 암살하려다가 오히려 박영효의 수행원들에게 붙잡혀서 일본경찰에 넘겨지면서 이일직 일당이 모두 검거되는 사건이 발행하였는데, 4월 9일 이홍장은 이 소식을 上海道 道員 聶緝槻에게 전하면서 이 사건으로 일본 측이 더욱 난리를 피우고 있으니 각별히 조심할 것을 지시하면서 홍종우와 김옥균의 시신을 移送하는 군함을 조속히 출발시키도록 재촉하였다.156) 결국 홍종우와 김옥균의 시신은 조선정부의 대표 徐相喬와 趙漢根에 의해 청정부가 제공한 威靖號 군함편으로 4월 12일 조선의 인천항까지 이송되었으며, 이어서 원세개는 청정부의 仁川商務公署分辦委員 劉永慶에게 지시하여 中韓합작의 선박운수회사인 惠通公司157)가 중국 上海發昌機器局으로부터 주문제작하

---

155) 「屍體收取ノタメ數人ノ日本人上海へ出發セル旨通報ノ建」, 「屍體引取日本人ガ上海ニ來ル事ヲ阻止セラレ度旨請願ノ建」, 「屍體引取日本人ノ上海へ行ク事ヲ阻止ツ得ザル旨竝ニ訓令ヲ秘密トスベキ旨訓達ノ件」, 「金玉均遺骸引取ノ件ニ關ツ內訓ノ件」, 『日本外交文書』 第27卷 第1冊, 449~450쪽. 1894년 4월 4일 하루 동안 일본외무대신 무쓰와 상해주재 오코시 총영사대리 사이에 往復한 위의 4통의 전보중에서 제1, 2, 3통의 전보는 영문으로 작성되었으며 마지막 제4통의 전보만 일본어로 되어 있었다.

156) 「寄上海聶道」, 『李文忠公全集』 電稿 卷15, 27쪽.

157) 이 惠通公司는 1892년 11월 원세개의 주선으로 인천에 진출해 있는 중국 華僑商社 同順泰와 조선정부의 轉運衙門에서 합작투자로 설립되어 서울-인천 간 항로를 운항하는 한편 향후 15년동안 조선정부의 漕米運輸를 독점계약하였으나 실제로는 同順泰에서 경영을 책임지고 조선정부측에서는 별다른 통제를 하지 못하게 되어 있었다. 그리고 이 회사가 실제로 늘 적자운영을 하게

여 서울, 용산과 인천사이를 運航하고 있는 漢陽輪 汽船으로 다시 홍
종우와 김옥균의 시신을 서울까지 이송해 주도록 하였다. 그리고 4월
14일 원세개는 조선정부 측에 인도해 주었고 이에 조선정부의 領議政
沈舜澤은 그날로 원세개에 답장을 보내 감사의 뜻을 표명하였다.158)

　이처럼 청정부로부터 홍종우와 김옥균의 시신을 인계받은 조선정부
는 일본정부 및 일본공사 오토리를 비롯한 서울주재 외교단의 반대에
도 불구하고 드디어 4월 17일 司憲府, 弘文館 등 부서의 疏請을 받아
들여 김옥균의 시신에 대해 凌遲處斬이라는 잔인한 형벌을 내렸으며
아울러 자객 홍종우에 대해서도 敍勳과 함께 관직에 등용하려고 하였
다(후일 홍종우는 관직에 등용되면서 선후로 議政府 總務局長, 平理
院 裁判長 등 직을 지냈었다). 이에 원세개는 국제적인 여론을 의식하
여 조선정부에게 김옥균의 시신에 대해서는 정부에서 檢屍의 명목으
로 적당한 처분만 하고, 그 외에 개인적으로 김옥균에 대해 원한이 있
는 가문(갑신정변 당시 피살된 閔台鎬 등의 가족들을 가리킴)들에 의
한 보복행위를 막지 않으면 될 것이라고 귀띔해 주었고, 홍종우에 대
해서도 잠시 포상과 관직등용을 늦추라고 권고하였다.159)

　한편 이일직 일당은 미리 계획한대로 홍종우가 上海서 김옥균을 암
살하는 3월 28일 그 날에 일본 도쿄서 박영효를 암살하려다가 오히려
박영효의 동지들에게 붙잡혀서 일본경찰당국에 넘겨졌으며 암살행동
의 공모자인 權東壽, 權在壽 형제는 도쿄의 조선공사관으로 피신하였
다가 결국 일본경찰에 의해 체포되고 말았다. 일본경찰은 이일직, 권동
수 등을 도쿄지방법원에 넘겨서 재판에 회부하였고 당시 이일직 등이

됨으로써 청정부에서는 별도의 정부보조금을 제공해 주기도 하였다.
158) 「公文謄錄」光緖 20年 3月 初9日 ; 田保橋潔, 『近代日鮮關係の硏究』 下卷,
　　朝鮮總督府中樞院, 1940, 188~189쪽.
159) 「寄譯署」, 『李文忠公全集』 電稿 卷15, 28쪽.

제시한 김옥균, 박영효 등을 암살하라는 지시가 담긴 고종의 '敕書'의
진위여부를 두고 한때 한일 양국간의 중요한 외교문제로까지 飛火되
었으나 조선정부는 끝까지 그 '敕書'의 존재를 부인하였다. 또한 당시
조선정부의 일본주재공사 兪箕煥은 일본경찰이 공사관까지 돌입하여
권동수 형제를 검거한 데 대하여 일본정부에 강력한 항의를 표명하면
서(사실 권동수 형제를 검거하기 위한 일본경찰의 조선공사관 진입문
제에 관하여 일본정부는 이미 오토리 조선공사를 통하여 조선정부의
外務衙門과 대체로 합의를 보았으므로 그것은 일본정부의 일방적인
강행조치가 아니었다.) 4월 5일 본국정부의 훈령도 기다리지 않은 채
돌연 귀국함으로써 조선과 일본 양국 사이에는 한때 외교관계가 단절
되는 비상사태에까지 이르렀다. 따라서 외교가에서는 일본 측이 조선
으로 군대를 출동시키려 한다는 소문이 나돌기 시작하였고 이홍장은
급히 주일공사 왕봉조와 조선의 원세개에게 타전하여 위의 소식이 어
느 정도 신빙성을 갖고 있는지 확인해 보도록 지시하였다.[160] 이에 원
세개는 4월 9일의 答電에서 다음과 같이 보고하였다.

> "조선에 있는 倭人들의 情形과 근래 조선과 일본 사이의 往來한 여
> 러 가지 내용 및 倭國의 時勢를 자세히 살펴본 즉 갑자기 전쟁을 일으
> 킬 것 같지는 않으니, 조선으로 군대를 출동시킨다는 소문은 아마도
> 확실치 않은 것으로 본다."[161]

물론 김옥균 암살사건으로 일본정부에서 당장 조선에 대한 군사적
도발을 감행하지는 않았지만 그후 일본국내의 사정을 보면 위와 같은
원세개의 분석은 너무 성급한 短見이라고 하지 않을 수 없었다. 김옥

---

160) 「寄譯署」, 「寄日本汪使」, 『李文忠公全集』 電稿 卷15, 26쪽.
161) 「寄譯署」, 『李文忠公全集』 電稿 卷15, 22쪽.

균 암살사건 직후 상해로 사이토 등을 파견하여 김옥균의 시신을 일본
으로 반입하려던 일본의 우익세력들로 구성된 金玉均友人會는 그 일
이 이루어지지 않게 되자 5월 20일 도쿄에서 일본 與野 각계 수천 명
인사들이 참가한 대규모의 金玉均遺髮안장식을 치렀으며 이누카이(犬
養毅) 등 일본 衆議院 議員 32명은 국회내 대정부질문에서 김옥균의
시신을 조선으로 이송해 가게 한 것은 "일본제국에 대한 하나의 큰 모
욕"이라면서 정부의 강력한 대응을 촉구하였다. 이어서 5월 21일 일본
외무대신 무쓰는 자신을 찾아와서 김옥균 암살사건 처리과정에서 청
정부의 태도를 강력히 비난하면서 중국에 대한 전쟁을 주장하는 일본
우익단체 玄洋社 社員 노한스케(野半介)에게 일본정부가 "다른 나라
의 한낱 亡命之徒의 죽음을 위하여 전쟁을 선포할 수는 없다"고 하면
서도 참모본부차장 가와카미(川上操六)를 찾아가 보라고 종용하였다.
이어서 가와카미 참모본부차장은 자신을 찾아온 노한스케(野半介)의
對中國戰爭 주장에 동조하는 한편 아직 전쟁을 일으킬 시기가 성숙되
지 않았다면서 다음과 같은 의미심장한 '조언'을 해 주었다.

> "君은 玄洋社의 한 사람으로서 듣기로는 貴社(현양사)는 수많은 遠
> 征黨人들이 모여있는 곳이라던데 어찌(對中國戰爭을 일으키기 위하
> 여) 放火하는 사람이 한명도 없겠는가? 만약 (전쟁도발을 위한) 불을
> 질러 놓기만 한다면 그 뒤의 일은 나의 임무로서 나는 당연히 달갑게
> (나의 임무를) 수행할 것이다."[162]

참모본부는 당시 내각을 초월하고 있는 일본 천황의 이른바 獨立統
帥權을 집행하는 陸軍軍令機關으로서 통수권에 관하여는 내각의 통
제를 받지 않게 되어 있으며 실제로 근대이래 일본정부의 대외군사침

---

162) 玄洋社史編纂會, 『玄洋秘史』, 435~437쪽.

략 행동을 총괄하고 있었던 기구로서, 이처럼 중요한 기관의 차장으로
있는 가와카미의 위와 같은 발언은 적어도 다음과 같은 두 가지 의미
를 내포하고 있다고 볼 수 있다. 첫째는 당시 일본정부가 이미 중국과
조선에 대한 침략전쟁을 적극 준비하고 있고 이제는 전쟁도발의 구실
만을 기다리고 있다는 사실을 암시하는 것이며 둘째로는 玄洋社 등 극
우단체가 나서서 전쟁도발의 구실을 만들어 주기를 바란다는 것이었
다. 실제로 玄洋社에서 이른바 天佑俠徒라는 조직을 결성하여 조선으
로 밀파함으로써 당시 조선에서 바야흐로 고조되고 있는 동학농민운
동에 가담하여 전쟁도발의 구실을 만들려고 한 것이[163] 바로 가와카미
의 위와 같은 '조언'을 받은 후의 일이었다. 이처럼 김옥균 암살사건 및
그 사건을 둘러싼 중국과 조선 및 일본과의 여러 충돌은 결국 바로 4
개월 뒤인 7월 25일 발발한(중일 양국의 군사적 대결상황은 실제로 같
은 해 6월 초 청정부와 일본이 선후로 조선으로 군대를 출동시키면서
이미 시작되었다) 淸日戰爭을 유발하는 하나의 원인으로 작용하였던
것으로, 이와 관련하여 중국학자 林明德은 그의 저서 『袁世凱與朝鮮』
에서 다음과 같이 지적하였다.

　　"요컨대 이 사건(김옥균 암살사건을 가리킴 : 필자) 자체는 그 중요성
　　이 (별로) 크지 않았고 일본이 중국과 조선에 대해 도발을 할 만한 직
　　접적인 기회를 조성하기에도 부족하였다. 비록 일본인들은 (이 사건을
　　핑계로) 백방으로 공갈을 하였지만 아직도 그 기회에 일을 일으키려는
　　의도는 없었던 것이다. 그러나 이 사건이 일본여론에 준 영향은 매우
　　큰 것으로서 (일본)민간의 반응은 더욱 적극적이었다. 중국과 조선의
　　입장에서 김(옥균)의 암살은 (분명) 하나의 승리이었지만 일본 측에서
　　볼 때에는 하나의 정치목표가 파괴당한 현상처럼 보이는 것으로 (일본

163) 『玄洋社史』, 452~455쪽 참조.

의) 黷武主義者들을 전쟁의 길로 나아가도록 자극하기에는 이미 충분하였다."[164]

6. 맺는 말

위에서 필자는 김옥균과 청정부의 관계라는 시각에서 갑신정변 이전의 김옥균에 대한 청정부의 태도로부터 그 후 갑신정변 기간 및 일본망명 기간의 김옥균과 청정부의 관계를 차례로 살펴보았으며, 특히 1894년 3월 중국 上海에서 발생한 김옥균 암살사건과 청정부의 관계를 집중적으로 고찰해 본 결과 비록 여러 가지 의혹을 남겨두기도 하였지만 대체로 다음과 같은 결론을 얻을 수 있었다.

1) 청정부는 일찍이 갑신정변 이전부터 이미 대일본외교 등 분야에서 활약상을 보이고 있는 김옥균의 행동을 주의하고 있었으나 아직도 그를 비롯한 개화파들의 존재 및 움직임에 대해서는 별로 파악하지 못하고 있었다.

2) 갑신정변이 바로 김옥균 등 개화파들에 의한 조선에서의 청정부세력 驅逐을 통한 조국의 독립과 근대화의 試圖였으므로 당시 청정부는 조선에 상주하고 있던 원세개 등의 보고에 의해 김옥균 등 개화파가 바로 갑신정변의 主役인 사실을 파악하게 되면서 곧바로 김옥균을 비롯한 갑신정변 主役들을 제거하는 것을 주요 목표로 하는 갑신정변 처리방침을 결정하였으며, 결국 갑신정변은 일본세력과 손을 잡고 청정부의 대조선 간섭을 반대하는 김옥균 등 개화파를 극도로 미워하던 원세개 등 조선주재 청군세력의 무력간섭으로 말미암아 3일천하로 실

---

164) 林明德, 『袁世凱與朝鮮』, 330쪽.

패하게 되었던 것이다. 이처럼 갑신정변에 대한 무력간섭과 갑신정변의 주역인 김옥균 등 개화파들에 대한 제거 계획 및 그후의 인도 요구와 끈질긴 추적행동은 당시 바야흐로 전개되는 청정부의 對朝鮮 적극 간섭정책의 일환으로서, 김옥균에 대한 청정부의 태도가 김옥균이 암살될 때까지 계속 유지되었던 것도 역시 그러한 원인 때문으로 본다.

3) 갑신정변이 실패한 후 일본으로 망명한 김옥균 일행에 대하여 청정부는 조선정부를 통하여 일본정부에게 인도를 요청하도록 적극 종용하였으나, 일본정부의 거절로 여의치 못하게 되자 곧바로 조선에 상주하고 있는 원세개와 주일공사관을 중심으로 김옥균 등 개화파 인사들에 대한 암살공작을 적극 추진하였다. 당시 김옥균 등에 대한 암살공작에는 청정부와 조선정부가 주로 추진하였음은 물론이요, 심지어 일본정부의 외무성과 일본재야의 유명인사들까지 가담함으로써 청·일·한 3국 정부에 의한 김옥균 유인암살음모도 몇 번이나 거론되었다. 당시 청정부가 이처럼 끈질기게 김옥균 등을 추적하고 암살하려고 한 것은 그들이 갑신정변을 통하여 청정부의 조선간섭을 반대하였다는 옛 '怨恨'도 있었겠지만 보다 더 중요한 것은 김옥균 등이 끊임없이 일본 국내세력들과 규합하여 조선으로 침투하려고 함으로써 청정부의 對朝鮮政策 및 외교이익에 크게 방해가 된다고 판단했기 때문이며, 그러한 청정부와 함께 유인암살공작을 거듭 공모하였던 일본정부는 김옥균 등이 일본 국내세력과 합류함으로써 국내외적으로 문제를 일으킬 수 있다는 걱정도 있었겠지만 보다 더 중요한 것은 일본의 조선침략에서 김옥균이 도움되는 것이 아니라, 오히려 방해가 된다고 판단하였기 때문인 것으로 본다.

4) 청정부의 駐日公使였던 李經方(李鴻章의 長子)과 汪鳳藻가 선후로 김옥균과 접촉을 가졌고 김옥균의 上海行이 사실상 李經方의 초청에 따른 것이었다는 김옥균 자신의 生前 담화 내용 및 청정부 주일공

사관의 통역관인 뭇昇이 통역 겸 안내자로 동행하였던 사실 등으로 미루어 보아 청정부 측(특히 주일공사관 측에서)이 1894년 3월 28일 上海에서 일어난 김옥균 암살사건에 사전개입하였다는 점은 거의 의심할 여지가 없는 것으로 보인다. 따라서 청정부 측은 김옥균 암살사건이 일어나자 바로 "죄에 마땅한 처벌을 받은 것"이라면서 조선정부의 요청을 받아들여 김옥균의 시신과 자객 홍종우를 조선으로 移送해 줌으로써, 김옥균은 死後에도 조선정부에 의해 잔혹한 처분을 당하였고 자객 홍종우는 살인죄에 대한 처벌은커녕 포상과 함께 관직에 등용되기까지 하였던 것이다. 청정부의 이러한 처사는 역시 그것이 조선에서 청정부의 영향력을 강화하고 주변안전을 확보하려는 자국의 외교목표 및 국가이익에 부합되는 것으로 판단하였기 때문이다.

한편 일본정부 측에서도 김옥균 암살계획을 사전에 파악하고 있었으며 또한 그 암살계획에 일부 일본인들이 직접 가담했다는 사실도 미리 알고 있으면서 다만 경찰 및 해외영사관을 통해 그 암살계획의 실현과정을 예의주시하기만 하였을 뿐 그 어떤 효과적인 제지조처도 취하지 않았던 것으로, 이처럼 수상한 傍觀자세는 오히려 일본정부가 암살음모에 직접 혹은 간접적으로 관련되어 있다는 反證일 수도 있었다. 그리고 일본정부는 암살사건이 발생하자 곧바로 그것을 일본국내 극우세력의 反淸感情과 전쟁여론을 크게 자극토록 활용하였으며, 결국 自國의 對中國 및 對朝鮮 침략정책의 실행에 상당한 도움이 되게 함으로써 5개월 뒤 일어난 청일전쟁의 한 도화선으로 작용케 하였던 것이다.

바로 이러한 의미에서 김옥균 암살사건은 결국 당시 갑신정변으로 인한 정치적 원한을 보복하려는 조선정부와 對朝鮮 영향력을 한층 더 강화하려는 청정부 및 대륙침략의 야욕에 불타고 있는 일본정부를 포함한 3국이 모두 직접 혹은 간접적으로 관련이 있는 일종의 국제적인

정치테러사건으로서 그 과정에서 희생된 것은 분명 김옥균 한 사람의
소중한 생명만은 아니었다.

김옥균과 중국
─對中國認識을 中心으로─

1. 들어가는 말

갑신정변을 주도한 급진 개화파세력의 대표인물로서 김옥균의 파란만장한 정치역정은 대외적 측면에서 주로 한반도와 인접해 있는 일본과 중국 두 나라와 관계되어 있었다. 당시 일본과 중국 청정부는 모두 조선에 대한 깊은 이해관계를 갖고 있었으므로 급진적 개혁을 통해 조국의 新生을 꿈꾸었던 김옥균의 정치역정은 처음부터 일본 및 청정부와 여러 가지로 복잡한 관계가 맺어지지 않을 수 없는 실정이었다.

실제로 김옥균은 일찍이 개화사상의 형성기에 청나라를 통해 수입된 근대적 사상의 영향을 받았으며, 그가 주장해 온 개화와 독립은 바로 청나라와의 조공관계를 벗어나는 데서부터 비롯되는 것이었다. 따라서 김옥균이 주도한 갑신정변은 무엇보다도 조선에서 청나라 세력을 驅逐하는 행동으로부터 시작되었고, 당시 중국 청정부도 김옥균을 비롯한 조선의 개화파를 反中國勢力으로 간주하면서 저극저인 간섭과 탄압을 감행하였다. 훗날 김옥균이 결국 청정부 당국의 개입하에 중국 上海에서 암살된 것은 바로 김옥균과 중국 청정부 사이에 맺어진 그러한 惡緣의 당연한 결과라고 볼 수 있다.

그러한 의미에서 김옥균과 중국의 관계에 대한 연구는 김옥균 연구
는 물론 갑신정변을 비롯한 한국근대사 및 근대 한중관계사 연구에 있
어서도 매우 중요한 의미를 갖고 있다고 생각된다. 그럼에도 불구하고
김옥균과 중국의 관계에 대한 연구는 지금까지 거의 全無한 수준이
며,[1] 특히 김옥균과 일본의 관계에 대한 연구가 상당히 많은 것과는
매우 대조적이다. 이에 본고에서는 김옥균과 중국의 관계를 일단 시기
적으로 갑신정변 이전, 갑신정변 기간 및 그후의 망명기간으로 나누고
위와 같은 여러 시기에 나타난 對中國認識과 관계사건들을 차례로 살
펴보기로 하겠다.

2. 甲申政變 이전의 대중국인식과 관계

조선에서 개화파세력의 형성은 대략 1880년 무렵이었고, 이들의 성
장배경에는 獻齋 朴珪壽 및 劉大致, 吳慶錫 등의 직접적인 영향이 지
적되고 있다.[2] 朴珪壽의 경우 "그가 宇內大勢에 通曉하게 된 경로로
말하면 일찍이 그가 奉命使臣으로 燕京에 왕래하면서 얻은 견문과,
또는 거기서 사가지고 온 泰西譯書에 의뢰한 바 크다 할 것"이며,[3] 역
관 출신의 吳慶錫 및 중인출신의 劉大致 역시 중국을 왕래하면서 얻
은 견문 및 "각종의 新書"를 통해 새로운 세계관과 개화사상을 싹틔우
기 시작하였다.[4] 실제로 조선의 개화사상 형성에 직접 영향을 미친 약

1) 졸고, 「金玉均 暗殺事件과 淸政府의 關係에 對하여」, 『韓國學論集』第31輯,
   漢陽大學校 韓國學硏究所, 1997. 10, 211~277쪽 참조.
2) 李光麟, 『開化黨硏究』, 一潮閣, 1996년 1월 重版 ; 李完宰, 『初期開化思想硏
   究』, 民族文化社, 1989 등 참조.
3) 文一平, 「獻齋 朴珪壽」, 『湖岩全集』第3卷, 一誠堂書店, 1948.
4) 林毅陸 編, 『金玉均傳』上卷, 東京 : 慶應出版社, 1944, 48~49쪽.

14권의 외국서적들은 모두 당시 중국에서 번역되었거나 편집되어 중국어로 발간된 책들이었다.[5]

당시 박규수는 김옥균, 洪英植, 徐光範, 朴泳敎, 朴泳孝 등에게 중국에서 입수해 온 '泰西譯書'들을 읽히면서 '新思想'을 키워 주었고,[6] 오경석과 유대치 역시 김옥균을 비롯한 서울 '北村의 兩班子弟'들에게 중국에서 입수해 온 '각종의 新書'를 소개하면서 '革新의 氣運을' 일으키려고 노력하였다.[7] 이처럼 중국으로부터 들여온 한문서적 등을 통해 개화사상을 형성한 김옥균 등은 당연히 중국이 결코 세상의 유일한 중심이 아니라는 새로운 천하관과 세계관을 형성하게 되었다.

吳慶錫은 김옥균에게 청나라로부터 입수한 세계지리관계 서적들을 보여줌으로써 세계 각국의 지리지식을 가르쳐 주는 한편, 중국중심의 '천하'를 벗어난 새로운 세계의 존재에 눈을 뜨게 하였고,[8] 朴珪壽의 경우 김옥균에게 청나라에서 가져온 地球儀를 빙빙 돌려 보이면서 다음과 같이 말하였다고 한다.

"오늘에 중국이 어디에 있는가? 저리 돌리면 미국이 중국이 되고, 이리 돌리면 조선이 중국으로 되니, 어떤 나라도 가운데로 오면 중국이 된다. 오늘날 어디에 중국이 있는가?"[9]

이처럼 평등을 지향하는 새로운 천하관과 세계관의 형성은 당연히 김옥균 등으로 하여금 청나라와의 불평등한 조공관계 특히 조선의 내

5) 李光麟, 『韓國開化史硏究』, 一潮閣, 1995年 重版, 31~57쪽.
6) 李光洙, 「朴泳孝氏를 만난 이야기-甲申政變回顧談」, 『李光洙全集』 17, 三中堂, 1962, 401쪽.
7) 『金玉均傳』 上卷, 48~49쪽.
8) 『金玉均傳』 上卷, 13쪽.
9) 申采浩, 「地動說의 效力」, 『申采浩全集』(改訂版) 下, 螢雪出版社, 1977, 384~385쪽.

188

정외교에 대한 청나라의 간섭을 적극 배척해야만 조선의 진정한 자주
독립과 개화자강을 실현할 수 있을 것으로 생각하게 하였다. 당시 중
국 청정부는 서양열강과의 관계를 근대적 조약관계로 전환하면서도
조선에 대한 조공관계를 계속 강요하였고, 또한 자국의 안보 및 외교
적 이익을 수호하기 위하여 조선의 내정외교에 대한 간섭을 한층 더
강화하였다.[10]

따라서 김옥균을 비롯한 개화파세력은 이른바 開化를 단순히 선진
적인 歐美文明의 受容으로만 이해하지 않고 淸으로부터의 독립을 포
함한 내정외교의 일대 혁신으로 간주하였다.[11] 서재필의 회고에 의하
면 김옥균은 "조국이 淸國의 宗主權하에 있는 굴욕감을 참지 못하여,
어쩌면 이 수치를 벗어나 조선을 세계 각국 중의 평등과 자유의 一員
이 될까 晝夜로 勞心焦思하였다"고 한다.[12] 김옥균도 훗날 자신이 "閔
氏一派가 淸國에 붙어서 國權을 蔑如하는 것을 가만히 보고만 있을
수 없어 혁명을 企圖하였다"고 피력하였다.[13] 즉 김옥균에게 있어서
청나라와의 조공관계 청산 및 청나라 세력의 구축은 조국의 개화와 독
립에 필수 불가결한 하나의 전제적 조건이었다. 이와 같은 反淸독립사
상을 중심으로 한 김옥균의 對중국인식은 개화사상의 중요한 구성부
분으로서 그후에도 그의 대중국관계 및 정치적 역정에 깊은 영향을 미
치게 되었다.

김옥균이 개화파의 주요 인물로 성장한 뒤에 청정부 측과 직접 관계
를 맺기 시작한 것은 1880년대 초 일본을 방문하면서부터였다. 1882년

---

10) 졸고, 『李鴻章의 朝鮮認識과 政策 硏究(1870~1895)』, 한국정신문화연구원
     한국학대학원 박사학위논문, 1999. 8 참조.
11) 李完宰, 앞의 책, 135~143쪽.
12) 徐載弼, 「回顧甲申政變」, 閔泰瑗, 『甲申政變과 金玉均』, 國際文化協會, 1947
     참조.
13) 金玉均, 「巨文島事件에 관한 上疏」, 月刊 『新東亞』 1966년 1월호 부록.

3월경에 신흥 개화파세력의 대표자로서 弘文館 校理·通訓大夫經筵侍讀官으로 있던 김옥균은 고종의 밀명을 받고 평생 처음 일본 방문길에 오르게 되었다.[14] 그 무렵 김옥균은 魚允中의 일본 및 청나라 방문 기록인 『中東紀』및 앞서 수신사 金宏集이 가져온 청나라 주일공사관 參贊 黃遵憲의 『朝鮮策略』을 탐독하고 있었는데, 특히 황준헌이 주장한 '親中國, 結日本, 聯美國'說은 훗날 그의 三和主義 사상의 형성에도 상당한 영향을 미쳤다.[15] 5개월 남짓한 이번 방일기간에 김옥균은 일본여론으로부터 "(조선)開化黨의 首領"이라는 평가를 받으면서[16] 나가사키(長崎), 오사카(大阪), 도쿄(東京) 등 여러 도시의 근대화 시설들을 광범하게 참관하였고, 또한 후쿠자와(福澤諭吉) 및 이노우에(井上馨), 오쿠마(大隈重信) 등 일본 朝野의 많은 유력자들을 널리 만났다.[17]

한편 김옥균은 일본주재 청나라 공사 黎庶昌을 비롯한 중국인들과도 접촉을 가졌던 것으로 나타났다. 먼저 나가사키에 도착한 김옥균은 3월 24일에 나가사키주재 각국 영사관을 방문하였고, 이틀 후인 26일에는 청나라 영사 余瓛의 초대를 받았다.[18] 그 무렵 김옥균은 余瓛와 자주 접촉한 것으로 나타났는데, 예컨대 두 사람은 長崎에 소장되어 있던 중국 北宋시기의 애국 명장 岳飛의 遺墨 진품을 함께 감상하면서 그 眞僞를 판명해 주었다고 한다.[19] 이처럼 두 사람이 처음부터 서로 친밀하게 지냈기 때문에 김옥균은 제2차 訪日 때 余瓛를 통해 이홍

---

14) 琴秉洞, 『金玉均と日本―その滯日の軌跡』, 東京 : 綠陰書房, 1991, 46·51쪽.
15) 앞의 『金玉均傳』上卷, 13쪽, 131~132쪽, 135쪽.
16) 『日本立憲政黨新聞』 明治 15年 4月 8日.
17) 『金玉均傳』上卷, 135~143쪽 ; 琴秉洞, 앞의 책, 46~80쪽.
18) 『西海新聞』 明治 15年(1882) 3月 29日 ; 故宮博物院明淸檔案部, 福建師範大學歷史係 編, 『淸季中外使領年表』, 北京 : 中華書局, 1985, 78쪽.
19) 『西海新聞』 明治 15年 3月 26日, 5月 4日.

장을 직접 만나겠다는 건의를 제기할 수 있었던 것으로 생각된다.

이어서 4월 6일경 김옥균은 나가사키에 체류중인 청나라 사람 孫子希와 국제정세 및 개화문제에 관한 필담을 나누었는데, 당시 나가사키에서 발행되는 『西海新聞』에 게재된 필담의 요지는 대략 다음과 같았다.[20)]

孫子希 : "各國의 通商은 千古에 없던 일이다. 지금 듣건대 서양의 한두 나라에서도 貴國(조선을 가리킴 : 필자주, 以下同)으로 가서 (通商문제를) 建議하려고 한다는데, 그 건의가 어떠한 내용인지는 아직 모르겠다. 創始의 어려움은 매우 心力을 소모하는 것이다. 여러분께서 멀리 異國으로 오셔서 艱難險阻를 무릅쓰고 가시지 않는 곳이 없으니, 靑史에 이름을 남길 정도로 不朽한 것이며 또한 사람들의 欽慕를 얻기에도 충분할 것이다."

金玉均 : "歐米 各國에서 연락하여 盟約을 요구하고 있으니 실로 開闢이래 일찍 없었던 일이다. 弊國(조선을 가리킴)에서는 從來로 외교가 없었지만 이제 듣건대 미국, 러시아, 영국, 프랑스, 독일 등 여러 나라들에서 모두 聲息이 없음에도 불구하고 조정의 의논과 민간의 여론이 서로 다르니 참으로 답답하지 않을 수 없다. 그러나 大勢의 自然함이 그러한 즉 어찌 (우리나라만) 홀로 면할 수 있겠는가? 저의 東遊(訪日)는 역시 汗漫 遊覽에 불과하니 靑史 云云하시는 것은 당치 않다. 듣건대 선생께서는 東西洋 여러 나라의 사람들과 많이 사귀고 계신다니 대세에 대하여 훤히 잘 알고 계실 것인 즉 청컨대 가르침을 내려주시기 바란다."

孫子希 : "當今의 局面으로 閉國自守하는 것은 이미 그 때가 아니다. ……萬國公法에 의하면 무릇 통상을 하는 나라 중에서 만약 그 나라의 토지를 욕심내는 나라가 있다면 다른 나라에서 허용하지 못하도록 되어 있다. 이것이 바로 自固自强의 權便이 되는 것이다."

---

20) 『西海新聞』 明治 15年 4月 6日.

孫子希란 인물에 관해서는 지금까지 진보적인 중국인이라는 것 외에는 자세히 알려진 바가 없었다.[21] 그러나 필자의 조사에 의하면 그는 당시 김옥균뿐만 아니라 김옥균과 동행한 姜瑋 등과도 시문을 서로 주고받을 정도로 깊은 교제를 가졌으며, 강위의 『古歡堂收艸』 卷15, 「東遊續艸」에는 孫子希와 화답한 漢詩와 더불어 그에 대한 간략한 소개도 함께 실려 있다. 姜瑋의 소개에 의하면 靄人이라는 字 또는 號를 가진 孫子希는 중국 金陵(현재의 南京)사람으로서 한때 候補知縣에 해당하는 品階까지 가졌으나 부모가 연로한 까닭으로 관직을 지내지 못하고 나가사키에 와서 縣學教長으로 지낸다고 하였다.[22] 여기서 縣學教長이라는 것이 구체적으로 어떤 직무인지는 알기 어려우나, 孫子希가 中國人임을 감안할 때 일본정부가 설립한 공립학교의 교직보다는 私塾과 비슷한 사설교육기관의 교직으로 추정된다.

여하튼 위와 같은 필담의 내용으로 보아 孫子希는 당시 중국인으로서 상당히 진보적인 근대화 사상을 지니고 있었으며, 또한 외국과의 통상이 세계적인 대세로 되어 있는 당시 상황에서 더 이상 쇄국정치를 할 수 없다는 그의 주장은 사실 김옥균이 이미 갖고 있던 개화사상과 일치한 대목이었다. 따라서 김옥균이 孫子希로부터 국제정세 및 개국외교의 필요성에 대한 새로운 가르침을 받았다기보다는 사상적 견해가 일치한 두 사람이 필담을 통해 서로 의기투합하였다고 보아야 할 것이다.

그후 6월 초에 도쿄에 도착한 김옥균은 6월 21일의 興亞會 회원친

---

21) 琴秉洞, 앞의 책, 56~57쪽 참조.

22) 姜瑋, 『古歡堂收艸』 卷15, 「東游續艸」, 「次韻酬孫靄人士希教長」(韓國學文獻研究所編, 『姜瑋全集』 上, 亞細亞文化社, 1978, 333~334쪽). 孫子希의 字 또는 號로 사용된 靄人으로 보아 그는 과거나 관직에 뜻을 버린 문인으로 추정되며, 그가 한때 갖추었다는 候補知縣의 품계는 대략 정9품 또는 종9품 정도이고 실제로 그에 해당하는 관직을 지내지는 않은 것으로 추정된다.

목회에서 일본주재 청나라 공사 黎庶昌 및 수행원인 姚文棟, 王琴仁, 張滋昉 일행을 만났다. 1881년 3월에 나가오카(長岡護美), 소네(曾根俊虎), 야나기하라(柳原前光) 등 일본의 재야인사들과 청정부의 초대 주일공사 何如璋 등에 의해 창설된 興亞會는 서세동점의 세계적인 변화에 맞서 아시아의 연합과 부흥을 도모하기 위한 일종의 국제적인 민간단체였는데,[23] 修信使 金宏集을 비롯하여 당시 일본을 방문한 조선정부의 사신들도 興亞會의 모임에 자주 참가한 것으로 나타났다.[24] 김옥균 역시 일본인사들의 초청으로 興亞會의 친목회에 참석한 것으로 보이는데, 그날 참석자들은 음주환담과 더불어 시문을 지으면서 "日淸韓 3국의 사람들이 화기애애하게 아세아의 형세를 논의하고 그 기운을 확장시킬 방법을 논의하였다"고 한다.[25] 물론 여러 사람이 모이는 친목회의 성격상 깊은 이야기를 나누지는 못하였겠지만, 김옥균은 이번 만남을 통해 黎庶昌을 비롯한 청정부 주일공사관의 관계자들을 알게 되면서 그후 상당히 깊은 관계로까지 발전시킬 수 있었다.

여하튼 김옥균은 제1차 방일기간에 駐日公使을 비롯한 청나라 사람들과도 널리 접촉하면서 중국과 조선을 포함한 동북아정세 및 세계정세를 논의하였고, 특히 개국정치와 근대화의 필요성 및 서세동점의 세계적 변화에 따른 동북아 3국의 연합에 관한 인식을 같이 하였다. 훗날

---

23) 渡辺洪基, 「興亞會創立大會における演說」, 伊東昭雄 編著, 『アジアと近代日本』, 東京 : 社會評論社, 1990, 20~22쪽.
24) 李光麟, 「開化期 韓國人의 아시아連帶論」, 『開化派와 開化思想 研究』, 일조각, 1989, 138~154쪽 참조.
25) 『東京日日新聞』明治 15年 6月 23日. 당시 김옥균과 동행한 姜瑋 등도 興亞會의 모임에 함께 참석한 것으로 보이는데, 강위의 문집에는 그 모임에서 지은 「興亞會上屬題」라는 제목의 七言漢詩가 실려 있었다. "鯨海鴻泥跡易陳, 臨歸一語見情眞. 易持時論人人別, 難識天機日日新. 磊落英豪同所見, 尋常恐懼易相親. 當時代籌關東事, 六國安危不在秦." 姜瑋, 『古歡堂收艸』卷之十四, 「東游艸」(『姜瑋全集』上, 325~326쪽).

이노우에 가쿠고로(井上角五郎)의 회고에 의하면 김옥균은 제1차 일본
방문을 마치고 귀국한 뒤, 한중일 3국의 연합을 통해 동양을 유지해야
한다는 내용의 「興亞策」을 작성하여 고종에게 바쳤다고 한다.26) 당시
김옥균의 개화사상 자체가 아직 청나라 세력 구축을 통한 급격한 개혁
주장으로 발전하지 않았고, 또한 그가 일본에서 만났던 청나라 사람들
이 근대화사업에 진보적인 견해를 갖고 있던 외교관이나 민간인이었
기 때문에 서로간에 별다른 의견충돌이 없이 화기애애한 만남이 이루
어질 수 있었던 것으로 생각된다.

그러던 중 시모노세키(下關)에서 귀국할 예정이던 김옥균은 7월 24
일의 임오군란 소식을 전해 듣고 곧바로 귀국하였다. 김옥균은 1,500여
명의 병력을 거느리고 출동한 일본공사 하나부사(花房義質)와 동행하
여 인천에 도착하였지만, 당시 서울의 복잡한 정세 상 곧바로 入京하
지 못하고 인천에 체류하면서 일본군과 淸軍의 출동 및 청군에 의한
대원군 납치와 朝日 양국의 濟物浦條約 체결 등 긴박한 상황을 자세
히 지켜볼 수 있었다. 그 무렵 일본의 신문에는 김옥균이 대원군에게
제출하려고 한 글이 발표되었지만, 구체적인 작성시기 및 전달여부는
밝혀지지 않고 있다.27) 여기서 김옥균은 자신의 訪日이 국왕의 지시에
따른 것으로서 일부에서 지적한 것처럼 潛行이 아니었다는 점을 먼저
해명하였고, 이어서 萬國公法의 내용을 근거로 쇄국정치의 부당성을
지적하였으며 또한 내정개혁의 중요한 과제로서 화폐제도의 개혁과
봉건적 인사제도의 철폐 등을 주장하였다.

한편 당시 청정부는 조신으로 청군을 대거 출동시켜 대원군을 납치

26)『古筠』創刊號, 1935 ; 琴秉洞, 앞의 책, 86쪽 참조.
27)『朝野』明治 15年 9月 26日. 김옥균이 대원군에게 보내려고 했다는 이 문서
    가 확실히 대원군에게 전달되었는지는 알 수 없으나, 琴秉洞氏는 문서의 내
    용으로 보아 "당시(조선에서) 이 정도의 말을 할 수 있는 인물은 오직 김옥균
    밖에 없다"고 주장하였다(琴秉洞, 앞의 책, 76~79쪽, 957~958쪽 참조).

하고 임오군란을 탄압함으로써 조선에 대한 적극적인 간섭정책을 실시하기 시작하였다.[28] 청정부의 간섭행동은 한창 조국의 자주독립과 개화를 꿈꾸고 있던 김옥균에게 하나의 충격이 아닐 수 없었다. 즉 "국제적 정세의 여하와 상관없이 國父(대원군을 가리킴)를 속여서 납치해 가는 것은 (조선의) 국토를 유린하고 국민을 모욕하고 조선의 王家를 노예로 간주하여 나라의 面目을 유린하는 것으로 받아들였고, 慨然히 일어서 淸國타도를 결심하게 되었다."[29]

실제로 그는 청군에 의한 대원군의 피납을 "조선멸망의 國辱"으로 받아들였고, 심지어 淸軍의 행동에 협조하였다는 이유로 한때 개화사업의 동지처럼 지냈던 魚允中과 절교까지 하였다.[30] 姜瑋의 기록에 의하면 그들 일행은 시모노세키에서 임오군란에 관한 소식을 전해듣고 산사에 가서 대성통곡한 뒤 흰 옷으로 갈아입었다고 한다.[31] 이처럼 임오군란 및 조선에 대한 청정부의 적극간섭을 계기로 김옥균의 對中國認識 가운데 한중 두 나라를 포함한 동아시아국가들의 연합을 통해 서양세력의 침략을 막아내고 자주자강을 실현해야 한다는 어렴풋한 구상이 크게 퇴색한 반면 조선에서 청나라 세력을 驅逐함으로써 자주와 자강을 함께 실현하겠다는 급격한 反淸사상이 단연 부각되기 시작하였다.

같은 해 9월에 김옥균은 수신사 박영효 일행의 고문 자격으로 다시 일본을 방문하게 되었다.[32] 같은 해 12월 24일경 김옥균은 수신사 朴

---

28) 졸고, 앞의 글 참조.
29) 『金玉均傳』上卷, 147쪽. 김옥균 등 개화파의 大院君觀에 대한 연구로는 李光麟, 「開化黨의 大院君觀」, 『開化派와 開化思想 硏究』, 63~78쪽 참조.
30) 『金玉均傳』上卷, 148쪽.
31) 姜瑋, 『古歡堂收艸』卷之十六, 「遠遊艸」, "自日本東京擬回國至赤馬關聞國中有變一行詣山寺慟哭遂爲縞服金虞候鏞元鄭司馬秉夏在馬關余有遏擧之志率成長句"(『姜瑋全集』上, 341쪽).
32) 『甲申日錄』, 『金玉均全集』, 亞細亞文化社, 1979, 23쪽 ; 『金玉均傳』上卷,

泳孝 및 副使 金晩植의 요청에 의해 도성의 도로정비 및 오물처리 등
도시환경시설의 정비에 관한 건의서인 「治道略論」을 작성하였다. 훗
날 統理交涉衙門에서 공식 발간된 이 건의서의 본문 내용 중에는 '黎
純齋曰'이라고 하여 청나라 주일공사 黎庶昌(黎庶昌의 號는 蒓齋였는
데, 純齋라고 함은 蒓의 誤記로 생각된다)의 논평 내용이 세 곳이나
기록되어 있었고, 마지막 부분에는 또한 黎庶昌이 직접 쓴 跋文이 부
록되어 있었다.[33]

　발문에 의하면 여서창은 김옥균의 「治道略論」 원고를 직접 수정하
였고 또한 발문을 쓴 것으로 되어 있다. 말하자면 김옥균은 위 글을 작
성하는 과정에서 여서창의 조언을 구하였고 또한 작성한 뒤에도 그 원
고를 여서창에게 제출하여 수정을 의뢰하고 발문까지도 부탁한 것으
로 보인다. 일찍 이홍장과 함께 曾國藩의 막료로 있으면서 이른바 湘
鄕派의 대표로서 전통학문에도 깊은 조예를 갖고 있던 여서창은 또한
1877년부터 영국, 독일, 프랑스, 스페인 등 유럽 각국에 주재하였던 청
나라 제1세대의 외교관으로서 서양의 근대화 문물에 대한 견문과 지식
을 가장 많이 소유하고 있는 근대중국의 선각자이기도 하였다.[34] 따라
서 김옥균이 제1차 방일 때 이미 面識을 가진 여서창에게 위 건의서의
내용을 논의하고 수정을 부탁하는 것은 매우 당연한 일이었고, 두 사
람 사이에는 충분히 개화사업을 중심으로 한 공통언어가 있었을 것으

　　192~196쪽.
33) 「治道略論」, 『金玉均全集』, 3~19쪽. 한편 『漢城旬報』 第二十六號(朝鮮開國
　　四百九十三年閏五月十一日, 1884. 7. 3) 「國內私報」欄에 게재된 「治道略論」
　　에는 끝에 부록한 黎庶昌의 跋文 외에 본문 내용에 대한 黎庶昌의 짧은 論
　　評文句는 삭제되어 있다. 「治道略論」의 發刊에 관해서는 李光麟, 『開化黨硏
　　究』, 一潮閣, 1996年 重版, 190~192쪽 참조.
34) 趙爾巽 等修, 『淸史稿』 卷446, 黎庶昌傳 ; 鍾叔河, 『從東方到西方-『走向世
　　界叢書』敍論集』, 上海 : 上海人民出版社, 1989, 301~317쪽.

로 생각된다.

실제로 여서창은 「治道略論」의 내용에 대한 논평에서 도성의 도로 및 民家의 화장실 정비에 관한 문제를 오로지 백성들의 자율에 맡길 수만 없고 또한 국내 인구조사의 경우 서양에서는 대체로 해마다 한번씩 소규모로 진행하고 10년에 한번씩 대규모로 진행하며, 나무심기도 매우 잘 진행되고 있다는 사실을 지적해 주었다. 그리고 跋文에서도 여서창은 도로정비는 사실상 중국역사상 先王의 '不易之政'이라고 주장하는 한편 런던과 파리의 실례를 들어가면서 그 중요성을 강조하였고, 특히 도로정책을 효과적으로 추진하기 위해서는 무엇보다 재원의 마련과 도로양호인력의 확보가 급선무라고 지적하였다. 즉 여서창의 논평과 발문은 서양의 근대화 문물에 관한 그의 풍부한 견문과 지식을 보여주었을 뿐만 아니라 김옥균의 논지를 보충하고 그 정확성과 권위성을 한층 높여주는 역할을 하였다고 볼 수 있다.

「治道略論」의 내용으로 보아 김옥균은 이 건의서가 조선의 '機務諸公' 즉 당시 조선의 근대화사업을 총괄하고 있는 統理交涉通商事務衙門 관계자들이 채택할 것을 희망한 듯하다. 실제로 이 건의서는 귀국한 수신사 박영효에 의해 고종에게 바쳐졌고 그후 통리교섭아문에서 공식으로 간행하기도 하였다. 한편 黎庶昌도 1883년 3월 23일 청정부의 총리아문에 접수된 보고서에서 김옥균의 동정을 보고하는 한편 「치도약론」의 내용을 부록으로 제출하였다.[35] 그러나 여서창은 김옥균의 「치도약론」의 내용에 대해서는 아무런 의견을 제시하지 않았고, 총리

35) 中央硏究院近代史硏究所 編,『淸季中日韓關係史料』(이하『關係史料』로 略稱함) 第3卷, 「總署收出使日本大臣黎庶昌函 附件一 : 治道略論」, 1129~1132쪽. 그러나 위 보고서의 부록에는 「治道略論」 중 序文부분에 해당되는 "金玉均謹題"까지만 수록되어 있고 그 아래의 正文부분은 누락되어 있다. 일단 보고과정 또는 훗날의 轉寫 및 편집과정에서 누락된 것으로 보이며, 또한 '金玉均' 앞에 '福州'라고 쓰인 부분은 衍字로 생각된다.

아문에서도 아무런 논평을 하지 않았다. 말하자면 총리아문을 포함한
청정부의 고위층에서는 최소한 黎庶昌 만큼 김옥균을 중시하지 않았
던 것이다.

「치도약론」의 작성과정에서 보여준 김옥균과 청정부 주일공사관의
긴밀한 접촉은 김옥균의 적극적인 사교성을 보여주었을 뿐만 아니라
근대화사업을 포함한 개화사업에서 있어서 김옥균의 對中國認識이 단
순한 反淸사상에 그치지 않고 있다는 점을 설명한다. 실제로 그 무렵
김옥균은 조선의 개항문제 등에 대한 청정부의 적극 관심을 요청하는
등 한중관계에 대한 새로운 구상을 일본주재 청나라 외교관들에게 제
기하였다.

1883년 4월 초경에 청정부의 총리아문으로 접수된 여서창의 보고서
에는 김옥균이 나가사키에서 청나라 영사 余瓏와 필담을 나눈 내용이
요약 보고되었는데, 대략 다음과 같은 네 가지였다.[36]

첫째, 국제정세에 대한 인식. 김옥균은 자신이 일찍 프로이센·프랑
스전쟁(Franco-Prussian War, 普法戰爭) 이후의 국제정세에 관한 글을 작
성한 적이 있다는 사실을 상기시키고,[37] 현재 러시아와 일본이 서로

---

36) 『關係史料』第3卷, 「總署收使日大臣黎庶昌函 附件一 : 照錄朝鮮三品官金
玉均在長崎理事署筆談對答節略」, 1110~1113쪽. 이 보고서가 언제 총리아문
으로 접수되었는지는 밝혀지지 않고 있다(문서의 첫 머리에 "月 日"이라고
하여 구체적인 날짜를 비워두고 있다). 그러나 보고서의 本文에서 같은 해 2
월 27일(음력) 즉 1883년 4월 4일에 신임 神戶領事 馬建常의 東京도착사실을
보고한 것으로 보아 대략 4월 초 무렵에 제출한 보고서로 추정할 수 있다. 따
라서 김옥균이 長崎에서 余瓏와 필담을 나눈 시간도 일단 4월 이전으로 추정
할 수 있다.
37) 여기서 김옥균이 저술하였다는 프랑스-프로이센전쟁에 관한 글은 종전의 여
러 연구에서 지적된 김옥균의 著作物 외에 새로운 한편의 著作物로 생각되
는데, 이 저작물에 대한 언급은 상게 청정부 측 사료에서만 유일하게 나타난
것으로 보이며 따라서 본 논문에서 최초로 밝혀진 것으로 생각된다. 필자의
조사결과 당시 『漢城旬報』에도 프랑스 프로이센전쟁에 관한 글은 한편도

결탁하고 있으며 특히 러시아가 청나라 서북지역을 침략할 경우 일본
은 틀림없이 조선으로 진출할 것이라고 지적하였다. 또한 침략적인 러
시아보다는 미국이 먼저 조선으로 진출하는 것이 더욱 유리할 것으로
보았다. 즉 김옥균은 당시 조선의 내외정세를 매우 위급한 상황으로
인식하였고, 특히 서구열강과 일본의 침략위협은 한중 두 나라에 모두
해당된다는 현실인식을 갖고 있었다.

둘째, 한일관계 懸案문제에 관한 협조요청. 김옥균은 당시 조선과
일본이 교섭 중인 관세징수문제를 자세히 설명하면서 청정부의 적극
적인 관심과 협조를 요청하였다. 특히 김옥균은 청정부의 협조와 개입
을 통해 일본 측의 무리한 요구를 저지할 수 있다고 주장하였다. 즉 김
옥균은 조선의 내정외교에 대한 청정부의 개입과 간섭을 일본 등 열강
의 조선침략을 저지하는 하나의 방편으로 역으로 활용할 생각을 갖고
있었던 것으로 보인다.

셋째, 조선정부의 내막사정에 관한 설명. 김옥균은 조선이 러시아,
일본 및 미국 등 열강의 침략위협에 노출되어 있는 위급한 상황이지만
오직 국왕 한 사람만 노심초사할 뿐 정부내에서 제대로 보필하는 사람
이 없다고 지적하였고, 또한 국내의 민심이나 여론사정도 매우 복잡하
여 스스로 開化의 필요성을 깨닫기에는 일단 시간적으로 부족한 형편
이라고 강조하였다. 이 부분은 조선 국내의 보수적 분위기에 대한 인
식 및 국왕을 통한 위로부터의 개혁을 주장하는 그의 개화사상의 일면
을 보여주는 대목이었다.

찾아 볼 수 없었지만, 김옥균 자신이 직접 언급한 것으로 보아 위 저작물의
존재는 의심할 여지가 없으며 다만 그 구체적인 내용을 자세히 알 수 없는
실정이다. 당시 중국인 王韜가 편집한『普法戰紀』가 조선의 개화파 인사들
에게 중요한 영향을 미쳤던 사실을 감안할 때 김옥균이 그 책을 참고하여 위
에서 언급한 그 글을 작성하였을 가능성을 추정해 볼 수도 있다. 김옥균의 저
작물에 관한 연구로는 李光麟,『開化黨研究』참조.

넷째, 한중관계의 구상과 청정부에 대한 제안. 김옥균은 조선정부의 내막사정 및 의사가 청정부로 정확히 전달되지 않고 또한 청정부와 이홍장도 조선정부의 사정을 정확히 파악하지 못하고 있는 것 같다고 지적하였다. 따라서 그는 1876년의 江華島條約 체결 직전에 이홍장과 일본공사 모리(森有禮)의 필담 내용 및 萬國公法의 관련조항을 근거로 청정부가 조선에 고위관원을 상주시키면서 조선의 대외관계 문제를 적극 협조해 줄 것으로 요청하였고, 특히 자신의 건의 내용을 이홍장에게 직접 보고해주되 비밀을 유지하도록 당부하였다.

즉 김옥균은 구미열강과 일본의 침략위협이 날로 심각해지고 있다는 국제정세인식을 바탕으로 청정부에게 한중 양국의 보다 긴밀한 협력을 주장하였고, 또한 외교대표의 파견과 상주를 통해 한중 양국의 전통적 조공관계를 근대적 주권국가의 관계로 전환하려는 구상을, 이홍장을 비롯한 청정부의 고위층으로 직접 전달하려고 한 것이다. 김옥균이 이처럼 국제정세 및 한중관계에 대한 자신의 인식과 구상을 청정부에 적극 전달하려고 한 것은 그가 이번 방문기간에 일본정부의 당국자들과 동북아 국제정세를 자주 논의한 것과 같은 맥락에서 이해할 수 있다.[38]

이처럼 김옥균의 개화사상에는 국내정치의 개혁과 근대화사업의 추진과 더불어 대외관계의 근대화를 통한 자주독립의 실현이라는 국제적 내용도 들어 있었으며, 여기서 제기된 한중 양국의 연대사상은 훗날 그가 提唱한 三和主義와도 무관하지 않은 것으로 생각된다. 이와 관련하여 그 이듬해인 1884년 7월 3일에 발행된 『漢城旬報』 제26호의 사설란에는 당시 중국 상해의 『申報』에 실렸던 글을 일부 轉載하는 형식으로 다음과 같은 「隣交論」이 게재되었다.[39]

---

38) 『甲申日錄』, 『金玉均全集』, 24쪽, "余又與日廷當路諸人, 時論東洋之事勢".
39) 『漢城旬報』 第26號(甲申 閏5月 11日, 1884년 7월 3일), 「隣交論」.

200

　　"亞細亞洲에서는 두 개의 大國이 있는데, 바로 中華와 日本이다. 輻
員의 넓음과 立國의 오래됨 및 인물의 豊盛함에 있어서 일본은 中華
에 못 미치지만, 海東에 雄處하면서 一切를 노려보고 있으며 富强의
방법을 강구하고 있어 地球상의 여러 大國으로 하여금 감히 가볍게
보지 못하게 하는 면에서 일본도 역시 엄연한 大國의 모습이다. (中華
와 일본) 두 나라가 진실로 鄰交를 굳게 맺어 좋은 것과 憂患을 함께
할 수 있다면 어찌 亞細亞의 百年 남짓한 쇠퇴의 氣運을 일으킬 수 없
겠는가?"

　　물론 『신보』의 내용을 轉載한 것이지만, 그 내용에 대해서는 당시
『한성순보』의 편집과 발행사업을 주도하고 있던 조선의 개화파세력들
도 대체로 동감한 것으로 보인다. 즉 조선과 인접해 있는 중일 양국의
친선우호를 진심으로 희망하고 그러한 선린우호관계가 서세동점의 국
제정세 속에서 날로 쇠퇴해 가고 있는 아시아의 부흥에도 적극적인 역
할을 할 것이라는 주장은 김옥균의 위와 같은 아시아연합사상과 일치
한 것으로서 당시 개화세력의 국제정세인식의 일면을 반영한 것으로
생각된다.40) 그 무렵 일본신문에 김옥균이 閔泳翊, 李祖淵을 만나기
위해 중국 상해로 출발하려는 소식이 발표되었는데, 비록 오보기사
였지만 김옥균과 중국, 특히 上海와의 숙명적 관계를 보여주는 하나의
에피소드로 볼 수 있다.41)

---

40) 『金玉均傳』 上卷, 236～237쪽. 그러나 위 「鄰交論」은 그 첫머리에서부터 "申
　　報云"으로 시작되어 마지막까지 "我中日兩國" 등 문구가 나타난 것으로 보
　　아 上海 『申報』에 발표되었던 사설 내용을 재편집하여 게재한 것으로 판단
　　된다. 따라서 林毅陸 등 일본인 編著者들이 『金玉均傳』에서 「鄰交論」을 마
　　치 김옥균 등에 의해 작성된 것처럼 풀이한 것은 일단 사실이 아니며, 나아가
　　서 위 사설을 근거로 "지금으로부터 60년전의 朝鮮官紙에서 大東亞主義를
　　발휘하여 김옥균의 소위 三和主義를 제창하였다"고 주장한 것은 더욱 잘못
　　된 사료해석에 의한 잘못된 결론이라고 볼 수 있다.
41) 『時事新報』 明治 16年 2月 19日 ; 琴秉洞, 앞의 책, 101～012쪽 참조.

다시 말하자면 김옥균에게 있어서 전통적 조공관계체제에서 벗어나 진정한 자주독립을 실현하는 것과 한중 양국의 연대를 강화하는 것은 결코 서로 모순되는 일이 아니었다. 당시 그는 일본에 유학중인 조선인 학생들에게 청나라의 속국상태에서 벗어난 자주독립의 필요성을 다음과 같이 역설하기도 하였다.[42]

"서양 각국은 모두가 다 독립국가들이다. 어느 나라를 물론하고 독립한 연후에야 다른 나라와 和親할 수도 있는데, 조선은 홀로 淸國의 屬國으로 되어 있으니 참으로 수치스러운 일이다. 조선도 어느 때나 독립국이 되어 서양의 여러 나라들과 같은 대열에 서게 되겠는지?"

김옥균의 위와 같은 인식은 물론 그의 개화사상에 포함되어 있는 자주독립사상에서 비롯된 것이지만 또한 당시 그가 자주 접촉해 온 일본정부 당국자 및 사회인사들의 영향과도 무관하지 않은 것으로 보인다. 실제로 김옥균과 박영효는 이번 방문기간을 통해 일본정부가 조공관계를 고집하는 청정부와 달리 진심으로 조선을 하나의 독립국으로 간주하고 있다는 판단하에 장차 개화사업에 있어서 일본과 협력하기로 결심하였다.[43] 후쿠자와(福澤諭吉)와 만나는 자리에서도 김옥균 일행은 조선에 대한 청나라의 간섭만행에 관한 이야기를 나누면서 분개한 심정을 금치 못한 것으로 나타났다.[44] 또한 김옥균 일행은 당시 도쿄 주재 러시아공사 로젠(Roman Romanovich Rozen) 및 영국공사 파크스(Sir

---

42) 「大逆不道罪人李喜貞等鞫案」(북한 사회과학원 역사연구소 편, 『김옥균』, 평양 : 사회과학원출판사, 1964 ; 역사비평사, 1990, 149쪽에서 재인용).
43) 『甲申日錄』, 『金玉均全集』, 23~24쪽, "時日本政府方注意於朝鮮, 視爲獨立國, 待公使頗殷殷. 余察其實心實事, 仍與朴君議, 遂傾意依賴於日本……一日, 余訪外務卿, 語次井上(馨)言我國擴張軍勢, 非我國固本而已, 爲貴國獨立一事, 亦有所注意云".
44) 『尹致昊日記』 1883년 1월 2일.

Harry Smith Parkes, 巴夏禮) 등과 만나면서 거듭 조선의 자주독립을 강조하고 청정부의 간섭정책에 대한 분노를 토로한 것으로 나타났다.[45]

바로 이번의 제2차 방일기간 중 김옥균은 고종에 의해 신설된 통리교섭통상사무아문의 參議로 임명되었고, 귀국 후에는 東南諸道開拓使兼捕鯨使로 임명되면서 漢城判尹에 임명된 박영효 등과 더불어 개화사업을 적극적으로 추진하였다.[46] 그러나 당시 청정부는 청군의 조선주둔, 商務委員 陳樹棠의 파견 및 묄렌도르프(P. G. Von Mollendorff, 穆麟德)와 馬建常의 고문추천 등을 통해 조선의 내정외교에 대한 간섭을 적극 강화하였고,[47] 따라서 김옥균 등이 의욕적으로 추진해 온 개화사업은 청정부의 실력간섭을 빙자한 민씨 척족세력 등 보수진영으로부터 끈질긴 반대와 방해를 받아 결국 순조롭지 못하였다.[48] 이에 김옥균은 묄렌도르프의 방자함과 민씨 척족세력의 보수적 반발 뒤에는 조선주둔 淸軍의 최고지휘관인 吳長慶을 비롯한 청정부 세력의 부추김과 지지가 작용하고 있는 것으로 판단하였고,[49] 그러한 인식은 조선에서 청나라 세력을 구축하려는 그의 결심을 한층 더 굳게 하였을 것으로 생각된다.

같은 해 6월 중순에 김옥균은 고종으로부터 300만 엔의 일본차관 도입에 관한 특명을 받고 제3차로 일본을 방문하게 되었다.[50] 그러나 일

---

45) Pak, Boris., *Rossiya r Koreya, Moskva : Nauka, 1979, pp77~78 ; British Documents on Foreign Affairs, Part Ⅰ, Series E. Asia, 1860~1914, University Publication of America, 1989, pp.107~112(金容九, 『세계관충돌의 국제정치학-동양 禮와 서양 公法』, 나남출판, 1997, 219~222쪽에서 재인용).

46) 『承政院日記』 고종 20년 3월 1일.

47) 졸고, 「李鴻章의 朝鮮認識과 政策 硏究(1870~1895)」 참조.

48) 『甲申日錄』, 『金玉均全集』, 24~26쪽.

49) 『甲申日錄』, 『金玉均全集』, 24~25쪽, "時趙寧夏從淸國雇來德人穆麟德者……凡閔泳穆.閔泳翊之輩, 無不追附而謀藉是利己之計……一日以叩鑄當五當十錢一事, 淸將吳長慶肇其端".

본정부의 태도변화로 말미암아 김옥균은 장장 11개월 남짓의 노력에
도 불구하고 소기의 차관도입 목적을 결국 달성하지 못하였다. 그러나
그는 1884년 1월 28일경 도쿄에서 청정부 주일공사관의 新春宴會에
참석하는 등 청정부 주일공사관 측과 여전히 접촉을 가졌던 것으로 나
타났다.[51] 한편 그는 이번 방문기간에 후쿠자와 등 일본인사들과 비밀
리에 접촉하면서 이미 일본의 힘을 빌려 급격한 개혁을 단행하겠다는
거사계획을 마련하였다.[52] 그는 일본 在野 政客인 고토(後藤象次郎)에
게 제출한 「朝鮮改革意見書」에서 위와 같은 거사계획을 구체적으로
밝히면서 또한 당시 韓中關係에 대하여 다음과 같이 논평하였다.[53]

"自來 청나라가 스스로 조선을 (自國의) 屬國으로 간주하는 것은 진
실로 萬無의 수치이며 또한 이 때문에 (우리)나라가 振作의 희망이 보

---

50) 『甲申日錄』, 『金玉均全集』, 26쪽. 김옥균의 일본차관 導入행동을 지원하기
　　위하여 고종은 김옥균의 訪日기간 중인 1883년 11월 6일에 그를 戶曹參判으
　　로 除授하기까지 하였다(『承政院日記』 고종 20년 10월 7일).
51) 『甲申日錄』, 『金玉均全集』, 24～26쪽 ; 『朝野新聞』 明治 17년 2月 1日. 한편
　　같은 신문의 1월 31일자 기사에 의하면 김옥균은 청나라 공사관의 新春宴會
　　에 참석하기 하루전인 1월 27일에 원 興亞會에서 改名한 亞細亞協會의 제1
　　차 年會에도 참석하였지만, 청나라 사람은 아무도 참석하지 않았다고 한다.
　　琴秉洞, 앞의 책, 129～130쪽.
52) 琴秉洞, 앞의 책, 120～124쪽.
53) 『金玉均全集』, 「朝鮮改革意見書」, 109～119쪽, "自來淸國之自以爲屬國, 誠
　　萬無之恥, 亦不無因此而國無振作之望, 此是第一疑(擬?)撤退羈絆, 特立爲獨
　　全自主之國". 한편 『金玉均全集』에서는 이 文書의 原本이 함께 수록되어 있
　　지만 그것을 轉寫한 부분에서는 句讀과 傍點이 되어 있지 않았고, 琴秉洞의
　　책, 121～124쪽에서는 위 全集 및 일본학자 山邊健太郎의 脫落 또는 誤植을
　　지적하면서 새롭게 日譯하였고 또한 964쪽에서 새롭게 句讀과 傍點을 加한
　　原文을 부록 해두었다. 여기서 필자는 상기 全集의 轉寫 및 琴秉洞氏의 句
　　讀과 解釋이 여전히 완전하지 못하다고 생각하면서 위와 같이 새롭게 句讀
　　과 傍點을 加하였고, 특히 위의 "第一疑"의 疑자는 문맥상 마땅히 擬의 誤植
　　이나 誤寫로 보아야 할 것으로 생각된다.

이지 않는 면도 없지 않다. 이것은 第一로 (먼저) 벗어 버려야 할 羈絆
으로서 (그 후에야) 獨全自主의 나라로 特立할 수 있을 것이다."

　김옥균이 이처럼 청나라와의 조공관계 청산을 자주독립의 최우선
조건으로 인식하고 있는 것은 물론 당시 바야흐로 전개되고 있는 청정
부의 적극 간섭정책에 대한 반발이기도 하였지만, 또한 그의 개화사상
및 對中國認識에서 일관되게 유지한 내용이기도 하였다. 위와 같은 한
중관계의 현실에 대한 인식은 결국 갑신정변 기간 김옥균을 비롯한 개
화파세력의 대중국정책 및 행동에 직접적인 영향을 미치게 되었다.

3. 갑신정변 기간의 對중국관계

　필자의 조사에 의하면 김옥균이 제3차 訪日에서 귀국하여 서울로
들어온 것은 1884년 5월 3일이었다.[54] 당시 청나라는 베트남에 진출한
프랑스세력과 전쟁 직전의 위기상황에 처해 있었고, 따라서 조선주둔
淸軍의 절반에 해당하는 3개 營의 병력이 5월 23일부터 조선에서 遼
東지역으로 철수하게 되었다.[55] 이처럼 조선에서 청나라의 세력이 약
화되는 것처럼 보여지는 상황은 마침 거사를 계획하던 김옥균 등 개화
세력에게 하나의 절호의 기회로 간주될 수밖에 없었다.[56] 당시 개화파

---

54) 『漢城旬報』 第二十號(朝鮮開國四百九十三年甲申四月十一日, 1884. 5. 5.),
　　「國內官報」, "開拓使入京來 初九日東南諸道開拓使金玉均入京".
55) 『關係史料』 第3卷, 「總署收署北洋大臣李鴻章文 附件一：李鴻章奏摺」,
　　1407~1409쪽 ; 『李文忠公全書・奏稿』 卷50, 「代奏朝王謝摺 附件一：朝鮮
　　國王來咨」, 10~20쪽 ; 『啓下啓文冊』 12, 「陳奏奏本移兵半撤三營仍留善後
　　會辦據實具由事北京禮部咨」 ; 『承政院日記』 고종 21년 5월 3일 ; 졸고, 「李
　　鴻章의 朝鮮認識과 政策 硏究(1870~1895)」 참조.
56) 『甲申日錄』, 『金玉均全集』, 55쪽 ; 『尹致昊日記』 I, 93쪽, 고종 21년 8월 3일

세력의 주도하에 발행되고 있던『漢城旬報』에는 거의 每號마다 청나라와 프랑스의 베트남분쟁에 관한 자세한 기사가 게재되어 이 문제에 대한 조선 개화파세력의 깊은 관심을 보여주었다. 그 무렵 서울에서는 조선인에 대한 청군병사 및 청나라 상인들의 폭행사건이 거듭 발생하였고, 또한 그 처리과정에서 청나라 商務委員 陳樹棠의 편파적 태도는 청나라 세력에 대한 개화파세력의 반감과 증오심을 한층 더 고조시켰다.[57]

　같은 해 10월 30일에 일본공사 다케조에(竹添進一郎)가 서울로 귀임하면서 종전의 냉담한 태도를 바꾸어 개화파세력에 의도적으로 접근해오자 마침 위기의식에 잡혀 있던 김옥균 등은 선택할 여지도 없이 일본 측과 손을 잡게 되었다. 당시 김옥균 등 개화세력에 있어서 청나라와의 조공관계 청산은 자주독립의 전제적 조건이 되었고 또한 조선

　(1884년 9월 21일)조 참조.

57)『統理交涉衙門日記』고종 20년 3월 18일, 3월 25일, 4월 2일, 4월 9일 ;『漢城旬報』第十號(朝鮮開國四百九十三年甲申正月初三日, 1884. 1. 30),「國內私報」"華兵犯罪" ; 第十一號(朝鮮開國四百九十三年甲申正月十一日, 1884. 2. 7),「國內私報」, "華兵懲辦" ; 第十八號(朝鮮開國四百九十三年甲申三月二十一日, 1884. 4. 16),「國內官報」, "中國陳總辦告示賞格二稿" ; 高麗大學校 亞細亞問題研究所 編,『舊韓國外交文書』第八卷,『淸案』1,「博文局所載의 淸兵殺人事件의 誤報에 關한 回答」(1884. 4. 19),「博文局旬報에 誤報한 淸兵殺人事件의 凶手捕捉의 件」(1884. 4. 21),「淸人假裝犯 懸賞告示의 廣布」(1884. 5. 4),「淸商公館道路로 因한 李範晉과의 訴訟」(1884. 6. 22),「同上件의 李範晉逢辱에 對한 抗議」(1884. 6. 22),「同上件에 對한 再抗議」(1884. 6. 22),「同上回答」(1884. 6. 23),「同上件曲直査明의 妥當과 李範晉의 英國領事 依囑의 不當性 指摘」(1884. 6. 23),「同上件의 淸國公署會審不當에 關한 回答」(1884. 6. 24) ;『承政院日記』고종 21년 윤5월 1일 ;『雲養集』卷12, 書,「與津海關道周玉山馥書」, 韓國學文獻研究所編,『金允植全集』貳, 亞細亞文化社, 1980, 306~310쪽 ; 韓相一 역‧해설,『서울에 남겨둔 꿈』, 건국대학교 출판부, 1993, 40~42쪽 ; 田保橋潔,『近代日鮮關係의 研究』上卷, 朝鮮總督府中樞院, 1940, 892~893쪽.

에서 청나라 세력의 구축은 정변계획의 가장 중요한 내용이 되어 있었다.

그러한 의미에서 對中國관계는 김옥균 등 개화세력이 주도한 갑신정변의 과정에서 對日本관계 못지 않게 중요한 의미를 갖게 되었고, 따라서 김옥균 등은 정변계획의 수립과정에서부터 청나라와의 관계문제를 거듭 논의하면서 대책을 마련하였다. 여기서『甲申日錄』등 관련 자료들을 근거로 김옥균 등 개화세력이 갑신정변계획을 논의하는 과정에서 對中國關係 문제를 거론한 부분을 다음과 같은 日誌로 정리해 보겠다.[58]

> 10월 30일
> 일본공사 竹添進一郎, 휴가를 마치고 인천항을 거쳐 서울로 돌아옴.
> 10월 31일
> 오후, 김옥균 竹添 공사를 방문하여 조선의 정세 및 개혁계획을 설명하고 일본정부의 지지의사를 확인하였고, 이어서 박영효, 홍영식 등과 거사를 결심함.
> 같은 날 밤, 일본인 井上角五郎, 金玉均에게 竹添공사가 일본정부의 청나라 공격의사를 밝혔다는 소식을 전달함.
> 11일 1일
> 竹添 공사, 朴泳孝를 만난 자리에서 청나라가 곧 망할 것이니 조선의 개혁에 뜻이 있는 사람들은 이 기회를 놓치지 말아야 한다고 역설함.
> 11월 2일
> 竹添 공사, 고종을 알현하는 자리에서 청나라가 프랑스와의 전쟁에서 패전할 것이라면서 조선의 내정개혁과 독립을 촉구함.
> 11월 3일

---

58)『甲申日錄』,『金玉均全集』, 28~75쪽.

竹添 공사, 校洞의 신축 일본공사관에서 天長節 축하연회 개최, 서울 주재 각국 외교관 및 김옥균 등 조선정부의 관원 대거 참석. 여기서 일본공사관의 外務三等 淺山顯藏은 조선말로 청불관계 등 문제를 거론하면서 청나라 세력을 '無骨海參'으로 비난함.[59]

11월 4일

竹添 공사, 조선정부 外衙門을 방문하여 무역장정문제를 논의하면서 청나라의 어려운 현실 등 '天下大勢'문제를 노골적으로 거론함, 일본과 청나라가 곧바로 '交兵'할 것이라는 소문이 나돌기 시작함.

같은 날 저녁, 김옥균, 박영효, 홍영식 등이 일본공사관의 島村久 서기관에게 암살과 같은 테러수단을 통한 거사계획을 토로하였다. 그중 두 번째 안인즉 청나라 사람으로 위장한 자객을 시켜 閔泳穆, 韓圭稷, 李祖淵 등 3명의 親淸 보수파 大臣을 살해하고 그 죄를 閔台鎬 父子에게 돌린다는 것이었다.[60]

11월 5일

오후, 김옥균 선후로 영국영사 애쉬튼(William George Aston, 阿須敦)

---

59) 김옥균의 『甲申日錄』에서는 발언자가 누구인지를 밝히지 않은 채 다만 "酒半, 互有祝辭, 亦有如演說者, 甚至以陳樹棠目之爲無骨之海蔘, 以朝鮮語譯傳者, 陳氏不解"라고 기록하였다. 그러나 이 연회에 참석하였던 일본인 井上角五郎의 기록에 의하면 위 발언자는 처음부터 조선말로 직접 연설하였고, 그 내용인즉 먼저 淸佛관계를 설명하고 끝에 가서 조선이 존경하고 있는 淸國은 마치 "뼈없는 海蔘과 같다"고 말했다는 것이다(상게 『서울에 남겨둔 꿈』, 45쪽 참조). 또 다른 일본문헌에 의하면 위 발언자는 당시 일본공사관의 外務三等 淺山顯藏이었고, 그는 청나라를 "無骨海參"으로 비난하는 발언을 하면서 그 자리에 함께 있던 陳樹棠을 직접 바라보았다고 한다(상게 『金玉均傳』 上卷, 296쪽 ; 石川幹明, 『福澤諭吉傳』 第3卷, 318~319쪽 ; 田保橋潔, 앞의 책 上卷, 928쪽). 즉 김옥균의 위 기록에서 발언자의 내용이 조선어로 "譯傳"되었다는 것은 사실과 다르며 또한 소위 "無骨海蔘"이라는 비난도 오로지 陳樹棠 개인을 가리키는 것이라기 보다는 陳樹棠이 대표하고 있던 청나라 세력을 가리키는 것으로 보아야 할 것으로 생각된다.
60) 金子堅太郎 等編, 『秘書類纂朝鮮交涉資料』 上卷, 東京 : 原書房, 1970, 270~271쪽.

과 미국공사 푸트(Lucius H. Foote, 福脫)를 방문함. 김옥균은 애쉬튼에게 일본이 곧바로 청나라와 전쟁할 것이라고 낙관하였지만, 애쉬튼은 일본정부가 아직 청나라와 전쟁을 일으킬 만큼 실력이 부족하며 다케조에 공사의 언행은 조선인들에게 과시하기 위한 것에 불과하다고 지적함. 푸트 공사도 김옥균의 개화주장에 동감하면서 조선의 급선무는 무엇보다도 청일 두 나라의 군대를 철수시키는 것이라고 조언함.

11월 6일

일본공사관, 南山에서 일본인 招魂祭를 거행한 뒤 赤軍과 白軍으로 나눈 전투연습을 통해 赤軍인 일본군이 白軍인 청나라 군대를 戰勝하는 장면을 연출함.

11월 7일

김옥균, 바둑對局을 핑계로 일본공사관을 방문하여 竹添 공사와 거사계획을 최종 합의함.

11월 8일

밤, 李寅鍾 등 김옥균에게 袁世凱와 淸軍 및 민영익 등 보수파의 동정에 관한 정탐결과를 보고함.

11월 9일

김옥균, 李寅鍾 등의 정탐결과를 일본공사관 및 洪英植, 朴泳孝 등에게 통보함.

11월 12일

고종, 김옥균을 불러 어젯밤 일본군의 갑작스러운 실탄 사격연습과 관련하여 특히 淸軍과의 충돌 가능성을 우려하였고, 竹添 공사에게 그 내막사정을 자세히 문의하도록 지시함.

같은 날, 竹添 공사 본국정부에 조선 개화파의 거사를 지지하여 청나라와 開戰하자는 내용의 보고서를 제출함.[61]

11월 13일

---

61) 金正明 編, 『日韓外交資料集成』 第3冊, 東京 : 巖南堂, 1963, 「竹添公使致伊藤井上兩參議函(明治十七年十一月十二日)」, 4～7쪽.

김옥균, 洪英植과 일본군의 야간연습 및 淸軍의 대비상황을 논의하면서 일본공사관의 태도변화를 이용하여 '速圖勿遲'하는 것이 上策이라고 판단함.

11월 14일

미국 공사 푸트 부부, 김옥균을 방문함. 김옥균 푸트공사와 밀담을 가지고 거사계획을 통보하였고, 푸트공사는 이해를 표시하면서도 자신이 일본정부를 통해 조선주둔 淸軍의 철수를 촉구하도록 노력하고 있으므로 일단 그 결과를 기다리도록 충고함.

11월 15일

김옥균, 竹添 공사를 방문하여 11일 밤 일본군의 야간연습사실을 문의함.

같은 날 밤, 김옥균 入闕하여 고종에게 竹添 공사의 해명을 전달하면서 일본군이 이미 청군의 대비사실을 정탐하고 있다고 보고함.

11월 16일

김옥균, 박영효 등 廣橋로 가서 劉大致를 問病함. 劉大致, 김옥균 등에게 조속한 거사를 권고하면서도 일본군의 숫자가 청군에 비해 훨씬 적은 점을 걱정함.

11월 17일

김옥균, 李寅鍾 등으로부터 어젯밤 閔泳翊이 淸軍 軍營으로 袁世凱를 방문하여 밀담을 나누었고 청군은 곧바로 임전태세로 돌입하여 경계중이라는 사실을 보고받음.

같은 날 박영효, 다케조에 공사를 방문하여 밀담을 나눔.

11월 18일

김옥균, 閔泳翊 휘하의 五衛將 梁鴻在를 비밀리에 불러 민영익과 원세개의 필담 내용을 알아보도록 시사함.

11월 19일

김옥균, 淸軍의 동정에 관한 첩보를 접수함.

11월 20일

밤, 申重模, 李寅鍾 등 김옥균에게 청군의 동정에 관한 정탐내용을 보고함.

11월 21일

오후, 애쉬튼 영사, 김옥균을 방문하여 청나라와 러시아의 관계상황에 관한 정보를 전달함.

같은 날 밤, 김옥균 井上角五郞에게 福澤諭吉을 통해 일본정부의 眞意를 알아보도록 요청함.

11월 23일

김옥균, 자신을 방문한 尹泰駿에게 일본정부가 결코 청나라와 전쟁을 하지 않을 것이라고 언급함.

11월 24일

김옥균, 애쉬튼 영사를 방문하여 청불전쟁 등 최근 정세를 논의하면서 청불전쟁의 기회를 이용하여 내정개혁을 단행하겠다는 거사계획을 토로함.

김옥균, 곧 이어 푸트 공사를 방문하고 거사계획을 통보함, 푸트 공사는 김옥균 등에게 필요할 경우 조선국내 또는 일본의 長崎나 중국의 上海로 잠시 피신하도록 권고함.

11월 25일

오후, 김옥균 일본공사관을 방문하여 竹添 공사와 구체적인 거사계획을 협의함. 竹添 공사는 거동이 불편한 嬪妃 등 後宮들이 淸軍의 손에 들어갈 수 있다는 이유로 江華島 遷駕계획을 반대하였고, 또한 일본군 1개 중대가 北岳이나 南山을 점령할 경우 1,000명의 淸軍에게 최소한 2周 또는 2개월간 저항할 수 있다고 장담함.

11월 29일

김옥균, 入闕하여 고종 및 민비에게 청불전쟁 및 중일관계 등 국내외정세를 설명하면서 조선에서 淸日 양국의 군대가 곧바로 싸우게 될 것이며 일본이 프랑스와 협력할 경우 틀림없이 청나라에 戰勝할 수 있을 것이므로 차제에 자주독립과 개혁을 단행해야 한다고 역설함.

12월 1일

김옥균, 박영효, 홍영식 등 일본공사관에서 島村久 서기관과 구체적인 거사시기와 계획을 최종 합의함, 김옥균 등 세부적인 거사계획을 수립함.

당시 김옥균 등 개화파들은 다케조에 공사를 비롯한 일본공사관과의 접촉을 통해 일본정부의 지지의사가 확고하다고 믿고 있었으므로 갑신정변을 일으키면서 대외관계분야에서 가장 절박한 문제이자 중요한 문제로 부상된 것은 바로 청나라 및 조선에서 청나라 세력을 직접 수호하고 있는 淸軍과의 관계였다. 이처럼 갑신정변의 거사를 도모하고 있던 김옥균 등 개화파들의 대중국관계 관련 인식은 대략 다음과 같이 정리할 수 있다.

첫째, 국제정세의 판단. 청나라는 현재 프랑스와 전쟁 중이어서 조선문제에 깊이 개입할 여력이 부족하며, 일본정부 또한 조선에서 청군을 공격할 것으로 보이는데, 전쟁의 결과는 당연히 프랑스와 협력하는 일본이 승전할 것으로 예상된다.

둘째, 조공관계의 청산과 국정개혁. 위와 같은 유리한 국제정세를 이용하여 국정개혁을 전격적으로 단행하여 청나라와 조공관계를 청산하고 조선의 자주독립을 실현하는 한편 親淸 보수파세력을 제거하고 내정의 일대개혁을 단행한다.

셋째, 조선주둔 淸軍의 문제. 일단 일본공사관이 동원한 일본군 병력에게 일임하고, 또한 전격적인 개혁을 통해 淸軍개입의 여지를 원천적으로 봉쇄한다.

여기서 청불전쟁으로 말미암아 청정부가 조선문제에 깊이 개입할 수 없게 되었다는 판단은 사실이었지만, 일본정부의 청군공격 가능성에 대한 기대는 사실상 다케조에 등의 과장된 언행을 과신한 오판이었고, 또한 조선주둔 청군의 전투력에 대한 과소평가 역시 일본공사관 및 일본군의 전투력을 너무 과신한 결과였다. 당시 김옥균 등이 청군군영에 대한 정탐을 통해 조선주둔 청군의 동정을 예의주시하고 있었음에도 불구하고 청군에 대한 확실한 대비책을 갖추지 않은 것은 결국 갑신정변이 3일천하로 요절하게 된 주요 원인으로 되었다.

한편 개화파의 움직임이 활발해지면서 서울에는 이미 조만간 큰 변란이 일어날 것이라는 소문이 돌기 시작하였고,[62] 조선주둔 청군진영에서도 나름대로 대비태세를 갖추기 시작하였다. 당시 조선주둔 淸軍의 總理營務處會辦朝鮮營務로 있던 원세개는 이미 11월 12일경 이홍장에게 도착한 비밀보고서를 통해 조선의 개화세력 및 조선정부의 대다수 관원들이 청불전쟁의 기회를 이용하여 자주독립을 시도하고 있다고 보고하였다.[63] 이에 이홍장도 원세개 등 조선주둔 청군장교들에게 침착하게 대처하면서 조선의 동정을 수시로 정탐하여 보고하도록 지시하였지만, 갑신정변이 곧바로 일어날 것으로 예상하지는 못하였다.[64] 이와 관련하여 원세개의 행적을 기록한 문헌에는 김옥균 등 개화파들이 청군장교들을 제거하기 위해 만찬 초대를 하였다는 일화가 실려 있었지만, 그것은 어디까지나 원세개의 '非凡함'을 과장하기 위한 픽션으로 추정된다.[65]

---

62) 『서울에 남겨 둔 꿈』, 46쪽.
63) 吳汝綸 編, 『李文忠公(鴻章)全集·譯書函稿』卷16, 臺北 : 文海出版社 影印本, 「論朝鮮 附件一 : 袁世凱來稟(光緒十九年九月二十五日到)」, 10～11쪽 ; 졸고, 「金玉均 暗殺事件과 淸政府의 關係에 대하여」, 217～218쪽.
64) 『關係史料』第3卷, 「總署收北洋大臣李鴻章函 附件二 : 照錄統帶駐防朝鮮親慶各營吳提督兆有等聯銜來稟」, 1530～1533쪽 ; 『淸光緖朝中日交涉史料』卷6, 「北洋大臣李鴻章錄送吳兆有等來稟及朝鮮國王函件來函 附件一 : 駐防朝鮮提督吳兆有等來稟」, 13～16쪽.
65) 沈祖憲·吳闓生 編, 『容庵弟子記』, 趙中孚外 主編, 『近代中韓關係史資料彙編』第12冊, 臺北 : 國史館, 1980, 142쪽. 갑신정변 이틀전인 12월 2일(음력 10월 15일)에 김옥균 등이 원세개 등 청군장교를 제거할 목적으로 晚餐초청을 하였고 원세개가 單身으로 참석한 뒤 무사히 死地에서 귀환하였다는 내용의 逸話는 다음과 같은 이유에서 원세개의 門客 출신인 沈, 吳 兩氏에 의한 虛

12월 4일의 郵政局 開局축하연회에는 김옥균 등을 비롯한 조선정부의 주요 관원들 외에도 서울주재 각국 외교관들이 참석하였고, 그 중에는 청정부의 總辦朝鮮商務委員 陳樹棠 및 幇辦朝鮮商務委員 潭庚堯도 포함되었다.[66] 따라서 진수당과 담경요는 갑신정변의 발생현장을 직접 목격하였지만, 연회장이 아수라장으로 변하면서 황급히 總辦公館으로 돌아옴으로써 아무런 간섭행동을 취하지 못하였다. 당시 그는 임오군란과 비슷한 폭동이 일어난 것으로 착각하고 원세개에게 급히 서신을 보내 청군의 출동진압 및 자신의 총판공관에 대한 보호를 요청하였다.[67] 이에 袁世凱와 吳兆有, 張光前 등 淸軍지휘관들은 청군병력을 긴급 출동시켜 우정국 현장 및 궁성과 鍾路 일대를 순찰하였지만, 별다른 이상을 발견하지 못하였고 또한 정확한 진상을 파악하지 못한 상태에서 아무런 실질적인 행동을 취하지 못하였다.[68]

한편 김옥균 등 개화파세력은 사전의 계획에 따라 즉각 고종과 민비를 景佑宮으로 移駕시켰고, 또한 일본공사의 병력보호를 요청하는 고종의 친필 敎書를 얻어내면서 淸軍병력도 함께 요청해야 한다는 민비

構로 추정된다. 첫째, 이 逸話는 김옥균의 『甲申日錄』을 비롯한 다른 문헌에서 전혀 찾아볼 수 없으므로 일단 "孤證不立"으로 볼 수 있다. 둘째, 이 逸話의 내용도 너무나 극적으로 기술되어 있었고, 또한 당시 김옥균 등이 원세개를 비롯한 청군장교들을 직접 제거하고 나아가서 청군군영을 직접 공격하려고 했다는 내용도 사실이 아니었다. 셋째, 실제로 그러한 사실이 있었을 경우 원세개는 자신의 "功績"으로 자랑할 수 있는 單身赴宴의 "壯擧"를 반드시 이홍장에게 보고하였겠지만, 훗날 이홍장에게 제출된 원세개의 여러 차례 보고서에는 그러한 내용이 전혀 없었다.
66) 김옥균의 『甲申日錄』에서 陳樹棠과 潭庚堯의 직함을 각각 '淸國領事' 및 '書記官'으로 기록한 것은 정확한 標記가 아니었다(『金玉均全集』, 78~79쪽).
67) 『關係史料』 第3卷, 「總署收北洋大臣李鴻章函 附件三 : 照錄總辦朝鮮商務陳道樹棠來稟」, 1505~1506쪽.
68) 『關係史料』 第3卷, 「總署收北洋大臣李鴻章函 附件四 : 照錄統帶駐防朝鮮親慶各營吳提督兆有等聯銜來稟」, 1506~1508쪽.

의 주장은 청군병영으로 전달하는 척만 하여 사실상 묵살하였다. 이미 개화파세력과 밀약이 되어 있던 다케조에 공사는 곧바로 200명의 일본군을 거느리고 도착하여 개화파세력이 장악한 일부 조선 新軍병력과 함께 경우궁의 수비를 담당하였고, 경우궁 부근까지 출동하였던 일부 淸軍병력은 그대로 철수한 것으로 확인되었다.[69] 이어서 개화파세력은 韓圭稷, 李祖淵, 閔台鎬 등 6명을 차례로 살해하였는데, 이들을 제거하는 목적은 政敵肅淸의 차원 외에도 또한 이들이 조선주둔 淸軍을 비롯하여 청나라 세력과 밀접한 관계를 갖고 있어 "淸兵을 이끌어 들이려는 계책"을 꾸미고 있다는 현실적인 의심에 의한 것이었다.[70] 사실 김옥균 등 개화파들은 그날 밤 郵政局 연회 때 이미 "事大黨의 首領을 一網打盡하여 剿殺"할 계획을 갖고 있었으므로 위와 같은 살해행동은 결국 우정국 연회장에서 "일망타진"할 계획과 마찬가지로 거사계획의 한 부분으로 실행되었던 것이다.[71]

즉 일본군 병력의 요청과 親淸 보수파세력의 제거는 김옥균 등이 조선주둔 淸軍의 간섭을 원천적으로 봉쇄하고 나아가서 청나라와 조공관계를 청산하여 진정한 자주독립을 실현하기 위한 의도적인 행동으로서, 정변을 일으킨 그날 밤에 전격 실행한 것은 바로 對中國關係가 政變의 성공 여부를 결정할 만큼 중요한 요소로 작용하고 있었기 때문이다. 다음날 고종과 민비 등이 昌德宮으로 還宮을 요구하면서 淸軍의 공격 가능성 운운한 것은 결국 조선주둔 청군 및 청나라 세력을 개화사업의 장애물이자 반대세력으로 간주하는 김옥균 등 개화파의

---

69) 『甲申日錄』, 『金玉均全集』, 86쪽 ; 『關係史料』 第3卷, 「總署收北洋大臣李鴻章函 附件四 : 照錄統帶駐防朝鮮親慶各營吳提督兆有等聯銜來稟」, 1506~1508쪽 ; 『容庵弟子記』, 앞의 『近代中韓關係史資料彙編』 第12冊, 142~143쪽.
70) 『甲申日錄』, 『金玉均全集』, 87쪽 ; 『金玉均傳』 上卷, 355~356쪽.
71) 『甲申日錄』, 『金玉均全集』, 71~72쪽 ; 『金玉均傳』 上卷, 344쪽.

對中國認識의 영향을 받은 것으로 보아야 할 것이다.[72]

이어서 12월 5일에 개화파들과 민씨 척족세력에 의해 배척되었던 왕족세력을 중심으로 한 새로운 개화파 정권이 수립되었고, 6일에는 신정권의 국정원칙에 해당하는 이른바 14條 政綱을 발표하였다.[73] 『甲申日錄』에 기록된 14조 정강에 의하면 그중 제1조가 바로 청나라에 억류되어 있는 대원군을 조속히 '陪還'하고 아울러 청나라에 대한 '朝貢虛禮'를 폐지한다는 내용이었다. 당시 개화파와 깊은 관계를 맺고 있으면서 갑신정변에도 참여하였던 일본인 이노우에(井上角五郞)도 개화파 정권이 "淸國에는 급히 使臣을 보내어 대원군의 還國을 요구하고 淸國과의 主從關係의 終熄을 闡明했다"라고 회고하였다.[74] 『甲申日錄』에 기록된 이른바 14조 정강이 김옥균 자신의 표현 그대로 '略錄'되어 있는 점을 감안할 때 오히려 井上角五郞의 회고 내용이 훨씬 더 정확한 것으로 생각된다. 예컨대 "大院君不日陪還事"로 '略錄'된 부분은 직접 대원군을 조선으로 '陪還'하겠다는 것이 아니라 이노우에가 회고한 것처럼 청나라에 사신을 급파하여 대원군의 송환을 요구하겠다는 정책으로 이해해야 할 것이다.

그렇다면 김옥균을 비롯한 신생 개화파 정권은 청나라에 사신을 파견할 계획까지 갖고 있었던 것으로 볼 수 있으며, 새 정권 수립 후 최초로 청나라로 파견될 이 사신에게는 대원군의 송환을 요구하는 사명 외에도 청나라와 상호평등한 국가관계를 수립할 데 관한 협상을 맡길 의향도 있었을 것으로 추정된다. 여하튼 14조 정강에 관한 『甲申日錄』의 신빙성 문제와[75] 상관없이 대원군의 송환요구 및 청나라와 조공관

---

72) 『甲申日錄』, 『金玉均全集』, 93쪽, "忽聞上召竹添,……懇傳大王大妃之意, 曰 : 雖有淸人不虞之變, 大關與此處, 少無不同".

73) 『甲申日錄』, 『金玉均全集』, 89~96쪽.

74) 『서울에 남겨둔 꿈』, 50쪽.

75) 山邊健太郞, 「『甲申日錄』の硏究」, 『朝鮮學報』 第17輯, 117~142쪽 ; 김사억,

216

계 단절은 신생 개화파 정권이 "자주적인 대외관계를 위한 정치투쟁에
서 가장 초미의 문제로 제기"된 것이 사실이다.76) 이노우에(井上角五
郞)의 회고에 의하면 개화파 인사들은 "전하를 존경하여 '陛下'라고 하
였고, 왕명을 '勅'이라 불렀으며, 왕이 스스로를 가리켜 '朕'이라고 부르
는 등 엄연한 독립국의 군주로서의 의식을 구비"함으로써 전통적 조공
관계에 의한 儀禮를 완전히 철폐하였다고 한다.77)

이처럼 청나라와 전통적 조공관계를 청산하고 상호평등한 상호관계
를 수립하려는 정책적 의도와 노력은 앞서 살펴본 것과 같이 反清獨立
思想 및 東아시아연합사상이 함께 포함되어 있는 김옥균의 대중국인
식을 반영한 것이며, 또한 김옥균을 비롯한 개화파세력이 추구하는 이
상적 근대국가의 모습이기도 하였다.78) 정변 다음날에 곧바로 고종으
로 하여금 서울주재 미국공사 및 영국·독일 총영사 등 외교대표들을
만나게 한 것도 바로 그러한 새로운 대외관계의 수립을 위한 노력의
一端으로 보아야 할 것이다. 그러나 김옥균 등이 위와 같은 자주독립
의 이상을 실현하기 위해서는 무엇보다도 당시 서울에 주둔하고 있던
3개 營에 1,500명이나 되는 淸軍병력의 간섭과 개입을 봉쇄하는 것이
급선무였다. 실제로 이노우에의 기록에 의하면 고종이 창덕궁으로 환
궁할 때에도 청군의 무력간섭 가능성에 대한 대비문제가 심각하게 논
의되었다고 한다.79)

갑신정변이 일어난 지 이틀째 되는 12월 5일에 陳樹棠 및 袁世凱와
吳兆有 등 淸軍지휘관들은 이미 사태의 진상을 거의 파악하고 이홍장

「『갑신일록』에 대하여」, 『김옥균』, 297~349쪽 참조.
76) 김영숙, 「개화파 정강에 대하여」, 『김옥균』, 303쪽.
77) 『서울에 남겨둔 꿈』, 50쪽.
78) 金道泰, 『徐載弼博士自叙傳』, 首善社, 1948, 86쪽 ; 徐載弼, 「回顧甲申政變」,
    閔泰瑗, 『甲申政變과 金玉均』, 國際文化協會, 1947 참조.
79) 『서울에 남겨둔 꿈』, 50~51쪽.

과 청정부에게 병력증원을 통한 조속한 탄압을 요청하는 보고서를 제출하였고, 또한 청군병력을 동원하여 본격적인 무력간섭을 적극 대비하기 시작하였다.[80] 그날 저녁에 개화파 측에서 왕궁호위를 위해 宣仁門을 닫으려고 할 때 청군 측에서는 실력으로 저지하여 결국 선인문을 열어놓게 하였다. 이에 박영효는 실력대응으로 맞서려고 하였으나 김옥균과 다케조에 공사의 설득으로 일단 경계태세를 강화하는 것으로 그쳤다.[81] 그 이튿날 청군이 창덕궁을 공격할 당시 선인문이 하나의 주요 공격루트로 활용되었음을 감안할 때 선인문을 닫지 못하게 한 청군의 행동은 사실상 본격적인 공격진로를 확보하기 위한 계획적인 작전행동으로 볼 수 있으며, 따라서 宮門을 닫지 않아도 무방하다는 김옥균 등의 판단은 군사적 행동에 서투른 개화파세력의 치명적인 誤判으로 생각된다.[82]

갑신정변후 吳兆有 등이 이홍장에게 보낸 12월 15일자 공동보고서에 의하면 12월 5일에 자신들이 고종에게 서신을 보내었고 또한 개화파 측에서도 고종의 명의로 답서를 보내왔다고 하였다.[83] 그러나 같은 날 원세개가 별도로 제출한 비밀보고서에는 그러한 내용이 없었고,[84] 또한 김옥균의『갑신일록』등 다른 문헌에서도 청군 측에서 12월 5일

80)『關係史料』第3卷,「總署收北洋大臣李鴻章函 附件一：照錄旅順口營務處袁道保齡來稟；附件二：同知袁世凱家書；附件三：照錄總辦朝鮮商務陳道樹棠來稟；附件四：照錄統帶駐防朝鮮親慶各營吳提督兆有等聯銜來稟」, 1502~1508쪽；『項城袁氏家集·閣學公集』書札 卷3,「致黃松亭統領」,「致方銘山協戎」,「致吳孝亭軍門」；졸고,「金玉均暗殺事件과 淸政府의 關係에 대하여」, 220~225쪽 참조.

81)『甲申日錄』,『金玉均全集』, 94~95쪽.

82)『甲申日錄』,『金玉均全集』, 94쪽, "(宣仁)門之不閉, 亦屬無妨".

83)『關係史料』第3卷,「總署收北洋大臣李鴻章函 附件二：照錄統帶駐防朝鮮親慶各營吳提督兆有等聯銜來稟」, 1532~1535쪽.

84)『關係史料』第3卷,「總署收北洋大臣李鴻章函 附件三：照錄委辦親慶等營會辦朝鮮防務袁丞世凱來稟」, 1535 - 1542쪽.

에 서신을 보냈다는 기록이 전혀 없었으므로 위와 같은 보고 내용은 일단 신빙성이 부족한 것으로 생각된다.

한편 김옥균은 『갑신일록』에서 자신이 그 다음날인 12월 6일 아침에 원세개에게 서신을 보내 어젯밤 청군병사들이 선인문의 폐쇄를 저지한 행동을 질책하면서 다시는 그처럼 무리한 행동을 하지 말도록 경고한 것으로 기술하였다.[85] 그러나 당시 조선주둔 淸軍의 최고지휘관이 원세개가 아니었고 김옥균 역시 개화파세력이 수립한 신정권의 공식 대표가 아니었으며 특히 원세개 등의 사후보고에 그러한 사실이 전혀 언급되지 않은 점을 감안할 때, 김옥균의 위와 같은 기록은 다분히 자신들의 치명적인 誤判을 나름대로 감추기 위한 픽션의 성격이 강한 것으로 생각된다. 실제로 그날 오후에 고종의 알현을 요구하는 청군측의 서신은 최고지휘관인 오조유의 명의로 제출되었고, 개화파세력을 대표하여 위 서신을 공식 접수한 것도 신정권의 최고층인 좌의정 李載元과 우의정 洪英植이었다.

당시 김옥균의 직책은 재정문제를 담당하는 호조참판이었지만, 그와 개화파세력에게 있어서 가장 중요한 급선무는 역시 『甲申日錄』에서 밝힌 대로 '軍務'였으며 이른바 군무의 핵심은 바로 조선주둔 청군의 무력간섭을 대비하는 문제였다. 한편 수적으로 훨씬 우세한 청군 측의 공격조짐이 본격화되자 다케조에 공사는 정변에 개입한 지 이틀밖에 안 되는 12월 6일 오전에 이미 이재원, 홍영식에게 일본군 병력을 철수하겠다는 의사를 밝혔다. 이에 일본군의 실력지지에 전적으로 의지하고 있던 김옥균은 '驚愕'을 금치 못하면서 일본군병력의 철수를 극구 만류하는 한편 다케조에와 청군의 공격을 방어할 계획 및 국정개혁을 계속 추진할 문제를 협의하였다.[86]

---

85) 『甲申日錄』, 『金玉均全集』, 97쪽 ; 『金玉均傳』 上卷, 368쪽.
86) 『甲申日錄』, 『金玉均全集』, 97~99쪽, "因籌劃防禦淸兵之策兼大行改革之

같은 날 오후에 조선주둔 청군의 최고지휘관인 오조유는 장교 周得武를 보내 고종에게 보내는 서신을 전달하였다.[87] 이에 김옥균은 서신을 보내온 연락장교가 직접 고종을 알현할 수 없다고 거절하는 한편 신정권의 대표인 이재원과 홍영식의 명의로 그 서신을 접수하도록 하였다. 그 서신의 내용인즉 변란을 겪은 고종의 안부를 문의하면서 '京城內外'가 모두 평안하고 청군병력 역시 무사하다는 것으로서, 사실상 고종을 비롯한 조선왕실에 대한 청군의 보호의지와 갑신정변에 대한 실력간섭 가능성을 시사하는 일종의 메시지로 보아야 할 것이다.[88] 이에 개화파 측에서는 都承旨 朴泳教가 고종의 명의로 答書를 작성하여 보냈다고 하였는데, 오조유 등의 보고서에 언급된 그 답서의 요지는 '近臣' 몇 사람을 죽인 것 외에 아무런 일도 없으니 淸軍은 절대로 경거망동하지 말라는 내용이었다.[89]

擧".

87) 『關係史料』 第3卷, 「總署收北洋大臣李鴻章函 附件二 : 照錄統帶駐防朝鮮親慶各營吳提督兆有等聯銜來稟」, 1532~1535쪽, "復遣差弁周得武一人入宮求見國王, 乃又爲其所阻".

88) 『甲申日錄』, 『金玉均全集』, 99~100쪽 ; 졸고, 「金玉均暗殺事件과 淸政府의 關係에 대하여」, 230쪽 참조. 여기서 김옥균이 吳兆有의 이름을 '吳張有'라고 기록한 것은 誤記로 생각된다. 실제로 『金玉均傳』 上卷, 373~374쪽에서 상기 서신을 인용하면서 '吳張有'를 '吳兆有'로 정확히 표기하였다. 한편 井上角五郎은 이날 淸軍진영에서 여러 차례 王宮으로 사신을 보내 吳兆有와 袁世凱의 국왕알현을 요청하였다고 한다(『서울에 남겨둔 꿈』, 52쪽).

89) 『金玉均全集』, 『甲申日錄』, 100쪽 ; 『關係史料』 第3卷, 「總署收北洋大臣李鴻章函 附件二 : 照錄統帶駐防朝鮮親慶各營吳提督兆有等聯銜來稟」, 1532~1535쪽, "而亂黨復矯王命回我軍書, 但云殺近臣數人, 別無他事, 堅囑勿動". 吳兆有 등의 상기 공동보고서에서는 고종의 答書가 12월 5일에 보내진 것으로 기록되었다. 그러나 『甲申日錄』의 기록과 대조해 볼 때 상기 "回我軍書"는 내용상 그 다음날인 12월 6일에 吳兆有의 명의로 된 서신에 대한 答書로 생각되며, 따라서 공동보고서의 상기 내용은 날짜를 잘못 기록하였거나 또는 거짓 보고를 한 것으로 추정된다.

당시 吳兆有와 袁世凱 등은 이미 창덕궁을 공격할 태세를 갖추고 陳樹棠을 통해 서울주재 각국 외교관에게 통보하는 한편 다케조에(竹添) 공사에게도 청군의 출동사실을 통보하는 서신을 보내었다.[90] 그러나 다케조에 공사는 그 서신을 미처 개봉해보기도 전에 청군의 공격이 이미 시작되었다고 주장하여, 청군에게 선제공격의 책임을 전가시키려고 하였고, 김옥균도 『갑신일록』에서 다케조에의 주장을 뒷받침하는 기록을 남겼다.[91] 같은 날 원세개가 전 경기감사 沈相薰을 통해 고종에게 청군의 공격계획을 통보하는 비밀편지를 전달하였다는 일부 기록은 당시 일본 측과 개화파세력이 고종을 철저하게 護衛하고 있고 또한 청군 측이 공격계획에 관한 보안을 절대로 유지해야 하는 당시 상황 등으로 미루어 보아 신빙성이 부족한 것으로 생각된다.[92]

곧 이어 원세개가 600명의 淸軍을 거느리고 東西 두 방향으로부터 창덕궁으로 진입하면서 고종의 알현을 요청한다는 연락이 왔고, 이에 김옥균은 원세개의 알현 요구가 사실상 청군의 공격을 예고하는 것으로 판단하고 원세개의 알현은 허락할 수 있지만 병력을 대동한 入宮은 불가하다고 거절하였다.[93] 훗날 이홍장에게 제출한 원세개의 보고서에 의하면 이날 淸軍병력은 각각 오조유와 원세개의 지휘하에 창덕궁의 左門 및 前門으로 진입을 시도하고 장광전이 후익을 담당하였는데, 정면공격을 담당한 원세개는 자신의 수행원 중 공무연락관계로 다케조

90) 『關係史料』第3卷, 「總署收北洋大臣李鴻章函 附件二 : 卑軍函託陳道樹棠布告各國公使信 ; 附件三 : 卑軍致日本公使竹添信」, 1527쪽.
91) 『關係史料』第3卷, 「總署收北洋大臣李鴻章函 附件四 : 竹添復卑軍信 ; 附件五 : 復日本公使竹添信」, 1527~1528쪽 ; 『甲申日錄』, 『金玉均全集』, 101쪽 ; 졸고, 「金玉均暗殺事件과 淸政府의 關係에 對하여」, 230~231쪽 참조.
92) 『金玉均傳』上卷, 369~370쪽 ; 尹孝定, 『韓末秘史-最近六十年의 秘錄』, 敎文社, 1995, 116~119쪽 ; 졸고, 「金玉均暗殺事件과 淸政府의 關係에 對하여」, 229쪽.
93) 『甲申日錄』, 『金玉均全集』, 100쪽.

에와 면식이 있는 訓導 陳長慶에게 두 개 哨, 약 200명의 병력을 거느
리고 먼저 入闕하여 다케조에에게 진입사실을 통보하려고 하였지만
결국 거절당하였다고 한다.[94] 여기서 청군의 행동과 관련한 부분은 김
옥균의『갑신일록』의 기록보다 원세개의 위 보고 내용이 좀 더 정확한
것으로 생각된다.

여하튼 청군의 공격이 본격적으로 개시되자 수적으로 열세한 일본
군과 개화파 측은 곧바로 곤경에 처하게 되었고, 곧바로 다케조에(竹
添) 공사가 개화파의 만류에도 불구하고 日軍병력을 황급히 철수함으
로써 갑신정변은 말 그대로 3일천하의 短命으로 요절하고 말았다. 개
화파세력의 보호를 벗어난 고종을 비롯한 왕실이 조선주둔 淸軍의 보
호를 받으면서 개화파 정권에 의한 政令을 다시 부정하는 일련의 敎書
를 내린 것은 바로 김옥균 등이 갑신정변을 통해 실현하고자 하였던
對中國認識과 정책의 실패를 상징적으로 보여주었다.

대중국관계의 시각에서 볼 때 갑신정변 당시 김옥균 등 개화파세력
의 인식과 행동을 다음과 같이 정리할 수 있다.

첫째, 김옥균 등 개화파세력은 청나라와 조공관계를 청산하는 등 내
외정치의 일대 개혁을 목표로, 청불전쟁 당시 청나라 세력이 약화된
시점을 이용하여 전격적으로 정변을 단행하였고, 그 과정에서 조선에
서 청나라 세력을 축출하겠다는 일본공사관과 협력하였다. 당시 김옥
균 등은 다케조에 공사의 장담을 과신한 나머지 조선주둔 청군의 전투
력 및 무력간섭 가능성을 과소평가하였다.

둘째, 갑신정변의 내용에는 청나라와 조공관계를 청산하고 새로운
한중관계를 비롯한 자주독립적 대외관계를 수립할 정책목표가 포함되
어 있었지만, 실제로 그러한 對中國政策을 실행할 시간과 여유를 가지

---

94) 『關係史料』 第3卷, 「總署收北洋大臣李鴻章函 附件三 : 照錄委辦親慶等營
　　會辦朝鮮防務袁丞世凱來稟」, 1535∼1542쪽.

지 못하였다. 반면에 김옥균 등 개화파세력의 주도로 수립된 신정권에서는 무엇보다도 현실적으로 가장 위협요소로 간주되는 조선주둔 청군의 무력간섭을 원천적으로 봉쇄하기 위해 많은 노력을 경주하였다.

셋째, 조선주둔 淸軍의 무력간섭 가능성에 대한 대비부족은 결국 갑신정변이 三日天下로 요절하게 되는 가장 중요한 객관적 원인으로 작용하였다.

한편 조선주둔 淸軍과 청정부 측에서 갑신정변을 김옥균을 비롯한 개화파세력이 일본의 힘을 빌려 청나라와 조공관계를 단절하려는 反中國 행동으로 인식하였고, 따라서 갑신정변 이후 일본으로 망명한 김옥균 등 갑신정변 주도세력에 대한 끈질긴 추적과 암살공작은 결국 당시 적극적인 간섭으로 전환한 청정부 對朝鮮政策의 중요한 일환으로 되었다.[95]

4. 망명기간의 대중국인식

갑신정변이 실패한 후 조선정부와 청정부는 일본으로 망명한 김옥균 등의 인도를 요구하였으나 여의치 못하자 곧바로 자객을 통한 암살공작을 적극 추진하기 시작하였다.[96] 한편 김옥균은 조선의 내정외교에 대한 청정부의 노골적인 간섭정책에 깊은 증오심을 간직한 채[97] 망

---

95) 이에 대한 자세한 내용은 졸고, 「金玉均暗殺事件과 淸政府의 關係에 對하여」, 220~236쪽 및 「李鴻章의 朝鮮認識과 政策 研究(1870~1895)」 참조.
96) 졸고, 「金玉均暗殺事件과 淸政府의 關係에 對하여」, 237~238쪽 참조.
97) 琴秉洞, 앞의 책, 176~178쪽. 김옥균이 일본으로 망명한 첫 해의 그믐날 저녁에 작성한 것으로 추정되는 「除夜見月有感寄崎陽諸弟」라는 漢詩에는 "胡虜獸腸懷狂狡, 跳踉兵戈逞悍慄;遠路徜恐計未造, 一死猶知爲君保"라는 구절이 있어 청나라 세력에 대한 증오심과 국왕에 대한 변함없는 충성심을 보여주었다.

명지에서도 계속 정치활동을 진행하였는데, 고종의 사촌이기도 한 江
華府 留守 李載元과의 비밀서신연락이 바로 하나의 대표적 사례였다.
김옥균이 이재원에게 보낸 서신에 의하면 여전히 '강대하고 공정한 한
나라'에 의지하여 보호를 받는 것이 가장 좋은 '爲國之策'이라고 주장
하였고, 특히 당시 청정부의 적극적인 간섭정책과 간섭행동을 예의주
시하고 있었던 것으로 나타났다.[98]

한편 그 무렵 김옥균은 갑신정변의 경위를 자세히 설명하는『甲申
日錄』을 작성하여 자신들의 개화의지와 노력과정을 밝히기도 하였
다.[99] 이『갑신일록』은 당시 공식 출간되지는 않았지만, 얼마 뒤 청정
부의 주일공사 徐承祖에 의해 입수되어 청정부와 이홍장에게 보고되
기도 하였다.[100] 1886년 초에 池運永 암살미수사건이 발생한 후 일본
정부는 소위 위험인물이라는 이유로 김옥균을 멀리 오가사와라섬(小笠
原島)으로 유배하기로 결정하였다.[101] 당시 池運永의 배후에는 조선정
부의 지시와 더불어 이홍장과 청정부 주일공사관의 협력이 있었던 것
으로 알려졌는데, 이에 김옥균은 선후로 고종에게 올리는 상서와 이홍
장에게 보내는 서신을 작성하여 일본언론에 발표하기도 하였다.[102]

위의 두 문서에서 김옥균은 당시 조선의 대내외정세를 언급하면서
특히 한중관계에 대한 논의를 많이 하였는데, 현재 남아 있는 김옥균

98)「致沁留書」,『金玉均全集』, 123~128쪽, "今日爲國之策, 第一深結外國中公
　　正且强之一國, 始終賴其保護之力".
99) 김사억,「『갑신일록』에 대하여」,『김옥균』, 297~349쪽 ; 琴秉洞, 앞의 책, 201
　　~203쪽.
100)『關係史料』第4卷,「總署收出使日本徐承祖函」,「總署收出使大臣徐承祖函」,
　　1973쪽, 2005~2007쪽 ; 顧廷龍, 葉亞廉 主編,『李鴻章全集』(一)『電稿』一, 上
　　海 : 上海人民出版社, 1985,「寄漢城袁道」, 3쪽.
101) 졸고,「金玉均暗殺事件과 淸政府의 關係에 對하여」, 245~246쪽 참조.
102) 琴秉洞, 앞의 책, 259~271쪽 ; 졸고,「金玉均暗殺事件과 淸政府의 關係에 對
　　하여」, 244~249쪽.

의 글 중에서 대중국인식과 관련한 내용이 가장 많은 것이므로 좀 더
자세히 살펴보기로 한다.

먼저 고종에게 올린 상서에서 지운영을 통한 암살계획을 신랄하게
규탄하면서 조선 내정외교의 위기상황을 지적하고 국가독립 보전책으
로서 급격한 개혁정책의 필요성을 역설하였다. 한편 그는 袁世凱를 통
한 청정부의 간섭정책 및 민씨 척족세력의 親淸賣國행위를 비판하였
고, 특히 巨文島 점령사건 등 조선문제의 처리에 있어서 이기적이고
무능한 청정부가 결국 조선에 대한 열강세력의 침략을 막아줄 수 없을
것이라고 지적하면서 한중관계 및 조선의 내외정책에 관하여 다음과
같이 주장하였다.103)

"臣이 愚昧할지라도 淸國의 大함으로 且我와 脣齒의 關係가 있삽는
데 짐줏 此와 相踈함이 得策이 아닌 줄은 知하오나 陛下의 奸臣은 袁
世凱等과 如한 無識의 徒와 結黨하여 國權을 蔑如하오니 이것을 臣
이 坐視치 못하는 바이로소이다.

이제 朝鮮을 爲하여 謀하건대 淸國은 本來 足히 恃치 못할 것이오
日本도 亦然하여 此 二國은 各其 自家維持에 餘力이 無한 模樣이온
데 何暇에 他國을 扶助함을 得하리이까.……

그러하온즉 장차 如何히 하여야 可하오리까. 오즉 外로는 널히 歐美
各國과 信義로써 親交하고 內로는 政略을 改革하여 愚昧의 人民을
敎호대 文明의 道로써 하고, 商業을 興起하여 財政을 整理하고 또 兵
을 養함도 難事가 아니오니 果然 能히 斯와 如히 하면 英國은 巨文島
를 還附할 것이오 其他 外國도 또한 侵略의 念을 絶함에 至하리이
다."

여기서 김옥균은 청정부의 간섭정책을 비난하면서 자주적인 내정개

---

103) 『金玉均全集』, 「池運永事件糾彈上疏文」, 139~148쪽.

혁과 국력양성을 주장하였지만, 한편 가까이 있는 大國인 청나라와 짐
짓 소원하는 것도 결코 得策이 아니며 또한 일본 역시 청나라와 마찬
가지로 크게 믿을 바가 못된다고 지적하였다. 급격한 反淸獨立思想이
부각되어 있던 종전의 對中國認識과 비교해 볼 때 현실감과 균형감이
새롭게 증가되었고, 그만큼 일본에서 망명생활을 거치면서 그의 대중
국인식이 상당한 변화가 있음을 보여주었다.

그리고 1886년 7월 7일자로 작성된 李鴻章에게 보낸 서신은 김옥균
이 이홍장은 물론 청정부 관원에게 보내는 유일한 서신으로서 그의 對
中國認識을 보여주는 중요한 사료였다.[104] 이 서신의 내용은 크게 다
음과 같은 세 가지 부분으로 구성되었다. 첫째, 池運永의 암살행동에
대한 이홍장과 청정부의 배후조종행위 및 袁世凱를 통해 실시하고 있
는 적극간섭정책을 신랄하게 비판하였다.

"閣下(이홍장을 가리킴)께서는 한 나라의 大臣으로서 (청)나라의 安
危는 거의 각하가 세운 計策의 得과 失에 달려 있는 것이고, 또한 현
재 각하께서 조선에 대해서도 은근히 힘든 줄을 모르고 (노력하고) 있
는 것 역시 모두 東亞의 大勢를 自任하고 있기 때문이 아니겠습니까?
……각하께서 또 어찌 칼을 품고 殺人하는 일을 敎唆하겠습니까?……

---

104) 『金玉均全集』, 「與李鴻章書」, 150~152쪽. 李光麟 교수의 解題에 의하면 이
서신은 『東京日日新聞』의 1886년(明治19年) 7월 9일자에 漢文原本으로 게재
되었던 것이라고 한다. 그러나 琴秉洞의 최근 연구에 의하면 이 서신은 「金
玉均與李鴻章書」라는 제목으로 먼저 7월 13일자 『朝野』에 발표되었다가 이
어서 7월 14일자 『郵便報知新聞』 및 7월 15일자 『東京日日新聞』에 전재되
었다고 한다(琴秉洞, 상게서, 267쪽 참조). 또한 琴秉洞의 상게서 969~971쪽
에도 "原文16"에 이 서신을 수록하면서 나름대로 句讀과 傍點을 가하였는데,
그 句讀과 傍點에 다소 문제가 있는 것으로 생각되며 또한 일부 文句가 상기
『金玉均全集』에 수록된 것과 다른 것에 대해서도 아무런 설명이 없었다. 그
리고 이 서신의 내용에 대한 분석은 상게 졸고 「金玉均暗殺事件과 淸政府의
關係에 對하여」, 247~248쪽을 참조할 수 있다.

각하께서 이미 조선의 일을 스스로 맡아 나셨다면 마땅히 時事에 老鍊하고 道理에도 밝은 자를 뽑아서 보내 수시로 忠言을 해주도록 할 것인즉, 그렇게는 하시지 않고 오히려 袁世凱와 같은 口尙乳臭의 無知한 一介 武夫에게 담당케 하니 큰 일을 마치 장난으로 대하는 것과 같습니다. 그러나 각하께서 조선이란 한 나라를 일시적으로 자신(의 이익)을 도모하는 奇貨로 삼고 있다면 아마도 貴國과 東亞를 위해서도 결코 福됨이 아닐 것입니다."

둘째, 한중양국의 관계에 대한 인식 및 갑신정변 직전에 자신이 이홍장과 청정부에게 조선의 개혁구상을 직접 피력하고 싶었던 사정을 토로하였다.

"玉均은 天下大勢의 이해관계 및 貴國과 東亞의 大局 그리고 우리나라와 自然脣齒의 形勢를 이루고 있는 것을 대략 알고 있습니다. 玉均이 어찌 渺然한 한 몸으로 그 사이에서 고의적으로 분쟁을 일으킬 이유가 있겠습니까? 壬午年(?)의 변란 이후 (조선의) 無賴한 奸類들이 모두 袁氏(袁世凱를 가리킴)諸輩에 趨附하여 陰으로 結黨하여 威福을 누리고 있으며 우리 임금의 聰明을 가로 막고, 國權을 迂制하고 政令을 掣肘하여 國勢가 날로 傾覆으로 기우고 있었습니다. 그 무렵에 있어서 玉均은 각하에게 時勢의 艱難을 痛論할 것을 請하였으나 奸小輩들이 여러 모로 設計하여 결국 沮絶되고 말았습니다."[105]

---

105) 위 서신의 原文에서는 "自壬辛一變之後"라고 하여 일견 임오군란과 갑신정변의 변란 이후라는 뜻으로 풀이할 수 있다. 그러나 곧바로 뒷부분에서 자신이 이홍장에게 '痛論'하지 못하고 또한 기울어져 가는 國勢를 "不敢袖手坐觀"하여 "乃橫行激切之擧, 爲圖救急之策"이라고 한 것으로 보아 위 구절은 마땅히 壬午軍亂 이후를 指稱하는 것으로 해석해야 할 것이며, 따라서 "壬辛一變之後"라는 문구는 "壬午一變之後"의 誤植으로 생각된다.

셋째, 청정부가 사실상 조선의 안전을 보장할 수 있는 실력이 없는 현실을 지적하면서 한국의 永久中立化 구상을 제시하고 이홍장과 청정부의 협조를 요청하였다.

"만약 조선에 그 어떤 困難이나 葛藤이 있을 경우 閣下 한 사람의 智能으로 끝까지 扶持할 힘이 있다면 너무나 다행스러운 일입니다. (그러나) 貴國의 大勢를 돌이켜 생각해보고 한 두 가지 前事를 列擧해 본다면 閣下도 역시 그렇게 할 수 없는 것입니다. 그렇다면 각하께서 어찌 大淸國 皇帝陛下를 天下의 盟主로 推尊하고 歐美 각 大國으로 公論을 선포하여 그들과 連續으로 조선을 中立國으로 세우고 萬全無危의 땅으로 만들고, 이어서 각하께서 老鍊한 수단으로 (조선과) 善隣友睦의 情을 다하여 광대뼈와 잇몸처럼 서로 의지하는 동맹(輔車之盟)을 굳게 맺으면서 東亞의 政略을 펼치지 않으십니까? 그렇게 하신다면 이는 오로지 조선의 행운일 뿐만 아니라 또한 貴國에도 得策이 될 것입니다."

즉 김옥균은 조선에 대한 이홍장과 청정부의 적극간섭정책을 신랄하게 비판하면서도 한중 양국의 지리적 그리고 역사적 밀접관계를 근거로 선린우호적인 輔車之盟의 필요성을 역설하였고, 특히 자신이 일찍이 갑신정변 전부터 이미 이홍장과 직접 국내외정세를 토론할 의향이 있었다면서 조선의 영구중립화 구상에 대한 이홍장과 청정부의 협조를 요청하였다. 앞서 1883년 초 청정부의 나가사키주재 영사 余瑠와의 회담 내용을 상기할 때 김옥균이 이홍장과 직접 회담하려고 하였다는 내용은 상당한 신빙성이 있는 것으로 생각된다. 그리고 조선중립화 구상 및 그 과정에서 청정부의 역할에 대한 기대는 중국중심의 전통적 동아시아 국제질서인 조공관계체제에서 근대적 조약관계체제로 이행하고 있는 과정에서 한국의 국제적 위상 및 중국과의 새로운 관계 설

정에 관한 최초의 논의로 생각되며, 약 7개월 전에 집필된 것으로 추정
되나 공개되지 않았던 兪吉濬의 「中立論」과도 일맥상통한 것으로 보
인다.

특히 위와 같은 중립론 구상에서 제기된 중국의 역할 및 중국과의
연대문제는 종전의 反淸親日 독립노선과는 달리 中日 등 주변 강대국
들의 이해 절충을 통해 한국의 독립과 안전을 도모하려는 훨씬 더 균
형적이고 현실적인 성숙한 모습을 보여주어 훗날 이른바 三和主義로
이어진 것으로 생각되며, 바로 갑신정변의 실패와 일본망명을 거치면
서 김옥균의 對中國認識은 상당한 현실적인 변화를 가져왔음을 보여
주고 있다.

그후 김옥균은 곧바로 오가사와라섬으로 유배되었지만, 중국과 일본
등 이웃나라와의 연대를 통해 구미열강의 침략을 막고 아시아의 부흥
을 도모해야 한다는 김옥균의 생각은 변함이 없었던 것으로 보인다.
유배기간 중 그가 1888년 4월 17일경 일본인 친지인 스나가(須永元)에
게 보낸 서신에는 당시 동아시아 정세 및 중국의 미래에 대한 다음과
같은 논평이 있다.[106]

　　"玉(김옥균의 自稱)은 늘 말하기를 지금 東亞細亞의 大勢에서 오로
　지 청나라와 일본이 서로 關鍵을 장악하고 있는데, (東亞細亞의) 太平
　과 騷亂여부는 모두 이 두 나라의 和隙에 달려 있다. 지금 또한 天下
　에서 大國의 禮를 갖추고 있으면서 純然하게 未開한 나라는 바로 淸
　國으로서 東西洋을 不問하고 大擧動이나 大運用이 있을 경우 역시
　곧바로 淸國일 것이다."

여기서 장차 동아시아의 정세는 결국 淸日 양국의 관계에 달려 있으

---

106) 琴秉洞, 앞의 책, 669~672쪽, 981~982쪽.

며 동서양의 열강이 동아시아에서 가장 적극적으로 공략할 대상은 바로 청나라일 것이라는 견해는 19세기 말 동아시아의 정세에 대한 정확한 예측이었고, 또한 청나라를 동아시아 미래 정세의 "태풍의 눈"으로 간주하는 對中國認識 및 동아시아에서 청일 양국의 중요성에 대한 인식은 훗날 그가 이른바 三和主義 사상을 주장하게 되는 근거로 생각된다.

1890년에 東京으로 돌아온 후 김옥균은 같은 해 4월 『國民新聞』과의 인터뷰에서도 조선은 중국 및 일본과 더불어 東洋의 정세와 크게 관계되는 나라들이라고 주장하였다.[107] 바로 이와 같은 인식이 한중일 3국의 화합과 협력을 통해 구미열강의 침략에 대항하고 아시아의 부흥을 도모하자는 '三和主義 思想'으로 발전한 것으로 생각된다. 이노우에(井上角五郎)의 회고에 의하면 김옥균은 일본에서 「興亞之意見」이라는 문헌을 작성하여 한중일 3국의 연합을 통해 歐美勢力의 東漸을 막아야 한다는 주장을 제시하였다고 한다.[108] 말하자면 이와 같은 三和主義 사상은 앞서 살펴본 김옥균의 대중국인식에서 줄곧 내포되어 왔던 아시아연합사상과 일맥상통한 것으로 볼 수 있다.

지금까지 김옥균의 三和主義 사상에 관한 본격적인 연구는 전개되지 않고 있는 반면 19세기 말부터 일본의 일부 우익세력에 의해 三和主義 사상은 저들의 아시아침략 사상과 일치한 것처럼 많이 왜곡되어 있는 실정이다. 물론 김옥균의 삼화주의 사상에는 당시 일본의 이른바 아시아주의 사상의 영향과 무관하지 않았지만,[109] 동아시아에서의 패

---

107) 『國民新聞』 1890年(明治 23年) 4月 15~16日 ; 琴秉洞, 앞의 책, 548~552쪽.
108) 井上角五郎先生傳記編纂會, 『井上角五郎先生傳』, 117쪽(李光麟, 『開化派와 開化思想硏究』, 145쪽에서 재인용).
109) 이광래, 「일본의 '아시아主義' 속에서의 한국인식 - 「脫亞論」과 「大東合邦論」을 중심으로 -」, 한일관계사학회, 『한일양국의 상호인식』, 國學資料院, 1998, 203~222쪽.

권을 추구하지 않고 특히 일본의 독점적인 '盟主' 지위를 거부하고 다른 나라에 대한 우위 및 침략보다는 단결과 연합을 통해 공동번영과 부흥을 도모한다는 면에서 소위 '脫亞入歐'로 표현되는 일본의 아시아주의와 근본적인 차이가 있다.[110]

이와 같은 인식은 김옥균의 삼화주의에 대한 역사인식을 바로 잡기 위한 전제적 조건이며, 또한 그러한 삼화주의 사상은 비슷한 시기에 제출된 유길준의 조선중립화 구상 및 안중근 의사의 동양평화사상 등과 마찬가지로 복잡한 국제정세의 변화 및 약육강식의 국제적 현실 속에서 나름대로 조선의 자주와 독립을 보전하기 위한 전략적 고민에서 비롯된 것으로 볼 수 있다.

그 무렵 김옥균이 東京주재 청공사관으로 자주 출입하기 시작하면서 이홍장의 맏아들이자 청나라 공사인 李經方 및 그의 후임자인 汪鳳藻 공사와 접촉하였고, 심지어 이홍장과도 서신연락을 시도한 것도 모두 위와 같은 삼화주의 구상과 무관하지 않은 것으로 볼 수 있다. 김옥균과 청공사관 및 이홍장과의 접촉사실에 관하여는 일본 측의 연구에서 많이 지적되었던 반면에,[111] 청나라 특히 이홍장 관련문서에서 그 증거를 제시한 연구는 아직 없었다. 필자의 조사에 의하면 1892년 5월경 원세개는 이홍장에게 조선정부가 김옥균에게 보낸 이홍장의 회답서신 사본을 입수하였다는 첩보를 보고하였고, 이홍장은 이와 같은 사실을 당시 駐日公使로 있던 맏아들 이경방에게 통보해 주었으나 이상하게도 아무런 대응책을 지시하지 않았다.[112]

---

110) 李昊宰, 『韓國人의 國際政治觀－開港後 100年의 外交論爭과 反省－』, 法文社, 1994, 38~41쪽.

111) 田保橋潔, 앞의 책 下卷, 177~178쪽 ; 林董, 『林董回顧錄』, 東京 : 平凡社, 1970, 252쪽 ; 黑龍會 編, 『東亞先覺志士紀傳』 上卷, 東京, 1933, 126~127쪽 ; 앞의 졸고 등 참조.

112) 沈祖憲 輯錄, 『養壽園電稿』(三) 電稿, 臺北 : 文海出版社 影印本, 「寄李中堂

훗날 김옥균이 상해행을 결심한 것은 물론 이홍장 측의 초청과 청정부 주일공사관의 협력 그리고 조선정부가 파견한 자객 李逸稙 등의 권유 등 객관적 원인도 있었다. 그러나 김옥균의 입장에서는 무엇보다도 한중일 3국의 연합을 주장하는 삼화주의 사상을 바탕으로 청나라의 실력자인 이홍장과의 전략적 제휴를 통해 개인의 정치적 재기는 물론 조선의 자주독립과 아시아의 부흥을 도모하려는 구상을 나름대로 갖춘 것으로서 결코 이일직과 홍종우 등 자객의 유인에 넘어간 단순한 실수는 아니라고 생각된다.

실제로 김옥균은 상해출항 직전 일본인 친구 미야자키(宮崎滔天) 및 도야마(頭山滿) 등에게 이홍장의 초청으로 상해로 간다면서 자신이 나름대로 구상을 갖고 있고 설명하였고,[113] 상해 도착 직후에도 당시 中西書院(Anglo-Chinese College)에 유학 중인 尹致昊에게 자신이 이홍장의 아들 초청으로 왔다는 사실을 토로한 적이 있다.[114] 당시 김옥균이 일본에서 사용하던 가명인 이와다 슈사쿠(岩田周作)를 이와다 미와(岩田三和)로 고쳐 사용한 것은 바로 그의 上海行과 三和主義 사상과의 관련성을 보여주는 하나의 단적인 사례였다.[115]

한편 김옥균이 중국으로 떠나기 직전 평소 친교가 있던 일본인 미야

光緖十八年四月二十六日」, 31쪽 ; 『電稿』二, 「寄日本李使」, 469쪽.

113) 宮崎滔天, 『宮崎滔天全集』第4卷, 283~284쪽 ; 琴秉洞, 앞의 책, 766쪽.

114) 國史編纂委員會 編纂發行, 『尹致昊日記』三, 探求堂, 1974, 298~299쪽, "Mr. K.O.Q.(金玉均을 가리킴 : 필자) told me that he come to visit China at the invitation of Li Hong Chang(李鴻章을 가리킴)'s son……Mr. K.O.Q. said that he intended to stay in Shanghai(上海를 가리킴) until a further notice from Mr. 李敬邦 who is now at 燕湖." 여기서 소위 "李敬邦(Li Ching Fang)"이란 그동안 이홍장과 김옥균 사이에서 가교역할을 해왔던 전 駐日公使 李經方의 이름을 誤記한 것으로 보이며, 소위 "燕湖"라는 地名도 당시 李經方이 체류하고 있던 蕪湖를 잘못 표기한 것으로 보인다.

115) 『關係史料』第6卷, 「上海縣訊過洪鍾宇等供詞」, 3293~3294쪽 ; 졸고, 앞의 글 등 참조.

자키(宮崎滔天)와의 담화 내용에 의하면 당시 김옥균 자신도 이번 上海行이 상당히 위험스럽다는 사실을 충분히 알고 있으며 또한 나름대로의 계획도 갖고 있는 것으로 나타났다.

    "(頭山滿, 福澤諭吉, 後藤象二郎 등이 마련하기로 한) 그 돈을 가지고 (나는) 제2의 支那(중국)행을 한다. 실제로 나는 支那에 영주할 작정이다. 아시아의 문제는 支那의 興亡에 의해 정해지는 것으로서 조선이 필경 어떻게 되더라도 그것은 다만 작은 문제에 불과한 것이니, 나는 당분간 조선이라는 작은 문제를 접어 두기로 하겠다.……호랑이 소굴에 들어가지 않고서 호랑이 새끼를 잡을 수 없으니 이홍장이 나를 속이려고 비굴한 言辭로 맞이한다면 나는 놈(이홍장을 가리킴)을 속이려고 그 배에 타는 것인즉 먼저 가서 곧바로 죽음을 당하던가 감금되게 되면 (일은) 즉시 끝나버린다. (그러나) 5분간이라도 談話할 시간이 주어진다면 (곧) 내 것이다. 여하튼 문제는 1개월로 끝난다."[116]

    김옥균과의 대화장면을 마치 소설처럼 생생하게 전하고 있는 위의 기록에서 우리는 장장 10년이 되는 망명생활과 유배생활을 지내면서도 여전히 변함없는 혁명가 김옥균의 담대하고 호방한 모습을 접해 볼 수 있을 뿐만 아니라, 당시 그가 中國行의 위험성 및 그에 따른 무서운 後果를 충분히 감지하고 있었으며 또한 나름대로 중국을 통하여 조국과 민족을 위한 큰 꿈을 펼쳐보고 싶은 구상도 갖고 있었음을 알 수 있었다. 위의 내용 중 김옥균이 '제2의 支那(중국)行'이라고 한 것은 아마도 종전에도 중국행의 계획이 있었다가 사정상 실현되지 못하였으므로, 이번 상해행을 그렇게 말한 것으로 생각되며, 실제로 김옥균은 이번 상해행이 평생 처음이자 마지막의 중국행이었다.

    여하튼 김옥균이 생명의 위험을 무릅쓰고 중국행을 결심한 것은 당

---

116) 『宮崎滔天全集』 第4卷, 283~284쪽.

시 일본에서의 활동이 여러 가지로 어려워지자 자신의 안전에 위험스럽기만 한 중국으로 가서라도 재기의 기회를 얻어보려는—그의 말대로 호랑이 소굴에 들어가서 호랑이 새끼를 잡으려는—불타는 애국심과 워낙 담대하고 호방한 그의 성격이 빚어낸 결과이지 결코 단순하게 자객들의 詭計에 넘어간 어리석은 짓만은 아니었다.

물론 이제 곧 카운트다운으로 들어가게 되는 김옥균 암살계획에 관하여 청정부가 직접 개입하였다는 증거는 아직 청정부의 관계문헌에서 찾아 볼 수 없었다. 그러나 위의 내용으로 보아 적어도 이홍장과 李經方 및 주일공사관측에서는 이 계획을 사전에 알고 있었고 나아가서 어느 정도 개입하고 있었을 것으로 추정할 수 있다. 당시 김옥균 암살계획을 사전에 파악하고 김옥균 등의 행적을 예의주시하고 있던 일본정부 역시 김옥균의 上海行에는 李經方 및 청정부 주일공사관의 개입이 있는 것으로 판단하고 있었다.[117)]

이어서 김옥균은 청정부 주일공사관의 통역 吳昇 및 오가사와라 시절부터 자신을 시중해온 일본인 기타하라(北原延次, 본명은 和田延次郎) 그리고 자객 洪鍾宇 등 일행 3명과 함께 日本郵船會社의 西京丸郵船편으로 3월 27일 上海에 도착하였다. 김옥균은 상해 도착 즉시 中西書院에 유학중인 尹致昊에게 서신을 보내 자신의 도착사실을 알려주었고, 또한 곧바로 찾아온 윤치호에게 자신은 李經方의 초청을 받고 왔으며 당시 蕪湖에 체류 중인 이경방의 연락이 올 때까지 상해에 체류할 계획이라고 밝혔다.[118)] 그러나 김옥균은 바로 그 이튿날인 3월 28일 오후 3시경에 자객 홍종우에 의해 암살됨으로써 결국 파란만장한 인생을 중국 상해의 객지에서 마감하고 말았나.[119)]

---

117) 『日本外交文書』第27卷 第1冊, 「金玉均上海へ渡航シタル事情報告ノ件」, 「金玉均ノ上海渡航ニ關スル朝鮮政府ノ態度報告ノ件」, 526쪽, 527~528쪽.
118) 『尹致昊日記』三, 298~299쪽.

이처럼 김옥균은 그 동안 여러 단계를 거쳐 나름대로 형성해 온 대중국인식을 바탕으로 망명기간에도 이홍장 및 청정부와 모종의 관계를 유지하였고 심지어 중국 上海로 직접 찾아와 나름대로 자신의 계획을 실현코자 하였으나, 결국 암살 당하면서 수포로 돌아가고 말았다. 필자가 이미 종전의 연구에서 지적한 바와 김옥균 암살사건 자체가 당시 조선정부 및 중일 양국정부가 모두 직접 또는 간접적으로 개입한 일종의 국제적 암살사건임을 감안할 때,[120] 김옥균의 대중국인식 및 그에 바탕한 대중국관계 구상과 계획의 실패는 김옥균의 개인적 실패나 좌절이라기보다는 결국 19세기 말 조선왕조의 비극적 운명의 한 단면이라고도 볼 수 있다.

5. 맺는 말

필자는 일찍이 김옥균 암살사건과 청정부의 관계에 대한 연구결과를 발표한 적이 있으며, 본고에서는 특히 김옥균의 대중국인식을 집중적으로 고찰하였다. 김옥균의 對中國認識은 갑신정변을 일으켰던 급진 개화파세력뿐만 아니라 사실상 19세기 말 조선의 자주독립과 개화 및 근대화를 추구하였던 선각자들의 대외인식을 상당부분 대변하고 있다는 면에서 단순히 김옥균 개인의 생애 및 사상에 대한 연구의 의미를 벗어나 한국근대사 및 근대 한중관계사의 연구에 있어서도 중요한 의미를 갖는다.

김옥균의 대중국인식을 하나의 변화하는 역사적 과정으로 파악하고

---

119) 이에 대한 자세한 내용은 앞의 졸고, 「金玉均 暗殺事件과 淸政府의 關係에 對하여」 참조.

120) 앞의 졸고, 「金玉均暗殺事件과 淸政府의 關係에 對하여」 참조.

위와 같이 살펴본 결과 적어도 다음과 같은 몇 가지 결론을 얻을 수 있었다.

첫째, 김옥균의 對中國認識과 관련하여 종전의 연구에서는 흔히 단순한 反淸獨立사상으로만 간주해 왔지만, 실제로 사상가이기보다는 정치가적 성격이 훨씬 더 강하였던 김옥균의 대중국인식은 그가 처한 정치적 사회적 상황에 따라 시기적으로 변화하였고, 또한 내용면에서도 反淸 일변도가 아니라 다양한 논의와 주장이 제시될 정도로 상당히 풍부하였다. 따라서 필자는 김옥균의 대중국인식을 크게 갑신정변 이전, 갑신정변 기간 및 갑신정변 이후의 망명기간 등 3단계로 나누어 고찰하였으며, 특히 그의 대중국인식 중에는 청정부의 간섭을 배척하고 조국의 자주독립과 개화자강을 실현하려는 反淸獨立사상과 더불어 중국과 새로운 상호평등의 관계를 수립하고 나아가서 중국을 비롯한 동아시아 각국과 협력하여 서양열강의 침략을 막아내고 아시아의 부흥을 이룩하자는 동아시아연합사상이 함께 포함되어 있는 사실을 지적하였다.

둘째, 김옥균의 개화사상 형성에는 朴珪壽, 吳慶錫, 劉大致 등을 통해 중국에서 입수한 여러 개화서적의 영향이 컸던 것으로 볼 수 있다. 말하자면 김옥균의 대중국인식은 한중 양국간에 수 천년 동안 유지해 온 긴밀한 역사적 문화적 관계라는 역사적 배경이 바탕하고 있었던 것이다. 따라서 갑신정변 이전 단계에 있어서 김옥균의 대중국인식에는 청정부의 간섭을 배척하고 청나라와의 조공관계를 청산하여 조국의 자주독립과 개화자강을 실현하려는 반청독립사상과 더불어 새로운 근대적 한중관계를 수립하고 나아기서 중국을 비롯한 동아시아 각국과 협력하려는 사상이 함께 포함되어 있었으며, 특히 3차에 걸친 방일기간중 일본주재 청나라 외교관 및 민간인들과 접촉하는 과정에서 한중 및 동아시아연합사상을 적극 피력하였다.

여기서 김옥균이 직접 李鴻章을 만나 한중협력에 관한 구상을 피력하겠다는 것은 바로 그의 새로운 대중국인식을 잘 보여주는 대목이었고, 또한 자신이 프랑스-프로이센전쟁과 관련한 글을 작성한 적이 있다는 김옥균의 언급 내용은 지금까지 밝혀지지 않았던 그의 새로운 저작물로 추정된다.

셋째, 그후 임오군란을 거치면서 김옥균의 대중국인식 중 한중 및 동아시아연합사상은 청정부의 간섭정책에 대한 반감으로 말미암아 급격히 퇴색하는 반면, 반청독립사상은 크게 부각되면서 드디어 일본세력의 도움으로 갑신정변을 일으키게 된다. 당시 김옥균 등 개화파들은 나름대로 새로운 한중관계에 대한 구상을 갖고 있었음에도 불구하고 정변의 급박한 상황에서 서울에 상주하고 있던 淸軍의 대응문제에 급급할 수밖에 없었고, 결국 그 대응전략의 실패로 말미암아 3일천하의 비극적 종말을 맞이하고 말았다. 즉 갑신정변의 실패는 바로 김옥균을 비롯한 급진적 개화파세력의 대중국인식 특히 서울주둔 청군에 대한 대응전략의 실패와 직결된 것으로 볼 수 있다.

넷째, 일본으로 망명한 후의 김옥균은 갑신정변의 실패 및 일본정부의 배신 등 사건을 겪으면서 보다 성숙한 국제정치감각과 대외정세인식을 갖게 되었고, 따라서 일방적인 반청독립사상보다는 중국 등 동아시아국가와의 협력을 적극 주장하는 새로운 대중국인식을 형성하기 시작하였다. 따라서 그는 자신에 대한 암살공작이 자행되고 있는 상황에서도 이홍장에게 보낸 공개서신을 통해 청나라의 주도에 의한 조선 중립화계획을 호소하였고, 나아가서 한중일 3국의 연합을 통한 동아시아의 부흥을 주장하는 이른바 三和主義 思想을 형성하기에 이르렀다.

훗날 그가 청정부의 주일공사관 및 이홍장과 접촉을 시작하였고 또한 이홍장을 만날 목적으로 테러의 위협을 무릅쓰고 上海行을 감행한 것은 바로 그러한 三和主義 思想을 바탕으로 나름대로 새로운 대중국

관계의 구상을 실현하기 위한 壯擧였다. 물론 곧바로 암살당하면서 김
옥균의 구상과 계획은 좌절되었지만, 그의 대중국인식 및 삼화주의 사
상은 兪吉濬의 조선중립화 구상 및 安重根의 동양평화사상 등과 마찬
가지로 냉엄한 국제적 현실 속에서 조국의 자주독립과 근대화를 위한
진지한 고민의 산물이자, 그 과정에서 나타난 對中國認識의 변화는 바
로 새로운 역사적 전환을 맞이하고 있는 근대 한중관계사의 이면을 보
여주는 중요한 내용이라고 할 수 있다.

무릇 역사적인 집단체험의 소산으로서의 이미지가 누적되고 관념이
정형화되면서 이루어진 소위 인식(perception) 특히 국가와 민족간의 상
호인식은 그 자체가 오랜 역사적 기간에 걸쳐 생성되었을 뿐만 아니라
또한 그 인식의 대상으로 되는 국가 또는 민족과의 미래관계에도 직접
적인 영향을 미치게 된다. 그러한 의미에서 본 연구에서 살펴본 김옥
균의 對中國認識을 포함하여 한국인의 대중국인식에 관한 연구는 한
국역사의 중요한 부분을 차지하는 한중관계사의 심층적 연구에는 물
론이고 21세기의 새로운 한중관계의 정립을 위해서도 매우 중요한 의
미를 갖는 것으로 생각된다.

근대조선의 아시아협력 구상에 관한
역사적 고찰
-김옥균의 三和主義 사상을 중심으로-

1. 들어가는 말

인류역사상 제3천년의 새 아침이 밝아온 지 벌써 3년째 되는 오늘날 세계는 경제와 문화 등 광범위한 차원에서 바야흐로 一元化되어 가는 소위 세계화(全球化, Globalization)의 흐름을 숨가쁘게 경험하면서 말 그대로 몇 만리 밖의 異域이 지척처럼 가까워지고 있는 하나의 지구촌 (地球村, Global Village)을 만들어 가고 있는 한편, 지역적 근접성과 경제적 상호이익을 바탕으로 한 지역공동체의 형성 및 발전의 과정 즉 지역화(區域化, Regionalization)가 동시에 급속도로 전개되고 있는 실정 이다. 유럽의 경우 유럽공동체(歐盟, EU)에서는 벌써 하나의 공동국가를 지향하는 제도적 노력을 강구하고 있고 북미지역의 북미자유무역 협정(北美自由貿易協定, NAFTA)과 아시아태평양지역의 아시아태평양 경제협력기구(亞太經合組織, APEC) 및 동남아시아의 동남아시아국가 연맹(東盟, ASEAN) 역시 지역차원의 공동시장을 건설하기 위한 노력을 다그치고 있다. 그중 ASEAN의 경우 동북아지역의 중국과 일본 및 한국이 각각 상호 자유무역협정을 적극 추진하고 있을 정도로 경제적 차원에서 바야흐로 하나의 광역지역공동체(Large Scale Regional Union)를 지향해 나가고 있는 실정이다.

그러나 동북아지역의 주요 나라들인 중국과 일본 및 북한, 한국은 위와 같은 세계적인 개방과 교류, 경쟁과 협력의 흐름에도 불구하고 세계화의 흐름은 물론이고 지역화의 추세에도 한참이나 뒤떨어져 있는 실정이다. 주지하는 바와 같이 중국과 일본 및 오늘날 북한과 한국이 포함된 한반도를 포함한 동북아시아지역은 지난 수 천년 동안 이른바 漢字문화권 또는 儒敎문화권, 중국문화권으로 일컬어지는 지역문화권으로서 그 長久性과 持續性에 있어서 세계사적으로 유난히 두드러져 있었다. 그럼에도 불구하고 한때 매우 밀접한 상호관계를 유지해 온 동북아시아지역은 일찍이 근세 이전의 여러 세기부터 오늘날에 이르기까지 서로의 내왕은 물론이고 접촉과 교류 심지어 교역마저 서로 단절되면서 소원한 관계 심지어 상호 적대적인 관계를 갖게 되어 오늘날 하나의 문화권 또는 경제권으로 성립되기 어려운 역사적 배경을 형성해 왔다는 사실이 새롭게 지적되고 있다.[1]

그 원인에 대하여 물론 여러 가지 복잡하게 설명할 수 있겠지만 한국학자 고병익 교수는 그중 대표적으로 지역 共通語의 결여,[2] 상호간의 인적 교류를 활발히 할 수 있는 제도적 장치의 미비,[3] 연도표시 방법의 相異,[4] 국가와 민족 사이의 平等觀의 缺如 등을 지적하였다. 바

---

1) 고병익, 「동아시아나라들의 상호 疏遠과 통합」, 『창작과 비평』 1993년 봄호.
2) 19세기 말 심지어 20세기 초까지만 하여도 서로 다른 나라의 사람들 사이에도 漢文으로 筆談을 통해 의사소통이 가능하였지만, 오늘날 동북아 여러 나라 사람들이 서로 의사소통을 하기 위해서는 오로지 서양의 언어인 영어를 통해서만 가능하였다.
3) 그 실례로 고병익 교수는 동북아지역의 여러 나라들이 域內 국가 상호간에는 엄격한 사증(Visa)제도를 적용하는 한편 域外의 다른 나라 예컨대 유럽이나 동남아의 다른 나라들과는 오히려 사증면제협정을 체결하고 있다면서 이를 새로운 鎖國的 경향이라고 지적하였다.

로 그러한 의미에서 필자는 일찍이 동북아지역은 세계적으로 세계화의 정도가 가장 낮은 지역에 속할 뿐만 아니라 또한 지역화의 정도에 있어서도 유난히 후진적 지역이라는 사실을 지적한 적이 있다.[5]

주지하는 바와 같이 지나간 과거의 사실(The Fact of The Past)을 연구하는 학문으로서 역사학은 현실적 그리고 경제적 의미가 주로 부각되고 있는 지역협력과 같은 주제를 다루기에는 분명 적합한 학문이 아니라고 할 수 있다. 그러나 바로 역사학의 위와 같은 특성으로 말미암아 지나간 과거의 사실에 대한 기록 및 해석을 本領으로 하는 역사학은 오히려 미래를 지향하면서 오늘을 살아가고 있는 우리에게 소중한 교훈과 가르침을 가져다 주는 중요한 역할을 갖게 된다. 이와 관련하여 동양에서는 "옛 것을 거울로 삼으면 興亡의 도리를 이해할 수 있다"[6]고 주장해왔고 서양의 근대철학자 베이컨(培根, Francis Bacon) 역시 "역사는 사람을 슬기롭게 한다"고 주장하였다.

따라서 지난 19세기 말 당시 아시아협력 구상에 관한 여러 논의들을 새롭게 살펴보면서 오늘날까지의 실제 역사과정과 대조하여 검토해 보는 작업은 지난 역사로부터 교훈과 가르침을 배운다는 의미에서 오히려 역사적 고찰방법(Historical Approach) 특유의 장점이 될 수도 있다. 위와 같은 문제의식을 바탕으로 한 하나의 사례연구(個案硏究, Case Study)로서 본고에서는 19세기 말 조선 개화파세력의 대표적 인물 金玉均의 三和主義 사상을 중심으로 근대한국의 아시아협력 구상을 살펴

---

4) 실제로 오늘날 중국과 한국이 西紀로 연도를 표시하는 반면 일본에서는 平成 年號, 북한에서는 主體 年號를 사용하고 있으며 중국의 일부분으로 간주되고 있는 臺灣에서는 여전히 中華民國 年號를 공식 사용하고 있다.
5) 權赫秀, 「西方經驗與東亞的區域合作」, 『東亞與西歐比較硏討會』, 中國 北京 師範大學 발표논문, 2001. 6.
6) 『資治通鑑』, "以銅爲鏡, 可以正衣冠 ; 以古爲鏡, 可以見興替 ; 以人爲鏡, 可以知得失".

242

보기로 한다.

2. 김옥균 三和主義 사상의 형성과정

19세기 말 조선의 급진적 개화파세력의 대표인물로서 김옥균의 파란만장한 정치역정은 대외적 측면에서 주로 한반도와 인접해 있는 일본과 중국 두 나라와 관계되어 있었다. 당시 일본과 중국 청정부는 모두 조선에 대한 깊은 이해관계를 갖고 있었으므로 급진적 개혁을 통해 조국의 신생을 꿈꾸었던 김옥균의 정치역정은 처음부터 일본 및 중국 청정부와 여러 가지로 복잡한 관계가 맺어지지 않을 수 없었다.

실제로 개화사상의 형성기에 있어서 김옥균 등은 청나라를 통해 도입된 근대적 사상의 영향을 받아왔지만, 그가 주장해 온 개화와 독립은 오히려 청나라와의 전통적 조공관계를 벗어나는 것으로부터 비롯되었다. 19세기 말 조선왕조의 사회 내부에서 김옥균을 비롯한 개화파세력의 성장배경에는 朴珪壽 및 劉大致, 吳慶錫 등의 영향이 지적되고 있는데,[7] 김옥균 등은 바로 당시 중국으로부터 들여온 한문서적을 통해 개화사상을 키워왔다. 오경석은 김옥균에게 청나라로부터 입수해 온 세계지리 관계 한문서적들을 보여줌으로써 세계각국의 지리지식을 가르쳐 주는 한편 중국중심의 '천하'를 벗어나 새로운 세계의 존재에 눈을 뜨게 하였다.[8] 박규수의 경우 청나라에서 가져온 地球儀를 빙빙 돌려 보이면서 다음과 같이 말해주었다고 한다.[9]

---

7) 사회과학원 력사연구소 편, 『김옥균』, 평양 : 사회과학원출판사, 1964 ; 李光麟, 『開化黨研究』, 서울 : 일조각, 1996년 1월 重版 ; 李完宰, 『初期開化思想研究』, 서울 : 민족문화사, 1989 등 참조.
8) 林毅陸編, 『金玉均傳』上卷, 東京 : 慶應出版社, 1944, 13쪽.
9) 신채호, 「地動說의 效力」, 『申采浩全集』(改訂版) 下, 서울 : 螢雪出版社,

"오늘에 중국이 어디에 있는가? 저리 돌리면 미국이 중국이 되고 이
리 돌리면 조선이 중국이 되니, 어떤 나라도 가운데로 오면 중국이 된
다. 오늘날 어디에 중국이 있는가?"

따라서 김옥균 등은 당연히 중국이 결코 세상의 유일한 중심이 아니
라는 새로운 천하관과 세계관을 갖기 시작하였고 이처럼 평등을 지향
하는 새로운 천하관과 세계관의 형성은 또한 그들로 하여금 청나라와
의 불평등한 조공관계 특히 조선의 내정외교에 대한 청나라의 간섭을
적극 배척해야만 조국의 진정한 자주독립과 개화자강을 실현할 수 있
을 것으로 생각하게 되었다. 당시 중국 청정부는 서양열강과의 관계를
근대적 조약관계로 전환하면서도 조선에 대한 조공관계를 계속 강요
하였고 또한 자국의 안보 및 외교적 이익을 수호하기 위해 조선의 내
정외교에 대한 간섭을 한층 더 강화해왔다.[10]

이에 김옥균을 비롯한 개화파세력은 이른바 개화를 단순히 선진적
인 구미문명의 수용으로만 이해하지 않고 청으로부터의 독립을 포함
한 내정외교의 일대 혁신으로 간주하였다.[11] 서재필의 회고에 의하면
김옥균은 "조국이 淸國의 宗主權하에 있는 굴욕감을 참지 못하여, 어
찌하면 이 수치를 벗어나 조선을 세계 각국 중의 평등과 자유의 一員
이 될까 晝夜로 勞心焦思하였다"고 한다.[12] 김옥균도 훗날 자신이 "閔
氏一派가 淸國에 붙어서 國權을 蔑如하는 것을 가만히 보고만 있을
수 없어 혁명을 企圖하였다"고 피력하였다.[13]

1977, 384~385쪽.

10) 권혁수, 『19世紀末 韓中關係史硏究 — 李鴻章의 朝鮮認識과 政策을 중심으
  로』, 서울 : 백산자료원, 2000 참조.

11) 이완재, 『초기개화사상연구』, 135~143쪽.

12) 徐載弼, 「回顧甲申政變」, 閔泰瑗, 『甲申政變과 金玉均』, 서울 : 국제문화협
  회, 1947 참조.

13) 김옥균, 「巨文島事件에 관한 上疏」, 월간 『新東亞』 1966년 1월호 부록.

1882년 3월경에 신흥 개화파세력의 대표자로서 弘文館 校理 通訓大
夫 經筵侍讀官으로 있던 김옥균은 고종의 밀명을 받고 평생 처음으로
일본을 방문하게 되면서 일본의 근대적 문명에 매료되는 한편 일본과
의 협력에 관한 구상을 갖게 되기 시작한 것은 이미 주지의 사실이
다.14) 한편 그 무렵 김옥균은 魚允中의 일본 및 청나라 방문기록인
『中東紀』 및 앞서 수신사 金宏集이 가져온 청나라 주일공사관 參贊
黃遵憲의 『朝鮮策略』을 탐독하고 있었는데, 특히 황준헌이 주장한 '親
中國, 結日本, 聯美國'說은 훗날 그의 삼화주의 사상의 형성에도 상당
한 영향을 미쳤다.15) 즉 김옥균의 개화사상에는 흔히 지적되어 왔던
것처럼 단순한 연일 또는 친일사상뿐만 아니라 처음부터 중국과의 우
호적 평등관계의 수립이라는 내용도 포함되어 있었으며16) 바로 그러
한 내용이 훗날 삼화주의 사상으로 싹터 간 것으로 생각된다.

실제로 김옥균은 5개월 남짓한 1차 방일기간에 청나라 공사 黎庶昌
및 나가사키 영사 余璃 등 청정부 외교관들과 활발한 접촉을 가졌
고,17) 또한 마침 나가사키에 체류중인 청나라 사람 孫子希와 국제정세
및 개화문제에 관한 필담을 나누었다.18) 여기서 김옥균은 "구미 각국
에서 연락하여 盟約을 요구하고 있으니 실로 開闢이래 일찍 없었던
일이다"라고 주장하면서 당시 조선왕조가 처한 국제적 현실의 심각성
을 지적하였는데, 위와 같이 심각한 위기인식이 결국 그가 조선과 일
본 및 중국을 포함한 아시아 여러 나라의 상호협력을 주장하게 되는

---

14) 琴秉洞, 『金玉均と日本-その滯日の軌跡』, 東京 : 綠陰書房, 1991, 46~51쪽.
15) 『金玉均傳』 上卷, 13쪽, 131~132쪽, 135쪽.
16) 권혁수, 「김옥균과 중국 : 대중국인식의 시기적 변화를 중심으로」, 『정신문화
연구』 2000년 가을호 참조.
17) 『西海新聞』 明治 15년(1882) 3월 29일 ; 故宮博物院明淸檔案部, 福建師範大
學歷史係 編, 『淸季中外使領年表』, 北京 : 中華書局, 1985년, 78쪽.
18) 『西海新聞』 明治 15년 4월 6일.

하나의 중요한 토대로 작용하게 된다.

　같은 해 6월 초에 도쿄에 도착한 김옥균은 6월 21일의 興亞會 회원 친목회에서 일본주재 청나라 공사 黎庶昌 및 수행원 姚文棟, 王琴仁, 張滋昉 일행을 만났다. 앞서 1881년 3월에 나가오카(長岡護美), 소네 (曾根俊虎), 야나기하라(柳原前光) 등 일본의 재야인사들과 청정부 초대 주일공사 何如璋 등에 의해 창설된 興亞會는 서세동점의 세계적 변화에 맞서 아시아의 연합과 부흥을 도모하기 위한 일종의 국제적 민간단체였는데,[19] 수신사 金宏集을 비롯해 당시 일본을 방문한 조선정부의 사신들도 흥아회의 모임에 자주 참석한 것으로 나타났다.[20] 김옥균 역시 일본인사들의 초청으로 흥아회 친목회에 참석한 것으로 보이는데, 그날 여러 나라 참석자들은 음주환담과 더불어 한문으로 된 시문을 지으면서 "日淸韓 3국의 사람들이 화기애애하게 아세아의 형세를 논의하고 그 氣運을 확장시킬 방법을 논의하였다"고 한다.[21]

　이처럼 김옥균은 제1차 방일기간에 주일공사를 비롯한 청나라 사람들과도 널리 접촉하면서 중국과 조선을 포함한 동북아 정세 및 세계정세를 논의하였고 특히 개국정치와 근대화의 필요성 및 서세동점의 세계사적 변화에 따른 동아시아 3국의 연합에 관한 인식을 같이 하였다.

---

19) 渡邊洪基,「興亞會創立大會における演說」, 伊東昭雄編著,『アジアと近代日本』, 東京 : 社會評論社, 1990, 20~22쪽.
20) 이광린,「개화기 한국인의 아시아연대의식」,『개화파와 개화사상연구』, 서울 : 일조각, 1989, 138~154쪽.
21)『東京日日新聞』明治 15年 6月 23日. 당시 김옥균과 동행한 姜瑋 등도 흥아회의 모임에 함께 참석한 것으로 보이는데, 姜瑋의 문집에 그 모임에서 지은 「興亞會上屬題」라는 제목의 七言漢詩가 수록되어 있다. "鯨海鴻泥跡易陳, 臨歸一語見情眞 易持時論人人別, 難識天機日日新. 磊落英豪同所見, 尋常恐懼易相親. 當時代箏關東事, 六國安危不在秦." 姜瑋,『古歡堂收艸』卷之十四「東遊艸」, 한국학문헌연구소편,『姜瑋全集』上, 서울 : 亞細亞文化社, 1978, 325~326쪽.

훗날 이노우에(井上角五郞)의 회고에 의하면 김옥균은 제1차 일본방문을 마치고 귀국한 다음 고종에게 한중일 3국의 연합을 통해 동양을 유지해야 한다는 내용을 「興亞策」을 작성하여 바쳤다고 한다.[22]

그후 1882년의 임오군란을 계기로 조선에 대한 청정부의 간섭이 적극 강화되면서 김옥균의 대중국인식 가운데 한중 두 나라를 포함한 동아시아 국가들의 연합을 통해 서양세력의 침략을 막아내고 자주자강을 이룩해야 한다는 어렴풋한 구상이 차츰 퇴색해 가는 반면 조선으로부터 청나라 세력을 완전히 축출함으로써 자주와 자강을 함께 실현하겠다는 급격한 反淸사상이 단연 부각되기 시작하였다. 그럼에도 불구하고 일본, 중국과의 새로운 관계수립을 통한 아시아 협력을 추구하는 정치적 외교적 노력은 그후에도 변함없이 추진되어 왔다.

같은 해 9월에 다시 일본을 방문한 김옥균은 나가사키 주재 청나라 영사 余瓗와 나눈 필담에서 특히 구미열강과 일본의 침략위협이 날로 심각해지고 있다는 국제정세인식을 바탕으로 한중 두 나라의 보다 긴밀한 협력을 주장하였고 아울러 외교대표의 파견 및 상주를 통해 전통적 조공관계를 근대적 관계로 전환하려는 자신의 대중국관계 구상을 이홍장을 비롯한 청정부 고위층으로 비밀리에 직접 전달해 주도록 요청하였다.[23] 김옥균이 제2차 방일기간에 일본정부 요인들과 자주 동양의 정세를 논의한 것도[24] 결국 위와 같은 아시아협력 구상과 무관하지 않은 것으로 이해할 수 있다.

이처럼 김옥균의 개화사상에는 국내정치의 개혁과 근대화사업의 추진과 더불어 대외관계의 근대화를 통한 자주독립의 실현이라는 국제

---

22) 『古筠』 창간호, 1935 ; 금병동, 앞의 책, 86쪽.

23) 中央硏究院近代史硏究所編, 『淸季中日韓關係史料』 第3卷, 臺北 : 中央硏究院近代史硏究所, 1972, 「總署收代日大臣黎庶昌函 附件一 : 照錄朝鮮三品官金玉均在長崎理事署筆談對答節略」, 1110~1113쪽.

24) 『甲申日錄』, 『김옥균전집』, 24쪽, "余又與日廷當路諸人, 時論東洋之事勢".

적 내용도 함께 들어 있었으며 여기서 제시된 한중 두 나라의 연대사
상이 바로 훗날 그가 제창한 삼화주의 사상과 직접 관련되는 것으로
볼 수 있다. 이와 관련하여 그 이듬해인 1884년 7월 3일에 발행된『漢
城旬報』제26호의 社說欄에는 당시 중국 상해의『申報』에 실렸던 글
을 발췌 전재하는 형식으로 다음과 같은「隣交論」이 게재되었다.[25]

　"亞細亞洲에서는 두 개의 대국이 있는데, 바로 중화와 일본이다. 幅
員의 넓음과 立國의 오래됨 및 인물의 풍성함에 있어서 일본은 중화에
못 미치지만, 해동에 雄處하면서 一切을 노려보고 있으며 富强의 방법
을 강구하고 있어 지구상의 여러 대국으로 하여금 감히 가볍게 보지
못하게 하는 면에서 일본도 역시 엄연한 대국의 모습이다. (중화와 일
본) 두 나라가 진실로 隣交를 굳게 맺어 좋은 것과 우환을 함께 할 수
있다면 어찌 아세아의 백년 남짓한 쇠퇴의 기운을 일으킬 수 없겠는
가?"

　비록 중국『申報』의 내용을 발췌 전재한 것이지만 그 내용에 대해
서는 당시『한성순보』의 편집과 발행사업을 주도하고 있던 김옥균 등
개화파세력들도 대체로 동감한 것으로 보인다. 즉 조선과 인접해 있는
중일 두 나라의 친선우호를 진심으로 희망하고 그러한 선린우호관계
가 서세동점의 국제정세 속에서 날로 쇠퇴해 가고 있는 아시아의 부흥
에도 도움이 될 것이라는 김옥균의 위와 같은 아세아연합 사상과 일치
한 것으로서 당시 개화파세력의 국제정세인식 특히 동아시아 정세인
식의 일면을 보여준 것으로 생각된다.[26]
　같은 해 6월 중순 고종의 특명으로 제3차 방일에 나선 김옥균은 결
국 일본의 힘을 빌려 급진적 개혁을 단행하겠다는 계획을 수립하는 한

25)『漢城旬報』第26號(甲申 閏5월 11일, 1884년 7월 3일),「隣交論」.
26)『김옥균전』상권, 236~237쪽.

편27) 일본 재야정객인 고토(後藤象次郎)에게 제출한 「朝鮮改革意見書」
에서 당시 한중관계에 대하여 다음과 같이 논평하였다.28)

> "自來 청나라가 스스로 조선을 (자국의) 속국으로 간주하는 것은 진
> 실로 萬無의 수치이며 또한 이 때문에 (우리)나라가 振作의 희망이 보
> 이지 않는 면도 없지 않다. 이것은 제일로 (먼저) 벗어버려야 할 羈絆
> 으로서 (그 후에야) 獨全自主의 나라로 特立할 수 있을 것이다."

한중관계 현실에 대한 위와 같은 인식은 결국 갑신정변 기간 김옥균
을 비롯한 개화파세력의 대중국정책 및 행동에 직접적인 영향을 미치
게 되었다. 주지하는 바와 같이 조선주둔 청군의 무력개입으로 말미암
아 김옥균 등이 일으킨 갑신정변은 말 그대로 3일천하의 단명으로 요
절되었고 김옥균 일행은 결국 조국을 떠나 일본으로 망명의 길에 오르
게 되었다. 따라서 일본의 힘을 빌어, 그리고 일본을 본보기로 삼아 조
국의 근대화를 실현하려던 김옥균 등의 야심찬 꿈은 끝내 처참한 좌절
을 맞게 되었고 아울러 청나라와 조공관계를 청산하고 새로운 한중관
계를 비롯한 자주독립적 대외관계를 수립하려던 정책목표 역시 수포
로 돌아가고 말았다.

3. 김옥균 三和主義 사상의 확립과 좌절

1886년 초에 일본망명 중인 김옥균에 대한 암살미수사건이 일어나

---

27) 금병동, 앞의 책, 120~124쪽.
28) 「조선개혁의견서」, 『김옥균전집』, 109~119쪽, "自來淸國之自以爲屬國, 誠萬
無之恥, 亦不無因此而國無振作之望, 此是第一疑(擬?)撤退羈絆, 特立爲獨全
自主之國".

자 일본정부는 위험인물이라는 이유로 김옥균을 멀리 오가사와라섬(小笠原島)으로 流配하기로 결정하였다.29) 당시 암살사건의 배후에는 조선정부의 지시와 더불어 이홍장과 청정부 주일공사관의 협력이 있었던 것으로 알려졌는데, 이에 김옥균은 고종에게 올리는 상서와 청정부 외교실력자인 이홍장에게 보내는 서신을 각각 작성하여 일본언론에 발표하였다.30)

먼저 고종에게 올린 상서에서 김옥균은 여전히 당시 조선이 처한 내외적 위기상황을 지적하고 國家獨立保全策으로서 급격한 개혁정책의 필요성을 역설하면서 특히 조선왕조의 대외정책과 관련하여 다음과 같이 호소하였다.

"이제 조선을 위하여 謀하건대 淸國은 본래 족히 恃치 못할 것이오 일본도 亦然하여 此 二國은 각기 自家維持에 餘力이 無한 모양이온데 何暇에 他國을 扶助함을 得하리이까.……그러하온즉 장차 如何히 하여야 可하오리까. 오즉 외로는 널히 구미각국과 信義로써 親交하고 내로는 政略을 개혁하여 愚昧의 인민을 敎호대 문명의 道로써 하고, 상업을 興起하여 재정을 정리하고 또 兵을 養함도 難事가 아니오니 과연 능히 斯와 如히 하면 영국은 거문도를 還付할 것이오 기타 외국도 또한 침략의 念을 絶함에 至하리이다."

말하자면 聯日 심지어 친일 및 反淸사상으로 점철되었던 김옥균의 대외관이 나름대로 현실적 균형감을 되찾으면서 조국의 독립과 부강을 바탕으로 한 아시아협력 사상이 다시 부각되어 가고 있음을 부여준

---

29) 권혁수, 「김옥균암살사건과 청정부의 관계에 대하여」, 『한국학논집』 제31집, 1997. 10, 245～246쪽.
30) 금병동, 앞의 책, 259～271쪽 ; 권혁수, 「김옥균암살사건과 청정부의 관계에 대하여」, 244～249쪽.

다.

그리고 1886년 7월 7일자로 작성된 이홍장에게 보낸 서신에서 김옥
균은 조선에 대한 이홍장과 청정부의 적극간섭정책을 신랄하게 비판
하는 한편 "천하대세의 이해관계 및 귀국과 동아의 大局 그리고 우리
나라와 自然脣齒의 형세를 이루고 있는" 당시 형편상 청정부가 결코
조선의 안전을 보장할 수 있는 실력이 없다고 지적하면서 아울러 조선
의 영구중립화 구상을 다음과 같이 제시하였다.

> "만약 조선에 그 어떤 困難이나 葛藤이 있을 경우 각하(이홍장을 가
> 리킴 : 인용자) 한 사람의 智能으로 끝까지 扶持할 힘이 있다면 너무나
> 다행스러운 일입니다. (그러나) 귀국의 大勢를 돌이켜 생각해보고 한
> 두 가지 前事를 열거해 본다면 각하도 그렇게 할 수 없는 것이다. 그렇
> 다면 각하께서 어찌 大淸國 황제폐하를 천하의 盟主로 推尊하고 구미
> 각 大國으로 公論을 선포하여 그들과 連續으로 조선으로 중립국으로
> 세우고 萬全無危의 땅으로 만들고, 이어서 각하께서 노련한 수단으로
> (조선과) 善隣友睦의 정을 다하여 광대뼈와 잇몸처럼 서로 의지하는
> 동맹(輔車之盟)을 군게 맺으면서 東亞의 政略을 펼치지 않으십니까?
> 그렇게 하신다면 이는 오로지 조선의 행운일 뿐만 아니라 또한 귀국에
> 도 得策이 될 것입니다."

여기서 조선중립화 구상 및 청정부의 역할에 대한 기대는 중국 중심
의 전통적 동아시아 국제질서인 조공관계체제에서 근대적 조약관계로
이행하고 있는 역사적 시기에 있어서 조선의 국제위상 및 중국과의 새
로운 관계설정에 관한 근대 한국 최초의 논의로 생각되며, 그에 앞서
약 7개월 전에 집필된 것으로 추정되는 兪吉濬의 「中立論」[31]과도 일

---

31) 19세기 말 조선중립화 구상에 관한 연구는 姜光植, 『中立化政治論－韓半島
　　適用可能性探索』, 서울 : 도서출판 인간사랑, 1989 ; 朴熙瑚, 『구한말 한반도

맥상통한 것으로 보인다. 특히 김옥균의 조선중립론 구상에서 제기된 중국의 역할 및 중국과의 연대문제는 종전의 聯(親)日反淸 독립노선과 달리 중일 등 주변 강대국과의 이해절충을 통해 조선의 독립과 안전을 도모하려는 훨씬 더 균형적이고 현실적인 성숙한 모습을 보여주어 훗날 이른바 삼화주의로 이어진 것으로 생각된다.

그후 김옥균은 곧바로 오가사와라섬으로 유배되었지만, 중국과 일본 등 이웃나라와의 연대를 통해 구미열강의 침략을 막고 아시아의 부흥을 도모해야 한다는 생각은 변함이 없었던 것으로 보인다. 유배기간 중 그가 1888년 4월 17일경 일본인 친지 스나가(須永元)에게 보낸 서신에는 당시 동아시아 정세 및 중국의 미래에 대한 다음과 같은 논평이 있었다.[32]

"玉(김옥균의 자칭)은 늘 말하기를 지금 東亞細亞의 대세에서 오로지 청나라와 일본이 서로 관건을 장악하고 있는데, (東亞細亞의) 태평과 騷亂여부는 모두 이 두 나라의 和隙에 달려 있다. 지금 또한 천하에서 大國의 예를 갖추고 있으면서 純然하게 未開한 나라는 바로 청국으로서 동서양을 불문하고 大擧動이나 大運用이 있을 경우 역시 곧바로 청국일 것이다."

여기서 장차 동아시아 정세는 결국 청일 양국의 관계에 달려 있으며 열강이 동아시아에서 가장 적극적으로 공략할 대상은 바로 청나라일 것이라는 예측은 이미 19세기 말 동아시아의 역사를 통해 그대로 입증되었다. 그리고 청나라를 동아시아 미래 정세의 "태풍의 눈"으로 간주

중립화론 연구』, 동국대학교 박사학위논문, 1997 등을 참조할 수 있다. 유길준에 대한 최근의 연구로 鄭容和, 『유길준의 정치사상연구』, 서울대학교 박사학위논문, 1998을 참조할 수 있다.

32) 금병동, 앞의 책, 669~672쪽, 981~982쪽.

하는 대중국인식 및 동아시아에서 청일 양국의 중요성에 대한 인식은 훗날 그가 삼화주의 사상을 주장하게 되는 현실적 근거로 되었다.

1890년에 도쿄로 돌아온 후 김옥균은 같은 해 4월 일본『國民新聞』과 가진 인터뷰에서 조선은 중국 및 일본과 더불어 동양의 정세와 크게 관계되는 나라들이라고 주장하였다.[33] 바로 위와 같은 동아시아 정세인식이 한중일 3국의 화합과 협력을 통해 구미열강의 침략에 대항하고 아세아의 부흥을 도모하자는 이른바 삼화주의 사상으로 발전한 것으로 생각된다. 이노우에(井上角五郎)의 회고에 의하면 당시 김옥균은 일본에서「興亞之意見」이라는 문서를 작성하여 한중일 3국의 연합을 통해 구미세력의 동점을 막아야 한다는 주장을 제시하였다고 한다.[34] 요컨대 위와 같은 삼화주의 사상은 앞서 살펴본 김옥균의 대중국인식에서 줄곧 내포되어 왔던 아시아연합사상과 분명 일맥상통한 것으로 볼 수 있다.

지금까지 김옥균의 삼화주의 사상과 관련하여 그 실체가 제대로 밝혀지지 않았을 뿐만 아니라 그에 대한 본격적인 연구 역시 전혀 전개되지 않고 있는 반면, 19세기 말부터 일본제국주의세력에 의해 삼화주의 사상이 마치 저들의 아시아침략 사상과 일치한 것처럼 많이 왜곡되어 있는 실정이다. 물론 김옥균의 삼화주의 사상에는 당시 일본의 이른바 아시아주의 사상의 영향과 무관하지 않았지만,[35] 동아시아에서 패권을 추구하지 않고 특히 일본의 독점적인 '맹주' 지위를 거부하고 다른 나라에 대한 우위 및 침략보다는 단결과 연합을 통해 공동번영과

---

33)『國民新聞』明治 23년(1890) 4월 15~16일 ; 금병동, 앞의 책, 548~552쪽.

34) 井上角五郎先生傳記編纂會,『井上角五郎先生傳』, 117쪽(이광린,『개화파와 개화사상연구』145쪽에서 재인용).

35) 李光來,「일본의 '아시아주의' 속에서의 한국인식―<脫亞論>과 <大東合邦論>을 중심으로」, 한일관계사학회,『한일양국의 상호인식』, 서울 : 국학자료원, 1998, 203~222쪽.

부흥을 도모한다는 면에서 소위 '脫亞入歐'로 표현되는 일본인의 아시아주의와 근본적인 차이를 갖고 있다.36)

위와 같은 인식은 김옥균의 삼화주의에 대한 역사인식을 바로 잡기 위한 전제적 조건이며 또한 그러한 삼화주의 사상은 비슷한 시기에 제출된 유길준의 조선중립화 구상 및 그후 안중근의 동양평화사상 등과 마찬가지로 복잡한 국제정세의 변화 및 약육강식의 국제적 현실 속에서 나름대로 조국의 자주와 독립을 보전하기 위한 전략적 고민에서 비롯된 것으로 볼 수 있다.

그 무렵 김옥균이 도쿄 주재 청나라 공사관과 접촉을 갖기 시작하였고37) 결국 1894년 3월에 운명의 중국 上海行을 결심하게 된 것도 김옥균의 입장에서는 무엇보다도 한중일 3국의 연합을 주장하는 삼화주의 사상을 바탕으로 청나라 실력자인 이홍장과 전략적 제휴를 통해 개인의 정치적 재기는 물론 조선의 자주독립과 아시아의 부흥을 도모하려는 전략적 구상에서 비롯된 의도적 행동으로 이해할 수 있다.

실제로 김옥균은 상해 출항직전 일본인 친구 미야자키(宮崎滔天) 및 도야마(頭山滿) 등에게 이홍장의 초청으로 상해로 간다면서 자신이 나름대로 구상을 갖고 있다고 설명하였고,38) 상해 도착직후에도 당시 中西書院(Anglo-Chinese College)에 유학 중인 尹致昊에게 자신이 이홍장의 아들 李經方의 초청으로 왔다는 사실을 토로하였다.39) 당시 김옥균이 일본에서 사용하던 가명인 이와다 슈사쿠(岩田周作)를 이와다 미와(岩田三和)로 바꾼 것도 바로 그의 상해행과 삼화주의 사상의 관련성을

36) 李昊宰,『한국인의 국제정치관-개항후 100년의 외교논쟁과 반성』, 서울 : 법문사, 1994, 38~41쪽.
37) 田保橋潔,『近代日鮮關係の硏究』下卷, 京城 : 조선총독부중추원, 1940, 171~178쪽 ; 권혁수,「김옥균암살사건과 청정부의 관계에 대하여」참조.
38)『宮崎滔天全集』第4卷, 283~284쪽 ; 금병동, 앞의 책, 766쪽.
39) 국사편찬위원회,『윤치호일기』三, 서울 : 탐구당, 1974, 298~299쪽.

보여주는 단적인 보기라고 할 수 있다.[40)

1894년 3월 27일의 김옥균 암살사건 자체가 당시 조선왕조 고종정부 및 중국 청정부와 일본정부가 모두 직접 또는 간접적으로 개입한 일종의 국제적 정치암살사건임을 감안할 때[41) 김옥균의 피살에 따른 그의 삼화주의 구상의 실패는 단순히 김옥균 개인의 실패나 좌절에 앞서 19세기 말 조선왕조의 비극적 운명의 한 단면이라고 볼 수 있다.

4. 맺는 말

김옥균의 삼화주의 사상에 대한 연구에서는 무엇보다도 그 사상의 실체를 보여줄 수 있는 자료의 부재라는 기본적인 한계에 부딪치게 된다. 파란만장한 정치적 활동으로 일관된 비운의 생애를 가진 정치가이자 혁명아인 김옥균은 여느 저술가나 사상가와 달리 생전에 삼화주의 사상을 비롯한 자신의 정치적 외교적 사상과 이론을 체계적으로 정리한 적도 없고 또한 그러한 시간적 그리고 환경적 여유마저 가지지 못한 것이 사실이다. 따라서 지금까지 김옥균의 삼화주의 사상이 구체적으로 어떠한 내용을 포함하였는지에 대한 실체적 접근조차 이루어지지 못한 실정이며 그에 대한 본격적인 연구는 더욱 거의 전무한 형편이다.

그럼에도 불구하고 본 연구에서는 김옥균의 삼화주의 사상을 하나의 역사적 실체 및 과정으로 간주하고 삼화주의 사상의 형성 및 확립과 좌절과정에 대한 객관적 접근을 시도하여 적어도 다음과 같은 다섯가지 결론을 도출할 수 있었다.

---

40) 『淸季中日韓關係史料』第6卷, 「上海縣訊過洪鍾宇等供詞」, 3293~3294쪽.
41) 권혁수, 「김옥균암살사건과 청정부의 관계에 대하여」 참조.

첫째, 김옥균의 삼화주의 사상은 근대조선에서 최초로 제기된 아시아협력 구상으로서 그 목적은 무엇보다도 조국의 자주독립과 개화자강을 위한 근대적 국제환경을 조성하기 위한 것으로 이해된다. 따라서 김옥균에 대한 연구 역시 지금처럼 개화운동 및 갑신정변을 중심으로 한 국내정치활동에만 국한될 것이 아니라 그의 대외인식 및 삼화주의 사상을 비롯한 대외관계 구상 등 대외적 활동과 사상에 이르기까지 차츰 그 지평을 넓혀가야 할 것으로 생각된다.

둘째, 김옥균의 삼화주의 사상은 아직 그 실체가 제대로 밝혀지지 않았지만 동아시아 여러 나라의 상호평등과 협력을 주장하는 취지만은 분명하였다. 흔히 갑신정변 전후의 정치적 행적을 빌미로 김옥균을 연일 심지어 친일파로 규정해 왔지만 사실상 김옥균의 대외관계 구상은 어디까지나 조국의 자주독립을 전제로 하였고 특히 후기에 이를수록 일방적인 연일 또는 친일을 탈피하여 조선과 중국, 일본을 비롯한 동아시아 여러 나라의 협력사상으로 발전하는 새로운 모습을 보여주었다.

셋째, 일찍 19세기 말부터 일본제국주의 침략세력에 의해 김옥균의 삼화주의 사상은 마치 저들의 아시아침략 사상과 일치한 것처럼 엄중하게 왜곡되어 왔는데 따라서 삼화주의 사상의 실체적 접근에 못지 않게 그에 대한 '역사 바로 잡기' 작업도 매우 시급한 과제라고 할 수 있다. 다시 말하자면 일본제국주의 침략세력에 의한 위와 같은 역사적 왜곡을 바로 잡는 작업 자체가 모름지기 삼화주의 사상의 실체에 객관적으로 접근할 수 있는 하나의 지름길이 될 수 있다.

넷째, 김옥균의 삼화주의 사상은 결국 그의 비참한 최후와 더불어 좌절되었지만 그것은 삼화주의 사상 자체의 내재적 결함에서 비롯된 것이라기보다도 19세기 말 조선왕조가 처하였던 냉엄한 국제적 현실의 영향이 훨씬 더 컸던 것으로 생각된다. 실제로 김옥균의 경우뿐만 아니라 유길준의 조선중립화 구상, 안중근의 동양평화사상, 3·1독립선언의 평화주의 주장 등 동아시아 국제관계에 대한 근대한국의 여러 빛나는 사상들이 대체로 비슷한 운명을 지낸 채 역사의 비바람 속으로 잊혀져 버렸는데,[42] 이는 결국 19세기 말이래 조선왕조 및 조선민족의 역사적 운명과 일맥상통한 것으로 보아야 할 것이다.

다섯째, 19세기 말 서세동점으로 표현되는 서양의 충격을 받게 되면서 조선왕조는 물론 중국과 일본에서도 마찬가지로 서구세력에 대항하기 위한 아시아협력 구상이 다양하게 제시되었는데 대표적으로 일본의 亞細亞主義[43]와 중국의 大亞細亞主義[44] 등이 있다. 그중 김옥균의 삼화주의 사상을 위시로 한 근대조선의 아시아협력 구상은 비록 역사적 영향 면에서 크게 미치지 못하였더라도 나라 사이의 상호평등을 주장하고 상호관계 및 지역질서의 평화성을 추구하되 독자적인 그리고 배타적인 헤게모니를 추구하지 않았던 세 가지 측면에서 일본 및 중국의 그것들과 차별성이 돋보였다. 즉 위와 같은 독특한 차별성을 가진 근대조선의 아시아협력 구상은 오늘날 동아시아의 지역협력을 논의하는 마당에서 분명 소중한 사상적 자원으로서 되새겨져야 할 것으로 생각된다.

한편 동북아시아의 여러 나라들이 아직도 진정한 의미에서 민족국가(Nation State) 건설이라는 근대적 목표를 충분히 완성하지 못하였고 특히 한반도와 중국은 여전히 분단국가로 남아 있는 실정에서 100년 전 申采浩의 다음과 같은 지적은 오늘날 동아시아 협력을 지향하고 있

---

42) 이에 대한 체계적인 연구는 훗날로 기약하겠다.

43) 竹內好編輯, 現代日本思想大系9『アジア主義』, 東京：築摩書房, 1963 참조.

44) 陳錫祺, 「孫中山亞洲觀論綱」, 『近代史硏究』 1990年 第6期 ; 唐上義, 「孫中山的大亞洲主義論綱」, 『孫中山與亞洲國際學術討論會論文集』, 廣州：中山大學出版社, 1994 ; 伊藤澤周, 『從"筆談外交"到"以史爲鑒"－中日近代關係史探硏』, 北京：中華書局, 2003, 315~341쪽 등 참조.

는 역내 모든 나라 모든 민족이 함께 깊이 새겨보아야 할 중요한 가르침이라고 할 수 있다.[45]

"한국인이 이 열국경쟁시대에 국가주의를 제창하지 않고 동양주의를 꿈꾸면 이는 오늘날 시대의 인물로 미래 다른 별나라 세계와의 경쟁을 근심하는 자와 다름없으며, 또한 이 비경 중에서 속박의 굴레에서 벗어날 도리는 생각지 않고 동양주의를 기대면 이것은 폴란드인이 서양주의를 말하는 것과 다름없느니라."

---

45) 신채호, 「東洋主義에 대한 批評」, 『대한매일신보』 1909년 8월 8일.

『吳淸卿獻策論』을 통해 본
청정부의 對朝鮮 간섭정책

1. 들어가는 말

한국정신문화연구원 藏書閣 圖書의 史部에는 『吳淸卿獻策論』이라
는 문서가 소장되어 있는데, 이에 대한 書誌事項은 다음과 같이 기록
되어 있다.[1]

> 『吳淸卿獻策論』, 吳淸卿(淸) 撰. 再鑄整理字版, 高宗年間~光武 10
> 年. 1卷 1冊(16張), 四周單邊, 半郭 21.3×14.2㎝, 有界. 半葉 10行 19
> 字, 29.2×18.1㎝, 線裝. 印：藏書閣印. 紙質：楮紙…….
> 中國人 吳淸卿이 韓國政府에 獻策한 것임.

필자의 연구결과 이른바 『吳淸卿獻策論』은 1884년의 갑신정변 이
후 청정부의 대표로 조선으로 파견되어 갑신정변문제를 조사처리한
吳大澂이 청정부의 비밀지시에 따라 고종에게 제출한 정책건의서였
고, 淸卿이란 바로 吳大澂의 字였다. 즉 『吳淸卿獻策論』은 갑신정변
을 계기로 적극적인 간섭정책으로 전환되고 있는 청정부의 對朝鮮政

---

1) 韓國精神文化研究院, 『藏書閣圖書韓國版總目錄 補遺篇』(1984年 影印再版),
   史部 詔令・奏議類, 13쪽.

策을 반영하는 중요한 사료이고, 특히 이 문서가 청정부 및 조선정부의 관련문헌에 전혀 수록되지 않았던 珍貴本이고 또한 지금까지 그에 대한 연구는 물론 그 존재까지도 거의 알려지지 않았다는 점에서 갑신정변을 비롯한 한국근대사 및 근대 한중관계사 연구의 한 공백을 메울수 있는 중요한 문헌사료로 볼 수 있다.

2. 吳大澂의 생애

吳大澂(1835~1902)은 중국 江蘇省 吳縣 사람으로서 본명은 大淳이었는데 그후 淸穆宗 同治皇帝의 諱(載淳)를 피하기 위해 大澂으로 改名하였고, 字는 淸卿 또는 止敬이고 號는 恒軒 또는 愙齋, 白雲山樵, 白雲病叟 등이 있다.[2] 1868년(同治 7年)에 進士급제한 뒤 그는 선후로 翰林院 編修, 陝甘學政 등 文職과 더불어 河北道 등 행정직을 역임하면서 청렴하고 성실한 행정관료로 평가되었고, 특히 국정주요현안에 대한 의견을 과감하게 제기하는 문인관료들로 구성된 이른바 淸流派 또는 淸議派의 대표인물로 유명하였다.

1870년대 중반 이후 光緖皇帝(1875~1908) 시대에 들어서면서 청정부내의 소장 문인관료들을 중심으로 나라의 내정외교 등 중대한 문제에 대한 급진적 의견을 발표하고 아울러 내정외교의 중요한 책임을 지고 있는 현직 고위관료들을 공격하는 풍조가 한 때 성행하였는데, 吳大澂도 그러한 淸流派에 속하였다.[3] 실제로 그는 陝甘學政으로 재직

---

2) 吳大澂의 생애에 관한 자료는 趙爾巽 等纂,『淸史稿』卷450, 吳大澂傳, 淸史館, 1928 ; 國史館 編,『淸史稿校註』第13冊, 卷457 列傳237 吳大澂傳, 臺北 : 國史館, 1989 ; 繆荃孫 纂輯,『續碑傳集』卷32, 吳大澂傳, 江楚編譯局, 1910 ; 顧廷龍,『吳愙齋(大澂)先生年譜』(『燕京學報』專號之十), 臺北 : 文海出版社 影印本 등 참조.

하면서 당시 청정부의 권력을 사실상 장악하고 있는 慈禧太后의 지시
로 진행되어 온 圓明園의 중건작업을 중단하라는 상소를 올린 적이 있
다.[4]

그후 1884년 5월 8일에 吳大澂은 欽差會辦北洋事宜로 임명되어 당
시 直隷總督으로서 北洋通商大臣을 맡고 있는 李鴻章과 더불어 수도
北京의 안전을 비롯하여 중국 북부지역의 안보를 책임지는 중책을 맡
게 되었고, 또한 광서황제에게 직접 보고서를 제출할 수 있는 특권이
부여되었다.[5] 같은 해 12월 14일에 조선에서 갑신정변이 일어나자 청
정부와 이홍장은 곧바로 갑신정변의 주도세력인 김옥균 등 개화파를
탄압하고 사태를 진정시키는 대책을 마련하였고, 또한 吳大澂과 續昌
을 조선으로 급파하여 갑신정변의 진상을 조사하도록 하였는데, 이에
대한 자세한 내용은 다음 부분에서 살펴보기로 한다.

그 이듬해인 1885년에 吳大澂은 청정부의 대표자격으로 吉林地方
에서 러시아측 대표와 동북지역 국경담판을 진행하여 러시아군대에
의해 강점되었던 琿春 黑頂子지방을 되찾는 성과를 이룩하였다. 1886
년에 그는 또 廣東巡撫로 임명되어 마카오(Macao, 澳門)를 포르투갈
(Portugal, 葡萄牙)에게 완전히 割讓하려는 청정부 總理衙門의 방침을
적극 반대하였고, 1888년에는 河道總督으로 임명되어 수 천년 동안 중
국 북부지역을 괴롭혀 온 黃河의 水患을 다스리는 데 상당한 기여를
하였다.

1892년에 湖南巡撫로 임명된 그는 1894년에 淸日戰爭이 폭발하자 3
만 명에 가까운 湘軍병력을 거느리고 出征할 것을 자청하였고, 이듬해

---

3) 劉盛木, 『萇楚齋隨筆』卷6, 臺北 : 世界書局, 1960, 21쪽, "光緖初年, 都中風
氣以喜言國是, 彈劾大僚爲貴, 謂之淸流".
4) 吳大澂을 비롯한 淸流派 및 그들의 정치적 역할과 활동에 대한 연구로는 郭
衛東, 「甲申政潮與中法戰爭」, 『歷史敎學』1998年 第11期 참조.
5) 朱壽明 編, 『光緖朝東華續錄』卷59, 北京 : 中華書局, 1984.

262

인 1895년에 四川提督 宋慶과 더불어 軍務幫辦 즉 副統帥로 임명되어 欽差大臣督辦東征軍務 즉 統帥로 임명된 兩江總督 劉坤一을 보좌하여 동북지역의 수십만 淸軍병력을 총지휘하게 되었다. 그러나 공격작전에 앞서 먼저 일본군 지휘관에게 항복권유서를 송달하면서 한껏 위엄을 과시하던 吳大澂은 곧바로 개시된 海城탈환전에서 참패를 당하면서 군사작전지휘의 무능함을 여지없이 드러내었고, 청정부도 더 이상 승승장구하는 일본군의 공격태세를 막을 수 없어 사실상 항복담판과 다름이 없는 강화교섭을 시작하였던 것이다.[6]

그후 吳大澂은 패전의 책임으로 湖南巡撫직에서 파면 당하였고 곧이어 영원히 관직에 임용하지 않는다(革職永不敍用)는 엄중한 처벌을 받은 뒤 평소 소장하였던 書畵작품과 골동품을 팔아서 살아가는 어려운 살림을 이어가다가 1902년에 68세의 나이로 쓸쓸하게 사망하였다.[7] 한편 청일전쟁 당시 吳大澂의 패전책임과 관련하여 중국학계에서는 吳大澂의 허장성세 및 군사적 무능 등 개인적 책임을 강조해 왔지만, 최근 들어 청일전쟁의 위급한 상황에서 出征을 自請한 행동은 일단 긍정적으로 평가해야 하며 그의 군사적 실패 역시 당시 청일전쟁의 전체적인 패전 상황에서 이해해야 한다는 견해도 제기되고 있다.[8]

한편 吳大澂은 근대중국의 저명한 金石學者이자 古文字學者였고, 또한 篆籒에 능한 서예가였다. 실제로 그는 古文字學의 중요한 저서로 평가되는 『說文古籒補』를 비롯하여 『字說』, 『權衡度量實驗考』, 『恒軒所見所藏吉金錄』, 『愙齋集古錄』, 『古玉圖錄』 등 많은 저서를

---

6) 이에 대한 자세한 내용은 孫克復, 關捷 編著, 『甲午中日陸戰史』, 哈爾濱 : 黑龍江人民出版社, 1984, 261~277쪽 참조.

7) 『淸史稿校註』 卷457, 列傳237 吳大澂傳, 10553쪽, "(吳)大澂治河有名, 而好言兵, 才氣自喜, 卒以虛憍敗, 惜哉!"

8) 董萬崙, 「吳大澂評價問題簡議」, 『北方論叢』 1979年 第6期 ; 陳崇橋, 「湘軍出關對日作戰的潰敗與吳大澂」, 『遼寧大學學報』 1982年 第3期.

남겼고, 문집으로는 『愙齋詩文集』이 있다. 바로 金石學을 매개로 吳大澂은 조선정부 朝貢使의 譯官 자격으로 북경을 방문한 吳慶錫과 교제하였고,[9] 또한 일찍이 1886년에 이미 廣開土王碑의 拓文을 입수하고 그에 관한 기록을 남김으로써 근대중국에서 가장 먼저 광개토왕비의 著錄과 연구를 시작한 학자중의 한 사람으로 평가받고 있다.[10]

3. 吳大澂의 派韓 및 주요활동

吳大澂이 會辦北洋事宜大臣으로 임명될 당시 청정부는 내부적으로 甲申政潮라는 권력구조의 개편이 전격적으로 단행된 지 겨우 한달 남짓하고 또한 대외적으로 청나라 군사세력이 베트남 북부지역에서 연속 패전하면서 부득불 프랑스와 평화협상을 시작할 무렵으로, 말하자면 내외적으로 매우 긴박한 위기상황이었다. 따라서 그동안 청정부내에서 강경한 주전론을 줄곧 주장해 온 吳大澂 등 淸流派의 대표인물들을 군사안보의 중책을 담당하는 현직으로 임명한 것은 프랑스와의 평화협상을 반대하는 여론을 사전에 잠식시키려는 정치적 의도와[11] 더불어 강경한 주전론을 주장해 온 吳大澂 등을 통해 프랑스군의 중국 침략 가능성에 나름대로 철저히 대비하려는 의도가 함께 포함된 것으로 볼 수 있다.[12] 실제로 1884년 5월에 會辦大臣으로 임명된 지 한달

---

9) 愼鏞廈, 『初期開化思想과 甲申政變硏究』, 知識産業社, 2000, 19쪽.

10) 吳大澂, 『皇華紀程』光緒十二年二月初五日 ; 王健群, 『好太王碑硏究』, 長春 : 吉林人民出版社, 1984, 44쪽 ; 耿鐵華, 『好太王碑新考』, 長春 : 吉林人民出版社, 1994, 376쪽 참조.

11) 실제로 당시 吳大澂과 함께 淸流派의 대표적 인물로 거론되던 陳寶琛과 張佩綸도 각각 會辦南洋事宜大臣 및 會辦福建海疆事宜大臣으로 임명되었다. 이에 대한 자세한 내용은 앞의 郭衛東 논문 참조.

12) 雷祿慶, 『李鴻章年譜』, 臺北 : 臺灣商務印書館, 1977, 313쪽 ; 張佩綸, 『澗于

뒤인 6월 21일부터 吳大澂은 이홍장과 더불어 旅順, 煙臺, 威海衛 등
北洋지역의 주요 해군기지 및 北洋艦隊를 시찰하면서 프랑스 함대의
공격가능성에 대비하였다.[13]

이처럼 청불전쟁의 戰雲이 심각하게 감돌고 있던 당시에 청정부의
對朝鮮關係 역시 상당히 심각한 상황이었다. 청정부는 1882년의 임오
군란 이후 무려 3천 명에 달하는 청군병력을 조선으로 출동시켜 임오
군란을 탄압하고 대원군을 납치하면서 전통적 조공관계와는 다른 새
로운 적극간섭정책을 추진하기 시작하였다.[14] 당시 청정부의 적극간섭
정책을 立案하고 실행하는 역할을 담당하고 있는 사람이 바로 이홍장
임을 감안할 때[15] 이홍장의 副手로 임명된 吳大澂이 조선문제에 개입
하는 것도 매우 당연한 일이라고 할 수 있다.

1884년 5월부터 조선주둔 청군병력의 절반에 해당하는 3개 營이 철
수하면서 청정부의 對朝鮮政策 자체가 약화되어 가는 것처럼 비쳐졌
고,[16] 당시 청나라 세력에 대한 조선사회의 보편적 감정 역시 상당히

集』一, 471쪽.
13) 吳汝綸 編,『李文忠公(鴻章)全集』, 臺北:文海出版社 影印本,『奏稿』(아래에
　 서 李鴻章全集에 포함된 奏稿, 譯署函稿, 電稿 등은 각각『奏稿』,『譯署函
　 稿』,『電稿』등으로 약칭함) 卷50,「出洋巡閱摺」,「出洋巡閱情形片」, 6~9쪽
　 ;『漢城旬報』第27號(朝鮮開國493年 甲申 閏5月 21日, 1884년 7월 13일) 各
　 國近事欄,「傅相(이홍장을 가리킴)巡洋」;『漢城旬報』第35號(朝鮮開國493年
　 甲申 8月 11日, 1884년 9월 29일) 各國近事欄,「吳大澄短札」.
14) 졸역,『淸·日甲午戰爭과 朝鮮』, 白山資料院, 1996, 94~100쪽.
15) 졸고,「李鴻章의 朝鮮認識과 政策 硏究(1870~1895)」(한국정신문화연구원 한
　 국학 대학원 박사학위논문, 1999) 참조.
16) 中央硏究院近代史硏究所 編,『淸季中日韓關係史料』第3卷,「總署收署北洋
　 大臣李鴻章文 附件一:李鴻章奏摺」, 臺北:中央硏究院, 1972(이하에서 모
　 두『關係史料』로 略稱함), 1407~1409쪽 ;『啓下啓文冊』12,「陳奏奏本移兵
　 半撤三營仍留善後會辦據實具由事北京禮部咨」;『高宗實錄』고종 21년 4월
　 30일, 5월 22일 ;『漢城旬報』第24號(朝鮮開國 493年 甲申 5月 21日, 1884년
　 6월 14일) 國內官報「京畿道觀察使狀啓」및 第25號(朝鮮開國493年 甲申 閏

악화된 분위기였다.17) 바로 그러한 상황에서 같은 해 12월 4일에 갑신
정변이 갑작스레 일어났고, 이홍장과 청정부는 5일이 지난 12월 9일에
야 갑신정변의 소식을 보고 받았다. 이에 이홍장은 12월 9일에 총리아
문으로 연속 보낸 두 통의 전보에서 갑신정변으로 인한 조선의 사태가
청불전쟁보다 더 심각하므로 조속히 조선으로 군함을 출동시켜 일본
의 침략음모를 제지하는 한편 고위관원을 파견하여 직접 조사처리하
도록 하자고 건의하였다.18)

당시 吳大澂이 會辦北洋大臣으로서 이홍장과 함께 중국 북부지역
과 관련된 군사안보문제를 책임지고 있던 사실을 감안할 때 이홍장의
위와 같은 건의 내용은 吳大澂과 사전에 협상이 있었을 것으로 추정되
며, 또한 고위관원의 派韓제의도 이미 吳大澂을 염두에 두고 한 것으
로 볼 수 있다. 여하튼 청정부는 곧바로 이홍장의 위와 같은 제의를 받
아들여 12월 11일자 上諭로 이홍장과 吳大澂이 갑신정변을 비롯한 조
선문제의 관련대책을 熟議한 후 吳大澂이 몇 개 營의 청군병력을 거
느리고 조선과 가까운 국경지역이나 조선의 서울로 직접 출동하여 사
태를 수습하도록 지시하였다.19) 이어서 청정부는 다시 12월 15일자 密
旨를 통해 "目前의 방법으로는 變亂을 평정하는 것을 위주로 하되 절
대로 일본인들과 충돌을 일으키지 말하야 한다"면서 吳大澂에게 속히

5月 1日, 1884년 6월 23일) 國內官報「京畿道觀察使狀啓」.

17) 앞의 졸고, 136~137쪽 참조.

18) 顧廷龍, 葉亞廉 主編, 『李鴻章全集』(一) 『電稿』一, 上海 : 上海人民出版社, 1985. 아래에서 모두 『電稿』一로 略稱함),「急寄譯署」,「寄譯署」, 345~346쪽.

19) 世續 等纂, 『淸德宗景皇帝實錄』卷196, 北京 : 中華書局, 1987, 9~11쪽 ; 故宮博物院 編, 『淸光緖朝中日交涉史料』,「軍機處電寄李鴻章諭旨」, 北平 : 故宮博物院, 1932(이하에서 모두 『交涉史料』로 약칭함), 27~28쪽 ;『電稿』一, 「譯署來電」, 348쪽 ; 졸고, 「金玉均暗殺事件과 淸政府의 關係에 對하여」, 『韓國學論集』第31輯, 漢陽大 韓國學研究所, 1997, 224~225쪽.

266

조선으로 출동하도록 지시하였고,[20] 그 이튿날인 12월 16일에는 특히
조선으로 출동하게 될 吳大澂에게 김옥균 등 '亂黨'에 대한 조사처리
및 조선국왕에 대한 보호와 일본과의 분쟁해소를 요지로 한 대책방침
을 지시하였다.[21]

이에 吳大澂은 12월 16일자로 天津에 도착하여 이홍장과 갑신정변
탄압에 관한 구체적인 대책을 협의하기 시작하였고,[22] 12월 19일에는
이홍장과 함께 갑신정변의 처리대책에 관한 上奏文을 제출하였다.[23]
여기서 보고된 대책은 구체적으로 欽差會辦朝鮮事宜大臣 吳大澂 및
辦理奉天海防事宜兩淮鹽運使 續昌에게 라이플소총(rifle, 後門洋銃)으
로 무장한 400명의 청군병력을 거느리고 속히 조선으로 출동하여 갑신
정변사건을 조사처리 하도록 하고, 또한 丁汝昌이 인솔한 北洋艦隊
군함 등 육해군 지원병력을 출동시키되 주로 조선의 '亂黨'을 조사처
리하고 일본과는 싸우지 않는다는 내용이었다.

여기서 吳大澂과 續昌의 派韓목적을 일본과의 싸움이 아닌 조선의
'亂黨'들에 대한 조사처리로 제한함으로써 청불전쟁의 비상시국에서
주변정세의 안정을 도모하려는 청정부의 정책의도를 구체화한 것이며,
특히 '亂黨'의 조사처리 및 조선왕실의 보호를 강조한 것은 결국 조선

---

20) 『交涉史料』卷5,「軍機處密寄直隷總督李鴻章等上諭」, 31쪽 ;『關係史料』第
    3卷,「總署收上諭」, 1520쪽 ;『電稿』一,「寄旅順丁鎭袁道」, 353~353쪽.
21) 『交涉史料』卷5,「軍機處電寄吳大澂諭旨」, 36쪽 ; 王彦威 輯, 王亮 編,『淸
    季外交史料』卷50,「旨寄吳大澂着赴韓查辦亂民電」, 北平 : 淸外交史料編纂
    處, 1932, 11쪽 ;『電稿』一,「譯署來電」, 354쪽.
22) 中國第一歷史檔案館 編,『淸代中朝關係檔案史料彙編』,「都察院左副都御史
    吳大澂奏報朝鮮發生內亂赴津會商規劃折」, 北京 : 國際文化出版公司, 1996
    (아래에서 모두 『檔案史料彙編』으로 약칭함), 182~183쪽 ;『電稿』一,「寄譯
    署」, 356쪽.
23) 『奏稿』卷52,「會奏吳大澂赴朝鮮摺」, 6쪽 ;『關係史料』第3卷,「總署收軍機
    處出交李鴻章等抄摺」, 1515~1516쪽.

과의 조공관계체제를 유지하고 강화하려는 의도로 볼 수 있다.[24] 당시 吳大澂과 함께 조선으로 파견된 續昌은 蒙古正白旗 출신의 那拉氏로 서 당시 從三品에 해당하는 兩淮鹽運使 관직 등으로 보아 사실상 오 대징보다 한 단계 아래인 副使에 해당하였다.[25]

한편 조선정부에서는 같은 해 12월 23일자로 機器局總辦 朴定陽을 迎接官으로 임명하고 또한 水原府 留守에게 南陽境上에서 吳大澂 일 행을 迎候護行하도록 지시하였고,[26] 淸軍병력을 대동한 吳大澂과 續 昌은 청나라 군함 편으로 12월 29일에 南陽 馬山浦로 입항하였다.[27] 오대징 일행은 새롭게 迎接使로 임명된 漢城府判尹 閔種默의 영접을 받으면서 1885년 1월 2일자로 서울에 도착하여 南別宮에 주둔하였 다.[28] 그후 2월 8일에 인천을 출발할 때까지 오대징 일행은 조선에서 한달 넘게 체류하였고 그동안의 활동은 크게 갑신정변의 진상에 대한 조사, 조선정부와의 교섭 및 일본정부대표와의 교섭 등 세 가지로 요 약할 수 있다.

오대징 일행이 조선에 도착할 무렵에는 이미 조선주둔 청군의 무력 개입과 탄압으로 말미암아 갑신정변이 이른바 '3일천하'로 실패한 뒤

---

24) 앞의 졸고, 「李鴻章의 朝鮮認識과 政策 硏究」, 141~142쪽.
25) 續昌의 생애에 관한 자료는 淸國史館 編, 『淸史列傳』卷58, 續昌傳, 北京 : 中華書局, 1987 ; 嘉業堂鈔本, 『淸國史』第十一冊, 新辦國史大臣傳, 續昌傳, 北京 : 中華書局, 1993, 88~89쪽 등 참조. 1890년 11월에 續昌은 조선왕실의 趙大妃의 사망에 즈음하여 청정부 賜奠正使로 파견되어 조선을 방문한 적이 있다. 졸고, 「李鴻章의 朝鮮認識과 政策 硏究」, 206~209쪽 참조.
26) 『承政院日記』고종 21년 11월 7일 ; 『日省錄』고종 21년 11월 7일 ; 『高宗實 錄』고종 21년 11월 7일.
27) 『檔案史料』, 「兩淮鹽運使續昌奏報赴朝會查事件起程日期折」, 188~189쪽 ; 『電稿』一, 「寄譯署」, 「寄譯署」, 371쪽, 383~384쪽.
28) 『承政院日記』고종 21년 11월 17일 ; 『關係史料』第3卷, 「總署收會辦大臣吳 大澂等函」, 1584~1592쪽 ; 『電稿』一, 「寄譯署」, 383~384쪽 ; 『交涉史料』卷 6, 「北洋大臣來電」, 35쪽.

였기 때문에 더 이상 갑신정변을 직접 탄압하는 군사작전을 실행할 필요는 없었다.[29] 따라서 오대징 등의 갑신정변 진상에 관한 조사작업은 주로 갑신정변의 주도세력인 조선 개화파 및 일본공사관 측의 책임규명 그리고 조선주둔 청군의 개입경위와 병력손실상황 등 문제에 집중되었다. 이와 관련하여 오대징 등은 吳兆有, 袁世凱 등 조선주둔 淸軍 장교의 보고 및 조선국왕의 咨文을 비롯한 조선정부 측에 대한 조사자료 등을 근거로 갑신정변 진상에 관한 보고서를 1월 중순부터 속속 제출하였는데,[30] 그 내용은 대략 다음과 같은 세 가지로 요약할 수 있다.

첫째, 갑신정변의 주도세력 및 발생경위. 갑신정변은 김옥균 등이 주도하였고 정부대신들을 살해하고 일본군을 불러들인 것도 역시 김옥균 등이 고종의 지시를 조작한 결과였다. 위와 같은 조사결과는 그에 앞서 吳兆有, 袁世凱 등이 이홍장과 청정부로 제출한 보고서 및 조선정부가 청정부로 통보한 내용과 큰 다름이 없었지만, 김옥균 등 개화파세력의 주도사실을 재확인하고 갑신정변의 발생경위를 자세히 파악함으로써 청정부의 향후 대책 결정에도 상당한 영향을 미친 것으로 생각된다.

둘째, 일본공사관의 개입여부. 吳大澂은 일본정부 대표 이노우에 가오루(井上馨)와의 회담에서 김옥균 등 개화파세력과 일본공사관의 '결탁' 사실을 지적하였지만, 청정부에 제출한 여러 보고서에서는 대체로

---

29) 졸고, 「金玉均暗殺事件과 淸政府의 關係에 對하여」, 227~232쪽 참조.
30) 『關係史料』 第3卷, 「總署收會辦大臣吳大澂等函」, 1584~1592쪽 ; 『關係史料』 第4卷, 「總署收會辦大臣吳大澂等函」, 「總署收軍機處交出吳大澂鈔摺」, 「總署收軍機處交出吳大澂鈔摺」, 「總署收軍機處交出吳大澂鈔片」, 1610~1620, 1621~1623, 1633~1638, 1639쪽 ; 『檔案史料彙編』, 「都察院左副都御史吳大澂奏報查明我軍傷亡情形片」, 「關於訪查朝鮮亂黨滋事緣由節略」, 194~196쪽 ; 『交涉史料』 卷6, 「會辦北洋事宜都察院左副都御史吳大澂奏報傷亡勇丁數目並事前華兵無與日兵互鬪情節片」, 「會辦北洋事宜都察院左副都御史吳大澂訪查朝鮮亂黨滋事緣由節略」, 38~40쪽.

일본공사는 개화파세력에 의해 愚弄당한 것으로 보고하였다. 일본공
사관의 개입사실을 간과한 위와 같은 조사결론은 무엇보다도 조선에
서 일본세력과의 충돌을 원하지 않았던 청정부의 속셈을 반영하였고,
또한 갑신정변의 조사처리과정 특히 朝日교섭에 대한 오대징 등의 소
극적인 태도와 무관하지 않았다.

　셋째, 조선주둔 청군의 책임문제 및 사상상황. 조선주둔 청군은 갑
신정변이 일어나기 전에 조선현지에서 사단을 일으킨 적도 없고 또한
일본군과 서로 다툰 적도 없으며, 정변 당시의 무력개입과 탄압작전은
사실상 일본군의 정변개입 현실에 의한 부득이한 선택이었다. 그리고
일본군과 교전 결과 청군 측에서는 모두 11명이 전사하고 30명이 부상
을 입은 것으로 집계되었다. 위와 같은 조사결론은 훗날 天津회담 당
시 청정부 측에서 조선주둔 청군장교에 대한 일본 측의 징계요구를 거
절할 수 있는 주요 근거로 생각된다.

　오대징 일행과 조선정부와의 교섭은 주로 갑신정변의 진상조사 및
김옥균 등 갑신정변 주도세력에 대한 추궁 그리고 朝日交涉에 대한
간섭 등의 목적으로 이루어졌다. 그중 갑신정변의 진상조사는 오대징
일행에게 주어진 주요 사명이었고, 조사방식은 吳兆有, 袁世凱 등 조
선주둔 淸軍장교들과 陳樹棠 등 조선상주 청정부 관원들에 대한 문의
와 조사 외에 주로 고종을 비롯한 조선정부를 통해 진행되었다. 이와
관련하여 오대징 등은 서울도착 직후인 1월 5일에 고종에게 咨文을 보
내 갑신정변의 진상에 관한 자세한 해명을 요구하였고, 곧바로 고종의
명의로 된 자세한 내용의 咨文을 받을 수 있었다.[31]

　여기서 고종은 갑신정변을 일으키고 또한 일본군병력을 불러들인
것은 전적으로 김옥균 등 개화파세력에 의해 주도된 것이며, 조선주둔

---

31) 『關係史料』第3卷,「總署收會辦大臣吳大澂等函　附件二 : 照錄朝鮮國王咨
　　文」, 1587～1588쪽.

청군에 의한 소요사태는 전혀 없었고 개입 당시의 교전 역시 일본군의 선제사격에 의한 부득이한 결과였다고 해명하였다. 고종의 이번 咨文은 앞서 이홍장에게 보낸 1884년 10월 20일자 및 27일자 서신[32] 그리고 謝恩兼冬至使 金晚植, 南廷哲 편에 보낸 공식 咨文과[33] 더불어 조선정부가 직접 갑신정변의 경위를 해명하는 공식문서로서 오대징 등의 조사작업에는 물론 이홍장과 청정부의 대책 결정에도 상당한 영향을 미친 것으로 보인다.

또한 오대징 등은 袁世凱, 吳兆有 등 조선주둔 청군지휘관들에 대한 조사 등을 통해 일본군과의 교전경위 및 청군병력의 死傷상황 등을 자세히 파악하였다. 바로 위와 같은 조사내용을 근거로 오대징 등은 갑신정변은 전적으로 조선의 개화파세력에 의해 주도되었으며 조선주둔 청군은 갑신정변의 사전에는 물론 사후의 개입과정에 있어서도 아무런 문제가 없었다는 내용의 조사보고서를 제출하였다.[34] 이에 청정부도 갑신정변의 진상 특히 조선주둔 淸日 양국 군대의 교전경위를 자

32) 『關係史料』 第3卷, 「總署收北洋大臣李鴻章函 附件五 : 朝鮮國王來函 ; 附件六 : 朝鮮國王來函」, 1545~1546쪽 ; 『檔案史料彙編』, 「朝鮮國王爲感謝派兵入朝致李鴻章函」, 174쪽 ; 『交涉史料』 卷6, 「北洋大臣李鴻章錄送吳兆有等來稟及朝鮮國王函件來函 附件二 : 朝鮮國王來函並告示叛臣罪狀及外署與日使往來照會」, 21~26쪽.

33) 『承政院日記』 고종 21년 11월 2일 ; 『啓下啓文冊』 一三, 「副使轉往保定府事北京禮部咨」 ; 『關係史料』 第4卷, 「總署收朝鮮國王文」, 「總署收朝鮮國王送到變亂緣由淸冊」, 1625~1626쪽, 1627~1630쪽 ; 『檔案史料彙編』, 「朝鮮甲申事變事實冊」, 「朝鮮國王關於甲申事變原委致禮部文」, 206~211쪽 ; 『交涉史料』 卷7, 「禮部奏朝鮮亂起原委據咨轉奏摺 附件一 : 朝鮮國王咨明亂起原委來文」, 「軍機處錄呈朝鮮亂黨滋擾事實淸冊奏片 附件一 : 朝鮮亂黨滋擾事實淸冊」, 1~4쪽.

34) 『關係史料』 第4卷, 「總署收軍機處交出吳大澂抄片」, 1639쪽 ; 『檔案史料彙編』, 「都察院左副都御史吳大澂奏報查明我軍傷亡情形片」, 194쪽 ; 『交涉史料』 卷6, 「會辦北洋事宜都察院左副都御史吳大澂奏報傷亡勇丁數目並事前華軍無與日兵互鬪情節片」, 38~39쪽.

세히 파악함으로써 이 문제로 말미암은 일본 측과의 새로운 분쟁이 더 이상 일어나지 않을 것이라는 확신을 가졌고, 또한 그후 일본 측과의 교섭과정에서 조선주둔 청군의 책임을 추궁하는 일본 측의 억지주장 을 끝까지 반대할 수 있었다.

한편 오대징 등은 갑신정변의 배상 등 문제를 둘러싼 朝日交涉에는 소극적으로 대응하는 반면 일본으로 망명한 김옥균 등 개화파세력에 대해서는 처음부터 철저히 추궁하는 자세를 보여왔다. 서울에 도착하 는 1885년 1월 3일 吳大澂은 이미 고종과의 필담을 통해 일본 측 대표 이노우에 가오루(井上馨)에게 김옥균 등 '亂黨'의 체포 협력요청을 촉 구하였고,35) 그후 조선정부의 회담대표를 맡은 左議政 金宏集 및 兵 部侍郎 金允植 등을 통해 일본정부에게 김옥균 등의 체포를 요구하도 록 거듭 촉구하였다.36) 이처럼 조선정부를 통해 일본정부에게 김옥균 등의 검거와 체포를 적극 촉구하는 태도는 갑신정변의 주도세력을 철 저히 제거하려는 청정부의 정책결정을 반영한 것으로서 그후 김옥균 등 '甲申餘孽'에 대한 조선정부와 청정부 측의 끈질긴 추적노력을 예 고해주고 있었다.37)

1885년 1월 2일 서울에 도착하자 오대징 등은 곧바로 景福宮의 便 殿에서 고종과 제1차 회견을 갖고 필담을 나누었는데, 그 내용은 주로 장차 일본정부 대표 이노우에 가오루(井上馨)와의 교섭에 관한 대책을

---

35) 『關係史料』第3卷, 「總署收會辦大臣吳大澂等函, 附件三：照錄 十一月 十 七日 與朝鮮國王筆談」, 1588~1590쪽 ;『承政院日記』고종 21년 11월 17일 ;『日省錄』고종 21년 11월 17일 ; 金弘集, 「從政日記」, 甲申 十一月 十七日, 高麗人學校中央圖書館 編, 『金摠埋遺稿』, 高麗大學校出版部, 1976, 112쪽.

36) 『關係史料』第3卷, 「總署收會辦大臣吳大澂等函, 附件五：同時在議政府書 示一條示朝鮮全權大臣金宏集並與井上閱之」, 1592쪽 ; 第4卷, 「總署收會辦 大臣吳大澂等函　附件五：照錄十一月二十一日與金宏集筆談 ; 附件六：照 錄十一月二十二日與金允植筆談」, 1614~1619쪽.

37) 졸고, 「金玉均暗殺事件과 淸政府의 關係에 對하여」, 235~275쪽 참조.

협의하는 것이었다.[38] 여기서 고종과 吳大澂 등은 장차 일본 측과 교섭과정에서 다케조에(竹添) 공사의 개입책임 추궁 및 公使 교체요구는 잠시 제쳐놓고 일단 일본으로 망명한 김옥균 등의 인도를 요구하기로 합의하면서 사실상 일본 측의 배상요구를 수용하는 선에서 사태를 수습하려는 교섭방침을 결정하였다. 특히 吳大澂은 "中朝(청나라를 가리킴)는 이웃나라(일본을 가리킴)와 失好하기를 원하지 않고 있으며 貴國(조선을 가리킴)은 또한 일본과 맞설 수 없으므로 委曲求全으로 息事寧人의 歸結을 하지 않을 수 없는 실정이다"라고 지적함으로써 일본 측의 배상요구를 수용해 주면서 갑신정변 사태를 조속히 수습하도록 촉구하였다.

이처럼 吳大澂이 '息事寧人의 歸結'을 강조한 것은 일찍이 1876년의 江華島條約 체결 당시 이홍장이 '息事寧人의 계책'이라면서 조선 측에게 일본과 조약을 체결하도록 은근히 종용한 것과[39] 마찬가지로 조선문제에 대한 청정부의 이기적인 외교정책을 잘 보여주는 대목이었다. 이에 고종도 "장래 (일본 측과) 議結時에 오직 배상만 요구하고 더 이상 橫生枝節하지 않는다면 이미 천만다행한 것이다"라고 대답하였다.

이처럼 갑신정변 사태를 조속히 해결하겠다는 합의 내용은 물론 앞서 살펴본 바와 같이 청불전쟁의 와중에서 더 이상 조선에서 일본세력과 충돌을 원하지 않는 청정부의 대책방침을 반영한 것이며, 또한 일본공사관의 책임문제를 추궁하지 않고 모든 책임을 김옥균 등 '亂臣'들에게 돌림으로써 고종 자신과 조선정부의 책임을 회피하고 나아가

---

38) 『關係史料』第3卷,「總署收會辦大臣吳大澂等函, 附件三 : 照錄十一月十七日與朝鮮國王筆談」, 1588~1590쪽 ; 『承政院日記』고종 21년 11월 17일 ; 『日省錄』고종 21년 11월 17일. 한편 『承政院日記』와 『日省錄』에서는 회견 사실만 기록하였을 뿐 吳大澂과 고종의 필담에 관한 기록은 전혀 없었다.

39) 졸고,「李鴻章의 朝鮮認識과 政策 研究」, 21~35쪽 참조.

서 일본과의 새로운 충돌을 막아보려는 조선정부 측의 속셈을 잘 보여
주었다. 같은 해 1월 3일에 일본정부 대표 이노우에 가오루(井上馨)가
서울에 도착하자 조선정부는 곧바로 좌의정 金宏集을 전권대신으로
임명하여 1월 7일부터 갑신정변의 사후처리에 관한 회담을 시작하였
고, 불과 2일 뒤인 1월 9일에 漢城條約을 체결하게 된 것은 바로 위와
같은 배경과 무관하지 않았다.40)

한편 청정부는 오대징 일행을 파견하면서 갑신정변 당시 조선주둔
양국 군대의 交戰경위를 조사할 사명을 부여한 반면 일본정부 대표와
직접 교섭하는 권한을 처음부터 부여하지 않았다. 중일 양국 군대의
교전경위를 조사하는 목적은 무엇보다도 조선에서 더 이상 일본과 새
로운 충돌을 일으키지 않기 위한 것이었고, 일본정부와 직접 교섭하는
권한을 부여하지 않는 것도 양국군대의 교전사실을 새삼스럽게 문제
삼지 않기 위한 의도적인 조치였다. 따라서 청정부는 청나라 주재 일
본공사 에노모토(榎本武揚) 및 天津 주재 일본영사 하라(原敬) 등을 통
해 吳大澂 일행의 조선파견 사실을 통보하였고, 특히 吳大澂 등은 일
본정부가 파견한 全權代表와 달리 조선 현지에서 협상권(商議之權)만
갖고 있을 뿐 그 어떤 문제를 타결할 수 있는 全權은 부여되지 않았다
는 점을 강조하였다.41)

당시 일본정부는 이미 에노모토(榎本) 공사를 통해 청정부 측에 全
權大臣을 파견하여 조선에서 중일 양국 군대의 무력충돌사건 및 善後
문제를 협의하자고 요구하였지만,42) 청정부는 끝내 오대징 등에게 對

---

40) 李光麟,『韓國史講座』Ⅴ(近代篇), 一潮閣, 1982年 修訂版, 191쪽.
41)『關係史料』第3卷,「總署發日本國公使榎本武揚照會」, 1521쪽 ; 金正明 編,
　　『日韓外交資料集成』第3卷,「黎淸國公使ヨリ吉田外務大輔宛」, 東京 : 巖南
　　堂, 1962, 90~91쪽.
42)『關係史料』第3卷,「總署收日本公使榎本武揚照會」, 1518~1519쪽 ;『日韓外
　　交資料集成』第3卷,「榎本駐淸公使ヨリ井上外務卿宛」, 88~89쪽.

日交涉에 필요한 전권을 부여하지 않았다.[43] 즉 청정부는 청불전쟁의 와중에서 주변정세의 안정을 확보하기 위한 자국의 외교적 이익을 위하여 조선에서 갑작스럽게 일어난 갑신정변 사태를 조속히 수습할 필요가 있었고, 또한 조공관계의 체제상 종주국으로서 屬國인 조선의 內亂을 조사처리하기 위해 파견한 관원에게 제3국의 외교관과 평등한 외교적 교섭을 전개하는 전권을 부여할 수 없다는 입장이었다.[44]

청정부의 위와 같은 입장은 朝日交涉에 대한 吳大澂 등의 태도에서 그대로 나타났다. 오대징 일행은 서울에 도착한 그날로 고종과 만나 朝日交涉에 관한 대책을 협의하였고, 또한 1월 6일에 일본대표 이노우에(井上馨)가 고종을 알현한 직후 조선정부 대표로 임명된 金宏集과 필담을 가졌다.[45] 여기서 김굉집은 이노우에와 고종의 대담 내용을 요약 설명하였고, 이에 오대징은 일본 측의 요구사항 등을 분석하면서 나름대로 담판대책을 조언하였다. 여기서 오대징은 일본군병력의 조선 주둔 요구를 거절하고 또한 김옥균 등의 체포인도를 요구하도록 촉구하는 한편 조선정부의 공식사과 및 일본인 피해자에 대한 배상요구에 대해서는 나름대로 해명과 반박을 해야 한다고 함으로써 사실상 조선정부를 도와 일본 측의 무리한 요구를 적극 물리치지 않으려는 소극적인 태도를 보여주었다.

그리고 1월 8일에 朝日交涉의 제2차 회담이 진행되는 도중 吳大澂은 회담장인 의정부로 직접 찾아가 일본대표 이노우에와의 회담을 갑작스럽게 요구하면서 조선정부 전권대표 김굉집에게 일본과 조약을 체결할 때 김옥균 등 '亂黨'에 대한 추궁문제를 반드시 언급해야 한다

---

43) 『日韓外交資料集成』第3卷, 「在天津原領事ヨリ井上外務卿宛」, 133~134쪽.
44) 田保橋潔, 『近代日鮮關係の硏究』 上卷, 京城 : 朝鮮總督府中樞院, 1940, 1025쪽.
45) 『關係史料』 第4卷, 「總署收會辦大臣吳大澂等函 附件五 : 照錄十一月二十一日與金宏集筆談」, 1614~1617쪽.

는 메모를 직접 남겼다.46) 일찍이 이노우에(井上馨)와의 회견을 요구
하였다가 거절당한 吳大澂 등은 1월 7일의 제1차 회담이 순조롭지 못
하였다는 소식을 전해듣고 조선정부 대표 김굉집과 협의한 결과 1월 8
일의 제2차 회담에 직접 개입하기로 결심하였다. 당시 오대징은 일본
측이 조일교섭에 대한 자신의 개입을 반대하고 있으며 또한 자신을 만
나지 않으려고 한다는 사실을 잘 알고 있으므로 외교적 예의와 관례를
아랑곳하지 않고 회담장으로 직접 찾아가 갑작스럽게 이노우에와 회
담을 요구해 나섰던 것이다. 이와 관련하여 오대징은 청정부에 제출한
보고서에서 자신이 의도적으로 "(朝日교섭을) 간섭하지 않으면서도 간
섭의 의지를 약간 보여준 것"이라고 하였다.47)

그날 오대징은 이노우에(井上馨)와 예정에 없던 갑작스러운 회견을
통해 약 한 시간 정도의 필담을 나누었다.48) 여기서 오대징은 자신이
朝日교섭의 결과를 예의주시할 것이라면서 나름대로 간섭의사를 밝혔
고, 또한 현재 청정부 측에서 조선문제와 관련하여 일본 측과 특별히
협상해야 할 문제가 없으므로 자신이 전권자격을 별도로 갖추지 않았
다고 주장하였다. 그러나 이노우에는 朝日교섭에 대한 오대징의 간섭
을 거부하였고 또한 전권자격이 없는 오대징과 외교적 교섭을 진행할
수 없다고 주장함으로써 오대징의 이른바 "간섭의 의지를 약간 보여주
는" 행동은 사실상 조일교섭에 별다른 영향을 미치지 못하였다.

---

46) 『關係史料』第3卷, 「總署收會辦大臣吳大澂函 附件五：同時在議政府手示一條
示朝鮮全權大臣金宏集並與井上閱之」, 1592쪽 ;『日韓外交資料集成』第3卷, 「井
上特派大使金全權卜談判記事」, 181~182쪽 ; 田保橋潔, 『近代日鮮關係の硏究』
上卷, 1055~1057쪽.
47) 『關係史料』第3卷, 「總署收會辦大臣吳大澂等函」, 1584쪽.
48) 『關係史料』第3卷, 「總署收會辦大臣吳大澂等函 附件四：照錄十一月二十三日
與日本使臣井上馨筆談」, 1590~1592쪽 ;『日韓外交資料集成』第3卷, 「井上特派
全權大使復命書」, 205~206쪽 ;『近代日鮮關係の硏究』上卷, 1055~1057쪽.

吳大澂이 위의 필담에서 현재 조선문제와 관련하여 일본 측과 협상할 문제가 없다고 특별히 밝힌 것은 무엇보다도 갑신정변 당시 중일 양국군대의 교전사실을 더 이상 확대시키지 않고 갑신정변 사태를 조속히 수습하려는 청정부의 정책의도를 반영하였다. 그후 1월 19일에 일본공사관 서기관 이노우에 고와시(井上毅)와의 필담에서도 오대징은 여전히 위와 같은 입장을 강조하였다.[49] 즉 오대징은 주변정세의 안정이 절실히 필요한 청정부의 외교적 이익을 지키기 위하여 朝日교섭 과정에서 매우 소극적으로 대응하였고 결과적으로 일본 측의 무리한 요구를 적극 제지하지 못하였다.[50]

한편 조선정부는 漢城條約을 체결한 3일 뒤인 1월 12일에 고종의 명의로 오대징 등에게 咨文을 보내 조약체결 사실과 조약 내용을 통보해 주었다.[51] 이처럼 갑신정변 사태 특히 갑신정변으로 인한 일본의 조선침략위협이 대체로 수그러들자 청정부는 1월 19일자 上諭를 통해 吳大澂 등이 이홍장과 더불어 김옥균 등 개화파세력에 대한 추궁 및 청군의 조선주둔 문제 등 善後대책을 마련하도록 지시하였다.[52] 같은 날 총리아문에서도 吳大澂과 續昌에게 갑신정변 이후 조선문제에 관한 적절한 대책을 마련한 뒤 귀국하라는 비밀지시문을 보냈는데, 그

---

49) 『關係史料』第4卷,「總署收會辦大臣吳大澂等函 附件七:照錄十一月二十六日與日員井上毅筆談」, 1619~1620쪽;『日韓外交資料集成』第3卷,「井上毅官吳大澂卜對談記事」, 197~198쪽;『電稿』一,「寄譯署」, 392쪽.

50) 즉 吳大澂의 개입 결과 일본측의 30만 원 배상요구를 물리치고 결국 11만 원으로 합의하도록 하였다는 기록 내용은 분명 사실과 다른 과장으로 볼 수 있다.『淸史稿』卷450, 吳大澂傳.

51) 『關係史料』第4卷,「總署收會辦大臣吳大澂等函 附件四:照錄咨文」, 1613~1614쪽;『交涉史料』卷6,「會辦北洋事宜都察院左副都御史吳大澂奏朝日議約已竣商辦善後事宜摺」, 43~45쪽.

52) 『關係史料』第3卷,「總署收上諭」, 1593쪽;『交涉史料』卷6,「軍機處密寄李鴻章等上諭」, 40~41쪽;『電稿』二,「寄旅順袁道」, 392~393쪽.

내용은 대략 다음과 같았다.[53]

첫째, 일본 측이 조선정부와 갑신정변에 관한 담판을 조속히 매듭지은 것은 청정부의 실력간섭과 무관하지 않으므로 마땅히 조선정부에서 공식 表文을 통해 청정부로 감사의 뜻을 표시해야 한다.

둘째, 갑신정변 당시 전사한 청군병사들에 대해서도 조선정부가 적당한 배상조치를 해주겠다는 표시가 있어야 한다. 물론 '屬藩'을 '體恤'하는 의미에서 장차 청정부 측에서 배상을 면제해 주겠지만, 조선정부로서는 반드시 위와 같은 의사표시를 해야 한다.

셋째, 일본으로 망명한 김옥균 등에 대해서는 조선국왕으로 하여금 일본 측에 검거를 요청하도록 촉구해야 한다.

넷째, 조선주둔 청군병력은 현재 갑작스럽게 철수할 수 없으므로 군기단속 등을 철저히 해야 한다.

이처럼 청정부는 갑신정변 이후 조선에 대한 청정부의 영향력 특히 조선과의 조공관계의 유지 및 강화에 깊은 관심을 보이면서 조선정부의 공식 表文 및 청군병사들에 대한 배상의사의 공식 표명 등 조공관계의 형식과 절차를 강요하였는데, 바로 갑신정변 당시 나타난 고종과 조선정부의 조공관계 이탈 움직임에 대한 경계심과 더불어 조선의 내정외교에 대한 간섭을 한층 더 강화하려는 적극적 對朝鮮政策을 반영한 것으로 볼 수 있다. 특히 앞의 세 가지 요구는 모두 조선정부에게 실행하도록 촉구할 내용이었는데, 이와 관련하여 총리아문에서는 吳大澂과 續昌이 자신들의 개인적 의사인 것처럼 조선국왕에게 전달해 주도록 지시하였다.

이에 이홍장도 사안의 중요성을 감안하여 이틀 뒤인 1월 21일에 위와 같은 上諭와 비밀지시의 내용을 자신의 막료출신인 直隷候補道旅

---

53)『電稿』一,「寄旅順袁道」, 392쪽.

順口營務處 袁保齡에게 타전하여 조선으로 신속히 전달해 주도록 지시하였다.54) 여기서 총리아문이 吳大澂 등에게 위와 같은 요구사항을 자신들의 개인적 의사인 것처럼 하며 조선국왕에게 전달하도록 특별히 지시한 것은 조공체제를 고집하고 있는 입장 및 조선정부의 반발 가능성에 대한 우려 등으로 말미암아 조선의 내정문제를 직접 간섭할수 없는 난감한 사정 때문인 것으로 생각되며, 훗날 吳大澂이『吳淸卿獻策論』을 제출하게 된 것은 사실상 위와 같은 비밀지시에 의한 것이었다.

한편 오대징 등도 1월 23일에 樂善齋에서 고종과 제2차 회견을 가졌는데, 특히 고종에게 군자를 가까이 하고 소인배들을 멀리하며 인재를 구하고 백성들을 사랑할 데 관한 정책건의를 간절하게 하였다고 한다.55) 훗날『吳淸卿獻策論』이라는 국정건의서를 직접 제출한 것은 바로 이번 제2차 회담에서 제출한 정책건의를 보다 구체화한 결과로 생각된다. 이와 관련하여 吳大澂 등은 光緒皇帝에게 올린 上奏文을 통해 갑신정변 진상의 조사, '漢城條約'의 체결 및 일본 측과의 교섭 등 결과를 보고하면서 이제 자신들도 함께 출동했던 육해군 병력과 철수할 수 있다고 보고하였다.56) 또한 현재 金宏集 등 조선정부의 대신들과 더불어 갑신정변 이후 조선의 '正本淸源의 방법'과 관련한 구체적

---

54)『電稿』一,「寄旅順袁道」, 392~393쪽, "此電緊急, 卽譯呈淸帥交利運速遞".
55)『承政院日記』고종 21년 12월 19일 ;『日省錄』고종 21년 12월 19일 ;『交涉史料』卷7,「會辦北洋事宜都察院左副都御史吳大澂奏籌辦朝鮮善後事宜並起程日期摺」, 4~6쪽. 한편 이번 제2차 회담과 관련하여『高宗實錄』에서는 "初六日, 御便殿, 接見中國欽差吳長慶"이라고 하였는데, 여기서 初六日이라는 날짜 및 便殿이라는 회견장소 그리고 吳長慶이라는 "中國欽差"의 姓名은 모두 잘못된 것으로 생각된다.
56)『檔案史料彙編』,「都察院左副都御史吳大澂奏報朝日續約內容並與朝商辦善後情形折」, 197~199쪽 ;『關係史料』,「總署收軍機處交出吳大澂抄摺」, 1621~1623쪽.

인 대책을 협의하고 있으며 그중 핵심부분을 요약하여 국왕에게 건의
서로 제출할 예정이라고 하였는데, 이 건의서가 바로『吳淸卿獻策論』
으로 생각된다.

오대징 등의 상주문은 앞서 청정부의 1월 19일자 上諭 및 총리아문
의 비밀지시문을 미처 받아보지 못한 상황에서 제출되어 대략 1월 27
일경 청정부 軍機處로 접수되었다. 따라서 청정부에서는 위와 같은 대
책을 대체로 인정해 주면서 앞서 1월 19일자 上諭에서 제시한 여러 내
용을 그대로 실시하도록 지시하였다.57) 한편 1월 19일자 上諭 및 총리
아문의 비밀지시문은 당시 旅順과 仁川을 왕래하던 利運號 연락선편
으로 1월 25일에 조선의 오대징 등에게 전달되었다. 이에 오대징 등은
다음날인 1월 26일에 旅順으로 귀환하는 利運號편에 청정부의 지시내
용을 실시하는 후속조치 내용을 보고하면서 특히 善後대책과 관련한
내용은 장차 조선국왕을 만나 확정할 것이라고 설명하였다.58) 여기서
오대징 등이 장차 조선국왕을 만나 다시 확정하겠다는 善後대책이 바
로 훗날 제출한『吳淸卿獻策論』을 가리키는 것이며, 그러한 정책적
건의는 오대징 등의 개인적 생각을 넘어서 청정부의 비밀지시에 의한
의도적인 정책행위로 보아야 할 것이다.

이에 청정부는 1월 29일자 上諭를 통해 吳大澂 등이 위와 같은 여
러 대책을 실시한 뒤 곧바로 조선에서 철수하도록 지시하였고,59) 오대
징 등도 조선에서의 사명을 마무리하기 시작하였다. 그들의 귀국 하루

57) 『檔案史料彙編』, 「都察院左副都御史吳大澂奏報朝日續約內容幷與朝商辦善
後情形折」, 197~199쪽 ; 『關係史料』, 「總署收軍機處交出吳大澂抄摺」, 1621
~1623쪽 ; 『電稿』一, 「譯署來電」, 398쪽. 한편 吳大澂 등의 위 上奏文의 전
달과정에 대해서는 『電稿』一, 「寄譯署」, 393쪽 참조.

58) 『電稿』一, 「寄譯署」, 399~400쪽 ; 『交涉史料』卷6, 「北洋大臣來電」, 45쪽.

59) 『交涉史料』卷6, 「軍機處電寄李鴻章吳大澂諭旨」, 45쪽 ; 『電稿』一, 「譯署來
電」, 399쪽.

전인 2월 7일에 고종은 오대징 등이 머물고 있던 南別宮까지 직접 찾아와 작별인사를 나누었는데, 당시 吳大澂 등은 고종에게 古銅鏡과 권총(手鎗) 및 사격술 敎本(鎗法冊子) 등을 선물하였다고 한다.[60] 吳大澂 자신이 金石學에 정통한 학자이고 또한 사격술에 관심이 많았던 사실을 감안할 때 위와 같은 선물은 주로 오대징에 의해 마련된 것으로 추정된다. 그리고 앞서 거듭 언급되었던 국정건의서 즉 『吳淸卿獻策論』도 바로 이번 회견 때 전달한 것으로 추정된다. 실제로 같은 날 오후 고종은 樂善齋에서 조정대신들에게 吳大澂 등 '欽使'들과 작별한 사실을 전하면서 吳大澂 등이 제의한 書院規則에 관한 의견을 물었고, 이에 判府事 金宏集은 적극 찬성의사를 밝혔다.[61]

그 다음날인 2월 8일에 吳大澂 등은 상주문을 제출하여 자신들이 조선에서 강구한 여러 善後대책 및 귀국일정을 자세히 보고하였고,[62] 같은 날 청나라 군함 康濟號 편으로 인천을 출발함으로써 한달 남짓한 조선에서의 활동을 마무리하였다.[63] 즉 그날 제출한 上奏文은 사실상 吳大澂 등이 자신들의 임무수행에 관한 復命書이자 최종보고서로 볼 수 있다. 여기서 오대징 등은 갑신정변 가담자의 처벌, 김옥균 등에 대한 추적, 조선의 신식군대훈련, 청나라 군대의 서울주둔 및 한중 국경지역의 경계태세 강화와 北洋艦隊의 조선해안 방어, 한중 양국을 연결

---

60) 『承政院日記』고종 21년 12월 23일 ; 『日省錄』고종 21년 12월 23일 ; 『高宗實錄』고종 21년 12월 23일 ; 金弘集, 「從政日記」甲申 12월 23일, 『金總理遺稿』, 115쪽. 한편 앞의 『高宗實錄』에서는 20일에 '中國欽差吳長慶結陣所'에서 접견한 것으로 기록하였는데, 20일이라는 날짜와 吳長慶이라는 이름은 모두 잘못된 것으로 보인다.

61) 『承政院日記』고종 21년 12월 23일.

62) 『交涉史料』卷7, 「會辦北洋事宜都察院左副都御史吳大澂奏籌辦朝鮮善後事宜並起程日期摺」, 4~6쪽.

63) 『承政院日記』고종 21년 12월 24일 ; 『高宗實錄』고종 21년 12월 24일 ; 『電稿』一, 「寄譯署」, 401쪽 ; 『交涉史料』卷6, 「北洋大臣來電」, 46쪽.

하는 전보선로의 가설 등 갑신정변 이후 조선문제에 관한 종합적인 대책을 제시하는 한편 특히 자신들이 조선정부에 제시한 정책건의 내용을 함께 보고하였다.

구체적으로 현재 조선의 문제는 외국의 침략위협보다 내정의 문란함에 있다고 지적하면서 붕당의 위험을 지적하는 『辨黨論』 2편을 작성하여 조선정부에 제출하고 또한 국왕으로 하여금 널리 '公刊頒示'하도록 하였고, 아울러 '養賢, 育才, 恤民, 緩刑, 節用, 練兵六條'를 제출하였다는 것이다. 필자의 조사결과 『辨黨論』이 실제로 조선정부에 의해 널리 '公刊頒示'되었다는 증거는 아직 찾아 볼 수 없지만 그 문서는 현재 서울대 규장각에 소장되어 있는 것으로 확인되었다.[64] 上下 2편으로 총 4매에 1,193자의 짧은 문서인 『辨黨論』에는 '帝室圖書之章' 및 '朝鮮總督府圖書之印'이라는 소장인이 찍혀 있고 또한 '吳縣吳大澂淸卿著'라고 저자가 명백히 밝혀져 있었다. 그중 총 472자로 되어 있는 상편에서 붕당과 당쟁의 폐해를 논하였고, 총 721자로 되어 있는 하편에서는 특히 조선에서 開化黨과 守舊黨의 대립은 사실상 권력다툼에 불과하다면서 개화와 수구가 서로 보완하여 '一大和合之天下'를 이룩해야 한다고 주장하였다.

그리고 『辨黨論』과 함께 제출하였다는 '六條'는 그 내용상 바로 여섯 가지 정책을 건의한 『吳淸卿獻策論』임을 알 수 있다. 위와 같은 보고 내용은 오대징 일행이 날씨 및 航路사정 등으로 말미암아 旅順과 烟臺를 거쳐 뒤늦게 天津으로 돌아옴으로써 1885년 2월 20일에야 청정부로 전달되었고, 청정부는 같은 날 上諭를 통해 吳大澂 등이 上奏

---

64) 서울대 奎章閣에 문서번호 奎중 2231로 소장되어 있는 『辨黨論』의 書誌事項은 다음과 같다.
　　1冊(4張) 古活字本(整理字) 29.4×18.4cm. 四周單邊 半郭 : 21.5×14.4cm. 10行 19字 注雙行. 版心 : 魚尾無.

내용을 긍정해 줌으로써 사실상 청정부의 새로운 對朝鮮政策의 내용
으로 채택하였다.65)

그후 吳大澂은 또한 이홍장과 더불어 청정부의 대표로 임명되어66)
일본정부 대표 이토 히로부미(伊藤博文)와 조선문제와 관련한 天津會
談에 참여하여 '天津條約'의 체결을 성사시켰다. 그러한 의미에서 오
대징은 갑신정변이라는 중대한 사변을 전후하여 조선에 대한 청정부
의 적극간섭정책을 구체적으로 결정하고 실행하는 과정에서 이홍장
다음 가는 2인자에 해당하는 중요한 역할을 담당한 것으로 볼 수 있다.

4. 『吳淸卿獻策論』의 내용 및 사료적 가치

앞서 살펴 본 바와 같이 이른바『吳淸卿獻策論』은 갑신정변의 조사
처리차 조선으로 파견된 청정부 대표 吳大澂 등이 고종에게 제출한 일
종의 정책건의서로서 그 내용은 사전에 金宏集 등 조선정부 관계자들
과 어느 정도 협의하였던 것으로 보인다. 당시 吳大澂이 正使 자격이
고 續昌은 그를 보좌하는 위치에 불과하였고, 또한 건의의 내용에도
오대징의 개인적 의사가 많이 반영된 것으로 보아 이 건의서는 주로
오대징에 의해 작성된 것으로 추정되며, 현재 이 문서가『吳淸卿獻策
論』즉 오대징이 제출한 건의라고 이름지어진 것도 그러한 사정 때문
으로 보인다. 한편『吳淸卿獻策論』의 내용은 오대징 등의 최종보고서
인 1885년 2월 8일자 上奏文에서 간단히 언급되었을 뿐 그 全文은 청
정부 측 문헌 및 조선정부 측의 관련 문헌에도 전혀 수록되지 않았던

---

65)『交涉史料』卷7,「軍機處寄直隷總督李鴻章等上諭」, 6쪽.
66)『交涉史料』卷7,「軍機處電寄吳大澂諭旨」,「軍機處寄直隷總督李鴻章等上
諭」, 7쪽, 9쪽 ;『關係史料』第4卷,「總署收上諭」,「總署收上諭」, 1652쪽.

것으로서 본고에 의해 최초로 연구되는 것이었다.

<표 1> 『吳淸卿獻策論』의 내용 통계표

순서	건의 내용	매 수	글 자 수	비고
1	求賢論	4매	667자	
2	育才論	9매	1,312자	
3	恤民論	4매	553자	
4	節用論	2매	206자	본래는 다섯 번째인 듯
5	練兵論	7매	1,153자	본래는 여섯 번째인 듯
6	緩刑論	3매	455자	본래는 네 번째인 듯
합계	6개	29매	4,346자	

　한편 『吳淸卿獻策論』에 포함된 여섯 가지 건의의 순서와 관련하여 앞의 2월 8일자 상주문에서는 '養賢, 育才, 恤民, 緩刑, 節用, 練兵六條'라고 하였는데, 현재 『吳淸卿獻策論』에는 求賢論, 育才論, 恤民論, 節用論, 練兵論, 緩刑論의 순서로 되어 있다. 그중 첫 번째로 되는 건의의 제목과 관련하여 '養賢'과 '求賢論'의 차이가 있지만 그 내용이 求賢詔를 내려 인재를 널리 구하라는 권고임을 감안할 때 '養賢'이 아닌 '求賢'이 옳을 것으로 판단되며, 또한 건의 내용의 순서와 관련하여 문맥상 그리고 '養賢'과 '育才', '恤民'과 '緩刑' 및 '節用', 그리고 '練兵' 등 건의 내용의 상호관련성 등으로 보아 앞의 上奏文의 순서가 더 정확한 것으로 생각되며 현재 『吳淸卿獻策論』의 순서는 훗날 轉寫 또는 集冊과정에서 잘못된 것으로 추정된다. 따라서 『吳淸卿獻策論』의 순서는 마땅히 앞서 上奏文의 순서대로 새롭게 정리해야 할 것이며, 물론 위와 같은 설명이 함께 첨부되어야 할 것이다.

　필자의 검도 결과 『吳淸卿獻策論』은 무려 29매, 4,346자에 달하는 長篇의 건의서였는데, 각 조항의 매수 및 글자 수는 위의 <표 1>과 같다. 총 여섯 가지 정책건의로 구성된 이 건의서의 내용을 차례로 살펴보면 다음과 같다.

첫째, 求賢論 즉 널리 인재를 구할 데 관한 건의. 예로부터 국가의 盛衰는 인재의 消長에 달려 있으며 중국의 역사 및 고구려의 명재상인 乙巴素의 사례 등이 이를 입증하고 있다. 임오군란을 겪은 지 겨우 3년도 안되어 다시 이번 變亂을 겪게 된 조선으로서는 외국의 침략을 막기 위해 무엇보다도 내정을 먼저 다스려야 하며, 특히 국왕이 직접 지시를 내려 자격과 문벌 그리고 詩文의 능력 등의 제한 없이 널리 현명한 인재를 구해야 할 것이다. 여기서 乙巴素의 사례를 인용하고 특히 '朝鮮故國川王十三年'이라고 하여 고구려를 바로 조선 즉 한국역사의 일부분으로 간주한 대목은 고구려에 대한 당시 청나라 관료학자의 기본인식을 보여주었다는 점에서 매우 흥미로운 내용이다.

둘째, 育才論 즉 인재의 양성과 교육에 관한 건의. 무려 9매에 1,312자에 달하는 이 부분은 총 여섯 가지 대책건의 중 가장 많은 분량이었고, 내용도 상당히 풍부하였다. 즉 인재의 성장에 있어서 절반은 父兄으로부터 나머지 절반은 스승과 친구들로부터 얻게 되는 것이므로 서원과 같은 교육기관을 통한 인재의 양성과 교육이 절실히 요구되는 것이다. 중국의 경우 宋나라 胡瑗의 사례를 비롯하여 지금까지 수도 北京은 물론 지방의 여러 대도시에도 서원이 설립되어 있는데, 조선은 禮義의 나라(禮義之邦)로서 文人學士들의 풍기가 중국과 가깝기 때문에 곧바로 서원을 설립할 수 있을 것으로 본다.

이와 관련하여 서울에 韓中합작의 국립교육기관인 友仁書院을 설립하도록 건의하면서 서원의 제도 및 교육내용 등에 대한 매우 구체적인 계획까지 제시하였다.

1) 書院의 명칭과 제도 및 교육내용 : 서울에 友仁書院이라는 국립교육기관을 설립하고 서원 산하에 각각 經義, 治事 및 格致로 불리는

3齋를 두는데, 구체적으로 經義齋의 교육내용은 四書五經 등 전통 유학의 경전이고 治事齋의 교육내용은 水利, 農田, 刑律, 兵制 및 經世文編 등이고 格致齋의 교육내용은 수학 및 천문, 지도, 해양수로, 기계제조, 선박, 총포 등 무기제조 그리고 외국어 등이 포함된다.

2) 교수진의 구성 및 書院 운영 : 조선국왕이 청정부 禮部를 거쳐 청나라 황제에게 공식 奏請하여 청나라 翰林院에서 編檢官 한 사람을 書院의 大敎習으로 초빙하고, 그와 함께 파견되어 온 과거 급제자 5~6명을 위 3齋를 각각 담당하는 分敎習으로 임명한다. 중국인 출신의 大敎習 및 分敎習들의 보수는 모두 중국정부가 지불하되 조선정부로부터는 약간의 수당만 지급받게 하고, 필요할 경우 조선국왕의 정책자문에 응할 수 있지만 조선의 내정을 간섭하지 못하도록 한다.

3) 院生의 모집 및 대우 : 위의 3齋에 각각 100명씩 총 300명의 원생을 모집하되, 출신의 제한 없이 조선 八道의 觀察使들이 18~19세 내지 30세 좌우의 儒生들을 추천하거나 원생들이 서로 추천할 수 있도록 한다. 총 3년으로 예정된 교육기간에 원생들의 생활비용은 모두 조선정부가 부담하고, 졸업성적에 따라 大敎習의 추천을 거쳐 조선정부가 정부관리로 임용하도록 한다.

교육의 중요성을 강조하면서 전통적 교육기관인 서원의 설립계획을 자세하게 건의한 것은 물론 교육문제에 관한 청나라 최고학술기관인 翰林院 출신 오대징의 개인적 관심과 소양을 충분히 보여주었으며, 서원의 교육내용에 전통적인 經學 외에도 治事 및 格致로 표현되는 실용학문과 근대적 학문 및 기술을 포함한 것은 또한 당시 청나라에서 이미 일부 실행되고 있는 교육내용으로서 교육문제에 대한 오대징 등의 개방된 사고방식을 보여주었다. 반면에 서원의 교육을 중국출신의 교수진에게 완전히 맡기겠다는 발상은 바로 갑신정변 이후 조선의 내정문제에 보다 깊이 개입하려는 청정부의 적극간섭정책을 반영한 것이라고 할 수 있다.

셋째, 恤民論 즉 백성을 사랑하고 백성들에 대한 수탈과 폐해를 없애도록 한 건의. 즉 군주는 결국 백성들을 근본으로 하고 있는데, 조선의 경우 백성들에 대한 수탈과 폐해가 너무 많아 백성들의 생계는 물론 나라살림까지도 피폐한 실정이다. 따라서 조정대신으로부터 하층관리에 이르기까지 공식 俸祿 외에는 백성들에 대한 그 어떤 수탈도 엄금하여 백성들의 살림은 물론 상공업의 발전 등 국가경제의 활성화를 기해야 한다.

넷째, 節用論 즉 불필요한 재정지출을 최소화할 데 관한 건의. 이 부분은 본래 다섯 번째 건의였을 것으로 보이며, 실제로 네 번째 건의는 현재 여섯 번째로 되어 있는 緩刑論으로 생각된다. 백성을 사랑하는 것과 불필요한 재정지출을 줄이는 것은 서로 表裏되는 내용으로서 서양각국에서 실시하고 있는 대내적인 國債 또는 대외적인 外債는 부득이한 방법이므로 굳이 배울 필요가 없다. 특히 외채도입을 통해 노리개 같은 사치품을 구입하는 등 낭비는 끊임없는 후환을 남기게 된다. 국가재정의 긴축문제는 결국 民力의 소모 및 民情 즉 사회적 안정과 직접 관련되는 중대한 문제이다.

다섯째, 練兵論 즉 군대의 훈련강화 및 군사력 강화에 관한 건의. 이 부분은 본래 마지막인 여섯 번째 건의였을 것이며, 실제로 다섯 번째 건의는 현재 네 번째로 되어 있는 節用論으로 생각된다. 또한 練兵論 부분은 총 7매에 1,153자로서 앞서 교육문제에 관련한 育才論 다음으로 분량이 많은 내용으로서 조선의 군사문제에 대한 깊은 관심을 보여주었다. 즉 군사력을 강화하기 위해서는 크게 훌륭한 지휘관(良將)과 정예한 병력(精兵) 및 정예한 무기(利器) 세 가지를 갖추어야 한다. 현재 조선의 재정형편상 군함의 구입과 수뢰의 설치 등을 통한 해군건설

은 현실적으로 어렵지만, 육군의 경우 최소한 7.5㎝ 구경의 야전포 16
문 정도로 구성된 砲營을 창설하여 청나라 교관의 훈련을 받게 해야
할 것이며 현재 左右營에서 사용중인 마티니-헨리식 라이플 소총
(Martini-Henry, 馬梯呢)으로 훈련을 더욱 강화해야 한다. 그리고 군사훈
련과정에서 특히 臨敵應變에 관한 여섯 가지 원칙(三要三忌)을 잘 지
키도록 해야 할 것이다.[67]

여섯 째, 緩刑論 즉 刑罰의 강도를 완화하여 너그러운 德治를 실시
해야 한다는 건의. 이 부분은 본래 네 번째 건의였을 것이며, 실제로
여섯 번째 건의는 현재 다섯 번째 건의로 되어 있는 練兵論으로 생각
된다. 무릇 형벌이란 부득이한 경우에만 사용되는 것인즉, 중국의 경우
법(律例) 자체에서 重罰과 輕罰의 형평을 기하였고 세계 각국에서도
대체로 경미한 처벌을 위주로 하고 사형에 처하는 죄는 매우 적은 실
정이다. 그러나 조선의 형벌은 너무 중하여 무지한 백성들이 자주 死
刑과 같은 重罪를 받고 있는데, 이번처럼 큰 변란을 겪은 뒤에는 정치
사회적 분위기 쇄신의 차원에서 마땅히 넓고 어진 德治를 펼쳐 車礫
이나 腰斬과 같은 극형을 없애고 다른 형벌도 가벼운 것으로 대체할
수 있도록 해야 할 것이다.

전체적으로 위의 여섯 가지 정책 건의는 民本사상과 仁의 정치 등
전통적 治國方略의 범주를 벗어나지 못하고 있지만, 교육내용에서 실
용적 지식 및 근대적 과학기술과 외국어 학습 등을 증가하였고 특히
군사훈련에 있어서 근대적 무기의 도입과 훈련방식을 강조한 부분은
나름대로 근대적 의미를 갖춘 부분이라고 볼 수 있다. 말하자면 당시
청나라에서 추진하고 있던 이른바 中體西用的 洋務自强運動의 주장

---

67) 구체적으로 三要三忌의 내용은 다음과 같다.
　　三要 : 站隊之要, 以疏爲貴 ; 進隊之要, 以穩爲貴 ; 放槍之要, 以緩爲貴.
　　三忌 : 忌大隊齊集一處 ; 忌衝鋒陷陣 ; 忌槍礮早發.

288

과 비슷한 것으로서 吳大澂 등의 독창적인 제안은 아니었고, 또한 갑신정변 전후의 개화기에 조선정부에서 나름대로 실시해 온 개화정책과도 크게 다를 바 없는 내용들이다. 다만 인재양성과 관련하여 국립서원의 설립 및 운영에 관한 자세한 건의 및 근대식 무기와 훈련방법의 도입에 관한 내용은 翰林출신으로서 근대적 무기와 군사문제에도 깊은 관심을 갖고 있던 吳大澂의 개인적 관심과 소양을 잘 나타낸 부분이라고 볼 수 있다.

한편 위의 여섯 가지 정책건의는 정치, 경제, 군사 및 정부인사의 등용과 양성 등 내정의 거의 모든 분야를 망라하였는데, 이처럼 광범위한 정책건의는 바로 갑신정변 이후 내정문제를 비롯한 조선문제에 적극 간섭하려는 청정부의 정책의도를 반영하였다. 사실 吳大澂 등의 건의에 앞서 중국인으로서 조선정부에 정책건의서를 제출한 것은 주일공사관의 참사관인 黃遵憲의 『朝鮮策略』[68] 및 임오군란 이후 이홍장에 의해 조선정부로 추천된 馬建常의 「上朝鮮國王條陳」[69] 등이 있다. 그러나 黃遵憲의 『朝鮮策略』은 조선정부에 직접 제출한 것이 아니었고, 馬建常의 건의서도 개인적 차원에서 제출하였고 또한 제출시기 및 배경을 입증할 만한 관련 사료를 찾아볼 수 없는 소위 '孤證不立'의 문서였다.

즉 吳大澂 등의 위와 같은 건의는 개인적인 차원이 아닌 청정부의 비밀지시에 따라 이루어진 일종의 정책적 행위였고 또한 청정부 및 조선정부 측의 문헌에 의해 명백히 확인되고 있다는 점에서 갑신정변 이후 본격적으로 전개되는 청정부의 對朝鮮 적극간섭정책을 반영하는 중요한 문서라고 볼 수 있다. 또한 조선의 내정문제에 광범위하게 개

---

68) 졸고, 『李鴻章의 朝鮮認識과 政策 硏究』, 49~50쪽 참조.
69) 方豪 編, 『馬相伯先生文集』, 北平 : 上智編譯館, 1937, 1~4쪽 ; 앞의 졸고, 125~126쪽.

입할 의지를 보여주면서도 서원의 설립 등 문제에 있어서 禮部를 거쳐 청정부로 공식 奏請하도록 하는 등 전통적 조공관계의 절차를 여전히 강조한 것은 바로 전통적 조공관계와 근대적 조약관계라는 두 가지 이질적 국제관계의 공존이라는 큰 틀 속에서 조선에 대한 간섭과 영향력을 한층 더 강화하려는 兩面性을 지닌 對朝鮮認識과 정책을 잘 보여주는 대목이라고 할 수 있다.[70]

오대징 등의 위와 같은 정책건의에 대하여 고종과 조선정부는 나름대로 검토를 하였고, 특히 그중 書院의 설립 등 문제에 관심을 가졌던 것으로 보인다. 1885년 2월 7일 오후에 고종은 조정대신들에게 방금 오대징 등과 작별한 사실을 전하면서 그들이 제출한 書院規則 등에 대한 의견을 물었고, 이에 김굉집 등은 원칙적으로 찬성의사를 밝혔다.[71] 그러나 그후 조선정부는 실제로 그러한 청나라의 주도를 전제로 한 韓中合作 교육기관의 설립을 추진하지 않았고 또한 나머지 정책건의를 그대로 수용하였다는 사실을 찾아볼 수 없었는데, 그만큼 내정문제에 대한 청정부의 간섭을 배제하려는 고종과 조선정부의 자주적 의지를 엿볼 수 있는 부분이었다.

필자의 조사결과 『吳淸卿獻策論』은 현재 한국정신문화연구원 藏書閣 및 서울대 奎章閣과 국립중앙도서관[72]에 각각 소장되어 있고 또한 장서각과 서울대 규장각에 각각 『吳長卿獻策論』 및 『時弊獻言』으로 된 異本이 소장되어 있는데, 편의상 총 여섯 가지 소장본을 각각 藏A, 藏B, 奎A, 奎B 및 國A, 國B로 분류하여 다음과 같이 비교해 보겠다.

70) 이에 대한 자세한 연구는 졸고, 「李鴻章의 朝鮮認識과 政策 硏究」 참조.
71) 金弘集, 「從政日記」, 『金弘集遺稿』, 114~115쪽.
72) 國立中央圖書館에는 『吳淸卿獻策論』이 두 책이나 소장되어 있는데 표제와 내용 및 書誌事項이 모두 일치하여 사실상 같은 인쇄본으로 생각되며, 著者의 이름을 "오대증"으로 표기한 것은 물론 오대징의 誤記로 보인다. 국립중앙도서관 No. 한-31-17-1/한-31-17-2.

<표 2> 『吳淸卿獻策論』의 6種 所藏本 비교

번호	문 서 명 칭	매수	活字	匡郭 크기	半葉 行/字	藏書印	내용
藏A	吳淸卿獻策論	29매	再鑄整理字	29.2×18.1cm	10行 19字	藏書閣	같음
藏B	吳長卿獻策論	같음	같음	29.5×18.3cm	같음	없음	같음
奎A	吳淸卿獻策論	같음	같음	29.4×18.2cm	같음	學部圖書, 朝鮮總督府圖書之印, 編輯局保管	같음
奎B	時弊獻言	같음	같음	29.4×18.6cm	같음	帝室圖書之章, 朝鮮總督府圖書之印	같음
國A	吳淸卿獻策論	같음	같음	29.4×18.6cm	같음	없음	같음
國B	吳淸卿獻策論	같음	같음	29.5×18.3cm	같음	없음	같음

위의 여섯 가지 소장본 중 藏B의 『吳長卿獻策論』은 轉寫 또는 復刻과정에서 吳淸卿이 吳長卿으로 訛傳된 것으로 추정되며 奎B의 『時弊獻言』 역시 그러한 과정에서 얻어진 새로운 書名으로 보인다.[73] 그리고 앞서 吳大澂 등의 상주문에서 이 문서를 보고하면서 '養賢, 育才, 恤民, 緩刑, 節用, 練兵六條'라고 호칭하였고 또한 자신이 작성한 문서 명칭에 자신의 號를 직접 사용하지 않는 관례 등으로 보아 『吳淸卿獻策論』이라는 문서명칭은 훗날 조선정부에 의해 지어진 것으로 추정할 수 있는데, 奎B와 같이 『時弊獻言』이라는 또 다른 명칭이 사용된 것도 같은 맥락에서 이해할 수 있다. 그리고 위의 여섯 가지 소장본에 한결같이 韓末의 '帝室圖書之章', '學部圖書', '藏書閣' 및 그후의 '朝鮮總督府圖書之章', '編輯局保管' 등 藏書印이 찍혀 있고, 또한 韓末에 주

---

73) 필자의 확인결과 서울대 규장각에 소장되어 있는 『時弊獻言』의 표지에는 본래 '求賢論'이란 標題가 쓰여졌다가 다시 그 위에 '時弊獻言'이라고 쓰인 종이쪽지가 붙여졌다. 즉 『時弊獻言』이라는 標題는 처음부터 있었던 이름이 아니라 훗날 편집자 또는 所藏者에 의해 임의로 붙여진 이름일 가능성이 높은 것으로 볼 수 있다.

로 외교문서 및 官報 등 정부관련자료들을 인쇄하는 데 사용된 再鑄
整理字[74]로 인쇄된 점과 四周單邊에 有界하고 半葉에 10行19字 등
書誌사항이 마치 한 곳에서 인쇄된 것처럼 일치한 것으로 보아 당시
조선정부에서 극히 일부만 인쇄하여 궁중에 보관해 두었다가 훗날 皇
室圖書, 學部圖書 및 朝鮮總督府圖書館 등을 거쳐 藏書閣과 奎章閣
등에 각각 소장된 것으로 추정된다.『吳淸卿獻策論』은 물론이고 함께
제출하였던『辨黨論』이 지금까지 거의 일반에 알려지지 않은 것도 당
시 조선정부가 처음부터 기밀외교문서의 성격을 지닌 이 문서들을 외
부로 전혀 유출시키지 않았기 때문으로 생각된다.

5. 맺는 말

본고는『吳淸卿獻策論』은 물론 이 문서를 작성하고 제출한 吳大澂
의 在韓활동에 대한 사실상 최초의 연구라고 할 수 있다. 여기서 필자
는『吳淸卿獻策論』및 갑신정변 이후 조선으로 파견된 吳大澂 등의
활동에 관한 다음과 같은 결론을 얻을 수 있었다.

첫째,『吳淸卿獻策論』의 성격과 저자, 제출시기 및 배경.『吳淸卿獻
策論』은 1884년의 갑신정변 이후 조선으로 파견된 청정부 대표 吳大
澂과 續昌이 귀국 직전인 1885년 2월 7일경에 고종에게 제출한 일종의
정책건의서인데, 오대징이 正代表이고 또한 건의의 내용에도 주로 그
의 의견이 많이 반영된 것으로 보아 주로 오대징의 작품으로 생각된
다. 그리고 이 정책건의서는 비록 吳大澂 등이 개인적 권고의 형식으

---

74) 1858년에 제작된 再鑄整理字는 韓末에 근대식 鉛活字가 도입된 이후에도 대
    외조약 등 외교문서 및 관보 등 정부문서들을 인쇄하는데 여전히 많이 사용
    되었다고 한다. 金斗鍾,「한글活字考」,『崔鉉培還甲紀念論文集』, 1954 ; 金
    元龍,「朝鮮後期의 鑄字印刷」,『鄕土서울』7, 1959 등 연구 참조.

로 제출하였지만, 갑신정변 이후 조선문제에 대한 청정부의 적극간섭 정책을 반영하였고 특히 청정부의 비밀지시에 따라 이루어졌다는 면에서 일종의 정책적 행위로 볼 수 있다.

둘째, 吳大澂 및 조선에서 그들의 활동. 오대징은 청나라 말기에 淸流派에 속하는 관원이었는데, 갑신정변 직전에 李鴻章을 보좌하여 北洋지역의 군사안보를 책임지는 會辦北洋事宜라는 직책을 맡게 되면서 조선문제에 개입하기 시작하였다. 따라서 청정부는 갑신정변 직후 조선문제의 조사처리를 위하여 吳大澂과 續昌을 조선으로 파견하였고, 이들은 조선에서 갑신정변의 진상조사, 갑신정변 주도세력에 대한 추궁과 탄압 및 조선정부 그리고 일본대표와의 교섭 등 다양한 활동을 전개하였다.

그 결과 吳大澂 등은 청정부로 갑신정변의 진상에 관한 보고서를 제출하면서 특히 조선주둔 청군의 책임이 없고 또한 조선에서 더 이상 새로운 분쟁이 일어날 가능성이 없다는 사실을 보고함으로써 갑신정변사태를 평화적으로 조속히 수습하려는 청정부의 방침을 관철시켰다. 또한 조선정부에게 김옥균 등 개화파세력을 철저히 추궁하도록 촉구하는 한편 청나라와의 조공관계를 계속 유지하도록 강요하였고, 반면 조선에 대한 일본 측의 무리한 요구에 대해서는 적극적으로 제지하지 않았다.

셋째, 『吳淸卿獻策論』의 내용 및 사료적 가치. 총 여섯 가지 건의로 구성된 『吳淸卿獻策論』은 정치, 경제, 군사 등 내정의 거의 모든 분야를 망라함으로써 갑신정변 이후 내정문제를 비롯한 조선문제에 보다 적극적으로 간섭하려는 청정부 對朝鮮政策을 반영한 것으로 볼 수 있다. 구체적으로 여섯 가지 정책건의의 내용은 전통적인 治國方略의 범주를 벗어나지 못하였고, 또한 그중 포함된 근대적 교육내용 및 신식무기와 훈련방법의 도입 등 일부 새로운 내용도 당시 청정부가 추진중인 洋務自強運動이나 조선정부가 이미 실시해 온 개화정책에 비해 별로 새로운 것이 없었다. 그럼에도 불구하고 이 문서는 당시 함께 제출하였던 『辨黨論』과 더불어 지금까지 거의 알려지지 않은 貴重本으로서, 갑신정변을 전후한 한국근대사 및 한중관계사 연구의 한 공백을 메울 수 있는 중요한 문헌사료라고 할 수 있다. 그리고 현재 藏書閣 등에 소장되어 있는 여섯 가지 所藏本에 관한 비교를 통해 『吳淸卿獻策論』의 명칭과 작성자 이름 및 건의내용의 선후순서 등 書誌事項 관련 기록 중 잘못된 부분을 지적하였다.

藏書閣 소장문서를 통해 본 19세기 말 조선왕조의 대중국외교

1. 들어가는 말

19세기 말부터 근대화의 시련을 겪기 시작한 조선왕조는 중국 청왕조와 전통적 조공관계를 그대로 유지하는 한편 신흥 일본 및 구미열강과 근대적 조약관계를 수립함으로써, 전통과 근대라는 두 가지 서로 다른 성격의 국제관계체제를 상당기간 함께 수용해왔다. 바로 위와 같은 과도기적 역사현상에 대하여 근대 한국의 개화인사 兪吉濬은 일찍이 1880년대에 이미 '兩截體制'라는 명확한 해석을 제시하면서 당시 조선왕조의 '현실적 대외정책'으로서 중국 청왕조에 대한 일종의 '자주적 동맹론'을 주장하였다.[1] 한편 지금까지 일본과 한국학계의 하라다(原田環), 鄭容和 등 연구자에 의해 19세기 말 조선왕조의 위와 같은 '양절체제'적 국제질서하의 對中國외교에 대한 연구가 약간 있어 왔지만[2] 그 실체적 내막에 대한 사실적인 접근은 아직 없는 것으로 나타났

---

1) 정용화,『문명의 정치사상 : 유길준과 근대한국』, 문학과 지성사, 2004, 213∼225쪽 참조.
2) 原田環, 「朝・中 「兩截體制」成立前史－李裕元と李鴻章の書翰を通して」, 『朝鮮の開國と近代化』, 廣島 : 溪水社, 平成9年, 191∼218쪽 ; 정용화, 「전환기 자주외교의 개념과 조건 : 19세기 후반 대청외교의 이론적 고찰」,『국제정

는데, 그 원인은 무엇보다도 당시 '양절체제'적 대중국외교의 실체를
밝혀줄 수 있는 구체적 사료의 부족에서 비롯된 것으로 생각된다. 이
에 본고에서는 한국학중앙연구원 藏書閣에서 발견된 天津駐箚督理通
商衙門 관련 외교문서 두 건을 중심으로 19세기 말 당시 조선왕조의
대중국외교가 구체적으로 어떻게 전개되었는가를 단편적으로나마 살
펴보고자 하는데, 논의의 초점은 여전히 지금까지 필자가 줄곧 관심을
가져온 19세기 말 한중관계의 근대적 전환과정에 있음을 미리 밝혀둔
다.

필자는 일찍이 한국학중앙연구원 장서각에서 19세기 말 조선왕조
天津駐箚督理通商衙門의 대중국외교문서 2건을 발견하였는데, 그 구
체적 상황은 다음 표와 같다.

<표 1> 장서각 소장 天津駐箚督理通商衙門 외교문서의 기본상황3)

항목 번호	原表題	문서 형태	문서분량	작성 시기	주요내용	藏書印
1	北洋衙門談艸	寫本	1冊19張,半郭, 半葉9行20字	1884년 5월	北洋衙門談艸등 3건	藏書閣 圖書印
2	乙酉正月北洋 大臣衙門筆談	楮紙 寫本	2卷1冊18張,半 郭 半葉6行25字	1885년 3월	卷1 : 北洋衙門筆談 卷2 : 海關道署筆談	藏書閣 圖書印

한편 『藏書閣圖書韓國版總目錄』史部 雜史類의 위 두 문서관련 등
록내용에서 다음과 같은 두 가지 오류를 지적할 수 있다. 먼저 『北洋
衙門筆談』으로 등록된 위 2번 문서 즉『乙酉正月北洋大臣衙門筆談』
(이하 『筆談』으로 약칭)을 '魚允中撰'으로 기록한 것은 사실 '南廷哲撰'
의 잘못이다. 말하자면 그 문서는 어윤중이 아닌 남정철이 이홍장 등

치논총』 제43집 2호, 2003년 여름.
3) 韓國精神文化硏究院 資料調査室編, 『藏書閣圖書韓國版總目錄』, 성남 : 한
국정신문화연구원, 1993, 52쪽.

청정부 관계자들과 청나라 天津에서 나눈 필담의 기록인즉 이에 대한 자세한 고증은 다음 부분에서 구체적으로 전개하기로 한다. 둘째로 1번 문서 즉『北洋衙門談艸』(이하 『談艸』로 약칭함)의 작성시기를 고종 22년 즉 1885년으로 잘못 추정하였는데 사실은 그보다 한해 앞선 1884년 5월 즉 고종 21년 4월이었다. 말하자면 위 목록에서 상기 두 외교문서의 작성자 및 작성시기를 모두 잘못 추정해 두었는데 그 원인은 물론 이들 외교문서와 관련된 구체적인 역사배경과 사실을 제대로 고증하지 못하였기 때문으로 생각된다.

그리고 상기 天津駐箚督理通商衙門 관련 두 외교문서 사본에 한결같이 '藏書閣圖書印'이 날인되어 있는 것으로 보아 처음부터 비밀외교문서로 취급되어 조선왕조의 궁중에 秘藏되어 있다가 일제시기 李王職도서관 藏書閣을 거쳐 오늘까지 전해온 것으로 볼 수 있는데,[4] 상기 두 외교문서 사본이 지금까지 학계의 관심과 조명을 전혀 받아오지 못한 것도 위와 같은 사정과 무관하지 않은 것으로 생각된다. 요컨대 상기 天津駐箚督理通商衙門 두 외교문서는 본고에 의해 처음으로 학계에 소개되고 또한 학술적 조명을 받게 되는 셈이다.

2. 『北洋衙門談艸』의 기본내용 및 관련사실

주지하는 바와 같이 1882년 10월 체결된 '中朝商民水陸貿易章程' 및 그후 속속 체결된 '奉天與朝鮮邊民交易章程'('中江貿易章程'), '吉林朝鮮商民隨時貿易地方章程'('會寧通商章程')에 의해 한중 두 나라는 정치적 차원에서 전통적 조공관계를 그대로 유지하는 한편 경제적

---

4) 千惠鳳 외,『藏書閣의 歷史와 資料的 特性』, 성남 : 한국정신문화연구원, 1996 참조.

차원에서 근대적 통상관계를 전개하면서 이른바 '政經分離'의 과도기
적 방식으로 한중관계의 근대적 전환을 시작하였다.[5] '中朝商民水陸
貿易章程' 제1조의 규정에 의하면 중국 청정부는 北洋通商大臣의 명
의로 商務委員을 조선의 각 개항장으로 파견, 상주시켜 조선에 있는
'中國商民'들을 보호하고 조선왕조 측에서도 국왕의 명의로 天津에
'大員'을 파견하고 아울러 중국 내 여러 개항장으로 商務委員을 상주
시키게 되어 있다.[6]

바로 위와 같은 규정에 의해 중국 청정부는 1883년 10월부터 '總辦
朝鮮各口交涉商務委員'의 명의로 陳樹棠을 서울에 상주시키고 나아
가서 인천, 부산, 원산 등 개항장에도 중국 상무위원을 파견하였다.[7]
그리고 조선왕조 역시 1883년 11월 22일에 天津駐在 大員을 임명하였
는데, 당초 임명한 金善根의 신병 사유로 3개월 후인 1884년 2월 22일
에 처음 參贊官으로 임명하였던 南廷哲을 改差함으로서 남정철은 사
실상 초대 天津駐在 大員으로 되었다.[8] 이에 남정철은 從事官 朴齊

5) 金鍾圓, 『근세동아시아관계사연구 - 朝淸交涉과 東亞三國交易을 중심으로
－』, 도서출판 혜안, 1999, 316~350쪽 ; 권혁수, 『19世紀末 韓中關係史硏究
－李鴻章의 朝鮮認識과 政策을 중심으로』, 백산자료원, 2000, 113~140쪽 참
조.

6) 中央硏究院近代史硏究所編, 『淸季中日韓關係史料』(이하 『關係史料』로 약
칭함) 第3卷, 臺北 : 中央硏究院近代史硏究所, 1972, 989~993쪽 ; 交涉通商
事務衙門編, 『中朝約章合編』, 韓國學中央硏究院藏書閣 소장 ; 國會圖書館
立法調査局編, 『舊韓末條約彙纂』 下卷, 397~398쪽.

7) 權赫秀, 「陳樹棠在朝鮮的商務領事活動與近代中朝關係(1883年 10月~1885年 10
月)」, 『社會科學硏究』 2006年 第1期. 그에 앞서 이홍장과 청정부에 의해 조선
국왕 고종의 외교통상관련 자문역으로 파견된 馬建常의 경우 역시 위와 같은
맥락과 취지에서 비롯된 것으로 볼 수 있는데 자세한 내용은 權赫秀, 「馬相伯
在朝鮮的顧問活動(1882年 11月~1884年 4月)」, 『近代史硏究』 2003年 第3期 참
조.

8) 『高宗實錄』 고종 20년 10월 23일 ; 『日省錄』 고종 21년 1월 27일. 그후 1886
년 3월 26일 내무부의 요청에 따라 天津駐在 大員의 공식명칭은 天津駐箚督

純, 書記官 成岐運 등 일행과 더불어 1884년 4월 12일 서울에서 고종
을 辭陛한 뒤 天津으로 출발하여 같은 달 24일에 천진에 상주하고 있
는 청정부 直隸總督 겸 北洋通商大臣 李鴻章에게 자신의 임명 및 파
견에 관한 고종 명의의 咨文을 전달함으로써 사실상 공식 업무를 개시
하였다.[9] 남정철의 임명 및 천진 상주는 바로 이른바 '양절체제'의 과
도기적 국제질서 속에서 중국에 대한 새로운 근대적 통상외교의 시작
을 의미한다.

당시 이홍장은 청정부의 對韓정책을 실질적으로 주도하고 있었으므
로[10] 조선왕조의 대중국외교 최고 대표격인 남정철의 직접 교섭상대
이기도 하였다. 상기 『談艸』의 내용은 바로 남정철이 천진에 도착한
뒤 이홍장 및 그 주변인물들과 나눈 필담기록으로 보이는데, 구체적으
로 북양통상대신아문에서 이홍장과 만나 자신의 업무내용 및 당시 한
중관계의 여러 현안에 관한 필담기록 및 이홍장의 막료출신으로 당시
天津海關道 대리 盛宣懷와의 필담기록, 그리고 내방한 만주인 額勒精
額과의 필담기록 등 3건이 포함되어 있는데 그 내용을 차례로 살펴보
기로 한다.

이홍장과의 필담기록은 총 20張으로 된 『談艸』 중 무려 12張 즉
60%의 분량을 차지하는데, 필담기록 첫 부분에 '今十九日'이라고 한
것은 필담 과정에서 러시아 공사 웨베르의 육로통상교섭[11] 등 내용이

理通商事務로 개칭되었으므로 본고에서는 편의상 처음부터 天津駐箚督理通
商事務로 표기한다. 이에 대한 자세한 고증은 金壽岩, 『韓國의 近代外交制
度硏究－外交官署와 常駐使節을 중심으로』, 서울대 외교학과 박사하위논문,
2000. 2 참조.
9) 『高宗實錄』 고종 21년 3월 17일 ; 『關係史料』 第3卷, 1358~1359쪽.
10) 이홍장과 근대한국의 관계에 관한 연구는 權赫秀, 『19世紀末 韓中關係史硏
究－李鴻章의 朝鮮認識과 政策을 중심으로』 참조.
11) 청나라 주재 러시아 공사 웨베르가 수호통상조약 교섭 차 내한한 것은 1884
년 6월 23일이고 교섭결과 같은 해 7월 7일에 韓露수호통상조약이 서울에서

언급된 것으로 보아 고종 21년 4월 19일 즉 1884년 5월 12일로 추정되
는데, 바로 남정철이 천진에 부임한 지 한달도 안 되는 시점이었다. 당
시 남정철은 조선정부의 자문 2통 및 국왕 고종의 '御札' 1통[12]을 전달
하기 위해 찾아온 賚奏官 李用俊과 함께 북양통상대신아문으로 찾아
가 이홍장을 만났는데, 이홍장은 먼저 청나라 주재 러시아 공사 웨베
르가 조선을 방문하여 육로통상관련교섭을 제기할 것이라는 정보를
전달하면서 조선정부의 사전 준비를 요구하였다.[13] 이에 남정철은 이
홍장의 용의주도한 외교적 배려에 감사하는 한편 조선정부에서 나름
대로 적절하게 대응할 것이라고 대답하였고, 이어서 자신이 천진으로
상주하게 된 것은 오로지 '商務'만을 위한 것이 아니라 요즘과 같이 천
하가 多事하여 옛날과 전혀 다른 시점에 한중 두 나라가 더욱 긴밀히
연락하여 한마음으로 '共濟'할 필요가 있다고 역설하면서 필요에 따라
수시로 이홍장을 만나 긴요한 담화를 나눌 수 있도록 요청하였다. 말
하자면 남정철은 단순한 조선왕조의 중국주재 통상관련 대표뿐만 아
니라 사실상 중국주재 최고 외교대표의 자격으로 이홍장과 일종의 카
운터 파트너(counter partner) 관계의 수립을 요청한 것이다.

이에 이홍장은 긴급 기밀사항의 경우 수시로 자신을 찾아와 필담을
나눌 수 있고 나머지 일반사항의 경우 자신의 부하인 天津海關道를

조인되었다. 金源模 編著, 『近代韓國外交史年表』, 檀大出版部, 1984, 112~
113쪽 참조.

12) 상기 咨文 2통과 御札 1통의 구체적 내용이 무엇인지는 위 문서에서 자세히
밝히지 않았다. 그 무렵 즉 1884년 6월 중순경 청정부 禮部로 英韓수호통상
조약의 체결을 통보하는 조선정부의 咨文 및 임오군란 당시 조선으로 출동한
청군의 서울상주에 대한 감사의 뜻을 전하는 고종명의의 上奏文이 접수된
것으로 보아 바로 상기 咨文과 '御札'(사실은 상주문)로 추정된다. 『關係史
料』第3卷, 1364~1368쪽, 1399~1400쪽, 1405~1408쪽 참조.

13) 필담의 내용은 모두 상기 『談艸』에서 인용한 것으로 더 이상 일일이 밝히지
않는다.

통해 전달할 수 있다면서 남정철의 요구를 그대로 수락해주었다. 따라서 남정철은 임오군란 당시 청군의 조선출동 등을 통해 보여준 조선왕조에 대한 청정부의 각별한 배려에 대한 국왕 고종 및 조선정부의 감사의 뜻을 장황하게 전달하면서 특히 고종과 조선정부가 결코 청정부에 대한 事大的 조공관계를 이탈할 의도가 전혀 없다는 점을 강조하였다. 이에 이홍장은 자신이 과거 조선정부에게 구미열강('泰西各國')과 수교통상하도록 권고한 것은 바로 일본의 조선침략을 견제하기 위한 것이라면서 최근 외세의 부추김을 받은 '신당무리(新黨一輩)'들이 '自主'를 부르짖으면서 '事大'관계를 이탈하려는 움직임에 각별히 경계하도록 요구하였다. 여기서 이른바 '신당무리'는 바로 당시 조선왕조의 정치무대에 바야흐로 등장하고 있는 개화파세력을 가리키는 것으로, 말하자면 이홍장과 청정부는 일찍부터 개화파세력에 의한 조공관계 이탈 가능성을 심각하게 경계하고 있었던 것으로 볼 수 있다.

그러나 남정철은 당시 조선왕조 정치내막과 관련된 '신당무리'에 관한 언급은 일절 자제하고 곧바로 필담의 초점을 통상업무로 바꾸어 다음과 같은 네 가지 문제를 제기하였다.

첫째, 현재 조선의 '商務'는 그야말로 유명무실한 실정인데 과거 서양인 한 사람에게(독일인 출신의 묄렌도르프를 가리키는 것으로 보임) 전적으로 의지하여 많은 우여곡절을 겪었으므로 근대적 통상문제에 대한 청정부의 자세한 지도를 요청한다.

둘째, 근대통상관련 구체적 법칙과 규정을 문의하면서 그러한 내용을 인쇄물로 간행한 것이 있으면 제공해 주도록 요청한다.

셋째, 중국 내지로 潛入하여 인삼을 밀매하는 조선인의 단속을 약속하는 한편 천진주차독리통상아문 소속 인원의 중국 출입국에 관한 규제를 완화해 줄 것으로 요청한다.

넷째, 자신의 업무상 자주 귀국하여 보고할 필요가 있는데 그에 대한 출입국 절차 및 교통편의 제공을 요청한다. 이에 이홍장은 구체적인 사항은 자신의 막료출신으로 당시 天津海關道를 맡고 있는 盛宣懷와 협의하도록 하면서 대체로 긍정적인 태도를 보여주었다.

이어서 남정철은 당시 중국 保定에 억류되어 있는 대원군에 대한 국왕 고종의 걱정과 관심을 전달하면서 특히 중국 상해에서 발행되는 『申報』에서 대원군의 같은 해 10월 조기송환 가능성을 보도한 내용의 진실여부를 심각하게 타진하였다. 이에 이홍장은 이른바 10월 조기송환설은 헛소문에 불과하다고 일축하는 한편 조선국왕과 정부가 정치를 잘 다스리도록(勵精圖治) 요구하였는데, 그중 '왕비' 즉 민비 관련 대목은 그냥 "云云"으로만 적혀 있어 일부 민감한 또는 자극적인 대화 내용이 남정철에 의해 삭제된 것으로 보인다. 그리고 남정철은 얼마 전 서울서 발행되는 『漢城旬報』에서 서울주둔 청군과 관련된 誤報기사 내용을 해명하면서 천진주차독리통상아문의 현판 글씨를 직접 써 주도록 요청하여 이홍장의 양해 및 허락을 얻어내었고 필담은 결국 화기애애한 분위기 속에서("時顏色甚和") 끝났다고 한다.

두 번째 필담은 당시 천진해관도 대리 盛宣懷가 같은 해 6월 9일 오후 7시경 천진주차독리통상아문으로 남정철을 내방하면서 이루어졌다. 성선회(1844~1916)의 字는 杏蓀, 또는 幼勛, 號는 愚齋. 止叟로서 江蘇省 武進사람인데 이홍장의 막료출신으로 일찍이 1870년대부터 輪船招商局, 湖北開採煤鐵總局, 中國電報總局 등 근대적 기업의 창설작업을 주도해 온 인물이었다.[14] 바로 얼마 전 천진해관도 周馥의 病暇로 천진해관도 대리를 맡게 된[15] 성선회가 취임인사차 찾아와 이루어

---

14) 盛宣懷에 대한 자세한 연구는 다음과 같은 연구서를 참조할 수 있다. Feuerwerker, Albert, *China's Early Industrialization : Sheng Hsuan-huai(1844-1916) and Mandarin Enterprise*, Mass. : Harvard University Press, 1958 ; 夏東元, 『盛宣懷傳(修訂本)』, 天津 : 南開大學出版社, 1998.

15) 夏東元, 『盛宣懷傳(修訂本)』, 441쪽.

진 이번 필담의 내용은 주로 예의적인 인사말이었고 그중 주목할 만한
것은 다음과 같은 세 가지 내용이었다.

첫째, 남정철이 성선회에게 취임 후 천진주재 각국 외교관들을 모두
예방하였는가고 물었는데, 말하자면 남정철 자신은 이미 그들과 모두
만나본 것으로 들리는 구절이다. 즉 남정철은 사실상 조선정부 외교대
표의 신분으로 천진주재 각국 외교관들을 만나고 있다고 볼 수 있다.

둘째, 성선회는 청나라 주재 이태리 공사 및 러시아 공사가 속속 조
선으로 통상교섭차 출발할 것이라는 정보를 전달하면서 그에 관한 대
응 특히 러시아의 육로통상교섭에 대한 사전대비를 촉구하였다. 앞서
이홍장과의 필담에서도 각별히 강조되었던 내용으로 그만큼 당시 이
홍장과 청정부는 러시아의 조선진출 가능성을 예의주시하고 있다는
사실을 보여주고 있다.

셋째, 남정철은 자신의 통상관련업무와 관련하여 성선회의 적극 협
조를 부탁하였고 이에 성선회도 快諾하였는데, 바로 이홍장과 청정부
의 대조선정책이 적극간섭 방향으로 선회하고 있음을 보여주고 있다.

세 번째 필담은 같은 해 6월 15일 오전 10시경 천진주차독리통상아
문을 예방한 만주인 額勒精額과 남정철이 나눈 것이다. 스스로 四川
省 體防출신이라고 밝힌 額勒精額은 그 이름으로 보아 만주족 출신의
士大夫로 보였는데, 서양의 학문을 비롯하여 서양 기계 및 서양 포도
주 등 무릇 서양과 관련된 것은 모두 싫어하는 보수인사로서 필담 내
용 중 별로 특기할 만한 것이 없었다. 『談艸』의 마지막 페이지에 남정
철이 고종에게 올린 上疏로 보이는 총 139자의 짧은 보고서가 수록되
어 있는데, 그 내용인즉 이홍장을 통해 청정부에서 새로 건조한 輪船
몇 척을 임대하여 조선의 군사 및 민용 업무에 활용하자는 건의였다.

위와 같은 보고 내용이 마지막에 수록되어 있고 또한 첫 번째 필담
즉 이홍장과의 필담 내용 중 민비관련 대목이 일부 삭제된 것으로 보

아 『談艸』는 당시 남정철이 자신의 업무내용 즉 대중국 통상외교교섭
과 관련하여 고종에게 보내는 일종의 보고서 형태로 만들어진 것으로
추정된다. 그리고 『談艸』에 실린 남정철과 이홍장, 盛宣懷 및 額勒精
額의 필담 내용은 이홍장과 盛宣懷 관련문서[16] 및 『淸季中日韓關係
史料』를 비롯한 청정부 관련문서에도 전혀 수록되어 있지 않아 말하
자면 이홍장과 성선회 및 중국근대사 연구와 관련하여 새로 발견된 중
요사료이기도 하였다.

3. 『北洋大臣衙門筆談』의 기본내용 및 관련사실

모두 2권 1책 18장의 분량인 『筆談』은 남정철과 이홍장의 1차 필담
내용이 12장을 차지하고 나머지 6장은 남정철과 청정부 天津海關道
周馥의 2차 필담 내용으로 구성되었다. 그중 남정철과 이홍장의 필담
은 '乙酉正月廿四日北洋大臣衙門筆談'이라는 제목이 붙여져 필담의
시간과 장소가 구체적으로 명시되어 있는데 바로 1885년 3월 10일 천
진의 북양통상대신아문에서 진행된 필담이었다.

이번 필담은 바로 4개월 전인 1884년 12월 4일에 갑작스럽게 일어난
갑신정변 이후 남정철이 처음 이홍장과 만나는 자리였는데, 남정철은
먼저 자신이 지난 1884년 8월 복명차 귀국한 뒤 서울에서 갑신정변을
당하였고 그후 같은 해 12월 22일에 副使로 임명되어 북경을 방문한
뒤 1885년 3월 7일에야 천진으로 歸任하였고 곧이어 보정으로 찾아가
그 곳에 억류중인 대원군을 예방할 예정이라고 소개하였다. 한편 남정

---

16) 吳汝綸編, 『李文忠公全書』 166卷, 金陵 : 光緖三十一年(1905)刊 ; 盛宣懷,
『愚齋存稿初刊』100卷, 民國十九年(1920)刻 ; 陳旭麓等主編, 『盛宣懷檔案資
料選輯』之一(辛亥革命前後), 之二(湖北開採煤鑛總局. 荊門鑛務總局), 之三
(甲午中日戰爭), 之四(漢冶萍公司) 외, 上海 : 上海人民出版社, 1980~1984.

철은 지난해 말의 갑신정변은 '五百年 禮義之邦'에서 그야말로 전대미
문(亘古所未有)의 '逆變'이라고 한탄하면서 조선주둔 청군의 '救衛宗
社' 및 청정부와 이홍장의 사후수습에 대한 감사의 뜻을 전달하였다.
이에 이홍장은 갑신정변 당시 남정철의 동향을 문의하였고 남정철은
갑신정변 전후 조선왕조 정치내막 및 대일관계 내막을 자세하게 설명
하면서 특히 일본 공사 다케조에(竹添進一郎)에 의한 갑신정변 도발은
일찍부터 준비되어 왔고, 또한 그 목적은 결국 청정부를 겨냥한 것이
므로 일본의 침략위협에 대항하기 위해 한중 두 나라의 긴밀한 협력이
필요하다고 역설하였다.

이홍장은 남정철의 위와 같은 주장에 대체로 동감하면서 조선왕조
에서 향후 내외정치에 더욱 노력하도록 주문하였지만 남정철이 곧이
어 제기한 갑신정변의 사후수습과 관련된 한일교섭의 불평등문제 및
일본으로 망명한 김옥균 일행의 인도요구 등 구체적인 사안에 대한 회
답은 회피한 채 곧바로 보정에 억류되어 있는 대원군에 대한 자금지원
문제를 제기하였다. 이에 남정철은 1882년 10월부터 1885년 초 현재까
지 이미 대원군에게 무려 銀 13,000냥을 보내주었고 이번에도 은 500
냥을 보낼 예정이라고 대답하였는데, 이홍장은 청정부에서도 달마다
은 50냥씩 지원해주고 있다면서 향후 대원군에 대한 자금지원을 후하
게 해주도록 요구하였고 남정철은 귀국 후 고종에게 전달하겠다고 약
속하였다. 위와 같은 필담 내용은 청나라 억류시절 대원군의 경제사정
및 그에 대한 조선정부 및 청정부의 경제적 지원 내용을 파악할 수 있
는 직접적인 사료로 주목된다.

이어서 남정철은 中江무역의 세금인하, 인삼관세 인하 및 중국상인
의 서울 開棧, 한중 국경선의 재답사 등 구체적인 현안문제를 일일이
제기하였는데, 이홍장은 이미 청나라 황제의 윤허를 받아 제정된 규정
내용은 변경시킬 수 없다고 고집하면서 인삼관세 인하 및 국경답사 등

사안과 관련하여 일단 禮部를 통해 청정부로 교섭요구를 제출할 수 있다고 대답하였다. 요컨대 남정철의 적극적인 교섭태도에 비해 이홍장은 매우 소극적인 자세로 대응하였는데, 그 원인은 '양절체제'의 구조적 모순과 무관하지 않은 것으로 생각된다.

첫째, 청정부의 對朝鮮정책과 관련하여 이홍장에게 주어진 권한은 '洋務' 즉 서양 및 일본과 관련된 사항에 국한되었고 나머지 조공관계 관련 업무는 여전히 청정부 禮部 소관으로 되어 있었다.[17] 이처럼 구미열강 및 일본과 근대적 조약관계를 수립하면서 한국 등 주변국가에 대한 조공관계를 계속 고집하고 심지어 한국과 경제적 차원에서 근대적 통상관계를 전개하는 한편 정치, 외교적 차원에서 조공관계체제를 오히려 더 강화하려는 것이 바로 필자가 최근년간 지적해 온 '하나의 외교 두 가지 체제(one diplomacy two system)'라는 과도기적 현상과 정책이었다.[18] 따라서 이홍장은 한국과 관련된 대외적 통상 및 외교 등 문제를 협의, 결정할 수 있을 뿐 한중 조공관계의 기본 틀과 관련된 국경문제 및 조공무역 특히 청나라 황제의 재가를 거친 관련문제를 함부로 결정할 수 없었으므로 남정철이 제기한 상기 제반 문제에 명확한 답변을 줄 수 없었던 것으로 생각된다.

둘째, 이홍장은 일찍 1881년부터 이미 조선국왕 고종과 咨文을 서로 주고받아 왔고 1884년부터 또한 직접 서신왕래를 시작해 왔던 바[19] 한

---

17) 故宮博物院編, 『淸光緖朝中日交涉史料』 卷二, 「總理各國事務衙門奏朝鮮宜聯絡外交變通舊制摺」, 31~31쪽 ; 권혁수, 『19世紀末 韓中關係史硏究』, 72~73쪽 ; 權赫秀, 「李鴻章與朝鮮國王高宗往來咨文及書信考(1881~1894)」, 南京大學韓國硏究所編, 『第五屆韓國傳統文化國際硏討會論文集─中韓交流』, 香港 : 華廈文化藝術出版社, 2004年 12月.

18) 權赫秀, 「馬相伯在朝鮮的顧問活動」, 『近代史硏究』 2003年 3期 ; 權赫秀, 「關於近代中朝關係史的幾點認識」, 『中國朝鮮史硏究』 第1輯, 香港 : 香港社會科學出版社, 2004年 6月 第1版 ; 權赫秀, 「陳樹棠在朝鮮的商務領事活動與近代中韓關係」, 『社會科學硏究』 2006年 1期.

중관계의 중대한 사항은 당연히 남정철이 아닌 국왕 고종을 상대로 협
의하기 마련이었다. 실제로 이번 필담 직후 이홍장은 고종에게 서신을
보내 당시 한국의 내정외교와 관련된 여섯 가지 현안문제를 자세히 언
급하였고,[20] 이 서신은 남정철에 의해 곧바로 서울로 전달되었다. 말하
자면 청정부의 위와 같은 '하나의 외교 두 가지 체제'의 과도기적 현상
과 정책은 바로 조선왕조의 '양절체제'적 대외관계 현실과 일종의 表裏
關係를 이루고 있었다. 요컨대 천진주차독리통상사무를 통한 조선왕
조의 대중국외교는 어디까지나 이른바 '양절체제'의 기본틀 속에서 전
개된 것으로서 그 기본틀의 한 축을 구성하고 있는 전통적 조공관계를
벗어날 수 없는 구조적 모순을 처음부터 지니고 있었다. 따라서 남정
철의 위와 같은 외교노력은 처음부터 상당한 한계에 부딪히지 않을 수
없었던 것으로 생각된다.

　나머지 두 필담은 각각 '海關道署筆談' 및 '又關署談草'라는 제목으
로 되어 있지만 사실상 '海關道署筆談'은 담화 내용을 조목별로 정리
한 요점이었고 '又關署談草'만 실제 필담 내용을 기록한 것이었다. 후
자의 경우 필담의 대상이 '周'로 기록되어 바로 당시 천진해관도를 맡
고 있는 周馥으로 파악할 수 있고 전자의 내용 및 "海關道署筆談"이
라는 제목에서 이미 天津海關道署에서 진행된 필담으로 밝혀져 있는
것으로 보아 역시 주복과 진행된 필담으로 추정된다. 周馥(1837~1921)
은 安徽省 建德출신으로 자는 玉山, 별호는 蘭溪로서 일찍 1860년대
부터 이홍장의 막료로 활약했고 특히 1870년대 이후 이홍장의 심복막
료로서 이홍장의 국내외 정치, 외교, 통상 등 업무에 깊이 관여해왔으

---

19)『李文忠公全書・譯署函稿』卷十七,「條議朝鮮事 附件二:覆朝鮮國王」, 33
　　~34쪽;권혁수,『19世紀末 韓中關係史硏究』, 169~170쪽;權赫秀,「李鴻章
　　與朝鮮國王高宗往來咨文及書信考(1881~1894)」,『第五屆韓國傳統文化國際
　　硏討會論文集－中韓交流』참조.
20)『高宗實錄』고종 22년 9월 22일.

며 1885년 당시 천진해관도를 맡고 있었다.[21] 天津海關道署에서 남정철과 진행된 상기 두 차례의 필담은 그 내용으로 미루어보아 남정철과 이홍장의 상기 필담과 비슷한 시기에 이루어진 것으로 추정되며 또한 그 내용이 비슷한 것으로 보아 두 차례 필담이 서로 가까운 시일 내에 이루어진 것으로 추정된다.

상기 두 차례 필담에서 주로 중국상인의 漢城開棧문제, 중국 수출 인삼의 관세인하문제 및 중강무역의 관세인하문제 등 세 가지 문제가 논의되었는데, 그 성격상 앞서 이홍장과 필담에서 제시된 문제를 구체적으로 협의하는 일종의 실무회담으로 볼 수 있다. 특히 '又關署談草'에서 주복은 일단 인삼 등 대중국 수출품목의 관세인하문제와 관련하여 일단 조선정부 측에서 국왕의 上奏文을 통한 공식 채널로 요청해올 경우 긍정적으로 검토해 보겠다면서 나름대로 한국 측의 요구를 배려해주려는 태도를 보여주었다. 바로 이번 필담의 마지막 부분에 '魚一齋' 즉 魚允中의 이름이 두 번 거론되는데 그 때문에 장서각 문서목록에서 이 문서를 어윤중의 문서로 등록한 것으로 보인다. 그리고 필자의 조사결과 상기 이홍장 및 주복과의 필담 내용은 모두 이홍장, 주복 및 청정부 관련문서에서 찾아볼 수 없는 유일본으로서 이홍장 및 중국 근대사연구에도 소중한 사료로 된다.

4. 나가는 말

위와 같은 검토를 통해 적어도 다음과 같은 세 가지 결론을 얻을 수

---

21) 周馥에 관한 연구는 汪志國,『周馥與晩淸社會』(合肥 : 合肥工業大學出版社, 2004年 6月 第1版)를 참조할 수 있고, 周馥의 문집으로『周慤愼公全集』39卷 및『秋浦周尙書(玉山)全集』이 있다.

있다.

첫째, 한국학중앙연구원 장서각에 소장되어 있는 『北洋衙門談艸』 및 『北洋大臣衙門筆談』은 각각 1884년 5월 12일과 1885년 3월 10일에 조선정부의 천진주차독리통상사무 남정철이 중국 천진에서 청나라 북양통상대신 李鴻章 및 그의 막료출신 부하 盛宣懷, 周馥 등과 나눈 필담기록으로서 19세기 말 이른바 '양절체제'의 과도기적 대외관계체제에서 조선왕조의 대중국외교와 관련된 중요한 외교사료로 확인되었다. 한편 후자의 경우 장서각 소장도서목록에 어윤중의 문서로 잘못 등록된 것으로 나타났다.

둘째, 상기 필담자료의 내용으로 보아 당시 초대 천진주차독리통상사무로 있던 남정철은 천진에서 사실상 조선정부의 중국주재 최고 외교대표 역할을 수행하고 있는 것으로 나타났다. 따라서 그는 이홍장과의 필담에서 자신이 오로지 통상문제만을 위해 청나라로 파견된 것은 아니라고 분명히 밝혀두었고 실제로 이홍장 등과의 필담에서 통상문제 외에도 고종의 지시에 의해 양국의 국경답사문제, 외교협력문제, 청에 억류 중인 대원군에 대한 처우문제 및 갑신정변의 사후수습문제 등 중요한 외교현안문제를 직접 논의하였으며 또한 조선정부 외교대표 신분으로 천진주재 각국 외교관들과 접촉한 것으로 나타났다. 따라서 지금까지 학계에 소개된 적이 없는 상기 필담자료는 남정철 및 천진주차독리통상사무 특히 갑신정변 전후 한중관계사의 내막을 파악할 수 있는 중요한 외교사료일 뿐만 아니라 이홍장 및 근대중국 대외관계사 연구에도 중요한 외교사료라고 할 수 있다.

셋째, 한국외교사 연구에서는 지금까지 1887년 7월 駐日辦理大臣 閔泳駿의 파견을 근대한국 최초의 해외상주 외교대표로 간주해 왔다.[22] 그러나 상기 필담자료 및 그와 관련된 역사사실에 대한 위와 같은 초보적 고찰에 의하면 1884년 4월에 천진으로 부임한 천진주차독리

통상사무 南廷哲은 근대한국 최초의 해외상주 외교통상대표라고 할
수 있다. 실제로 필자가 서울대 규장각 소장문서에서 찾아 본 천진주
차독리통상사무 관련사료에서는 천진주차독리통상사무아문을 근대한
국 최초의 해외상주 외교대표기관('本國出使常駐之始')으로 분명하게
밝혀두었다.[23] 한편 중국외교사의 경우『李文忠公全書』 및『淸季中日
韓關係史料』 등에 천진주차독리통상사무의 활동과 관련한 단편적인
사료만 남아있을 뿐 중국상주 외국대표관련 기록[24]에는 아예 수록되
어 있지 않을 정도로 완전히 도외시되고 있는 실정이다. 사실상 이 문
제는 근대한국과 중국 외교사 및 근대 한중관계사 연구와 직접 관련된
중요한 내용으로서 앞으로 보다 깊은 연구가 필요한 것으로 생각된다.

---

22) 金源模 編著,『近代韓國外交史年表』, 289쪽 ; 金壽岩,「韓國의 近代外交制
   度研究-外交官署와 常駐使節을 중심으로」참조.
23)『駐津督理公署章程底稿』, 서울대 규장각 소장.
24) 故宮博物院明淸檔案部, 福建師範大學歷史係 編,『淸季中外使領年表』, 北京
   : 中華書局, 1985 참조.

'兩截體制'와 19세기 말 조선왕조의 대중국외교
- 초대 天津駐箚督理通商事務 南廷哲의 활동을 중심으로-

1. 들어가는 말

주지하는 바와 같이 조선왕조의 전통적 대외관계는 대체로 중국에 대한 이른바 '事大'관계와 일본을 비롯한 기타 주변 나라에 대한 이른 바 '交隣'관계로 요약할 수 있다.[1] 실제로 조선왕조 초기부터 편찬되고 또한 거듭 수정을 거쳐 이른바 '萬世成法'으로 자리 매김되어 온『經國大典』卷3 禮典에서 당시 조선왕조의 대외관계 관련 의전 절차와 관련하여 중국왕조에 대한 '事大'를 비롯하여 일본, 琉球 및 野人과의 관계 절차를 명백히 규정해 두었고,[2] 조선왕조 후기에 편찬된 외교관계 전문서적인『通文館志』에서도 당시 대외관계를 크게 '事大'와 '交隣' 두 부분으로 나누어 자세하게 기술하였다.[3]

---

1) 董德模,『朝鮮朝의 國際關係』, 서울 : 博英社, 1990, 6~8쪽.
2) 과학원고전연구실 復刻校訂,『大典會通』卷之三 禮典, 197~200쪽, 평양 : 과학원출판사, 1960.
3) 金指南, 金慶門撰,『通文館志』, 京城 : 朝鮮總督府, 昭和19年 2月 發行 / 서울 : 景仁文化社, 1972년 영인본, 卷之三 事大上, 卷之四 事大下, 卷之五 交

312

따라서 조선왕조를 이른바 '隱遁의 나라(hermit nation)'로 지칭하는 것은 사실상 서구중심주의적 시각에서 비롯된 오리엔탈리즘(orientalism) 에 불과하다는 지적은 이미 한반도 내외의 학계로부터 널리 제기되어 왔으며,[4] 근대적 역사시기의 경우 더욱 소위 '隱遁國'으로 불릴 수 없 었던 것도 역시 자명한 사실이다.[5] 요컨대 중국중심의 동아시아 전통 적 국제질서인 조공관계체제 속에서 이른바 '事大交隣'의 대외관계를 유지해 온 조선왕조는 西勢東漸의 세계사적 변화와 더불어 내외적으 로 근대적 전환이라는 역사적 시련을 겪게 되는데, 그중 대외관계 역 시 전통적 조공관계체제(the tributary system)에서 근대적 조약관계체제 (the treaty system)로 전환하는 과정을 전개해 왔다. 구체적으로 조선왕 조 대외관계의 근대적 전환은 전통적 조공관계체제와 근대적 조약관 계체제가 상당기간 공존하는 과도기적 과정을 거쳐 이루어졌는데, 이 처럼 "일본 및 구미 각국과 평등한 수호조약을 체결한 후에도 청국과 종래의 화이적 사대질서를 유지하고 있는 조선의 독특한 이중적 국제 질서"를 선구적 開化知識人이자 정치가였던 兪吉濬은 19세기 말 당시 에 이미 '兩截體制(the dual system)'의 개념으로 명백하게 풀이해 두었 다.[6]

유길준에 의해 제기된 '兩截體制論'은 오늘날 19세기 말 조선왕조의 대외관계역사 연구에 있어서도 여전히 적절한 학문적 개념으로 활용 되고 있는데[7] 사실 '양절체제론'은 무엇보다도 19세기 말 한중관계사

隣上, 卷之六 交隣下.

4) Anders Karlsson, *A Hermit Nation Not for Everyone : First-hand Contacts with Qing and Their Consequences in Late Choson Pyongan Province*,『한국문화 속의 외국문화, 외국문 화 속의 한국문화 : 제1회세계한국학대회논문집』Ⅲ, 2002, 1289~1300쪽.

5) 이태진,「근대한국은 과연 은둔국이었던가?」,『韓國史論』, 1999. 12 ; 이태진, 『고종시대의 재조명』, 서울 : 태학사, 2000, 135~164쪽.

6) 兪吉濬,『西遊見聞』,『兪吉濬全書』第1卷, 97쪽 ; 정용화,『문명의 정치사상 : 유길준과 근대한국』, 서울 : 문학과지성사, 2004, 230쪽.

의 연구에 적합한 것으로 생각된다. 19세기 말 당시 중국 청왕조가 바로 구미열강 및 일본을 비롯한 여러 나라와 근대적 조약관계를 수립하는 한편 조선왕조를 비롯한 주변국가에 대한 전통적 조공관계를 계속 고집해 오는 이중적 대외관계 현실을 보여주었고, 필자는 일찍이 19세기 말 청정부의 위와 같은 이중적 대외관계 현실을 '하나의 외교 두 가지 체제(一個外交兩種體制, one diplomacy two system)'로 풀이하였다.[8]

한중관계사의 시각에서 볼 때 19세기 말 조선왕조의 '양절체제'적 대외관계 현실과 청왕조의 '하나의 외교 두 가지 체제'의 대외관계 현실은 말 그대로 상호 표리관계를 형성하면서 동아시아 전통적 국제관계 질서의 근대적 전환과정을 잘 보여주었다. 바로 그러한 의미에서 본고에서 처음으로 체계적인 학문적 조명을 받는 天津駐箚督理通商事務 衙門 관련 사실 특히 초대 天津駐箚督理通商事務 南廷哲의 활동사실은 바로 '양절체제'라는 이중적 국제관계 질서 속에서 전개된 19세기 말 조선왕조의 대중국외교 실상을 가장 잘 보여주는 하나의 역사적 사

7) 原田環,「朝鮮の近代化構想－兪吉濬と朴泳孝の獨立構想」,『史學硏究』第143號, 廣島史學硏究會, 1979 ; 原田環,「朝中兩截體制成立前史－李裕元と李鴻章の書簡を通して」, 姜在彦, 飯沼一郞 編,『近代朝鮮の社會と思想』, 東京：未來社, 1981 ; 原田環,『朝鮮の開國と近代化』, 廣島：溪水社, 平成9年 ; 정용화,「유길준의 '양절'체제론 : 이중적 국제질서에서의 '방국의 권리'」,『국제정치논총』제37집 3호, 1998 참조. 그리고 한국근대사 및 한중관계사 차원에서 19세기 말 두 가지 성격이 다른 국제관계질서의 충돌과정에 대한 대표적인 연구로 다음을 참조할 수 있다. Frederick Foo Chien, The Opening of Korea : A Study of Chinese Diplomacy 1876-1885, The Shoe String Press. Inc., 1967 ; Martina Deuchler, Confucian Gentlemen and Barbarian Envoys : The Opening of Korea 1875-1885, Seattle and London : University of Washington Press, 1977 ; Key-Hiuk Kim, The Last Phase of The East Asian World Order : Korea, Japan, and the Chinese Empire 1860-1882, Berkeley : University of California, 1980.
8) 權赫秀,「關於近代中朝關係史(1876～1910)的幾點認識」,『中國朝鮮史硏究』第一輯, 香港社會科學出版社, 2004, 38～54쪽.

례라고 할 수 있다.[9]

2. 천진주차독리통상사무아문의 설립 및 기본제도

일부 연구에서는 1881년 11월[10] 對美修交 비밀협상 및 군사유학생 지도를 위해 청나라 천진으로 파견된 領選使 金允植의 경우를 19세기 말 조선왕조의 대외관계분야에 있어서 근대적 상주외교사절의 단초로 간주하였다.[11] 그러나 뒤에서 살펴보게 될 統理交涉通商事務衙門에서 작성한『駐津督理公署章程底稿』에서 분명하게 밝혀둔 것처럼 조선왕조 최초의 해외상주 외교사절은 1884년 천진으로 파견된 天津駐箚督理通商事務였다. 1882년에 체결된 '中朝商民水陸貿易章程' 제1조 항에서 이미 양국 상무위원의 상호파견에 관한 규정을 다음과 같이 두었다.

"嗣後 北洋大臣의 명의로 파견된 商務委員을 이미 개항된 조선의 여러 개항장으로 파견하여 전적으로 자국의 商民들을 돌보게 한다 ……조선국왕 역시 大員을 파견하여 天津에 상주시키고 또한 다른 관원들을 이미 개항된 중국의 여러 개항장으로 分派하여 商務委員을 충당하게 한다."[12]

---

9) 천진주차독리통상사무아문 및 초대 천진주차독리통상사무 南廷哲의 활동과 관련하여 金壽岩,『韓國의 近代外交制度 硏究-外交官署와 常駐使館을 중심으로』(서울대학교 외교학과 박사학위논문, 2000년 2월) 등 일부 연구에서 약간의 언급을 제외하고 아직까지 본격적인 연구가 없는 것으로 나타났다.
10) 본고에서 연월일의 표기는 모두 서기로 하되 필요한 경우 괄호로 음력날짜를 표기해둔다.
11) 黃玹,『梅泉野錄』, 국사편찬위원회, 1955, 71쪽 ; 김수암, 위의 논문, 167쪽.
12) 中央硏究院近代史硏究所編,『淸季中日韓關係史料』(이하『關係史料』로 약칭함) 第3卷, 臺北 : 中央硏究院近代史硏究所, 1972, 989~993쪽 ; 中國第一

바로 위와 같은 규정에 따라 청정부에서는 당시 對朝鮮政策을 실질
적으로 주도하고 있던 直隸總督 겸 北洋通商大臣 李鴻章의 명의로
1883년 9월에 '總辦朝鮮各口商務委員'(그후 외교적 사명을 한층 더 부
각시키기 위해 '總辦朝鮮各口交涉商務委員'으로 개칭함) 陳樹棠을 임
명하였고, 진수당 일행은 같은 해 10월 서울에 도착하여 업무를 개시
하였으며 그후 인천, 부산, 원산 등 개항장에도 常駐 商務委員을 파견
하였다.[13] 한편 조선왕조에서도 統理軍國事務衙門의 提請으로 같은
해 11월 2일자로 工曹參判 金善根을 '駐津大員'으로 임명하고 곧이어
參議交涉通商事務 卞元圭를 協議官, 禮曹參議 南廷哲을 參贊官, 主
事 朴齊純을 從事官으로 임명하였다.[14] 그러나 겨울철 추운 날씨 때
문에 이들의 赴任이 이듬해 봄으로 지연되는 가운데 김선근의 身病사
유로 남정철이 '駐津大員'으로 改差되고 承文院 副正字 成岐運이 서
기관으로 임명되었으며,[15] 남정철 일행이 실제로 천진에 부임한 것은

歷史檔案館編, 『清代中朝關係史檔案史料彙編』, 北京 : 國際文化出版公司,
 1996年 12月 第1版, 135~138쪽 ; 國會圖書館立法調查局編, 『舊韓末條約彙
 纂』下卷, 國會圖書館立法調查局, 1965년 5월 발행, 392~406쪽, "嗣後由北
 洋大臣札派商務委員, 前往駐紮朝鮮已開口岸, 專爲照料本國商民……朝鮮
 國王亦遣派大員駐紮天津, 並分派他員至中國已開口岸, 充當商務委員". 위
 사료의 한글번역은 필자가 새롭게 한 것이다.
13) 權赫秀, 『19世紀末 韓中關係史研究-李鴻章의 朝鮮認識과 政策을 중심으
 로』, 서울 : 백산자료원, 2000, 133~137쪽 ; 權赫秀, 「陳樹棠在朝鮮的商務領
 事活動與近代中朝關係(1883年 10月~1885年 10月)」, 『社會科學研究』 2006
 年 第1期.
14) 『承政院日記』고종 20년 10월 3일, 10월 23일 ; 『高宗實錄』고종 20년 10월 3
 일, 10월 23일. 일부 문헌에서는 卞元圭를 參議官, 朴齊純을 서기관으로 기
 록하였으나 변원규의 경우 協議官의 職名이 올바른 것이며 박제순의 경우
 곧바로 從事官으로 개칭된 것으로 나타났다. 金壽岩, 『韓國의 近代外交制度
 研究』, 169쪽 참조.
15) 『日省錄』고종 21년 1월 27일, 3월 9일 ; 『高宗實錄』고종 21년 1월 27일, 3월
 9일.

1884년 4월경이었다.16) 따라서 비록 김선근이 초대 駐津大員으로 임명
되었으나 실제로 파견되지도 못한 채 남정철로 '改差'되었으므로 사실
상 初代 駐津大員으로 실제 파견되어 천진에 상주한 사람은 결국 남
정철이었는데, 그의 활동에 관한 자세한 논의는 다음 부분으로 잠시
미루어 둔다.

한편 천진주차독리통상사무의 공식 명칭은 앞서 '中朝商民水陸貿易
章程' 제1조항에서 商務委員이라고 하였고 실제로 청정부에서 파견된
陳樹棠도 역시 商務委員이라는 職名을 사용하였지만, 조선정부의 경
우 처음에 駐津大員이라는 다소 모호한 표현을 사용해오다가 1886년
3월 26일 남정철의 후임으로 임명된 駐津大員 박제순을 '駐津督理通
商事務'로 改差하면서 공식 변경하였다.17) 여기서 '駐津'은 물론 '駐箚
天津'의 줄임 말로 보이며 일부 문헌에서는 '駐箚天津督理通商事務'로
기록되어 있는데 '天津駐箚督理通商事務'의 또 다른 표기에 불과한
것으로 실질적 의미의 차이는 없는 것으로 생각된다. 아울러 '督理' 및
'通商事務'의 표현은 업무상 직속 상급기관인 統理交涉通商事務衙門
의 공식명칭에서 비롯된 것으로 추정된다. 한편 청정부 측 문헌에서는
'駐箚'를 대개 '駐紮'로 기록하였는데 굳이 중국식 관직명칭으로 표현
하기 위한 까닭으로 생각된다. 예컨대 袁世凱의 경우 조선상주 시절의
공식직함은 '駐紮朝鮮總理交涉通商事宜'로 되어 있어 역시 '駐箚'가

---

16)『高宗實錄』고종 21년 3월 17일 ;『漢城旬報』第十八號,「駐津大員出境」;
　　『關係史料』第3卷, 1358~1364쪽.
17)『日省錄』고종 23년 1월 29일, 2월 21일 ;『高宗實錄』고종 23년 1월 29일, 2
　　월 21일 ;『養壽園電稿』(一) 電稟稿, 臺北 : 文海出版社, 1966年 影印本, 14
　　쪽. 박제순은 1886년 3월 4일자로 駐津大員에 임명되었다가 곧바로 駐津督
　　理通商事務로 개차되었다. 그리고『養壽園電稿』에 수록된 1886년 3월 17일
　　(光緖 十二年 二月 十二日) 袁世凱가 李鴻章에게 타전한 보고에서는 駐津督
　　理商務事宜로 기록되었는데 상게『高宗實錄』등 조선왕조 측 사료와 대조해
　　볼 때 '駐津督理通商事務'의 誤記로 추정된다.

아닌 '駐紮'로 표기하였다. 따라서 본고에서는 서술의 편의상 처음부터 '천진주차독리통상사무'라는 표현을 사용하기로 한다.

그리고 필자는 일찍 서울대 규장각에서 『駐津督理公署章程底稿』라는 제목으로 된 외교문서사본을 발견하였는데 현재까지 천진주차독리통상아문의 기본제도와 관련하여 거의 유일한 사료로 생각된다.[18] 모두 6장 10쪽 약 12,000자 가량의 漢文으로 작성된 위 문서는 일단 "謹將酌擬朝鮮駐津督理公署章程繕具淸單恭呈御覽"으로 시작되어 당시 統理交涉通商事務衙門에서 작성하여 고종의 裁可를 요청하는 초안문서로 추정되며, 구체적으로 序文과 모두 15개 조항의 세부 규정사항이 포함되어 있다. 먼저 서문에 해당하는 앞부분에서 "本署는 本國 최초의 出使常駐("本署係本國出使常駐之始")"라고 분명하게 밝혀 천진주차독리통상사무아문이 사실상 근대한국 최초의 해외상주 외교통상대표 公館이라는 사실을 확인해 주었다. 이어서 그동안 천진주차독리통상아문의 업무에 관한 제도적 규정이 마련되지 않았고 앞서 統理軍國事務衙門에서 '啓下'하였던 '事目' 역시 극히 개략적이어서 여러 후임자들이 실무상 많은 어려움을 겪게 되었으므로 지금까지의 업무관행(經辦成案) 및 각국의 근대외교절차(各國通例)를 참작하여 이 장정을 작성하였다고 밝혀 두었다.

여기서 제도적 규정이 마련되지 않은 까닭으로 그동안 많은 후임자들이 어려움을 겪었다는 내용으로 미루어 보아 위 章程은 적어도 천진주차독리통상아문의 설립 초기가 아닌 어느 정도 기간이 지난 무렵 즉 1880년대 후반을 넘은 시점에서 마련된 것으로 추정할 수 있다. 모두 15개 조항으로 구성된 위 상정의 구체적 내용은 대략 다음과 같은 네 가지로 요약할 수 있다.

---

18) 『駐津督理公署章程底稿』, 서울대도서관 규장각 소장.

첫째, 천진주차독리통상아문의 설치근거 및 성격. 1882년 체결된 '中朝商民水陸貿易章程'의 관련규정에 의해 조선 측에서도 '大員'을 파견하여 天津에 상주시키는 한편 중국 내 기타 개항장에도 관원을 파견할 것인즉, 구체적인 업무연락은 天津駐箚'大員'이 청나라 南北洋通商大臣과 그리고 기타 개항장 상주 관원은 현지 淸政府 관원과 상호 대등한 자격으로 직접 협의, 처리한다. 특히 天津駐箚'大員'의 경우 天津 주재 각국 領事와 "비록 명목이 다르지만 체제는 사실상 같은 것"(名目雖異, 體制相同)이므로 본국정부와 업무연락 시 議政府, 內務府, 統理交涉通商事務衙門 즉 업무상 직속 상급기관을 제외한 기타 부문과 대등한 자격을 갖게 되며 필요한 경우 국왕에게 직접 보고할 권한이 부여된다.

둘째, 천진주차독리통상아문의 職制와 임직원. 總理大臣의 천거에 따라 국왕의 명으로 督理 및 從事官 각 1명을 임명하는데 그중 從事官은 督理의 업무를 협조하는 외에 副領事가 영사관의 재정관련 업무를 주관하는 서양의 외교통례(西例)에 따라 천진아문의 재정관련 업무(司庫)를 책임진다. 그리고 중국어 및 서양언어에 능통한 飜譯官 1명을 임용하고 필요한 경우 서기관 1명 및 외교사무(交涉案件)에 능통한 막료(幕友) 1명을 별도 임용할 수 있다. 상기 임원들은 직급에 따라 1~2명 정도의 수종을 거느릴 수 있지만 요리사 등 하급 직원은 모두 현지에서 채용한다.

상기 임직원의 임기는 외교관의 임기가 대체로 3년으로 되어 있는 근대외교의 관례(公例)에 따라 3년으로 정하고 필요한 경우 종사관 또는 飜譯官이 독리의 업무를 대행할 수 있다.

셋째, 천진주차독리통상아문의 업무 내용. 천진아문의 독리는 자신의 赴任 및 離任과 관련하여 南北洋通商大臣을 비롯한 청나라 각 개항장의 관원들에게 직접 통보하는 한편 천진주재 각국 외교관들에게도 통보하고 禮訪한다. 그리고 일요일마다 자국의 국기를 게양하는 서양 각국의 관례에 따라 천진아문에서도 매달 초하루 및 보름날(朔望)에 국기를 게양한다.

조선정부에서 청나라 北洋通商大臣에게 보내는 모든 문서는 반드시 천진아문을 통해 전달하며 필요한 경우 청정부 禮部 및 總理各國事務衙門으로 보내는 문서도 대신 전달한다. 공무상 청나라로 파견된 조선정부 관원의 경우 천진아문에서 접대 및 안내를 책임지고 또한 청나라 내지를 방문하는 조선 '商民'들은 모두 천진아문을 통해 북양통상대신의 명의로 발급된 통행증명을 신청, 발급 받는다.

천진아문과 본국의 전보연락은 仁川監理署를 통해 전달되고 긴급공문의 경우 천진아문에서 직접 인원을 파견하여 본국으로 전달한다.

넷째, 천진주차독리통상아문의 경비 및 각급 임직원의 임금규정. 총리대신의 재가를 거쳐 매년 총 경비 은 3,000냥을 지급하는데 그중 각급 임직원의 봉급 총 2,124냥을 제외한 876냥을 일상경비로 충당한다.

각급 임직원의 매달 봉급은 독리 50냥, 종사관 40냥, 번역관 30냥, 幕友 20냥으로 정하고 나머지 수종인원 및 요리사 등은 각각 매달 10냥에서 8냥 등으로 정한다.

천진아문에서는 매년 年末에 경비사용상황 및 본국과의 왕복문서 등 업무 내용을 정리하여 총리대신을 비롯한 본국정부로 일괄 보고한다.

위와 같은 내용에서 볼 수 있듯이 천진주차독리통상사무는 조선정부를 대표하여 청정부 및 북양통상대신을 비롯한 청나라 지방관원들과 한중 두 나라의 외교 및 근대적 통상업무 그리고 조선정부 관원과 '商民'의 중국출입국 등 영사업무를 협의, 처리하고 아울러 공관에 국기를 게양하고 천진 주재 각국 외교대표들과 직접 교섭하는 등 사실상 당시 조선왕조 고종정부의, 천진 나아가서 청나라 주재 최고 외교통상대표의 역할을 담당하고 있었다. 당시 조선왕조에서두 천진주차독리통상사무를 조선정부의 '領事'로 간주하면서 그 성격과 업무 내용 및 임기 등에 관한 기본제도를 모두 전통적 조공관계체제가 아닌 근대적 조약관계체제의 외교원칙과 관행에 따라 제정하였는데, 실제로 위 '장정'

의 첫 조항에는 "조선에서 천진에 관원을 파견하여 상주시키는 것은 바로 각국에서 영사를 파견하는 것과 같은 것으로 그 명목이 서로 다르지만 그 체제는 사실상 서로 같은 것이다(査朝鮮之派員駐津, 猶各國之有領事, 名目雖異, 體制相同)"라는 구절이 명시되어 있었다. 이처럼 전통적 조공관계체제를 유지하는 기본틀 속에서 근대적 조약관계의 원칙과 관례를 부분적으로 그리고 약간 변형된 형태로 수용하고 있는 외교형태가 바로 당시 조선왕조 대중국외교의 '양절체제'적 실상이라고 할 수 있다.

3. 역대 천진주차독리통상사무 및 기타 임직원

필자의 조사에 의하면 천진주차독리통상사무아문은 청일전쟁이 종결되는 1895년 5월 초 마지막 천진주차독리통상사무 李冕相이 천진을 떠날 때까지 10년 넘게 존재하였지만,[19] 초대 천진주차독리통상사무 南廷哲의 뒤를 이은 역대 임원의 성명 및 임기 등에 관한 기본자료는 지금까지 제대로 정리된 적이 없는 것으로 나타났다. 이에『承政院日記』,『日省錄』,『高宗實錄』및『統理交涉衙門日記』,『淸案』등 조선왕조 측 사료 그리고『淸季中日韓關係史料』,『光緖朝中日交涉史料』,『李文忠公全集』등 청정부 측 사료를 바탕으로 필자가 조사한 내용을 다음의 <표 1>로 정리해 본다.

미처 천진으로 부임하기도 전에 이미 남정철로 '改差'된 金善根을 제외하더라도 1884년 3월부터 1895년 5월까지 선후로 6대의 천진주차독리통상사무가 천진으로 파견되어 장장 10년 넘게 상주하면서 당시

---

19) 권혁수,『19세기말 한중관계사연구─이홍장의 조선인식과 정책을 중심으로』, 324~325쪽 ;『關係史料』第7卷, 4270쪽.

조선왕조의 대중국 통상외교 실무를 담당하고 있었는데, 이들의 활동에 대한 집중적 연구가 바로 19세기 말 한중관계사 및 한말 양절체제적 대외관계사 연구의 중요한 구성부분으로 생각된다. 아울러 필자의 조사에 의하면 1893년부터 당시 중국의 최대 개항장인 상해에도 上海駐箚察理通商事務가 파견되었는데 초대 成岐運에 이어 趙漢根이 선후로 그 직무를 맡고 있었다.[20] 이에 대한 연구 역시 지금까지 전무한 것으로 나타났다.

<표 1> 역대 天津駐箚督理通商事務의 기본상황

직명	성명	재임기간	비고
天津駐箚督理通商事務	金善根	1883.11~1884. 2	赴任前 남정철로 改差, 당시는 駐津大員
天津駐箚督理通商事務	南廷哲	1884. 2~1886. 3	
署理駐津通商事務	成岐運	1884. 8~1885. 7	
署理駐津通商事務	朴齊純	1885. 7~1886. 3	
天津駐箚督理通商事務	朴齊純	1886. 3~1887. 7	
署理駐津通商事務	成岐運	1887. 7~1888. 3	
天津駐箚督理通商事務	李根命	1888. 3~1889. 6	淸側史料에 보이지 않음
天津駐箚督理通商事務	金明圭	1889. 6~1891.10	
署理駐津通商事務	金商悳	1890. 3~1891.10	
天津駐箚督理通商事務	黃耆淵	1891.10~1892.11	淸側史料에 보이지 않음
天津駐箚督理通商事務	李冕相	1892.11~1895. 5	
署理駐津通商事務	徐相喬	1893.10~1894. 7	
署理駐津通商事務	韓永福	1894. 8~1894. 9	
署理駐津通商事務	徐相喬	1894. 9~1895. 5	

이처럼 19세기 말 조선왕조는 청일전쟁 직전까지 선후로 天津과 上海에 외교통상내표를 상수시키고 있었는데 그 중요성에 있어서 천진주차독리통상사무가 훨씬 뒤에 주로 통상관계업무를 처리하기 위해

20) 『高宗實錄』 고종 30년 7월 19일, 31년 3월 7일 ; 顧廷龍, 葉亞廉 主編, 『李鴻章全集』(二) 電稿二, 上海 : 上海人民出版社, 1986年 11月 第1版, 601쪽.

설치된 上海駐箚察理通商事務를 크게 초월하고 있다고 볼 수 있다. 한편 청정부 측의 사료에는 조선왕조 측에서 고종의 명의로 역대 천진 주차독리통상사무의 파견 사실을 北洋通商大臣 李鴻章에게 통보해 주는 문서가 일부 수록되어 있었다. 그 중에는 천진주차독리통상사무 이하 기타 임직원 및 수행인원의 성명 등 구체적인 내용도 포함되어 있어 역대 천진주차독리통상사무아문의 임직원 및 職制 등 상황을 단 편적으로나마 살펴볼 수 있었다.

초대 南廷哲 : 從事官 朴齊純, 書記官 成岐運, 伴倘 朴昌奎, 李在煥,
通事 朴永祚, 隨從 萬興, 鳳仁, 學臣, 用石.[21]

2대 朴齊純 : 從事官 成岐運(書記官에서 승진),[22] 金嘉鎭(身病사유로
소환된 成岐運의 후임).[23]

3대 李根命 : 해당자료 없음.

4대 金明圭 : 從事官 金商悳(1891년 5월 현재 邊錫運[24]), 書記官 邊錫
運, 醫員 李韓植, 隨員 徐承烈, 通事 金用鎭, 跟伴 南斗
熙, 李東人, 張海左, 隨從 仁福, 義吉.[25]

5대 黃耆淵 : 해당자료 없음.

6대 李冕相 : 從事官 徐相喬, 隨員 朴鍾完, 韓永福, 通事 李雲鶴, 隨
從 朴壽芳, 金基元.[26]

역대의 경우 약간씩 차이가 보이고 구체적인 職制 또한 앞서 통리 교섭통상사무아문에서 작성한 기본제도의 내용(『駐津督理公署章程底

---

21) 『關係史料』 第3卷, 1358~1359쪽.
22) 『關係史料』 第4卷, 2097쪽.
23) 『關係史料』 第4卷, 2185쪽. 從事官 이하 임직원의 자료는 없음.
24) 『關係史料』 第5卷, 2892쪽.
25) 『關係史料』 第5卷, 2655~2656쪽.
26) 『關係史料』 第5卷, 3145쪽.

稿』)과 조금씩 틀리기도 하지만 일단 督理 주관 하에 從事官의 보좌체제, 필요한 경우 書記官 별도설치, 통역담당의 '通事' 그리고 업무 상 필요한 막료 또는 隨員, 醫員 및 잡역을 담당하는 隨從 또는 跟伴 약간 명 설치 등 대목은 대체로 앞서 살펴본『駐津督理公署章程底稿』의 내용에 부합되었다. 위와 같은 사실은 앞서 통리교섭통상사무아문의 초안으로 보고된『駐津督理公署章程底稿』의 내용이 그대로 채택되어 실제로 천진주차독리통상아문의 기본제도로 적용되었음을 입증해주는 것으로 볼 수 있다.

4. 초대 천진주차독리통상사무 남정철의 주요활동

南廷哲(1840~1916)은 조선왕조 말기 중요한 文臣 중의 한 사람으로서 자는 穉祥, 호는 霞山이다. 일찍 司馬試를 거쳐 蔭官으로 世子翊衛司 翊衛가 되었다가 1882년에 增廣文科에 丙科로 급제하여 弘文館校理를 거쳐 司憲府掌令, 禮曹參議 등 관직을 역임하였다.[27] 이듬해인 1883년 11월 2일에 초대 駐津大員으로 工曹參判 金善根을 임명한 지 20일 후인 11월 22일에 參議交涉通商事務 卞元圭를 參議官, 禮曹參議 南廷哲을 參贊官, 主事 朴齊純을 從事官으로 임명하면서 초대 천진주차독리통상사무아문의 주요 임원진이 마련되었다.[28] 당시 변원규가 이미 機器局 관계로 천진에 파견되어 있는 사정을 감안한다면 參贊官으로 임명된 남정철은 처음부터 駐津大員 金善根의 가장 중요한 보좌역으로 파견된 것으로 볼 수 있다. 그 무렵 金允植은 이홍장의 주

---

27) 이완재, 「남정철」, 한국정신문화연구원, 『한국민족문화백과대사전』 제5권, 444쪽.
28) 『日省錄』 고종 20년 10월 23일 ;『高宗實錄』 고종 20년 10월 23일.

요 막료인 天津海關道 周馥에게 보낸 서신에서 남정철을 "勤敏하고
文學에 능통하다"고 칭찬하면서 김선근의 주요 보좌역에 남정철과 박
제순이 임명된 것은 두 사람 모두 당시 조선왕조의 대외관계업무를 주
관하는 外署 즉 統理交涉通商事務衙門 출신으로 교섭통상관련업무에
익숙하기 때문이라고 밝혔다.[29] 말하자면 당시 조선왕조에서는 새로운
대외관계사무에 익숙한 엘리트 관원을 대중국외교의 제1선으로 파견
하였던 것이다.

그러나 겨울철 추운 날씨관계로 金善根 일행의 赴任이 다음해 봄으
로 지연되면서 3개월 뒤인 1884년 2월 23일에 오랫동안 持病으로 고생
하고 있는 김선근 대신으로 남정철을 駐津大員으로 다시 差下되었는
데, 그에 하루 앞서 남정철을 工曹參判으로 特擢한 것은 결국 남정철
의 관직과 위상을 앞서 김선근과 같은 수준으로 올려주기 위한 특별인
사로서 그만큼 당시 조선왕조에서 駐津大員의 위상을 높게 책정하고
또한 對中國외교를 매우 중요시하고 있음을 보여준다.[30] 앞서 이미 지
적한 것처럼 처음 임명된 김선근이 실제로 천진으로 파견되지도 못한
채 남정철로 改差되었으므로 사실상 초대 주차천진독리통상사무는 바
로 남정철이라고 할 수 있다. 같은 해 4월 12일 남정철은 從事官 朴齊
純, 書記官 成岐運 일행과 더불어 서울에서 고종을 辭陛한 뒤 天津으
로 부임하였는데,[31] 그들의 파견사실을 통보하는 고종명의의 咨文이
곧바로 천진에 상주하고 있는 이홍장에게 전달된 것으로 보아[32] 오랜
시일이 소요되는 육로의 貢道가 아닌 해로의 船便을 이용해 부임한

---

29) 한국학문헌연구소편, 『金允植全集』2, 서울 : 아세아문화사, 1980, 306쪽.
30) 『高宗實錄』고종 21년 1월 26일, 1월 27일 ; 『日省錄』고종 21년 1월 27일 ;
    『金允植全集』2, 306쪽.
31) 『日省錄』고종 21년 3월 17일 ; 『高宗實錄』고종 21년 3월 17일 ; 『漢城旬報』
    第一八號, 「駐天津大員出境」.
32) 『關係史料』第3卷, 1358쪽.

것으로 추정된다. 실제로 당시 조선왕조의 여러 사절들이 종종 청나라 의 군함 또는 輪船에 탑승하여 중국을 자주 내왕하였고[33] 그후에도 남 정철은 모두 청나라 군함이나 기선 편으로 천진과 본국을 내왕하였다.

그후 『承政院日記』, 『日省錄』, 『高宗實錄』 등 조선왕조 측의 여러 문헌에서 남정철의 행적관련 기록을 정리해 보면 대략 다음과 같다.

> 1884년 2월 23일(고종 21년 1월 27일) 남정철 駐津大員으로 개차됨.
> 4월 12일, 남정철 일행 서울에서 고종을 辭陛함.
> 8월 26일, 남정철 서울로 復命함.
> 9월 8일, 남정철 吏曹參判에 임명됨.
> 1885년 7월 2일, 남정철 '前職' 즉 천진주차독리통상사무를 '仍任'케 함.
> 7월 10일, 남정철 從事官 박제순 일행과 청나라 군함 超勇號 편으로 天津 향발.
> 7월 23일, 남정철 귀국 復命하면서 고종에게 보낸 이홍장의 비밀서 신 전달.
> 8월 20일 평안도관찰사 남정철 서울서 고종을 辭陛함.
> 1886년 3월 4일(고종 23년 1월 29일), 박제순을 駐津大員으로 差下함.
> 3월 26일, 駐津大員 박제순을 駐津督理通商事務로, 동 서기관 成岐 運을 從事官으로 改差함.

요컨대 남정철은 천진으로 부임한 지 5개월만에 다시 吏曹參判으로 임명되었지만 여전히 天津駐箚의 '前職'을 '仍任'하였으며 이듬해인 1885년 8월에 평안도관찰사로 임명되었지만 후임으로 朴齊純의 임명 이 1886년 3월에 가서야 내려지는 것으로 볼 때 남정철의 天津駐箚 '前職'은 여전히 잠시 보류되었던 것으로 추정된다. 결국 남정철은

---

33) 구한국외교문서 제8권 『청안』 1, 270쪽.

1884년 2월부터 1886년 3월까지 약 2년 동안 초대 천진주차독리통상사무를 맡고 있었지만 실제로 천진에 상주한 시간은 1년도 못 되는 것으로 보인다. 그중 1885년 7월 23일에 서울로 復命하여 전달한 이홍장의 서신은 바로 뒤에서 살펴보게 될 같은 해 7월 15일에 남정철이 고종의 명을 받고 천진으로 이홍장을 방문하여 외교통상관련 여러 현안을 논의한 결과 이홍장이 고종에게 보낸 7월 16일자 비밀서신을 가리킨다.

한편 한중 양국의 관련문헌에서 비록 초대 천진주차독리통상사무로서 남정철의 활동에 관한 기록내용이 충분하지는 못하지만 단편적으로나마 그의 주요활동상황을 살펴볼 수 있었다. 필자는 일찍 한국학중앙연구원 장서각에서 남정철의 천진주차 시절 이홍장 등 청정부 관원들과의 필담기록인『北洋衙門談艸』및『乙酉正月北洋大臣衙門筆談』이라는 두 문서를 발견하고 최근 그 내용을 학계에 보고한 적이 있다.[34] 먼저『北洋衙門談艸』에는 천진의 북양통상대신아문에서 이홍장과 만나 자신의 업무내용 및 당시 한중관계의 여러 현안에 관한 필담기록 및 이홍장의 막료출신인 天津海關道 대리 盛宣懷와의 필담기록 그리고 滿洲人 額勒精額과의 필담기록 등 3건의 문서가 수록되어 있다. 그중 1884년 5월 12일 즉 천진으로 부임 직후 이홍장의 北洋通商大臣衙門으로 찾아가 나눈 필담에서 남정철은 먼저 자신의 천진 파견이 결코 오로지 통상업무만을 다루기 위함이 아니라고 강조하였고("職之此來, 不專爲商務而已"), 또한 한중관계의 중요성을 역설하면서 이홍장과 직접 교섭할 수 있는 자격을 요청하였고 아울러 한중국경선 답사문제, 러시아와 육로통상교섭문제, 청나라에 억류되어 있는 대원군문제, 天津衙門 임직원들의 출입국문제 등 외교통상관계 현안을 폭 넓게 논의하였다.

---

34) 권혁수,「藏書閣文書를 통해 본 19세기 말 朝鮮王朝의 對中國外交」, 제3회 세계한국학대회 발표논문, 2006년 10월.

같은 해 6월 9일 오후에 천진아문으로 직접 내방한 盛宣懷와 나눈 필담에서도 남정철은 천진주재 각국 외교관들에 대한 예방문제를 언급하면서 역시 러시아와 육로통상교섭문제 및 한중 두 나라 통상업무에 관한 협조요청 등 문제를 논의하였다. 『北洋衙門談艸』의 마지막에 첨부된 짧은 보고서에서 남정철은 고종에게 이홍장을 통해 청나라에서 건조한 輪船을 임대할 데 관한 건의를 제출하였는데 앞서 서울에서 辭陛할 무렵 고종이 특별히 부탁한 사안이라고 하였다.

한편 한말외교문서에는 청정부 측에서 당초 대신 지급해 준 '朝鮮駐津商務委員公館'의 건설비용 償還을 촉구하는 문서가 수록되어 있었고[35] 또한 앞서 이홍장과 나눈 필담에서 남정철이 天津公館의 '門匾' 글씨를 써주도록 요청한 내용으로 미루어 보아 바로 이 무렵 남정철의 주관 하에 천진에 공관을 새롭게 축조한 것으로 추정된다.

앞서 살펴 본 것처럼 남정철은 1884년 8월 즉 부임한 지 4개월만에 복명 차 서울로 돌아왔고 곧이어 이조참판으로 임명되어 계속 서울에 체류하다가 갑신정변을 맞이하게 되었다. 정변 이틀째 되는 12월 6일에 남정철은 서울주둔 청군장교 吳兆有, 袁世凱 등에게 직접 서신을 보내 淸軍의 출동을 긴급 요청하였고,[36] 따라서 갑신정변이 3일천하로 실패한 후에도 仕途에 아무런 영향을 받지 않을 수 있었다. 같은 해 12월 22일에 남정철은 冬至副使로 임명되어 正使 金晩植을 따라 북경을 방문하고 이듬해인 1885년 3월 7일에야 천진으로 찾아왔지만,[37] 앞서 살펴본 것처럼 이미 사흘 전인 3월 4일자로 그의 후임으로 박제순이 임명되었으므로 남정철은 공식적으로 더 이상 천진주차독리통상사무

---

35) 『淸案』 1, 127쪽, 158쪽.
36) 『關係史料』 第3卷, 1529쪽. 여기서 남정철의 직함을 '戶曹參判'으로 기록한 것은 吏曹參判의 誤記로 생각된다.
37) 『乙酉正月北洋大臣衙門筆談』, 한국학중앙연구원 장서각 소장.

328

가 아니었다. 그러나 남정철이 천진 도착 사흘 뒤인 3월 10일에 곧바로
북양통상대신아문으로 이홍장을 방문하여 한중 두 나라 외교통상관계
여러 현안에 관한 중요한 필담을 나누고 아울러 이홍장의 주요막료인
天津海關道 周馥과 구체적인 실무협상을 전개한 것으로 미루어 볼 때
그가 당분간 현지에서 천진주차독리통상사무의 역할을 계속 수행하고
있었던 것으로 추정된다.

　필자가 한국학중앙연구원 장서각에서 발견한 『乙酉正月北洋大臣衙
門筆談』에 바로 1885년 3월 10일 남정철과 이홍장의 필담기록 및 같은
무렵 周馥과의 필담 내용이 수록되어 있다. 이홍장과 나눈 필담에서
남정철은 서울주둔 청군의 갑신정변 탄압 및 청정부의 사후수습노력
에 대한 조선정부의 감사의 뜻을 전달하고 아울러 정변 후 조선정부의
정치내막 및 對日관계 내막을 자세히 설명해주었고 또한 한중국경선
답사요청, 청나라 保定에 억류 중인 대원군의 처우문제, 인삼 등 수출
상품의 관세인하요청 등 외교통상현안문제를 깊이 있게 논의하였다.
같은 무렵에 진행된 것으로 추정되는 周馥과의 필담에서는 주로 중국
상인의 漢城開棧문제, 중국 수출 인삼의 관세인하문제 및 中江무역의
관세인하문제 등 세 가지 구체적인 현안문제가 논의되어 그 성격 상
앞서 이홍장과의 필담에서 제시된 여러 현안문제를 구체적으로 협의
하는 일종의 실무회담으로 볼 수 있다.

　그리고 4개월이 지난 같은 해 7월 15일에 남정철은 고종의 명을 받
고 다시 천진으로 이홍장을 방문하여 고종의 7월 8일자 비밀서신을 전
달하면서 당시 긴박한 외교통상 현안문제를 협의하였는데 당시 그의
신분은 이미 천진주차독리통상사무가 아닌 이조참판으로서 사실상 고
종의 특사라고 할 수 있다. 이홍장에게 보낸 7월 8일자 비밀서신에서
고종은 거문도사건, 러시아와의 교섭 등 현안문제에 대한 청정부의 적
극적인 협조를 요청하면서 또한 이홍장에게 특별히 청나라 군함편으

로 남정철을 조속히 귀국시켜 협의결과를 보고케 할 수 있도록 부탁하
였다.[38] 그리고 7월 15일 북양통상대신아문으로 이홍장을 방문한 남정
철은 고종의 명에 따라 구체적으로 다음과 같은 여섯 가지 외교통상
현안문제를 제기하였다.[39]

1) 같은 해 6월 서울을 다시 방문한 일본주재 러시아 공사관 서기관 스
   페예르(Alexis de Speyer, 士貝耶)의 고압적 태도로 보아 러시아의 침
   략위협이 크게 걱정되므로 조선의 안전보장에 대한 청정부의 적극
   적인 배려와 협조를 요청한다.

2) 청정부의 요구에 의해 독일인 묄렌도르프(Paul Geirge von Möllendorff,
   穆麟德)의 外務協辦직을 이미 해임하였으니 그가 맡고 있는 海關
   업무를 대신할 수 있는 적당한 서양인을 이홍장이 조속히 추천해
   주도록 요청한다. 그리고 제1차 朝露密約事件에 관련된 金鏞元, 趙
   重治 등에 대한 처벌은 러시아 측의 간섭이 우려되어 잠시 보류 중
   이므로 이에 대한 양해를 요청한다.

3) 현재 일본에 망명 중인 김옥균이 백방으로 일본과 결탁하고 있고 러
   시아도 호시탐탐 조선을 노리고 있는 위급한 사정에서 中日 天津
   條約에서 약속된 조선주둔 청군의 철수를 가급적 지연시켜 주고 일
   단 철수한 다음에도 청나라 군함을 수시로 인천 등 인근 해역으로
   출동시켜 주도록 요청한다.

4) 위급한 상황을 대비해 한중 두 나라를 연결하는 電報線 건설이 무
   엇보다 시급하므로 현재 天津 체류 중인 閔泳翊에게 전보선로 건
   설 차관교섭 등 전권을 일임하는 고종명의의 위임증서를 보냈으니
   청정부와 이홍장의 적극적인 협조를 요청한다.

---

38) 吳汝綸編,『李文忠公全集・譯署函稿』卷十七,「朝鮮國王來書」, 臺北 : 文海
    出版社 影印本, 32~33쪽.
39)『李文忠公全集・譯署函稿』卷十七,「朝鮮吏曹參判南廷哲面呈密議」, 35~
    37쪽.

5) 중국상인의 漢城開棧문제는 조선상인들의 반발 및 다른 나라 상인
　들과의 형평성문제와 관련되므로 현재 서울에서 좀 떨어진 楊花津
　과 麻浦에서 開棧하도록 추진 중이며 그에 대한 조선정부의 자세
　한 계획서를 제출하니 청정부와 이홍장의 양해와 협조를 요청한다.
6) 中江무역의 관세문제 및 한중국경선답사에 관한 공식 자문을 이미
　청정부에 제출하였으니 이에 대한 이홍장의 협조를 요청한다.

아울러 남정철은 고종의 지시사항이라면서 위와 같은 여러 현안문
제에 대한 이홍장의 명백한 답변을 요구하였다. 따라서 이홍장은 남정
철과 회담 다음날인 7월 16일에 곧바로 고종에게 보내는 회답서신을
작성하여 위와 같은 여러 현안문제에 대한 청정부의 입장을 조목조목
구체적으로 제시하였고,[40] 이에 고종의 특별사명을 모두 완성한 남정
철은 이홍장의 회답서신을 갖고 이홍장이 제공한 청나라 군함편을 이
용해 7월 23일 서울로 復命하였다.[41] 그후 청정부 總理各國事務衙門
으로 보낸 이홍장의 서신에 의하면 남정철이 전달한 고종의 서신 및
관련자료는 모두 청나라 光緒황제에게 보고되었고,[42] 또한 제1차 朝露
密約사건의 수습, 대원군의 송환 및 陳樹棠의 교체와 袁世凱의 파견
등 對朝鮮政策과 관련된 일련의 중요한 조처들이 속속 실행되었는
데,[43] 그만큼 남정철의 이번 사명이 당시 한중관계에서 매우 중요한
의미를 갖고 있다는 사실을 보여주었다.

당시 남정철의 후임으로 박제순이 이미 임명되었음에도 불구하고

---

40) 『李文忠公全集・譯署函稿』卷十七, 「覆朝鮮國王」, 33~34쪽. 李鴻章과 高宗
　　사이의 서신연락에 관한 연구는 權赫秀, 「李鴻章與朝鮮國王高宗往來咨文及
　　書信考(1881~1894)」, 南京大學韓國學硏究所編, 『第五屆韓國傳統文化國際
　　硏討會論文集-中韓交流』, 香港 : 華夏文化藝術出版社, 2004 참조.
41) 『統理交涉通商事務衙門日記』 고종 을유 6월 12일.
42) 『李文忠公全集・譯署函稿』卷十七, 「條議朝鮮事」, 30~32쪽.
43) 권혁수, 『19세기말 한중관계사연구』, 181~185쪽, 203~214쪽.

그의 본직인 이조참판의 고유업무과 직접 관련이 없는 위와 같은 중요한 사명을 수행하게 된 것은 무엇보다도 남정철이 최근까지 초대 천진주차독리통상사무를 맡고 있는 동안 이홍장을 비롯한 청정부 對朝鮮政策의 주도그룹과 긴밀한 관계를 유지하면서 한중관계의 제1선에서 활약해 온 경험과 능력을 높이 평가하였기 때문으로 생각된다. 그러한 의미에서 1885년 7월의 천진방문 사명은 천진주차독리통상사무로서 남정철의 직무수행의 연장선에서 이루어진 것으로 이해할 수도 있는데, 실제로 그후 조선왕조의 대중국외교 분야에서 남정철이 별다른 중요한 역할을 담당하였다는 기록을 더 이상 찾아볼 수 없었다.

5. 맺는 말

'양절체제'로 표현되는 이중적 국제질서는 본질적으로 서세동점의 세계사적 변화와 더불어 전세계가 西洋公法으로 대표되는 근대적 국제질서로 편입되어 들어가는 역사적 과정과 국제적 현실 속에서 전통과 근대가 일시적으로 공존하였던 일종의 과도기적 현상에 불과하였다.[44] 그러한 양절체제가 19세기 말 조선왕조의 대중국외교 분야에서 가장 분명하게 그리고 집중적으로 표현된 것은 다음과 같은 두 가지 이유에서 비롯된 것으로 생각된다. 첫째로 이른바 '양절체제'란 바로 중국중심의 전통적 동아시아 국제질서인 조공관계체제가 근대적 조약

---

44) 19세기 말 한중 두 나라의 대외관계가 전통적 조공관계체제에서 근대적 조약관계체제로 전환되는 역사적 과정에 대한 최근의 연구로 梁伯華, 『近代中國外交的巨變－外交制度與中外關係的硏究』, 臺北 : 臺灣商務印書館, 1991 ; 金容九, 『세계관충돌의 국제정치학 : 동양 禮와 서양 公法』, 서울 : 나남출판, 1997 ; 岡本隆司, 『屬國と自主のあいだ : 近代淸韓關係と東アジアの命運』, 名古屋 : 名古屋大學出版會, 2004 참조.

관계체제로 전환되는 과정에서 나타난 과도기적 현상으로서 당연히 전통적 조공관계체제의 중심국이었던 중국 청나라와의 관계에서 두드러지게 표현되기 마련이었다. 둘째로 19세기 말 당시 중국 청정부의 대외관계 분야에 있어서도 이른바 '하나의 외교 두 가지 체제'로 표현할 수 있는 이중적 국제관계질서가 상당기간 존속되었는데 바로 당시 조선왕조의 양절체제적 대외관계 현실과 상호 표리의 관계를 형성하면서 1894년의 청일전쟁 직전까지 유지되어 왔다.

요컨대 청일전쟁 직전까지 조선왕조의 대중국외교는 사실상 양절체제의 이중적 국제관계 속에서 전개되었다고 할 수 있으며 본고에서 집중적으로 고찰한 천진주차독리통상사무는 바로 그러한 이중적 성격을 지닌 대중국외교의 필요에 의해 새롭게 설치된 중국주재 외교통상공관이었다. 당시 統理交涉通商事務衙門에서 작성한 『駐津督理公署章程底稿』에서 명백하게 밝혀둔 것처럼 천진주차독리통상아문은 근대시기 조선왕조에서 최초로 해외에 설치한 외교통상공관(本署係本國出使常駐之始)으로서 적어도 다음과 같은 세 가지 이유에서 사실상 한국근대 해외상주 외교사절의 시작으로 볼 수 있다.

첫째, 설치목적에서 천진주차아문은 전통적 조공관계사무가 아닌 중국과의 외교통상 등 근대적 성격의 현안문제를 다루기 위한 것이고, 둘째, 기본제도에 있어서 禮曹 등 전통적 조공관계 전담 부서와 달리 근대적 외교관계의 원칙과 관례(西例)에 따라 천진 또는 중국 주재 領事의 기준으로 새롭게 마련한 것이며, 셋째, 초대 천진주차독리통상사무 남정철의 주요활동으로 보아 한중 두 나라의 외교통상현안문제에 관한 교섭을 담당하고 아울러 근대적 외교관계의 관례에 따라 천진공관에 국기를 게양하고 천진주재 각국 외교관들과 직접 교제하면서 실제로 천진 나아가서 중국주재 최고의 외교통상대표로 활약해왔다.

물론 유길준의 양절체제론이 사실상 중국중심의 전통적 조공관계질

서 특히 당시 조선왕조에 대한 청정부의 적극적 간섭정책에 대한 반발
과 비판의 차원에서 제기되었다는 점에서 천진주차독리통상사무아문
의 설립 및 남정철을 비롯한 역대 천진주차독리통상사무의 對中國 교
섭활동이 유길준의 '양절체제론'보다는 김윤식의 '兩得論' 또는 '兩便
論'에 더욱 가깝다고 할 수 있다.[45] 실제로 초대 천진주차독리통상사무
남정철의 경우 일단 전통적 조공관계의 기본틀을 유지하면서 부분적
으로나마 근대적 조약관계의 원칙과 관례를 적용하여 구체적인 외교
통상관련 현안문제에서 나름대로 조선왕조의 현실적 이익을 추구하려
는 노력을 엿볼 수 있었는데, 바로 그 점이 19세기 말 조선왕조의 양절
체제적 대중국외교가 곧바로 근대적 조약관계로 전환될 수 없었던 역
사적 한계라고 할 수 있다.

중국 청왕조에 대한 조선왕조의 조공사절이 청일전쟁이 발발한
1894년까지 해마다 어김없이 파견되었던 역사적 사실을 감안할 때 주
차천진독리통상사무의 활동을 통해 집중적으로 표현된 19세기 말 조
선왕조의 양절체제적 대중국외교는 말 그대로 전통적 조공관계체제에
서 근대적 조약관계체제로 전환하는 과정에서 나타난 과도기적 특성
을 보여주었을 뿐 그 자체가 한중관계의 근대적 전환은 결코 아니었
다. 그러한 의미에서 天津駐箚督理通商事務 및 보다 늦게 설립된 上
海駐箚察理通商事務에 관한 연구는 19세기 말 조선왕조의 양절체제

45) 이에 대한 최근의 연구로 다음과 같은 것을 참조할 수 있다. 李嘯谷, 「朝鮮王
朝末期における「中華思想」の實踐 － 金允植<雲養>の場合」, 朝鮮史研究會
例會報告, 1999. 5. 15 ; 權赫秀, 「審視近代韓中關係之轉變 － 以19世紀開化派
勢力之韓中關係構想爲中心」, 第五屆亞太地區韓國學國際學術會議(PACKS)
발표논문, 中國 北京大學校, 2000. 10 ; 김성배, 『김윤식의 정치사상연구』, 서
울대학교 외교학과 박사학위논문, 2001 ; 張寅成, 『장소의 국제정치사상 : 요
코이쇼난과 김윤식』, 서울대학교 출판부, 2002 ; 鄭容和, 「전환기자주외교의
개념과 조건 : 19세기 후반 대청외교의 이론적 고찰」, 『국제정치논총』 제43집
2호, 2003.

적 대외관계사의 연구는 물론 한중 양국관계사 나아가서 19세기 말 동
아시아 국제관계의 근대적 전환과정의 연구에 있어서도 매우 중요한
의미를 갖는 역사적 사례로서 이에 대한 보다 충분한 연구가 필요한
것으로 생각된다.

러일전쟁과 중한관계의 변천(1904~1905)

1. 들어가는 말

러일전쟁 100주년을 계기로 당시 교전국이었던 러시아와 일본은 물론 한국을 비롯한 관련국가의 학계에서도 20세기 초 동북아 지역 최초의 대규모 전쟁인 러일전쟁을 새롭게 조명하고 있는 실정이다. 지난 2004년에 러시아학계에서 "100년 후의 시각"이라는 주제로 러일전쟁 100주년기념 국제학술회의를 개최한 후 곧이어 올해 5월 일본학계에서 "일로전쟁 및 포츠머드조약 체결 100주년"기념 학술회의를 개최하였으며 "포츠머드 평화조약과 대한제국"의 주제를 내세운 이번 서울회의 역시 위와 같은 국제적 분위기의 연속으로 생각된다.

문제는 "러일전쟁을 겪은 지 100년이나 지났지만 오늘날까지도 우리는 이 전쟁을 러시아와 일본 두 나라만의 싸움으로 알고 있다"는 것이다.1) 실제로 일본학계의 러일전쟁 관련 연구에 있어서 "전쟁터가 된 중국·한반도의 시점이나 그들의 입장"을 찾아보기 어려웠고,2) 한국학계의 경우 역시 "러일전쟁을 만·한과 따로 분리해 논해서는 안 된다"는 주장이 새롭게 세기되고 있다.3) 중국학계의 경우 梁啓超는 20세기

---

1) 崔文衡, 『국제관계로 본 러일전쟁과 일본의 한국병합』, 지식산업사, 2004, 「책을 내면서」, 1쪽.
2) 成田龍一, 「일본 : '기억의 장'으로서 러일전쟁」, 『역사비평』 2004년 겨울호.

초에 집필한『朝鮮亡國史略』에서 이미 러일전쟁에서 "서로 다투는 것
은 만주이고 만주를 다투게 된 까닭은 결국 조선에 있다"고 지적하였
다.[4] 여기서 필자가 강조하고 싶은 것은 러일전쟁이 당시 중한 두 나
라에 직접 관련되어 있고 또한 중한 두 나라에 모두 중대한 영향을 미
쳤다고 한다면 같은 이치에서 당시 중한 양국관계 역시 러일전쟁의 영
향을 크게 받았을 것이 분명하였다.

　　그럼에도 불구하고 현재까지 중한관계의 시각에서 비롯된 러일전쟁
관련연구가 거의 전무한 것으로 나타났다. 일본학계의 경우 1946년부
터 1989년까지 일중관계사 관련 연구에 있어서 일본의 대륙침략을 논
의하면서 그나마 러일전쟁과 '만한문제'의 관련성을 조금 언급한 논문
이 겨우 두 편에 불과하였다.[5] 또한 1900년부터 1999년까지 한・중・
일 등 학계의 한중관계사 관련연구에 있어서 러일전쟁시기 한중관계
에 관한 연구논문은 단 한 편도 찾아볼 수 없었다.[6] 이에 필자는 중・
한・일 등 관련국가의 문헌사료 및 연구성과를 바탕으로 전쟁 직전 및
전쟁기간과 전후 세 시기로 나누어 러일전쟁이 당시 중한 두 나라 관
계에 미친 영향을 실증적으로 구명함으로써 러일전쟁 및 중한관계사
관련 연구에 나름대로 一助하고자 한다.

2. 직접 침략을 받은 두 '중립국'

　　주지하는 바와 같이 러일전쟁 당시 일본은 중국 동북지역과 한반도

---

　3) 崔文衡,『국제관계로 본 러일전쟁과 일본의 한국병합』,「책을 내면서」, 1쪽.
　4) 梁啓超,『朝鮮亡國史略』,『飮冰室合集』專集之十七, 上海 : 中華書局, 1928,
　　7쪽.
　5) 塚瀨進編,『近代日中關係史論文目錄』, 東京 : 龍溪書舍, 1990, 51쪽, 202쪽.
　6) 金渭顯,『韓中關係史論著目錄(1900~1999)』, 예문춘추관, 2002, 242~300쪽.

두 곳의 전장에서 모두 선제공격을 하였다. 실제로 1904년 2월 8일 당시 일본함대는 중국 旅順港의 러시아 해군기지에 대한 돌연 습격과 동시에 한반도 海域에서도 해상봉쇄작전을 통해 인천항에 정박 중인 러시아 군함이 旅順港으로 집결하지 못하도록 실력 저지하였다. 말하자면 러일전쟁은 처음부터 중국 동북지역과 한반도에서 동시에 발발되면서 중국과 한국 두 나라는 곧바로 러일전쟁의 전장으로 전락되었던 것이다.

같은 해 2월 10일 일본과 러시아 두 나라가 전쟁선언을 한 지 사흘 뒤인 2월 12일 중국 청정부는 光緖皇帝 명의로 된 두 건의 上諭를 통해 교전국인 러시아와 일본 두 나라가 모두 중국의 '友邦'이고 또한 중국과 싸우는 것이 아니므로 이번 전쟁에서 중국은 '局外中立의 법'을 따르겠다고 공식 선언하였다.[7] 다음날인 2월 13일에 청정부 외무부는 러시아와 일본을 비롯한 각국 정부에 보낸 조회를 통해 중국 東三省 영토주권의 불가침원칙을 주장하는 한편 러시아 군대가 사실상 동북지역을 대부분 점령하고 있는 현실적 사정 때문에 "중국의 병력이 아직 미치지 못하는 곳에는 중립의 법을 실시하기 어렵다"고 미리 밝혀두었다.[8] 당시 중국 동북지역은 1900년부터 사실상 러시아 군대에 의한 점령상태에 처해 있어 청정부는 러일전쟁에서 "러시아를 따를 경우 일본 해군이 우리 나라의 동남지역을 침범할 것이고 일본을 따를 경우 러시아 육군이 우리 나라 서북지역을 침범할 것으로 당장 중국이 위태로워질 뿐만 아니라 또한 세계정세에도 큰 영향을 미치게 될 것"을 걱정하지 않을 수 없는 실정이었다.[9]

---

7) 王彦威, 王亮 編, 『淸季外交史料』 卷181, 北平 : 淸季外交史料編纂處, 1934, 19쪽, "日俄開戰, 非與中國開釁……朝廷軫念彼此均係友邦, 應按局外中立之例辦理".
8) 『淸季外交史料』 卷181, 26쪽 ; 外務省 編纂, 『日本外交文書』 第37卷 第38卷, 日俄戰爭別冊 I, 東京 : 日本國際連合協會, 1958, 754~755쪽.

338

문제는 청정부의 위와 같은 불완전 중립정책은 법리적으로나 현실
적으로 모두 중국에게 엄청난 피해를 초래하였다. 무엇보다도 중립의
주체로서 청정부가 처음부터 회피와 방지 등을 포함한 이른바 중립국
의 의무(duties of neutrals)에 충실하지 않았을 뿐만 아니라 심지어 중립
국의 일부 권리마저 스스로 포기하면서10) 중립국의 지위와 권리가 처
음부터 충분히 존중되고 보호되지 않는 불리한 상황을 자초하였다. 청
정부의 위와 같은 굴욕적인 자세는 결과적으로 러일전쟁의 '局地化'를
바라고 있던 열강의 이익에 부합되었고 나아가서 러시아와 일본의 군
대가 중국 동북지역에 대한 무장침략을 가능하게 해주었다.11)

같은 해 2월 15일 청정부의 외무부는 '聲明局外特別事宜' 2개 조항,
'中國官民應一律禁止有碍局外事情' 10개 조항 및 '中國應享局外之權
利' 22개 조항 등 내용을 포함한 총 35개 조항의 '日俄戰爭中國嚴守局
外中立條規'를 공식 반포하였는데12) 바로 앞서 발표한 청정부의 국외
중립방침을 실행하는 구체적 細則이라고 할 수 있다. 역시 같은 해 2
월에 청정부 奉天交涉總局에서 작성한 10개 조항의 '兩國戰地及中立
地條規'가 외무부의 허가를 거쳐 공식 발표되었는데13) 대략 다음과 같
은 두 가지 내용이었다. 첫째로 奉天省 동남지역에 러시아와 일본 두
나라 군대의 교전지역을 미리 지정하여 두 나라 군대의 교전 및 주둔
범위를 엄격히 제한하는 것이고 둘째는 앞서 지정한 교전지역범위 내

9) 『淸季外交史料』卷179, 4~5쪽, "附俄則日以海軍擾我東南, 附日則俄分陸軍
擾我西北, 不但中國立危, 且恐牽動全球".
10) 日本國際法學會編, 外交學院國際法敎硏室總校訂, 『國際法辭典』, 北京 : 世
界知識出版社, 1985, 73~74쪽.
11) 丁名楠 等, 『帝國主義侵華史』第二卷, 北京 : 人民出版社, 1986, 190~194쪽.
12) 『淸季外交史料』卷181, 20쪽 ; 『日本外交文書』第37·38卷, 別冊日露戰爭Ⅰ,
778~779쪽.
13) 遼寧省檔案館編, 『日俄戰爭檔案史料』, 瀋陽 : 遼寧古籍出版社, 1995, 90~92
쪽 ; 『日本外交文書』第37卷 第38卷, 別冊日露戰爭Ⅰ, 783~785쪽.

외에서 러시아와 일본 두 교전국 및 중국을 포함한 제3국 '관민인등'의 행동에 관한 여러 가지 제한적 규정인데 그중 전후의 손해배상청구에 관한 내용도 포함되어 있다. 그 외 같은 해 2월 19일과 3월 4일 당시 중국 山東半島의 威海衛를 租借하고 있던 영국 '威海衛民政廳' 점령 당국에서 영국정부의 중립방침에 따라 위해위지역의 중립에 관한 4개 조항의 '威海衛中立條規' 및 2개 보충조항을 공식 선포하였고,[14] 같은 해 5월 7일 청정부 상해 해관의 영국인 稅務司 흡슨(Herbert Edgar Hobson, 好博遜)도 상해항의 출입항 전시금지품에 관한 단속방침 3개 조항('運往戰鬪地區或交戰國港口戰時禁制品取締方法')을 공식 선포 하였다.[15]

이처럼 청정부가 중앙정부 차원에서 국외중립방침을 공식 선포하고 또한 봉천지방당국 차원에서 교전지역을 구체적으로 제한하였음에도 불구하고 교전국인 러시아와 일본은 청정부의 위와 같은 국외중립정 책을 처음부터 제대로 인정하고 존중해주지 않았다. 1904년 2월 17일 일본정부는 국외중립방침을 통보하는 청나라 주일공사 楊樞에게 보낸 회답조회에서 현재 러시아군대가 점령하고 있는 중국 동북지방을 제 외한 조건부로 청정부의 국외중립을 '존경'해 줄 것이라고 공식 주장하 였다.[16] 한편 러시아 정부는 처음부터 만주지역 전체가 교전지역에 포 함된다면서 앞서 청정부 측에서 지정한 교전지역 자체를 인정하지 않 았다.[17] 러일전쟁 발발 직후인 2월 16일에 러시아 '關東州'사령관은 청

---

14) 『日本外交文書』第37卷 第38卷, 別冊日露戰爭Ⅰ, 675~677쪽.
15) 『日本外交文書』第37卷 第38卷, 別冊日露戰爭Ⅰ, 817~818쪽.
16) 『淸季外交史料』卷181, 27쪽 ;『日本外交文書』第37卷 第38卷, 別冊日露戰 爭Ⅰ, 754~756쪽.
17) 馬士(Hosea Ballou Morse), 宓亨利(Harley Farnsworth MacNair) 공저, 姚曾廙譯, 『遠東國際關係史(Far Eastern International Relations)』, 上海：上海書店出版社, 1998, 490쪽.

나라 盛京將軍 增祺에게 보낸 조회에서 장차 奉天省 지역에서 러시아 군대의 군사작전에 방해되는 도시시설이나 군사요새 등은 모두 철거될 것이며 또한 청나라 군대는 향후 4일 안으로 중동철도 연선 및 러시아 군대의 주둔지에서 60리(俄里) 밖으로 모두 철수하도록 요구하였다.18) 곧이어 3월 28일에는 역시 성경장군 增祺에게 보낸 조회를 통해 앞서 요구한 60리 범위 내에 주둔하고 있는 청정부 군대의 모든 자료를 러시아 점령군 측에 제출하도록 요구하면서 심지어 현지 주둔 청나라 군대의 행동에 관한 5개 조항의 제한적 규정까지 제시하였다.19)

바로 위와 같은 상황에서 1904년 4월부터 1905년 4월까지 1년 남짓한 기간에 러시아와 일본의 백만 대군이 중국 봉천성의 거의 절반 이상 되는 범위에서 20세기 초 최대규모의 國際戰爭을 전개하였고 또한 각자 점령지역에서 군사점령통치를 실시하면서 중국 동북지역의 영토주권 및 주민들의 생명과 재산에 막대한 피해를 가져다 주었다. 당시 중국 上海에서 발행되는 『東方雜誌』의 사설에 의하면 중립국인 중국의 인명피해가 오히려 러시아와 일본 두 교전국을 초월하였고20) 특히 러시아와 일본 군대의 주요전장으로 되었던 봉천성 동남지역은 그야말로 "종횡천리가 거의 아무 것도 남지 않는 赤地"로 전락할 정도였다.21) 요컨대 청정부의 위와 같은 국외중립선언 및 일련의 중립정책에도 불구하고 청나라는 결국 러일전쟁에서 러시아와 일본 두 나라 군대의 무장침략 및 그에 따른 전쟁피해를 가장 심각하게 받게 된 것이다.

주지하는 바와 같이 한반도의 특수한 지정학적 위치 및 한반도를 둘러싼 동북아 국제정세의 급격한 변화로 말미암아 일찍이 19세기 말부

---

18) 『淸季外交史料』 卷181, 1쪽 ; 『日俄戰爭檔案史料』, 100쪽.
19) 『日俄戰爭檔案史料』, 102~103쪽.
20) 『東方雜誌』 1904年 第3期 社說 「論政府不可自棄」.
21) 「盛京將軍 奉天府尹致奉天交涉局札文」, 遼寧省檔案館所藏檔案 ; 佟冬主編, 『沙俄與東北』, 長春 : 吉林文史出版社, 1985, 477~488쪽.

터 조선왕조 내외에서 한반도의 중립화 즉 영구중립에 관한 논의와 노력이 꾸준히 있어 왔다.[22] 러일전쟁의 戰雲이 점점 짙어져 가는 20세기 초에 이르러 대한제국 정부는 한반도의 중립적 지위에 관한 국제적 보장을 얻기 위한 외교적 노력을 한층 더 활발하게 전개하였다. 러일전쟁을 1년 앞둔 1903년에 들어서면서 玄尙健, 金仁洙, 玄暎運, 高義誠 등 다수의 인사들이 유럽과 일본 등으로 파견되어 대한제국의 중립에 관한 외교적 교섭을 적극 시도해왔고 같은 해 11월 23일에는 대한제국정부가 직접 각국 정부에 장차 러일전쟁이 발발될 경우 국외중립의 입장을 취하겠다고 선언하였다.[23] 이와 관련하여 국제적 보장을 요청하는 광무황제의 친서가 이태리 국왕에게 전달되기까지 하였는데 바로 장차 국외중립에 관한 국제적 보장을 사전에 확보하기 위한 대한제국정부의 마지막 외교적 활동이었다.[24] 1904년 1월 영국주재 署理公使 李漢膺도 영국정부에 영, 불, 러, 일 4개국의 四國條約(A quadruple treaty)을 통해 한국의 중립을 보장하자는 각서를 제출하였는데, 위와 같은 다각적인 외교적 노력은 결국 러일 양국의 반대 및 열강정부의 비협조적 태도로 말미암아 모두 무산되고 말았다.[25] 한편 당시 중국 상해에서 발행되는 『申報』의 기사에 따르면 독일과 프랑스 측에서 서울과 인천의 중립을 제안한 적이 있고 또한 러시아 측에서도 대한제국 정부에게 한반도의 북방변경지역을 중립지역으로 지정해 주도록 요청한 적이 있다고 한다.[26]

22) 姜光植, 『中立化政治論 - 한반도적용가능성탐색』, 도서출판 인간사랑, 1989 ; 朴熙瑚, 『舊韓末韓半島中立化論硏究』, 동국대학교 박사학위논문, 1997.

23) 『高宗實錄』 광무 7년 11월 23일.

24) 朴熙瑚, 「大韓帝國의 戰時局外中立宣言始末」, 『國史館論叢』 제60집, 167쪽.

25) 李昌訓, 「露日戰爭과 韓國의 北方關係(1903~1910)」, 『韓國北方關係의 政治外交史的 照明』, 평민사, 1990, 159~162쪽 ; 朴熙瑚, 「大韓帝國의 戰時國外中立宣言始末」, 『國史館論叢』 제60집, 164~175쪽.

26) 「電傳 : 不容中立」, 「電傳 : 韓事據聞」, 『申報』 光緖 29年 12月 初6日(1904.

이에 1904년 1월 21일 오전 11시 경 대한제국정부는 한국주재 프랑스 공사 퐁트네(Vicomte de Fontenay, 馮道來, 豊特奈) 및 청나라 烟臺주재 부영사 게랭(A. Guérin, 業國麟) 등의 협조로 중국 芝罘(烟臺)에서 署理外部大臣 李址鎔의 명의로 일본및 열강정부에게 전시국외중립 선언에 관한 타전을 발송하였는데, 그 요지는 바로 장차 러시아와 일본 두 나라의 협상이 어떻게 되든지를 불문하고 "엄정 중립을 지킬 확고한 결심을 하였음을 황제 폐하의 어명을 받들어 선언"한 것이다.[27] 청나라 개항장에서의 전격적인 타전을 통한 위와 같은 국외중립선언은 바로 이미 서울의 전보국을 통제하고 있던 일본의 방해공작을 피하고 또한 당시 旅順지방을 점령하고 있던 러시아 측의 협조도 얻을 수 없는 상황에서 부득불 고안해 낸 것이었다.[28] 그러나 이지용 본인조차 자신의 명의로 된 위 타전의 사실을 전혀 모르고 있다가 다음날인 22일 아침에야 광무황제의 지시에 따라 위 타전과 관련된 훈령에 加印하였고,[29] 따라서 영국 등 열강은 즉각 위와 같은 선언방식과 내용은 법리상 문제가 있다고 지적하였다.[30]

실제로 대한제국의 경우 다만 전시국외중립과 관련된 '확고한 결심'

1. 22) 1쪽, 光緖 29年 12月 初7日(1904. 1. 23) 1쪽.

27) 박희호, 앞의 논문, 160~170쪽 참조. 『日本外交文書』 第37卷 第1冊, 316쪽에 프랑스어로 된 위 타전의 내용이 수록되어 있고 그 한글번역문은 박희호, 앞의 논문, 169~170쪽 참조. 한편 박희호의 앞 논문, 171쪽에서 李址鎔의 관직을 外部大臣이라고 표기한 것은 署理外部大臣의 잘못이며 또한 芝罘(烟臺)항의 프랑스 영사 운운한 것 역시 연대주재 프랑스 副領事를 잘못 표기한 것이다. 故宮博物院明淸檔案部, 福建師範大學歷史係 合編 『淸季中外使領年表』(北京 : 中華書局, 1985) 121쪽에 의하면 당시 芝罘(烟臺)지방의 프랑스 영사관에는 오로지 부영사만 있었고 그후 게랭이 영사로 승진된 것은 1907년의 일이었다.

28) 이창훈, 앞의 논문, 162쪽 ; 박희호, 위의 논문, 169쪽.

29) 『日本外交文書』 第37卷 第1冊, 314~316쪽.

30) 「電傳 : 韓居局外」, 『申報』 光緖 29年 12月 17日(1904. 2. 2) 1쪽.

을 선언하였을 뿐 앞서 청정부와 같이 일련의 중립정책을 공식 제출하
지 못하였다. 한편 위 타전의 사흘 후인 1월 24일 일본주재 임시대리공
사 玄普運도 일본외상 고무라 주타로(小村壽太郎)에게 보낸 조회를
통해 '嚴正中立'에 관한 대한제국정부의 '斷然決心'을 통보하면서 일본
을 비롯한 '列國'의 지지를 호소하였다.31) 그러나 일본정부는 위 조회
에 대한 회답을 의도적으로 지연하면서 상기 중립선언 타전의 관련자
들에 대한 추적조사를 전개하는 한편 한국정부와 각국 주재 외교관 사
이의 전보 또는 서신연락을 비밀리에 감시하는 등 방식으로 대한제국
의 중립화 노력을 극구 방해하였다.32) 결국 대한제국의 전시국외중립
입장을 공식 지지해 나선 나라는 하나도 없었고 일본정부의 경우 처음
부터 대한제국을 하나의 중립국으로 인정하지 않았는데,33) 이 점은 앞
서 청정부의 경우와 선명한 대조를 이루고 있다.

　이에 광무황제는 玄尙健을 통해 프랑스 공사 퐁트네 등의 제안과
협조로 수도 서울의 중립을 확보하려고 노력하였지만 수포로 돌아가
고 말았다.34) 러일전쟁 발발 1개월 뒤 3월 2일에 인천 각국거류지회 의
원으로 있던 독일사람 오루타가 인천주재 일본영사 가토(加藤本四郎)
에게 인천 각국거류지의 '局部中立'을 호소하였지만 가토 영사 및 일
본정부는 이를 거부하였다.35) 따라서 2월 9일 인천항에서 일본 해군의

---

31) 『日本外交文書』 第37卷 第1冊, 316쪽.
32) 실제로 일본외상 小村壽太郎은 주한 일본공사 林權助에게 상기 중립선언의
　　 打電者 등에 대한 탐문조사를 지시하였으며 러시아주재 한국공사 李範晉의
　　 서신내용 등 역시 주한일본공사관 측에 입수되어 본국정부로 속속 보고되고
　　 있었다. 『日本外交文書』 第37卷 第1冊, 311쪽, 327~330쪽 참조.
33) 『日本外交文書』 第37卷・第38卷, 別冊日露戰爭 I, 732~733쪽 ; 박희호, 앞
　　 의 논문, 171쪽.
34) 『日本外交文書』 第37卷 第1冊, 319~320쪽.
35) 『日本外交文書』 第37卷 第1冊, 322~323쪽. "오루타"는 일본어 オルタ를 음
　　 역한 것으로 상기 『日本外交文書』 第37卷 第1冊에 수록된 전보 원문에는 영

러시아 함대 선제공격 그리고 곧이어 일본 육군의 인천상륙 및 서울점
령과 더불어 대한제국은 거의 러일전쟁 발발과 동시에 일본침략군에
의해 무장점령 및 통제되었다. 실제로 러일전쟁 발발 나흘 뒤인 2월 13
일에 주한일본공사 하야시(林權助)는 벌써 署理外部大臣 李址鎔에게
'대한제국 황실의 安全康寧'과 '대한제국의 독립과 영토보전'을 일본이
보장해 주는 내용으로 의정서를 체결하자고 공식 제의해 왔다.

열흘 뒤인 2월 23일에 체결된 6개 조항의 '韓日議定書'에 의하면 대
한제국정부는 일본의 '施設改善'에 관한 '忠告'를 容認하고 일본정부는
대한제국 황실의 '康寧' 및 대한제국의 '독립과 영토보전'을 확실히 보
증해 주며 제3국의 侵害 혹은 내란의 경우 일본정부는 '臨機必要한 措
置'를 행할 수 있으며 또한 '軍略上 필요한 지점을 臨機 收用'할 수 있
게 되었다.36) 위와 같은 조약 내용은 사실상 러시아를 상대로 일본과
'攻守同盟의 성격'을 띠고 있으며37) 나아가서 일본에 의한 '한국 屬國
化의 첫 걸음'에 해당하였다.38) 같은 해 3월 11일 일본군의 한국임시파
견대가 '韓國駐箚軍'으로 공식 개편되면서 한반도는 사실상 일본군의
중국 동북침략 및 러시아군 공격을 위한 전략적 후방기지로 전락하였
다.

같은 해 5월 18일 대한제국정부는 러시아 주재 공사관의 철거선언
과 더불어 광무황제 명의로 과거 한러 두 나라 사이 모든 조약과 협정
의 "一體廢罷, 全然勿施"를 선포하는 '對露勅宣書'를 발표하였다.39)

문 또는 독일어가 표기되어 있지 않았다.
36) 國會圖書館立法調查局, 『舊韓末條約彙纂』 上卷, 1964. 12, 65~69쪽 ; 『日本
外交文書』 第37卷 第1冊, 345~346쪽.
37) 李光麟, 『韓國史講座』 V(近代篇), 일조각, 1984(修正重版), 467쪽.
38) 外務省編, 『小村外交史』 下, 東京 : 新聞月鑑社, 1953, 255~256쪽.
39) 『高宗實錄』 광무 8년 5월 18일 ; 『日本外交文書』 第37卷 第38卷, 別冊日露
戰爭 I, 83~88쪽 ; 「電傳 : 韓廢俄約」, 『申報』 光緖 30年 4月 初7日(1904. 5.
21), 1쪽.

국제법적 시각에서 볼 때 대한제국정부의 위와 같은 조처는 사실상 러시아와의 외교관계 단절을 의미할 뿐만 아니라 두 나라 사이에 '交戰狀態(belligerency)'에 진입하기 위한 '논리에 부합되는 일종의 前奏'에 해당하는 것으로서[40] 대한제국의 중립적 지위와 상태를 이미 잃어버린 셈이 된다. 바로 '對露勅宣書' 발표 이틀 뒤인 5월 19일에 대한제국의 군대가 함경남도 咸興지역에서 러시아 군대와 직접 교전함으로써 한러 두 나라의 교전상태는 곧바로 사실화되었다.[41] 그후 일본군의 승승장구와 더불어 일본정부는 곧바로 이른바 '對韓方針'을 확정하고 나아가서 8월 22일의 '제1차 한일협약' 등 일련의 조약과 협정을 통해 대한제국의 재정, 외교실권을 빼앗으면서 한국의 식민지화를 적극 추진해 나갔다.[42]

주지하는 바와 같이 전시국외중립이란 전시에 한하여 전쟁에 참가하지 않는 국가의 국제법적 지위를 뜻하는 일종의 單純暫定中立(simple occasional neutrality)으로서 교전국에 대한 공평과 無差別, 無援助를 주 내용으로 한다. 따라서 전시국외중립의 경우 권리보다 의무가 더욱 강조되고 있는데 구체적으로 교전국에게 병력, 무기 등의 직접 또는 간접적 공급을 回避하는 의무(abstention), 중립국의 領域이 교전국의 군사기지로 사용되지 않도록 防止하는 의무(prevention), 교전국의 어느 한 측에게 군사적 원조를 행하는 중립국에 대하여 다른 측의 교전국이 일정한 制裁를 가하는 행동을 默認할 의무(acquiescence)등이 포함된다.[43] 앞서 살펴본 바와 같이 러일전쟁 당시 중국 청정부와 대한

---

40) R. G. Feltham著, 胡其安譯, 『外交手冊』, 北京 : 中國對外飜譯出版公司, 1984, 8쪽.

41) 『日本外交文書』第37卷 第38卷, 別冊日露戰爭 I, 83~88쪽.

42) 安邊健太郞著, 安炳武譯, 『韓日合倂史』, 범우사, 1982, 194~200쪽 ;『한국사강좌』IV(근대편), 476~477쪽.

43) 石本泰雄, 『中立制度の史的研究』, 東京 : 有斐閣, 1958, 16~19쪽 ;『國際法

제국정부는 선후로 전시국외중립을 선포하면서 중립국으로 되었지만
두 나라 모두 일단 주관적으로 위와 같은 중립국의 의무를 제대로 이
행하지 못하였고 또한 처음부터 러시아와 일본 두 교전국은 물론 여타
구미 열강으로부터 중립적 지위에 대한 인정과 존중을 충분히 받지 못
하였다. 특히 대한제국의 경우 거의 러일전쟁 발발과 동시에 일본군에
의한 군사점령과 무력통제를 받으면서 국외중립의 노력이 곧바로 좌
절되었다. 따라서 중국과 한국 두 나라는 러시아와 일본 두 교전국 군
대의 직접 침략을 받게 되었고 중한 두 나라 국토(육지와 해양부분을
모두 포함)의 일부분은 심지어 러일 군대의 激戰場으로 전락되어 막심
한 전쟁피해를 받게 되었는데, 그러한 의미에서 중국과 한국은 모두
러일전쟁 당시 러시아와 일본 두 교전국으로부터 직접 침략을 받은 중
립국이라고 할 수 있다.

3. 러일전쟁 기간의 중한 양국관계

청일전쟁 4년 뒤인 1899년 9월 11일에 '中韓通商條約'을 체결하면서
중국 청정부와 대한제국은 비로소 근대적 의미의 公使級 외교관계를
공식 수립하게 되었다.44) 그리고 5년 후의 러일전쟁 기간 중한 두 나라
관계의 중요한 변화 중 하나가 바로 상주 외교대표가 선후로 바뀐 것
이다. 러일전쟁 발발 당시 청나라의 한국주재 외교대표는 2대 주한공

辭典』, 73~74쪽.
44) 權錫奉,「淸日戰爭以後의 韓淸關係」, 崔文衡외,『淸日戰爭前後의 韓國과 列
   强』, 한국정신문화연구원, 1984, 185~233쪽 ; 權赫秀,『19世紀末韓中關係史
   研究-李鴻章의 朝鮮認識과 政策을 中心으로』, 백산자료원, 2000, 338~339
   쪽 ; 茅海建,「赴韓使節的派出」,『戊戌變法史事考』, 北京 : 三聯書店, 2005,
   447~460쪽.

사 許臺身이었는데, 1904년 12월 7일에 그의 후임으로 曾廣銓이 3대
주한공사로 임명되어 다음해 2월 8일에 서울로 부임하였다.[45] 한편 러
일전쟁 발발 당시 대한제국의 중국주재 외교대표는 參書官 朴台榮이
署理하고 있다가 1904년 3월 4일에 이르러 2대 주중공사 閔泳喆이 북
경으로 공식 부임하였다.[46] 그리고 같은 해 11일 5일에 대한제국의 황
태자비가 서거한 뒤 중국공사 許臺身은 한국 外部大臣 李夏榮의 照
會 통보를 받고 곧바로 國旗下降 儀禮를 통해 弔意를 표하였고 다음
해 1월 19일에는 청나라 외무부의 훈령에 의해 한국 외부를 방문하여
光緖皇帝의 弔意를 직접 전달하였다.[47]

그리고 러일전쟁 발발 1주일 뒤인 1904년 2월 18일에 중국공사 許臺
身은 대한제국의 '外部大臣臨時署理, 憲兵司令官' 李址鎔에게 조회를
보내 청정부의 戰時局外中立 방침을 공식 통보하였다.[48] 같은 해 5월
18일 허대신은 청나라 외무부의 전보훈령에 의해 한국 외부대신 李夏
榮에게 위와 같은 국외중립방침을 다시 통보하면서 특히 최근 각국 신
문지상에 청나라의 중립입장과 관련된 여러 설은 모두 "근거 없는 말
로서 믿을 바가 못 된다"고 분명히 밝혀두었다.[49] 그후 1905년 7월 7일
중국공사 曾廣銓은 한국 外部大臣 李夏榮에게 조회를 보내 장차 러시
아와 일본의 강화조약 중 무릇 중국과 관련된 사안의 경우 중국정부와

45) 『淸季中外使領年表』, 30쪽 ; 中央研究院近代史研究所編, 『淸季中日韓關係
    史料』 第9卷, 5987쪽 ; 中國第一歷史檔案館編, 『淸代中朝關係檔案史料彙
    編』, 北京 : 國際文化出版公司, 1996, 473쪽 ; 高麗大學校亞細亞問題研究所
    編, 舊韓國外交文書 第九卷 『淸案』 2, 고려대학교출판부, 1972, 711~713쪽.
46) 『淸案』 2, 663쪽 ; 金源模 編著, 『近代韓國外交史年表』, 279쪽 ; 『淸代中朝關
    係檔案史料彙編』, 465~466쪽.
47) 『淸案』 2, 664~665쪽, 771쪽 ; 『淸季中日韓關係史料』 第9卷, 6001~6003쪽 ;
    『淸代中朝關係檔案史料彙編』, 476쪽.
48) 『淸案』 2, 664~665쪽.
49) 『淸案』 2, 686~687쪽.

사전 협의가 없는 내용은 일절 인정할 수 없다는 청정부의 공식 입장
을 통보해 주었다.[50]

한편 지금까지 알려진 중국 청정부와 대한제국 및 일본 등 관련국가
의 문헌사료에서 1904년 1월 21일 대한제국의 전시국외중립선언이 과
연 중국 청정부에 공식 통보되었는지를 밝혀줄 수 있는 구체적 자료가
아직 발견되지 않고 있다. 따라서 아직 확정적인 결론을 내리기는 어
려운 실정이지만 적어도 다음과 같은 두 가지 판단은 가능하다. 첫째,
현존하는 대한제국 外部와 청나라 주한 공사관의 왕래문서에서 당시
한국정부가 청정부에 위와 같은 전시국외중립방침을 통보하는 내용을
찾아볼 수 없었다. 둘째, 현존하는 청정부 외무부 등 관련문서에서 북
경주재 한국 공사관이 청정부에 대한제국의 전시국외중립방침을 공식
통보해 주는 내용도 역시 찾아 볼 수 없다. 이른바 간접적 외교관계에
있어서 상주 외교대표가 국가와 국가 사이에 외교정책과 입장을 서로
전달해 주는 주요 채널임을 감안할 때[51] 최소한 당시 대한제국정부가
자국의 전시국외중립방침을 공식 외교채널을 통해 청정부에 제때 통
보해 주지 않았던 것으로 보아도 무방할 것으로 생각된다. 실제로 당
시 청정부의 여러 문헌사료에서 대한제국의 전시국외중립에 대한 언
급이 전혀 없었고 또한 上海에서 발행되는『申報』역시 한국의 국외
중립결심 및 對外聲明 사실을 두 차례나 보도하면서도 특히 그러한
聲明방식과 내용이 영국 등 열강에 의해 여러 가지로 '미흡'한 것으로
지적되고 있다는 사실도 함께 보도하였다.[52]

실제로 당시 일본정부가 대한제국의 전시국외중립선언 및 노력을

---

50)『淸案』2, 724쪽.

51) R. G. Feltham,『外交手冊』, 1~2쪽.

52)「電傳 : 韓居局外」,「電傳 : 允韓中立」,『申報』光緒 29年 12月 17日(1904. 2.
　　2) 1쪽, 光緒 29年 12月 21日(1904. 2. 6) 1쪽.

처음부터 무시하고 짓밟았을 뿐 아니라 러시아도 역시 다름 없었다. 1904년 4월 13일 러시아 주중공사 레싸르(Paul Mikhailovitch Lessar, 雷薩爾)는 청정부 외무부에 보낸 조회에서 장차 한반도의 여러 항구 역시 交戰場으로 이용될 것이므로 중국 측의 선박이 한반도 항구 출입을 자제해 주도록 공식 요청하였는데[53] 바로 한국의 전시국외중립선언을 전혀 무시하는 태도였다. 같은 해 5월 27일 한반도가 사실상 일본침략군에 의해 무장 점령된 후 대한제국의 외부대신 李夏榮은 청정부 주한공사 許臺身에게 조회를 보내 광무황제의 상기 '對露勅宣書'의 내용을 통보하였다.[54] 그후 대한제국 외부의 對中國외교문서에서 다시는 러일전쟁 관련 외교정책과 입장을 공식 언급하는 내용을 찾아볼 수 없었는데 그것은 당시 대한제국이 바야흐로 일본의 '피보호국'으로 전락되고 있는 객관적 상황과 무관하지 않는 것으로 생각된다. 上海『申報』의 경우 앞서 한국정부가 주한공사 許臺身에게 광무황제의 '對露勅宣書' 내용을 공식 통보해 주기 거의 한 주일전인 5월 21일에 벌써 러시아와 체결한 여러 조약을 일절 폐지시킨 최신 뉴스를 공개 보도하였는데,[55] 문제는 그 뉴스가 종전처럼 '高麗韓京來電(혹은 來信)' 즉 서울발이 아니라 '日本東京來電' 즉 도쿄 발로 바뀌어져 있었다. 중국 신문의 한국관련 기사 취재원의 위와 같은 변화는 바로 러일전쟁의 정세변화와 더불어 중한관계가 차츰 중일관계에 종속되어 가고 있는 周邊化(marginalization) 추세의 단적인 보기로 된다.

요컨대 러일전쟁 기간 중한 두 나라 관계의 주요 이슈는 러일전쟁 및 전시국외중립에 관한 내용이 아니었다. 청나라 주한공사관의 경우 러일전쟁 기간 청정부 외무부에 보낸 보고서 중에서 러일전쟁에 관련

53)『日俄戰爭檔案史料』, 146쪽.
54)『淸案』2, 687~688쪽.
55)「電傳 : 韓廢俄約」,『申報』光緒 30年 4月 初7日(1904. 5. 21), 1쪽.

한 정보는 오로지 두 건뿐이었고 그 내용 역시 별로 긴요하지 않는 風聞 정도에 불과하였다.[56] 구체적으로 청정부 총리아문과 외무부 문서를 정리한『淸季中日韓關係史料』제9권에 러일전쟁 기간(1904. 2. 9~1905. 8. 31) 중한관계 외교문서가 모두 71건 수록되어 있는데 그중 국경문제와 관련된 내용이 모두 7건으로 대략 10%를 차지한다. 반면 "朝鮮 外部와 朝鮮駐在淸國公館과의 外交上의 來往文件"을 정리한 舊韓國外交文書 第九卷『淸案』2에 수록된 러일전쟁 기간(1904. 2. 17~1905. 8. 31) 한중관계 외교문서 총 139건 중에서 국경문제와 관련된 내용이 21건으로 총 15%를 차지하고 있다. 말하자면 국경문제는 사실상 러일전쟁 전후 중한관계의 최대 이슈로 부각되어 있었다.

주지하는 바와 같이 국경문제는 일찍이 근대시기 이전부터 중한 두 나라 관계상 중요한 현안문제로 제기되어 왔다.[57] 특히 두만강지역의 경우 19세기 말부터 북한지역의 주민들이 대량 '越墾' 이주하면서 중한 두 나라 국경지역에서도 유난히 多事한 곳으로 주목되어 왔다. 따라서 1899년 9월 11일의 '中韓通商條約' 제12조에서 이미 '陸路通商章程稅則'을 체결하여 국경선의 확정 및 변경무역의 개방을 실현하기로 합의하였고,[58] 같은 해 9월 23일에 청나라 초대 주한공사 徐壽朋도 청정부 총리아문으로 24개 조항의 中韓陸路通商章程 초안을 제출하였지만 총리아문에서는 결국 제3국의 '援照' 가능성을 이유로 일단 보류시켰다.[59] 그후 義和團事變과 더불어 러시아 군대가 중국 동북지역을 점령

---

56)『淸季中日韓關係史料』第9卷, 5822~5826쪽, 6001~6003쪽.
57) 楊昭全・孫玉梅,『中朝邊界史』, 長春 : 吉林文史出版社, 1993 ; 梁泰鎭,『韓國國境史研究』, 法經出版社, 1992 ; 崔長根,『韓中國境問題研究－日本領土政策史의考察』, 白山資料院, 1998 등 참조.
58)『淸季中日韓關係史料』第8卷, 5227~5234쪽 ; 王鐵崖編,『中外舊約章彙編』第一冊, 北京 : 三聯出版社, 1957, 909~913쪽.
59)『淸季中日韓關係史料』第8卷, 5248~5252쪽.

한 뒤인 1900년부터 대한제국이 두만강 국경지역에 대한 진출을 적극 추진하면서 두만강 국경지역의 정세는 한층 더 긴박해졌고 심지어 러시아 당국까지도 두만강·압록강 지역 중한 두 나라 인민에 대한 관리규정을 제출하면서 중한국경문제에 개입하려고 나섰다.[60]

당시 대한제국에 의해 선후로 '視察使' 및 '北邊墾島管理使'로 임명된 李範允은 두만강 西岸의 중국 延邊지역에서 '越墾韓民'에 대한 인구조사를 실시하고 나아가서 '私砲隊' 무장을 조직하여 세금을 징수하고 심지어 중국 지방관헌과 군대를 공격하였고 또한 대한제국정부는 중국 청정부의 거듭된 항의와 철거요구를 번번이 거부해 왔다.[61] 따라서 1900년부터 1904년까지 중국 延邊지역에서 중한 두 나라 사이의 국경분쟁과 무장충돌이 빈발하면서 두 나라 관계사상 가장 엄중한 국경분쟁국면을 초래하게 되었다. 이에 러일전쟁 발발 직후인 1904년 2월 초 청정부는 한국과의 육로통상문제를 일단 보류하고 먼저 국경답사 및 확정작업을 전개하기로 결정하고[62] 같은 해 3월 15일 대한제국정부에 조회를 보내 국경공동답사를 공식 제의해 왔다.[63] 그러나 당시 일본군에 의해 사실상 점령당했던 대한제국은 이미 국경답사와 같은 중대한 외교사안에 대한 독립적 결정권을 잃어버린 상황이었고 일본정부 역시 중한국경문제를 "러일전쟁의 결과를 기다려서 일본정부의 중재에 의해서 해결"시키기 위한 목적으로 위와 같은 중한 직접교섭을 극구 저지해 왔다.[64]

---

60) 『淸季中日韓關係史料』第8卷, 5453~5454쪽.

61) 梁泰鎭, 『韓國國境史硏究』, 106~110쪽 ; 姜龍範, 『近代中朝日三國對間島朝鮮人的政策硏究』, 牡丹江 : 黑龍江朝鮮民族出版社, 2000, 68~72쪽 ; 金春善, 『延邊地區朝鮮族社會的形成硏究』, 長春 : 吉林人民出版社, 2001, 101~117쪽.

62) 『淸季中日韓關係史料』第9卷, 5826쪽.

63) 『淸案』 2, 670~678쪽.

64) 『日本外交文書』第41卷 第1冊, 475쪽 , 崔長根, 『韓中國境問題硏究』, 110~

　그러나 당시 두만강지역 국경분쟁의 충격과 침해를 직접 받고 있는 길림지방당국의 경우 더 이상 기다릴 수 없는 상황이었다. 1904년 3월에 護理吉林將軍 富順은 署理延吉廳同知 陳作彦의 보고에 의해 1901년부터 '韓兵越界燒掠殺人情形'을 외무부 및 주한공사 許臺身에게 자세히 보고하면서 한국정부에 손해배상청구 및 관련 책임자의 처벌을 요구하도록 강력하게 주장하였다. 또한 富順은 위 보고와 함께 陳作彦이 작성한 4개 조항의 '中韓邊界善後章程' 초안을 제출하였는데 그 내용인즉 "국경지역 방어태세의 강화(重江防)", "조선인의 불법이주 금지(禁潛越)", "조선인의 불법 소작 토지 실태조사(核租種)", "국경지역 강매행위 금지(杜勒買)" 등이었다.65) 그러나 청정부는 위와 같은 보고 내용에 대한 아무런 지시도 없었고 물론 대한제국에 대한 교섭도 없었다. 청정부의 위와 같은 안이하고 무능한 대처는 물론 국경분쟁문제가 중한 두 나라 중앙정부 차원에서 제때 해결할 수 없게 된 하나의 직접적인 원인이라고 할 수 있지만, 그 근본적 원인은 결국 러시아와 일본의 무장침략과 간섭에서 비롯된 것으로 볼 수 있다.

　요컨대 같은 해 6월 15일에 청나라 吉强軍 統領 胡殿甲, 延吉廳 同知 陳作彦 등 지방군정관원과 대한제국 陸軍參領 金命煥, 咸鏡北道 邊界警務官 崔南隆, 金炳若 등이 공동 체결한 12개 조항의 '會議中韓邊界善後章程'은 바로 위와 같은 역사적 배경의 산물이었다.66) 위 장정은 러일전쟁기간 중한 두 나라 사이에 체결된 유일한 협정일 뿐만 아니라 근대이래 중한 두 나라 사이에 유일한 국경문제 관련협정으로

112쪽.

65) 『淸季中日韓關係史料』 第9卷, 5834~5881쪽 ; 吉林省檔案館, 中國邊疆史地研究中心合編, 『吉林省檔案館藏淸代中朝關係史料選輯』, 長春 : 吉林人民出版社, 2000, 132~175쪽.

66) 『淸季中日韓關係史料』 第9卷, 5952~5953쪽 ;『中外舊約章彙編』 第二冊, 281~282쪽.

서 그 내용은 대략 다음과 같은 5개항으로 요약할 수 있다.

1. 양국 국경은 일단 현상 그대로 유지하면서 양국정부에서 파견한 전
   문위원의 會勘을 기다리고, 더 이상 무장병사의 불법 침입 및 도발
   이 없도록 한다.
2. 중국 국경당국은 李範允의 管理北墾島 권한을 인정하지 않으며 한
   국 국경당국은 본국 정부에 이범윤의 소환을 요구하기로 약속하며
   양국 국경당국 모두 국경지역의 소란행위를 단속하기로 약속한다.
3. 두만강에 사사로이 설치된 교량을 철거하고 나룻배를 두어 두 나라
   주민들의 상호왕래 편리를 도모하되 무장군인의 국경출입을 금지한
   다.
4. 옛 간도 즉 光霽峪의 假江地는 여전히 한국 鍾城의 백성들이 '租種'
   하게 하고, 국경지역 군인 또는 주민 사이에 殺傷의 변고가 있을 경
   우 양국 국경당국에서 상호통보하고 속히 체포하여 依法 처리하도
   록 한다.
5. 중국 측에서 국경지역의 防穀令을 융통성 있게 처리하여 한국 백성
   의 米穀매매 및 한국반출을 허용해 주기로 한다.

위와 같은 합의가 두만강 국경지역의 안정과 사회질서유지에 물론
도움이 되는 時宜適切한 내용이고 그후 두만강 국경지역의 긴장국면
이 크게 해소되었던 것도 사실이지만, 그것은 어디까지나 국경지역의
현상유지에 관한 양국 지방관원 사이의 임시적 조치에 불과하며,[67] 중
한 두 나라 정부 사이의 공식적인 양자간 조약(bilateral treaty)이 아니었
기 때문에 문제의 근원으로 제기된 국경분쟁을 근본적으로 해설하기
에는 아직 크게 역부족이었다. 한편 일본정부 역시 중한 양국 정부의
직접교섭으로 중한국경문제에 대한 개입소지를 잃어버릴 것을 걱정하

---

67) 崔長根, 『韓中國境問題硏究』, 115쪽.

여 위 장정 체결 2개월 뒤인 7월 28일 주중공사 우치다(內田康哉)를 통해 청정부 외무부로 조회를 보내 현재 러일전쟁의 軍務가 한창 긴장한 상황이므로 중한 양국의 국경'會勘'작업을 일단 보류하자고 공식 제의하였고, 청정부도 결국 일본정부의 위와 같은 제안을 수용하였다.[68] 이처럼 중한 양국 사이의 국경분쟁이 중한 양국의 직접교섭에 의해 해결될 수 있는 기회를 놓치게 되면서 중한 국경분쟁은 결국 러일전쟁 4년 뒤 1909년에 일본의 개입에 의해 중국 청정부와 일본정부 사이의 조약으로 일단 해결을 보았다. 이것이 바로 1909년 9월 4일에 체결된 '圖們江中韓界務條款'(間島條約)이었다.[69]

그리고 해상어업분쟁 역시 19세기 말부터 한중관계사에서 하나의 중요한 현안문제로 제기되어 왔다. 1882년에 체결된 '中朝商民水陸貿易章程' 제3조항의 규정에 의하면 중한 양국의 어선들이 한반도의 평안도, 황해도 연해지방 및 중국의 山東省, 奉天省 연해에서 어로작업을 진행할 수 있게 되었다.[70] 그러나 그후 1899년에 체결된 '中韓通商條約'에는 해상어업에 관한 내용이 없었으며 따라서 청정부는 2년 뒤인 1901년 1월에 대한제국에게 일단 한일 양국간의 通漁章程 관련규정에 따라 한반도 인근해역에서 작업하고 있는 중국 어선들을 관리하자고 공식 제안하였으나 대한제국 정부는 이를 거부하였다.[71] 그후 청정부는 양국간 통어장정 교섭을 거듭 제안해 왔지만 대한제국 측은 여전히 거부입장을 고수하였다.[72] 러일전쟁 초기 1904년 3월 27일에 주

---

68) 吳祿貞, 『延吉邊務報告』, 『長白叢書』 初集本, 長春 : 吉林人民出版社, 1986, 158~159쪽 ; 崔長根, 『韓中國境問題研究』, 110~112쪽.
69) 楊昭全 외, 『中朝邊界史』, 513~526쪽 ; 崔長根, 『韓中國境問題研究』, 365~381쪽.
70) 『淸季中日韓關係史料』 第3卷, 900쪽 ; 『舊韓末條約彙纂』 下卷, 396쪽.
71) 『淸案』 2, 479~480쪽, 488~489쪽.
72) 『淸案』 2, 510, 522, 524, 525~526쪽.

한공사 許臺身은 대한제국정부 署理外部大臣 趙秉式에게 조회를 보
내 다시 통어장정의 교섭을 제안하였지만 여전히 아무런 확답도 받지
못하였다.[73] 따라서 양국간 통어장정에 관한 교섭은 결국 시작도 못해
보고 중한 양국관계사상 또 하나의 중요한 현안문제로 남게 되었다.

4. 맺는 말 : 포츠머드 강화조약과 중한관계의 변천

1905년 7월 초 러일 두 나라의 강화회담이 시작될 무렵 청정부는 러
시아와 일본 두 교전국 및 기타 중립국 정부에 조회를 보내 강화조약
의 중국관련 내용 중 무릇 중국정부와 사전협의가 없는 부분은 결코
인정할 수 없다는 입장을 미리 밝혀두었다.[74] 같은 해 7월 7일 주한공
사 曾廣銓은 청정부 외무부의 훈령에 의해 위와 같은 내용을 한국 외
부대신 李夏榮에게 공식 통보하였다.[75] 심지어 청정부는 강화회담에
직접 참여하려는 외교적 노력도 강구하였지만 일본 및 미국, 영국 등
열강정부의 반대로 결국 무산되고 말았다.[76] 반면에 이미 일본군의 무
력점령 상태에 처해 있던 대한제국정부는 강화회담에 대한 아무런 독
자적 입장을 표명할 수 없는 실정이었다.

따라서 러시아와 일본의 강화회담은 중립국이었던 중한 양국의 영
토주권을 대량 희생시키는 방향으로 전개되었다. 1905년 8월 10일의
포츠머드 강화회담 시작되기 전에 일본정부는 이미 3개 조항의 "절대
필요적" 강화조건을 마련해두었는데 그중 첫째가 한국에서의 일본의

---

73)『淸案』2, 680쪽.
74)『淸季外交史料』卷190, 5~6쪽.
75)『淸案』2, 724~725쪽.
76) Micheal H. Hunt, *Frontier Defense and the Open Door*, New Heaven and London, 1973,
    pp.87~88 ;『帝國主義侵華史』第二卷, 206쪽.

특수권익을 인정해주는 것이고 둘째가 러일 양국군대의 중국동북지역 공동 철수, 셋째가 러시아의 旅順大連 租借地 및 哈爾濱-旅順 間 중동철도의 양도요구였고 전쟁 배상금 등 요구는 오히려 "상대적으로 필요"한 조건으로 설정되었다.[77] 이어서 강화회담 시작 사흘째 되는 8월 12일에 일본은 영국과 동맹조약을 체결하였는데 그중 제3조항의 내용이 바로 영국정부가 한국에 대한 일본의 "지도(guiding), 감리(control) 및 보호(protection)" 권리를 인정해주는 것이었다.[78] 한편 러시아의 니콜라이 2세(Nikolai Ⅱ)도 강화 대표 비테(Sergei Yulevichi Witte)를 회견한 자리에서 러시아는 일본에게 단 한푼의 배상금도 지불하지 않을 것이며 한치의 영토도 할양하지 않을 것이라고 분명하게 지시하였다.[79]

요컨대 러시아와 일본은 강화회담 시작부터 전쟁터로 전락되었던 중한 양국의 중립적 지위와 권리를 전혀 무시하였을 뿐만 아니라 오히려 중한 양국의 영토주권을 제물로 저들의 제국주의적 침략야욕을 실현하려고 하였다. 따라서 같은 해 9월 5일에 체결된 총 15개 조항의 '포츠머드 강화조약'의 주요 내용은 거의 모두 중한 양국의 영토주권과 직접 관련된 사안이었다.[80]

    1. 러시아는 한국에 대한 일본의 '지도, 보호, 감리' 권한을 인정해 주고 또한 한국에 대한 일본의 필요한 관련조치를 저해하거나 간섭하지

---

77) 外務省編, 『日本外交年表竝主要文書』上, 東京 : 日本國際連合協會, 1957年, 239쪽.
78) 申相瀿, 「英日同盟과 日本의 韓國侵略」, 歷史學會編, 『露日戰爭前後 日本의 韓國侵略』, 일조각, 1986년, 72~73쪽 ; 최문형, 『국제관계로 본 러일전쟁과 일본의 한국병합』, 312~313쪽.
79) 維特 著, 張開 譯, 『俄國末代皇帝尼古拉二世-維特伯爵的回憶』, 北京 : 新華出版社, 1983年, 317쪽.
80) 『淸季外交史料』卷191, 13쪽 ; 『日本外交文書』第37卷 第38卷, 別冊日露戰爭Ⅴ, 528~538쪽.

않는다.

2. 러시아는 旅順大連 租借地와 長春－旅順구간의 中東鐵道 및 그와
   관련된 탄광 등 부속 權益을 모두 일본에게 양도한다.

3. 러시아는 만주의 영토이익과 관련된 特殊權益을 포기한다.

4. 러시아는 북위 50도 이남의 사할린 남부지역을 일본에게 양도한다.

이어서 일본정부는 중한 양국에 대한 외교적 압박을 통해 위와 같은
條約상 침략권익을 차례로 현실화시켜 갔다. 같은 해 11월 18일에 일
본특사 이토(伊藤博文)의 협박으로 5개 조항의 '韓日協商條約'(乙巳保
護條約)[81]이 체결되면서 한국의 외교권이 공식 박탈되고 대한제국은
일본 통감에게 국정 전반이 사실상 장악된 '피보호국(protected state)'으
로 전락되었다. 곧이어 12일 후인 11월 26일에 일본공사 우치다(內田
康哉)는 청정부 외무부로 조회를 보내 을사보호조약의 내용과 더불어
향후 한국의 외교는 일본이 '監督辦理'하게 된다고 공식 통보해 왔
다.[82] 이에 청정부는 중한 양국의 公使級 외교관계를 종결하고 중일관
계에 부속된 총영사급 관계만 유지하기로 결정하고 같은 해 말 서울주
재 중국공사관을 폐쇄하고 주한공사 曾廣銓을 본국으로 소환하였
다.[83] 대한제국의 마지막 주중공사 閔泳喆이 언제 본국으로 소환되었
는지에 관한 구체적 사료는 아직 찾아볼 수 없었지만 여하튼 중한 두
나라의 공사급 관계가 1905년 말을 계기로 종결된 것은 사실이었다.
그리고 같은 해 12월 22일에 체결된 3개 조항의 '中日會議東三省事宜'
[84]를 통해 일본정부는 앞서 포츠머드 강화조약의 중국관련 내용을 모

---

81) 『舊韓末條約彙纂』上卷, 76~79쪽 ; 『日本外交文書』第38卷 第1冊, 532~533
   쪽.

82) 『淸季中日韓關係史料』第9卷, 6150~6152쪽.

83) 『淸季中日韓關係史料』第9卷, 6156~6158쪽, 6243~6244쪽 ; 『淸代中朝關係
   檔案史料彙編』, 491~492쪽.

84) 『中外舊約章彙編』第2冊, 338~342쪽 ; 『日本外交文書』第38卷 第1冊, 156

두 현실화시키면서 중국 동북지역 침략범위를 크게 확장하였다.

미국학자 L. S. Stavrianos의 견해에 의하면 러일전쟁은 사실상 극동지역 나아가서 세계역사상 하나의 중요한 전환점이라고 한다.[85] 실제로 러일전쟁은 중한 양국 및 양국관계사에도 중대한 영향을 미쳤다. 러일전쟁의 결과로 체결된 포츠머드 강화조약 및 일본이 중한 양국과 각각 체결한 일련의 조약을 통해 일본정부는 "한국통치의 소원을 거의 모두 실현"하면서 한국병합을 향한 발걸음을 한층 더 다그칠 수 있었고,[86] 나아가서 침략범위를 한반도에서 중국 동북지역으로 확장시켜 중국 동북지역에서 이른바 '北俄南日'의 공동침략국면을 조성하였다.[87] 이처럼 선후로 전시국외중립을 선언하였던 중국과 대한제국은 러일전쟁 기간에 국토의 일부분이 러일 두 나라 군대의 전장으로 전락하여 막대한 전쟁피해를 보았을 뿐만 아니라 러일전쟁의 직접적인 영향 특히 러시아와 일본의 침략과 간섭으로 말미암아 국경문제 및 어업분쟁 등을 비롯한 중한 양국 관계상 중요한 현안문제들을 제때에 효과적으로 해결하지 못하였다. 또한 러일전쟁의 결과 중한 양국의 공사급 외교관계는 겨우 수교 6년만에 단절되고 말았다.

요컨대 1894~1895년의 청일전쟁 이후 러일전쟁은 중한양국 및 양국관계가 동아시아 및 세계역사에 있어서 한층 더 周邊化되는 결과를 초래하였다고 볼 수 있다. 실제로 러일전쟁 종전 5년 후인 1910년에 대

~162쪽.

85) 斯塔夫里阿諾斯(L. S. Stavrianos)著, 吳象嬰, 梁赤民譯, 『全球通史－1500年以後的世界(The World Since 1500 A Global History)』, 上海 : 上海社會科學院出版社, 1999, 491쪽.

86) 『日本外交史』上冊, 342~343쪽 ; 『韓日合倂史』, 210~284쪽 ; 최문형, 『국제관계로 본 러일전쟁과 일본의 한국병합』, 320~418쪽.

87) 鈴木隆史著, 吉林省僞皇宮陳列館譯, 『日本帝國主義對中國東北的侵略』, 長春 : 吉林敎育出版社, 1996, 82쪽 ; 王魁喜 외, 『近代東北史』, 哈爾濱 : 黑龍江人民出版社, 1984, 284쪽.

한제국은 일본에게 병합되면서 36년의 일본제국주의 식민통치가 시작
되었고 겨우 總領事級 관계로만 유지되어 오던 중한 양국관계 역시
곧바로 중일관계의 일부분으로 완전히 전락되었다. 그리고 1년 후
1911년 중국 辛亥革命에 의해 267년의 청왕조도 멸망하였다. 따라서
가까운 이웃나라인 중한 양국 사이에 공식적 외교관계가 전혀 없었던
국면은 1910년의 한국의 식민지화 때부터 한반도에서 남과 북 두 정권
이 각각 수립되던 1948년까지 장장 38년 동안 지속되어 왔으며, 중국
의 경우 한반도의 남북 두 정권 모두와 현대적 외교관계를 수립하게
된 것은 20세기 말인 1992년의 일이었다. 말하자면 20세기 거의 대부
분 기간에 중국과 한반도의 상호관계가 분단과 단절 심지어 대치의 비
정상적인 상태에 처해 있었는데[88] 그중 20세기 초의 러일전쟁은 위와
같은 비정상적인 관계상황을 초래하게 된 하나의 중요한 역사적 원인
이라고 생각된다.

---

88) 權赫秀, 「關於近代中朝關係史(1870~1910)的幾點認識」, 『中國朝鮮史研究』
   第1輯, 香港社會科學出版社, 2004, 38~54쪽 참조.

한중 상호이해의 어제와 오늘

1. 들어가는 말

한국과 중국은 분명 가까운 이웃나라이다. 무엇보다 지리적으로 가까운 이웃인즉, 북한과는 압록강과 두만강을 사이에 두고 45km의 육지 경계선과 1,289km에 달하는 수역경계선을 갖고 있으며, 한국과는 황해를 두고 서로 마주보고 있다. 그래서 예로부터 중국 산동반도와 한국 서해안지역은 말 그대로 닭 홰치는 소리와 개짖는 소리가 서로 들릴 (鷄犬之聲相聞) 정도라고 했다. 한반도의 경우 직접 국경을 맞대고 있는 이웃나라는 중국과 러시아 두 나라밖에 없는데, 그중 19세기 후반에 들어서서야 두만강 하구의 한 귀퉁이에 겨우 다가온 "새로운 이웃나라" 러시아는 일단 접경 면적이 중국과는 비교할 수 없을 정도도 좁았다. 한국과 중국은 문화적으로도 아주 밀접한 관계를 갖고 있는데, 같은 한자문화권이요 유교문화권인지라 한국사람이든 중국사람이든 상대방 나라를 방문했을 때 이국이다는 낯선 느낌이 별로 없는 것도 그러한 문화적 친근감 때문이라고 볼 수 있다.

특히 1992년 국교수립 이후 12년째 들어서면서 한·중 두 나라의 관계는 그야말로 고속성장의 연속이었다. 한국과 전면적 협력동반자 관계를 구축하기로 공식 합의한 중국은 이미 일본과 미국을 제치고 한국의 최대 교역대상국으로 부상하였고, 한국 해외투자의 규모상 첫 번째

대상국으로 최근 한국무역협회의 통계자료에 따르면 하루평균 12개 한국기업이 중국에 투자하고 있는 것으로 나타났다. 한국유학생 총수도 중국내 전체 외국유학생 중 1위를 차지하여 삼국시대의 渡唐 유학생 이래 최대의 중국유학 붐을 형성하고 있다.

또한 수억에 달하는 중국 청춘남녀의 마음을 뒤흔들고 있는 '한류' 열풍과 더불어 수도 북경과 동북3성 및 산동반도를 중심으로 주요 도시마다 코리아타운이 자연스럽게 형성되고 있다. 이처럼 수많은 바닷길과 항공노선으로 거미줄처럼 연결되어 있는 한·중 두 나라의 경제적, 문화적 관계가 날로 밀접해지면서 필자는 일찍이 두 나라가 바야흐로 '1일생활권'을 형성해가고 있으며, 따라서 장차 두 나라를 자기 삶의 주요 무대로 삼게 될 한국인과 중국인이 대량 나타날 것으로 전망해왔다.[1]

겨우 30년 전인 1970년대만 해도 필자가 살았던 만주의 조선족 마을에서는 밤중에 몰래 '남조선' 라디오방송(아마 KBS 사회방송프로그램인 듯)을 들었다는 이유로 다음날 온 마을에서 비판과 투쟁의 대상이 되었고, 1980년대에 '남조선'친척 방문길이 열렸을 때도 멀리 홍콩을 돌아 최소한 2~3일씩 거쳐서야 서울에 갈 수 있었다. 1991년 봄에 필자가 최초로 방한할 때도 당시 한·중 두 나라를 유일하게 직통하는 교통선은 중국 산동반도의 威海에서 인천으로 통하는 카페리호를 이용하는 수밖에 없었다.

오늘날 한중관계의 현실에 비추어볼 때 필자가 20~30년 전에 직접 경험한 위와 같은 역사적 사실은 그야말로 호랑이 담배 피우던 시절의 옛 이야기처럼 아득하게 들릴 수밖에 없지만, 한·중 두 나라의 상호관계는 그 사이에 그야말로 상전벽해의 변화를 겪었다고 할 수 있다.

---

1) 권혁수, 「한중관계 : 수교 10주년의 결산과 전망」, 『북방저널』 2002년 12월호.

중국정부 외교당국자의 표현을 빌리면 수교 12년만에 이처럼 모든 분야에서 급속 성장을 이룩해 온 두 나라 관계는 말 그대로 반세기를 넘는 중국 대외관계사에서 보기 드문 성공적인 사례라고 할 수 있다.

그런 의미에서 2002년부터 시작된 중국학계의 '동북공정'을 계기로 야기된 한·중 두 나라의 고구려사 논쟁은 고속성장으로 일관해 온 양국관계에서 분명 하나의 새로운 불협화음이라고 할 수 있다. 최근 들어 한·중 두 정부당국의 외교적 합의에도 불구하고 고구려사 문제를 둘러싼 역사논쟁은 좀처럼 그 열기가 식지 않고 있는데, 한국학계의 일각에서는 심지어 "한·중 역사전쟁의 시작"으로까지 표현하고 있다.[2] 1,500년 전 역사를 두고 불거진 학문적 논쟁이 이른바 '역사전쟁'으로까지 비화되고 있는 사실은 고구려사 논쟁의 심각성과 중요성을 단적으로 보여준다.

중국의 고전『손자병법』의 첫 구절은 "전쟁이란 국가의 중대한 일로서 국민의 생사와 국가존망의 갈림길이므로 깊이 생각하지 않으면 안 된다"고 쓰고 있다. 서양 군사이론의 아버지로 불리는 프로이센의 클라우제비츠 역시 근대적 군사이론의 '성경'에 해당하는 명작『전쟁론(Vom Kriege)』에서 전쟁과 정치의 관계를 다음과 같이 설명하고 있다. "전쟁은 다른 수단에 의한 정치의 계속에 지나지 않는다. 전쟁은 정치행위일 뿐만 아니라 정치의 도구이며 양국 사이의 정치적 교섭의 계속이며, 정치와는 다른 수단을 사용하여 이 정치적 교섭을 수행하는 행위이다."

클라우제비츠의 지적처럼 전쟁이 "다른 수단에 의한 정치의 계속에 지나지 않는다"면, 결국 물리력에 의한 굴복과 피굴복이라는 이른바 '제로섬게임'이 아니라 다른 방식의 해결, 즉 이른바 '윈윈게임'이라는

---

2) 윤명철,『역사전쟁』, 안그라픽스, 2004 ; 이인철 외 9명,『대고구려 역사 중국에는 없다』, 예문당, 2004.

더 합리적인 결과를 추구할 수 있는 가능성은 애초부터 '전쟁'의 또 다른 출구로 설정되어 있었던 것으로 이해할 수 있다. 바로 그런 의미에서 "본관은 한국의 경상북도 안동이고 태어난 고향은 중국의 길림성 반석의 시골이며 중국어와 한국어를 모두 모어(母語, Native Language)로 생각하는 이원적 문화생활을 하고 있는 중국조선족 3세"[3]이고, 특히 한국정부장학금으로 한국에서 학위를 취득한 후 지금까지 한중관계 연구를 생업으로 하고 있는 필자로서는 가히 본능적으로 한·중 간의 소위 '역사전쟁'이 합리적으로 해결되기를 기대하게 된다.

물론 19세기 말 근대사를 전공하는 필자는 고구려사 논쟁의 구체적인 내용에 직접 왈가왈부할 수 있는 전문적 소양을 갖고 있지 않지만, 앞서 밝혀둔 개인적 차원을 벗어나 작금의 국제관계 현실과 한중관계의 미래를 위해서도 최근의 고구려사 논쟁은 한중관계의 새로운 발전을 저해하지 않는 방향으로 매듭지어질 것을 믿어 의심치 않는다. 따라서 이 글에서는 고구려사 논쟁을 직접 논의하기보다 지난 두 세기 동안 중국의 한국연구로 말미암아 한국사회에 큰 파문을 불러일으켰던 두 가지 대표적인 사례를 통해 두 나라 상호이해의 역사를 검토해 보고, 그러한 시각에서 최근 고구려사 논쟁이 벌어지는 현실을 점검해 보고자 한다.

2. 19세기 말의 『조선책략』 파문

1880년 8월 초, 일본을 방문한 조선왕조 고종정부의 제2차 수신사 金弘集은 일본주재 청나라 공사관의 초청으로 청나라 공사 何如璋 및

---

3) 권혁수, 『19세기 말 한중관계사 연구—이홍장의 조선인식과 정책을 중심으로』, 백산자료원, 2000, 머리말, 1쪽.

참사관 黃遵憲과 모두 다섯 번이나 만나 당시 한중관계와 조선의 내외 정세 등 광범위한 문제에 관한 필담을 나누었는데, 마지막 만남인 9월 6일 황준헌이 자신의 명의로 김홍집에게 전해준 『朝鮮策略』(이하 『책략』)은 사실상 청나라 공사관 측이 조선에 전하고 싶은 메시지를 가장 잘 요약했다고 볼 수 있다.

약 6,000자에 달하는 한문으로 작성된 『책략』의 내용은 대략 다음과 같이 요약할 수 있다.[4] 최근 10여 년 동안 동아시아를 적극 공략하고 있는 러시아가 새롭게 영토를 확장할 경우 반드시 아시아의 요충을 차지하고 있는 조선에서 시작될 것인즉, 러시아의 침략위협에 대비하는 것이 조선의 급선무이다. 그 대비책은 결국 "중국과 친하고(親中國), 일본과 사귀고(結日本), 미국과 연결함(聯美國)으로써 自强을 도모할 따름이다."

황준헌은 이 같은 대비책을 조목조목 설명하면서 아울러 한국 측에서 제기할 수 있는 여러 의문점까지 자세하게 해명한 뒤 다음과 같이 간절하게 호소했다. "조선 측에서 위와 같은 대비책을 힘써 시행할 경우 과연 '上策'이 될 수 있겠지만, '친중국'은 전통적 조공관계를 유지하는 데 불과하고 '결일본'은 이미 체결된 조약 내용을 시행하는 데 불과하고, '연미국'은 조난선박의 구조와 교섭요청문서 수용 정도에 그칠 경우 결국 '下策'이 될 수밖에 없으며, 그대로 쇄국을 고집하다가 변란이 닥친 뒤에야 비로소 비굴하게 온전하기를 바라고 다급하여 어찌할 바를 모른다면 그야말로 '無策'이 될 것이다."

끝으로 중국인으로서 한국의 내외정책을 직접 논의하게 된 이유를

---

4) 『朝鮮策略』의 원본은 이미 찾아 볼 수 없고 여러 사본만 전해지고 있는데, 여기서는 한국학자 宋炳基 교수가 최근 정리한 내용을 바탕으로 한다. 송병기, 『개방과 예속-대미수교관련 수신사기록(1880)초-』, 단국대학교출판부, 2000 참조.

다음과 같이 해명했다. "대저 충직한 말은 귀에 거슬리나 행하는 데 이롭고 좋은 약은 입에 쓰나 병에는 이롭다. 내 어찌 짐짓 위태롭고 무서운 말로 남의 귀를 쫑긋거리게 하겠느냐 만은, 이처럼 남을 대신하여 계책을 마련해 주는 것은 실로 時勢의 핍박에 의해 내 마음이 차마 그렇게 하지 않을 수 없기 때문이다. 이에 얼굴 두껍게도 대신 대책을 마련해 주면서 외람 되게 쓴말(苦言)로 諫하는 바이다."

이 문건을 작성한 황준헌(1848~1905)은 근대 중국의 유명한 개화정치가이자 외교가, 시인으로서 당시 일본주재 청나라 공사관의 참사관으로 재직하고 있었다. 그가 제시한 대비책은 당시 국제정세, 특히 한반도 주변정세에 대한 그 자신과 청나라 공사관 측의 인식과 주장을 반영한 것이었고, 궁극적으로는 당시 청정부의 대한정책 기조를 대변한 것으로 이해할 수 있다. 한국의 權錫奉 교수의 연구에 의하면,『책략』의 의도는 "물론 조선의 외교문제와 자강문제에 대한 勸導를 발판으로 조선의 안전을 꾀하는" 것이었지만 "궁극적으로 추구한 것은 조선이 淸朝의 屛藩으로 명분을 지킬 수 있는 것, 즉 속국으로서 열강에 의하여 멸망되거나 속국의 명분이 상실되지 않도록 유지시키는 것이었다."5) 실제로 당시 청정부의 대한정책을 직접 주관하고 있던 李鴻章역시 조선왕조정부의 원로대신 李裕元에게 보낸 1881년 2월 26일자 회신에서 직접『조선책략』이 조선의 방어태세를 강화하고 나아가 장차 부강을 이룩할 수 있게 하는 훌륭한 대책이라고 극찬하면서 서양열강과의 수교통상을 적극 권고했다.6)

이렇듯『책략』은 근대 중국에서 한국의 내외정책과 한중관계에 대

---

5) 權錫奉, 「朝鮮策略과 淸側意圖」,『淸末對朝鮮政策史硏究』, 일조각, 1986, 117~146쪽 참조.
6) 권혁수, 「한중관계의 근대적 전환과정에서 나타난 비밀 외교채널―이홍장과 이유원의 왕복서신을 중심으로」,『韓國學論集』제37집, 한양대 한국학연구소, 2003, 215~239쪽 참조.

한 최초의 집중된 논의이자 당시 청정부 내 대한정책 관련 인사들의 대한인식을 잘 대변한 사료로서, 또한 19세기 말 한·중 두 나라의 상호인식을 살펴볼 수 있는 중요한 역사적 문헌이라고 볼 수 있다. 그러나 이것은 당시 청정부의 관련문서에는 물론 작성자인 황준헌의 문집에도 수록되지 않았던 반면, 한국에서는 그야말로 일파만파로 크나큰 파문을 불러일으켰다.

실제로 1880년 10월 초 김홍집은 고종에게 자신의 일본방문을 復命하면서 『책략』을 함께 제출하였고, 고종 역시 황준헌의 주장을 받아들이는 입장에서 개국외교의 노력을 시도하게 되었다. 당시 조선정부의 영의정 李最應을 비롯한 조정대신들 역시 결국 미국과의 수교통상 방침에 일단 찬성의사를 밝힘으로써 적어도 당시 조정 내부에서는 '연미'와 관련된 공론조정을 대략 매듭지을 수 있었다. 그런 의미에서 황준헌의 『책략』은 조선정부가 서양열강에 대한 쇄국정책에서 개국외교로 방침을 전환하는 과정에 상당히 중요한 영향을 미치게 되었다고 할 수 있다. 실제로 1880년대 이후 조선정부의 개국외교정책과 개화정책은 대체로 황준헌이 건의한 여러 대비책의 요지에 부합되는 방향으로 전개되었다.

그러나 『책략』의 영향은 결국 조정 내부에만 그치지 않고, 보수적 유생들의 거센 반대를 불러일으켰다. 김홍집이 『책략』을 고종에게 바친 뒤 곧바로 그것이 대량 등사되어 전국의 유생들에게 전해지면서 그 파문이 점차 크게 일기 시작했다. 같은 해 11월 3일 병조정랑 劉元植이 상소를 올려 『책략』 중 기독교를 유교에 비교하는 대목을 비난하면서 삭성자 황준헌과 그것을 받아온 김홍집 등을 규탄하는 이른바 위정척사론을 주장함으로써,[7] 이듬해인 1881년 신사척사운동의 불을 당겼

---

7) 『承政院日記』 고종 17년 10월 1일.

다. 조정에서는 곧바로 유원식을 체포, 유배조치했지만 보수 유림세력
의 반대운동은 오히려 더욱 거세어지기 시작했다.

1881년 3월에 집단상경한 영남 유생 300여 명이 대궐 밖에서 꼬박 8
일 동안 엎드려 요청한 끝에 결국 소위 만인소를 입철시켰는데, 그중
무려 여덟 가지 이해관계를 들어『책략』에서 제시한 여러 대비책을 조
목조목 반박하여 "백가지 해(百害)는 있을 뿐 이익은 하나(一利)도 없
다"고 비난하면서 특히 그것을 작성한 황준헌을 다음과 같이 규탄했
다.[8]

　　더욱 통분한 일은 저 황준헌이란 자가 중국사람으로 자칭하면서 일
본의 說客이 되고, 예수의 善神이 되고, 기꺼이 亂賊의 효시가 되어
스스로 금수와 같은 무리에 끼어드니, 고금천하에 어찌 이런 도리가
있겠나이까. 이는 필시 지난날 그물을 빠져나간 괴수가 강화도의 패전
을 분개하면서도 병력으로 승리를 취할 수 없음을 알고 또한 동방의
바른 禮俗으로 보아 邪說로 속이지 못함을 앎으로 甘言으로 꾀고 격
한 말로 위협하여 요행으로 이 땅을 잠식할 욕망을 채우고자 여기저기
를 돌아다니면서 사방을 물들게 할 奸計를 펴려는 것이 아니겠나이까.

말하자면『책략』에서 제시한 여러 대비책뿐 아니라, 그것을 작성한
중국사람 황준헌 역시 요즘말로 '정체불명'의 음모가 또는 외국침략세
력의 하수인으로 취급되었다. 그 후 각 도의 유생들이 속속 상소를 올
려 이른바 위정척사운동이 전국적 규모로 확대되면서, 드디어 한국 근
대사 사상 최대 규모의 정치파동이자 최초의 이데올로기 논쟁을 불러
일으켰다. 이에 고종정부는 결국 같은 해 6월 초 '斥邪綸音'을 통해 '邪
黨의 廓淸'을 공식 약속함으로써 일단 보수유림의 반대입장을 수용했

---

8)『承政院日記』고종 18년 2월 26일. 인용내용의 한글번역은 조일문 역주,『조
　선책략』, 건국대학교출판부, 1997, 102쪽 참조.

고, 따라서 미국과의 수교 추진 역시 일보 후퇴하지 않을 수 없었다. 한미수교가 그로부터 꼬박 1년 뒤인 1882년 5월에야 이루어지면서 드디어 서양열강과 수교통상의 물꼬를 트게 된 데는 바로 위와 같은 역사적 배경이 있었다.

19세기 말 한국이 직면하고 있던 상황에서 위정척사운동은 나름대로 역사적 합리성을 지니고 있었음에도 불구하고 운동의 대외인식은 기본적으로 시대에 뒤떨어져 있었으며,9) 결과적으로 당시 고종정부의 개국외교 노력을 저해했던 것이 사실이다. 특히 '위정척사'를 부르짖던 보수유생들의 황준헌에 대한 인식과 평판은 상당부분 오해, 심지어 황당할 정도로 잘못되어 있었는데, 이는 『책략』의 여러 주장에 대한 반대와 무관하지 않은 것이었다.

당시 일본에서 한국의 비난여론을 전해들은 황준헌은 오히려 상당히 대범한 태도를 보였다. 그는 자신을 극구 비난한 만인소의 사본을 받아보고, 또 만인소의 疏頭 李晩孫이 조선정부에 의해 처벌되었다는 소식을 전해들은 뒤 일본사람 미야지마(宮島誠一郎)와 가진 필담에서 다음과 같이 논평했다.10)

이만손의 상소문을 읽어보았는데, 그 문장이 대단히 훌륭할 뿐만 아니라 그의 사람됨도 충성과 애국의 기개가 대단한 것으로 생각되는데, 다만 그가 요즘의 時變을 꿰뚫어보지 못하는 것이 아쉬웠다. 전에 한국사람들의 의론문을 읽어보았고, 바로 그 때문에 내가 한국정부에 이만손을 등용하도록 권고하였다. 자고로 鎖國論을 제창하는 자가 일단 개변하게 될 경우 곧바로 用夷하는 사람으로 되는 법이다.

---

9) 자세한 내용은 叢成義, 『위정척사파와 개화파 지식인의 대외인식변화 비교연구』, 고려대 박사학위논문, 1994 참조.

10) 『黃遵憲與宮島誠一郎筆談遺稿』(宮島吉亮家藏本), 楊天石, 『海外訪史錄』, 北京 : 社會科學文獻出版社, 1998, 38쪽에서 재인용.

황준헌은 근대 일본의 유신지사들이 대개 한때 '尊皇攘夷論'자들이
었던 사실에 비추어 오히려 자신을 그토록 비난한 이만손 등의 충성과
애국심을 높이 평가하면서 심지어 그들이 개화사업의 선구자로 변신
할 수 있으므로 한국정부에서 마땅히 그들을 중용해 줄 것을 희망하였
다. 즉 적어도 황준헌의 입장에서『책략』을 작성하여 김홍집에게 전해
주던 그때나 한국 보수유생들의 비난을 받고 있던 당시나 한국의 개화
와 자강을 진정 바라고 있다는 뜻에는 아무런 변화가 없었던 것이다.
그 후 1891년 싱가포르 주재 총영사로 재직하고 있던 황준헌은 김홍집
을 그리는 시(<續懷人詩>,『人境蘆詩草籤注』)에서 다음과 같이 자신
의 심정을 토로했다.

　　나름대로 선견지명이 있는 대비책을 작성하여 귀국하는 그대를 바래
　주면서
　　晉나라 사람 魏絳처럼 오랑캐들과 평화롭게 사귀라고 건의했더니,
　　오히려 뭇 사람들의 의구심만 자아내었네.
　　나를 보고 왜놈의 앞잡이 겸 中華의 난적이라 욕하였지만,
　　나라의 문호란 결국 마냥 닫고만 있을 수 없는 하나의 흙무지에 불
　과하였네.

황준헌의 지적처럼 위정척사운동을 비롯한 보수세력의 거센 반대에
도 불구하고 "오랑캐와 평화롭게 사귀는" 이른바 '和戎'방침은 결국 당
시 조선정부의 외교방침으로 선택되었고, 근대한국 역시 개국외교의
길을 선택할 수밖에 없었다. 2세기가 지난 오늘날 돌이켜볼 때 황준헌
의『책략』은 어쩌면 당시 한·중 두 나라가 급변하는 국제정세 속에서
어떻게 새로운 관계를 정립하고, 나아가 아시아의 평화와 부흥을 함께
도모할 수 있는가에 대해 진지한 토론을 전개할 수 있는 훌륭한 계기

로 될 가능성도 없지 않았던 것으로 생각한다. 실제로 당시 청정부 측 대한정책의 주요 책임자인 이홍장이 1875년부터 1881년까지 조선의 원로대신 이유원과 6년 남짓 동안 무려 17통의 왕복서신을 통해 내외 정책에 관한 건의와 권고를 끈질기게 해 왔는데, 그만큼 당시 두 나라 의 당국자들 사이에는 한중관계와 국제정세에 관해 진지한 토론을 전 개할 수 있는 내외적 여건과 분위기가 형성되어 있었던 것으로 이해할 수 있다.11)

그러나 예나 지금이나 소중한 기회는 늘 아쉽기 마련인즉, 그 후 한 중관계 및 그와 관련된 국제정세의 급격한 변화로 말미암아 두 나라 사이에 다시금 위와 같은 진지한 토론을 전개할 수 있는 여건과 분위 기는 나타나지 않았다. 바로 황준헌의 『책략』을 계기로 위정척사운동 이 일어난 직후인 1882년 초 조선정부 領選使 신분으로 청나라 천진을 방문한 김윤식은 고종의 비밀지시에 따라 미국과 수교교섭 문제를 비 밀리에 추진하였지만, 이미 이홍장과 솔직하고 진지한 대화를 나누기 는 무척 어려웠다.12) 같은 해 서울에서 일어난 임오군란 직후 일본을 방문한 김옥균 역시 일본주재 청나라 외교관을 통해 이홍장에게 한중 관계의 새로운 구상에 관한 의견을 전달하려고 노력했지만 끝내 아무 런 회답을 얻어내지 못하였고, 갑신정변 실패 후 일본으로 망명한 김 옥균이 1886년 7월 7일자로 작성한 이홍장에게 보낸 서신은 한중관계 에 관한 새로운 구상을 피력했음에도 불구하고 그것은 이제 한 망명자 의 일방적 호소에 불과했다.13) 그리고 1894년 3월 김옥균이 목숨을 걸 고 강행한 중국 상해행은 이홍장 또는 그 측근을 만나 한중관계 및 동

---

11) 권혁수, 앞의 글, 2003 참조.

12) 송병기, 『근대한중관계사연구-19세기말의 연미론과 조청교섭』, 단국대학교 출판부, 1985, 194~292쪽 ; 권혁수, 앞의 책, 66~91쪽 참조.

13) 권혁수, 「김옥균과 중국-대중국인식의 시기적 변화를 중심으로」, 『정신문화 연구』 2000년 가을, 한국정신문화연구원 참조.

아시아 정세에 관한 진지한 토론을 나누어 볼 계획을 갖고 있었음에도
불구하고 결국 그의 피살로 모두 수포로 돌아가고 말았다.[14]

　2세기가 지난 오늘날 우리는 위와 같은 역사적 사실이 만약 그렇지
않았더라면 그 후의 한중관계 그리고 한국근대사가 좀더 다른 모습으
로 전개되지 않았을까 안타까워할 수는 있겠지만, 여하튼 역사에는 그
러한 가정이 성립되지 않는 법이다. 누구의 말처럼 결코 되풀이되지
않는 역사는 저 강물처럼 말없이 흘러가기만 하였다.

3. 20세기 초『조선』을 둘러싼 논쟁

　1927년 10월 근대중국 최초의 직업교육기관인 中華職業敎育社의
주요 창시자이자 유명한 교육가, 사회활동가인 黃炎培(1878~1965)는
국민당정부의 체포령을 피해 당시 일본제국의 영토로 전락한 대련으
로 피신해 있다가 한국여행을 다녀왔는데, 훗날 그는 이때의 한국여행
동기를 다음과 같이 밝힌 바 있다.[15]

　　나의 임무는 농촌교육과 경제를 고찰하는 것인즉, 조선과 대만 그리
　고 인도의 경우 모두 그와 관련된 여러가지 특수한 시설이 있음에도
　불구하고 사람들은 간혹 그것을 소홀히 하고 있다. 동방의 여러 곳 즉
　조선, 인도, 미얀마, 타이, 베트남, 필리핀, 대만 등의 최근 정치 및 사
　회상황에 관한 중국어로 된 출판물을 찾아보려고 해도 아득하니 쉽게
　얻을 수가 없었다. 위의 여러 곳은 모두 오늘날 이른바 약소민족으로
　서 이른바 제국주의의 통치를 받고 있는데, 진정 그 민족들을 가여워

---

14) 권혁수,「김옥균암살사건과 청정부의 관계에 대하여」,『한국학논집』제31집,
　　한양대학교, 1997 참조.
15) 黃炎培,『朝鮮』, 上海 : 上海商務印書館, 中華民國 18年(1929) 9月, 1~2쪽.

하면서 그 주의를 미워한다면 어찌 저들 민족이 그 주의 밑의 실상을 깊이 살펴보지 않을 수 있겠는가? 하물며 위의 여러 곳은 모두 우리 중국과 수백 년 또는 천 년 이상의 역사적 관계를 갖고 있었는데, 그중 일부는 흥하였고 일부는 망하였으니 역시 우리 나라 사람들이 크게 연구해 볼만하였음에도 어찌하여 그런 곳의 사실을 기록한 책이 한 권도 없단 말인가.

황염배는 처음부터 한국여행을 통해 당시 일본식민지로 전락한 한국의 현실상황에 관한 자세한 책자를 저술할 계획을 갖고 있었다. 그는 이미 10년 전인 1918년 7월에 한국을 최초로 여행하였고 이때 여행의 견문을 출간할 생각에 틈틈이 메모를 해두었지만 귀국하는 도중에 그 메모장을 분실했다고 하니, 일찍부터 한국 상황에 깊은 관심을 갖고 있었던 것은 분명하다. 여하튼 한 달 남짓한 제2차 한국여행을 마친 뒤 귀국한 황염배는 여행견문과 한국에서 수집한 여러 자료들을 정리한 한국관련 책자의 집필을 이듬해인 1928년 3월에 완성하였고, 1929년 9월에 당시 중국 최대 출판사인 上海 商務印書館에서 『朝鮮』이라는 제목으로 정식 출간했는데, 본문 5장에 부록 1장까지 총 335쪽에 달하였다.

무려 28개의 도표와 27개의 삽화가 곁들여진 『조선』은 1920년대 후반 당시 식민지 한국의 정치, 경제, 사회, 문화 등 제반 상황을 거의 빠짐없이 망라하고 있어 근대 중국 최초의 체계적인 한국개설서로 손색이 없다. 황염배가 책 집필을 마친 지 두 달 뒤인 1928년 5월 일본군이 산동성 濟南에서 3,900명이 넘는 중국인들을 학살한 濟南惨案을 일으켰던 바, 그는 책 서문에서 일본의 대륙침략사를 연구하기 위해서는 반드시 조선을 연구해야 한다고 역설했다. 즉 식민지 조선 현실이 중국에게 훌륭한 거울이라는 주장이었다.

　이처럼『조선』은 식민지 한국에 대한 체계적인 연구와 소개를 통해 중국민들의 애국심과 일제침략 위협에 대한 위기의식을 불러일으키려는 의도 자체는 물론 훌륭했지만, 그의 접근방식 자체에는 문제가 있었다. 사실 황염배의 한국여행은 거의 전적으로 일제 식민통치 당국의 배려하에 진행되었던 것이다. 당시 조선총독부에서는 전문인력을 보내 서울과 인천을 비롯한 여러 지방과 식민통치기관으로 그를 안내하면서 자세한 식민통치자료 및 관련서적들을 대량 기증해 주었고, 또한 이나바(稻葉岩吉) 등 일제 어용학자들을 동원하여 그의 韓國考察을 도왔다. 그러므로 그의 한국고찰이 식민지 한국의 실상과 전혀 다른 엉뚱한 결론으로 이어진 것은 어쩌면 당연한 결과라고 볼 수 있다.

　실제로 황염배는 일본 식민당국의 한국통치를 '善政'으로 주장하고, 결론으로 이미 일본과 동등의 고등교육권을 향유하게 된 한국인들은 모름지기 피 흘리는 무장투쟁보다 학문적 노력을 통해 어떤 강국도 감히 업신여길 수 없는 위치에 도달하는 것이 약자로서 취할 수 있는 '光明大道'라고 호소함으로써 사실상 일제의 한국 식민통치를 찬양하고 한민족의 항일구국투쟁 자체를 근본적으로 부정했다. 따라서 일제 식민당국의 식민통치자료를 바탕으로 편찬된 이 책은 한국의 역사와 문화, 민족특성에 대한 내용에서 온갖 오류와 편견이 가득할 수밖에 없었는데, 그 중에는 물론 일제 식민당국의 의도적인 왜곡과 소개의 영향도 있겠지만 전통적인 중국중심적 시각의 영향도 곳곳에서 찾아볼 수 있다. 이처럼 근대 중국 최초의 가장 체계적인 한국개설서가 한국 및 한국인에 대한 온갖 오류와 편견으로 점철된 내용으로 가득 찬 사실 자체는 당시 한국과 한국인에 대한 중국 주류사회의 엄청난 몰이해와 무지, 심지어 그릇된 인식을 단적으로 보여주는 것이며, 그만큼 20세기 초 당시 한·중 두 나라의 상호 이해와 인식에 심각한 부족을 직접적으로 반영하고 있다.

당시 상해임시정부의 중요 일원으로 중국에서 항일구국투쟁에 헌신한 李始榮이 우연히 어느 서점에서 책을 발견한 것은 출간 2년 뒤인 1933년이었다. 민족과 나라를 위해 한평생을 싸워온 이시영은 황염배의 그릇된 한국관련 기술을 읽은 느낌을 다음과 같이 밝혀두었다.

　　중국사람들의 한국관에 부족한 점이 많고 자세하지 못한 것은 벌써 오래된 것인즉, 청나라 말로부터 한국의 사정에 관한 저술이 6, 7종이나 있었지만 어떤 것은 황당한 오류를 그대로 답습하였고 어떤 것은 잘못된 편견으로 사실에 어긋나거나 누락되어 별로 읽을 만한 것이 없었다. 그 중에서 황씨가 쓴 것은 상당히 공력을 기울인 것이지만 역시 잘못된 부분이 많았는데, 대저 일본사람들의 저술을 참조하면서 꼼꼼히 살펴보지 않음으로써 그 진실을 잃게 된 것이다. 한국사람이 볼 때 그 한 책의 내용은 일본사람을 대신하여 宣揚하는 것에 불과함으로써 상당히 불만스러웠다.[16]

이에 이시영은 분연히 붓을 들고 저술한 것이 『感時漫語 - 황염배의 한국사관을 논박함』이었다. 여기서 이시영은 먼저 한민족의 시조인 단군이 중국사람의 시조로 알려진 요임금과 같은 시대의 임금이라고 역설하면서 배달민족의 기원, 기자의 평양과 고구려의 평양, 발해 및 고려, 한민족의 언어문자와 도교 등의 내용을 통해 한민족의 우수성과 한국역사의 오래됨을 주장했는데, 그것은 무엇보다 황염배의 『조선』에 나타난 일제 식민사관과 중국중심의 한국사관에 의해 왜곡된 한민족

---

16) 성재이시영선생기념사업회 편, 『感時漫語(駁黃炎培之韓史觀)』, 일조각, 1983, 1쪽. 그리고 이 책의 譯解本으로 『한민족은 위대하다』(한밝, 2002)라는 책이 있다. 그러나 두 책 모두 漢文으로 된 原文을 한국어로 옮길 때 잘못 번역한 곳이 상당히 많기 때문에 이 글에서 인용한 관련 내용은 모두 필자가 새롭게 번역했음을 밝혀둔다.

과 한국역사를 바로잡기 위해서였다.

이어서 이시영은 "왜곡된 역사를 바로잡는다(誣史辨正)"는 취지하에 황염배의 『조선』에서 한국과 한민족에 대한 잘못된 기술을 조목조목 논박했는데, 그 내용은 구체적으로 다음과 같다.

> 기자의 封國, 한민족 문화의 유래, 일본의 神功皇后에 관한 이야기, 한국사람의 智德, 한국사람의 창조력, 한국 貨幣觀에 대하여, 排華感情을 촉발시킨 음모, 集會·結社에 관하여, 張良이 力士를 초빙한 것에 대한 考據, 伯夷의 首陽山, 대원군 행정

위와 같은 내용은 고대부터 근대에 이르는 한국통사 또는 한국문화사의 거의 모든 내용을 망라한 것으로, 그 방대한 내용의 고증과 바로잡기 작업이 망명지 중국에서 참고문헌을 비롯한 최소한의 연구조건도 갖추어지지 못한 최악의 여건에서 이루어졌다는 사실 자체가 이시영의 민족사랑과 나라사랑의 깊고 높음을 잘 보여주었다.

한편 이시영은 일제 식민당국의 안내와 도움으로 한국을 고찰한 황염배의 접근자세가 처음부터 잘못되었다고 지적했다. 그리고 자신이 직접 경험한 19세기 말 한국근대사의 내막을 자세히 소개하고 아울러 역시 제국주의 침략으로 말미암아 기울어져가고 있는 근대중국의 역사를 돌이켜보면서 1910년부터 장장 24년 동안의 중국 망명생활을 통해 쌓아온 자신의 중국사랑에 대해 다음과 같이 진솔하게 밝혀두었다.

> 경술년(1910) 겨울에 먼저 (중국의) 동북지방에 도착한 뒤 그 후 화북과 상해지방을 오가면서 벌써 24년이 되고 도시와 시골 여러 곳을 두루 돌아다니면서 발전된 곳을 하나라도 발견하면 마음속으로부터 기뻐하였고 위축된 분위기를 하나라도 보게 되면 가슴이 꽉 메이는 듯하였다.[17]

바로 중국과 중국사람에 대한 남다른 애착심을 갖고 있었기 때문에
이시영은 황염배 같은 중국의 주류층 인사들이 한국과 한국사람들을
너무 모르거나 또는 잘못 알고 있는 사실이 안타까웠던 것이다. 황염
배 같은 사람이 가장 가까운 이웃나라인 한국에 대해 무지하거나 그릇
된 인식밖에 갖지 않은 것은 사실 중국에서 이미 오래 전부터 이어져
온 잘못이라고 지적하면서, 바로 그 점이 결국 20세기 초 중국이 쇠약
하게 된 하나의 중요한 원인이라고 설파했다.18) 따라서 한·중 두 나
라의 밝은 미래를 위해서라도 두 민족의 상호이해와 협력이 무엇보다
중요하고 시급하지 않을 수 없다는 주장이었다. 이처럼 한중 두 나라
상호이해의 부족 특히 한국의 역사문화에 대한 당시 중국인들의 몰이
해에 대한 불만과 지적은 사실 당시 중국에서 활동하고 있던 한국독립
운동가들의 공통된 느낌이었다. 역시 임시정부의 주요 창시자로서 특
히 중국과 훨씬 더 깊은 관계를 갖고 있던 예관 신규식 선생 역시 1939
년 중국에서 출간한 『韓國魂』에서 근대중국의 대학자인 章炳麟이 이
른바 한사군이 결국 고조선의 일부 영토밖에 차지하지 못하였던 사실
을 전혀 모르고 당대 최고의 문호로 이름을 날린 梁啓超는 심지어 한
국이 "國文이 없는 나라이었기 때문에 망하지 않을 수 없다"고 황당한
결론을 내린 사실을 지적하면서 그야말로 한국과 한국문화에 대한 크
나큰 모욕이라고 분개하였다.19)

한편, 국민당정부 시절에는 줄곧 유명한 재야인사였고 1949년 이후
중화인민공화국 정부 부총리 및 전국인민대표대회 부위원장(국회부의
장)까지 맡았던 황염배의 『朝鮮』은 저자의 유명세에 힘입어 당시 중국
사회에 상당한 영향을 미쳤을 뿐만 아니라, 오늘날까지 중국에서 20세

---

17) 『感時漫語(駁黃炎培之韓史觀)』, 93~94쪽.
18) 위의 책, 27쪽.
19) 申圭植, 『韓國魂』, 睨觀先生紀念會, 1955, 8쪽.

기 초 한국연구의 대표작으로 회자되고 있는 실정이다.[20] 그러나 이시
영의 책은 장장 반세기 후인 1982년에야 겨우 첫 번역본이 출간되었
고, 이어서 2002년에 두 번째 역해본이 나오면서 겨우 언론을 비롯한
한국사회의 관심을 받게 되었다. 말하자면 이시영의 절실한 호소에도
불구하고, 황염배와 이시영 두 사람 사이에서 한·중 두 나라의 상호
인식에 관한 진지한 토론은 애당초 이루어지지 못하였고, 따라서 그러
한 토론을 통해 두 나라 국민들의 상호인식을 바로잡을 수 있는 기회
는 애초부터 마련되지 않았던 것이다.

주지하는 바와 같이 중국 국민당정권이 줄곧 상해임시정부의 항일
구국투쟁을 지원해왔음에도 불구하고 임시정부의 주요 인사들은 중국
정부가 과연 진심으로 한국의 독립을 바라고 있는지 의심되고 있다면
서, 심지어 중국이 바라는 한국의 독립이란 결국 "중국의 일부분으로
서 한국"일 뿐이라고까지 단언하였다.[21] 물론 여기에는 여러 가지 복
잡한 원인이 있겠지만 위와 같은 상호인식의 차이, 특히 그러한 차이
를 극복할 수 있는 기회와 여건의 부재와도 상당한 관계가 있는 것으
로 생각된다.

그리고 위와 같은 상호인식과 관련된 중요한 역사적 문헌을 새롭게
정리하는 과정에서 나타난 문제도 한번 지적해 볼 수 있다.『감시만
어』의 경우 한국에서 1983년과 2002년에 선후로 두 번이나 한글번역
및 주해본이 출간되었는데 무엇보다도 그 번역에서 탈락된 부분과 잘
못된 부분이 너무 많았다. 물론 그것은 한문으로 작성된 원본에 대한
독해능력의 문제로 일단 접어두더라도 2002년에『한민족은 위대하다』
라는 제목으로 출간되어 상당한 사회적 반향을 불러일으켰다는 두 번

---

20) 尙丁,『黃炎培』, 北京 : 人民出版社, 1986, 67쪽.
21) 「臨時議政院34回議事錄」(1942년 11월), 박성수,『독립운동사연구』, 창작과비
    평사, 1980, 368쪽.

째 역해본의 경우 더욱 문제가 많았다. 1932년 4월 29일 윤봉길 의사의 상해 홍구공원 의거 이후 임시정부가 일제의 탄압을 피해 상해를 떠나 항주 등 중국 내지로 망명의 길을 떠난 사실을 전혀 무시한 채 이시영 선생이 1933년 여름에 상해의 서점에서 황염배의 『조선』이라는 책자를 우연히 발견하였다고 역사적 사실에 완전히 어긋나는 소개를 하는가 하면, 특히 『감시만어』의 원본을 무슨 "중국정부의 1급비밀문서가 보존되어 있는 中國共産黨 中央編譯局"에서 '발견'하였다는 점을 재삼 강조하는 것은 전혀 사실이 아니었다.

중국공산당 중앙위원회에 직속되어 있는 중앙편역국이라는 부서는 맑스로부터 엥겔스, 레닌 등 공산주의 이론가들의 원전을 중국어로 번역하고 아울러 毛澤東 등 중국공산당 지도자들의 저술을 외국어로 번역하는 일종의 정치적 성격을 지닌 국립번역기관이며 그 산하에는 中央編譯出版社라는 출판사도 있는데 필자 역시 1997년에 그 출판사에서 한국의 전직대통령 재판에 대한 저서를 출판한 적이 있다. 다시 말하자면 중앙편역국이라는 부서 자체가 애당초 "중국정부의 1급 비밀문서"를 보존하는 기관이 아니었다. 그리고 1983년에 벌써 번역 출간된 적이 있는 『감시만어』를 그곳에서 다시 찾아내었다고 한즉 그것을 새로운 발견이라고 하는 것 역시 어불성설이었다. 사실과 전혀 어긋난 과장된 선전이 책의 판로와 관계되는 일종의 상술인지는 모르겠지만 그처럼 솔직하지 못한 태도는 무엇보다도 중국인의 그릇된 한국관을 바로잡으려고 노력한 『감시만어』의 저자인 성재 이시영 선생의 참된 뜻에 어긋나는 것으로 생각된다. 한국학계의 중국관련 자료조사 및 연구과정에서 위와 같이 사실과 어긋난 과장 심지어 거짓의 사례를 심심찮게 발견할 수 있는데, 그러한 과장 또는 거짓은 결국 한국의 중국관련 연구의 질을 저하시키는 나쁜 결과를 초래하고 나아가서 올바른 중국인식의 형성에도 악영향을 미치게 된다고 생각된다.

4. 21세기초 고구려사 논쟁으로 본 한·중 두 나라 상호이해의 현실

고병익 교수의 연구에 의하면, 흔히 같은 인종과 같은 문화권으로 알려진 한·중·일을 포함한 동아시아 여러 나라들은 일찍 근세 이전 여러 세기부터 오랫동안 서로 소원하거나, 심지어 적대적인 관계를 갖게 되면서 오늘날 유럽과 같은 하나의 문화권 또는 경제권으로 이루어지기 어려운 역사적 배경을 형성해왔는데, 그 원인으로 일단 지역 공통어의 결여, 상호 인적 교류를 활발히 할 수 있는 제도적 장치의 미비, 연도표시방법의 차이, 국가와 민족 사이의 평등관의 결여 등을 지적했다.[22] 구체적으로 논의의 범위를 한·중 두 나라에 국한할 경우 필자는 무엇보다 근대이래 한중관계사에서 그 원인을 찾을 수 있다고 생각한다. 주지하는 바와 같이 1894년 청일전쟁 때까지 유지되어 온 전통적 조공체제하에서 두 나라는 상호 평등한 국가와 민족관계를 전혀 전개할 수 없었고, 그 후 1899년에 이르러 겨우 맺어진 公使級 외교관계는 곧이어 1905년 한일보호조약에 의해 거의 단절되었다. 그러다가 1910년 일제의 한국병합과 1911년 중국의 신해혁명으로 조선왕조와 청왕조가 멸망하면서 두 나라 사이의 공식 관계는 완전히 단절되었다.

그 후 1945년의 8·15 해방에 이르기까지 일제침략을 반대하는 공동투쟁을 전개하면서 수백만에 달하는 인원교류(오늘날 200만을 헤아리는 중국조선족의 대다수는 20세기 초 한반도에서 중국으로 이주한 이민 1, 2세대의 후손이다) 등 유난히 활발한 교류관계를 유지해왔음에도 불구하고 한·중 두 나라는 어떤 공식적인 국가관계가 없었고,[23] 8·

---

22) 고병익, 「동아시아 나라들의 상화 소원과 통합」, 『창작과 비평』 1993년 봄.
23) 권혁수, 「關於近代中朝關係史(1876~1910)的幾點認識」, 『中國朝鮮史研究』

15 해방 후 한반도와 중국이 분단국가로 굳어지면서 상호관계 역시 중국대륙과 조선, 대만과 한국이라는 반쪽의 관계로 1990년대까지 거의 반세기를 지내왔다. 1992년 한중수교로 말미암아 중국의 경우 한반도의 남과 북과 모두 공식관계를 수립했음에도 불구하고 여전히 지구상에서 단 두 개의 분단국가로 남아있는 중국과 한반도의 상호관계는 상당부분 정상적인 그리고 완전한 국가관계를 형성하지 못하고 있는 실정이다. 이처럼 상호관계의 불완전성, 심지어 왜곡은 결국 두 나라 두 민족간 상호인식의 불완전성 또는 왜곡과 직결되지 않을 수 없었다. 19세기 말의 경우 중국사람들이 소위 '朝鮮亡國史'를 통해 한국을 실패의 거울로 간주했던 것과[24] 마찬가지로, 한국 역시 국운이 날로 기울어져 가는 중국을 부정적으로 심지어 멸시할 수밖에 없었던 것이다.[25] 8·15 해방 전 거의 반세기 동안 한·중 두 나라 두 민족 사이의 상호 부정적 인식은 기본적으로 변화가 없었으며, 그 후 역시 반세기 가까이 중국대륙 사람들이 '조선'만 알고 '한국'을 전혀 모르고 있었던 것과 마찬가지로, 한국 역시 '자유중국'만 알고 '공산중국' 또는 '중공'에 대해서는 거의 아는 것이 없었다.

한마디로 근대이래 두 세기를 넘은 한중관계사의 시각에서 볼 때 두 나라 두 민족은 상대방을 평등한 교류와 협력의 대상으로 인식할 수 있는 역사적 여건을 거의 갖지 못했다고 볼 수 있다. 따라서 잘못된 심지어 왜곡된 상호인식은 결국 바람직하지 못한 상호 관계사로 이어졌고, 바람직하지 못한 관계사는 상호인식의 불완전성 또는 왜곡을 한층 더 심화시키는 악순환으로 이어졌다. 한·중 두 나라 두 민족이 오늘

第一輯, 홍콩社會科學出版社, 2004, 38~54쪽 참조.

24) 이시영이 『感時漫語』에서 특히 중국인들이 저술한 소위 '朝鮮亡國史'의 허황함을 지적한 것은 바로 그처럼 부정적 인식으로 가득 찬 한국인 및 한국사 인식에 대한 일종의 반발로 이해할 수 있다.

25) 백영서, 「대한제국기 한국언론의 중국인식」, 『역사학보』 제153집, 199/ 참조.

날까지 분명 여러 분야에 걸쳐 급속도로 가까워지면서도 마음 속으로
여전히 서로 떨어져 있는 듯한 느낌을 떨쳐버릴 수 없는 것은 결국 위
와 같은 역사적 사실과 무관하지 않은 것이다. 오늘날 한·중 두 나라
에서 큰 파문을 일으키고 있는 고구려사 논쟁의 경우 역시 위와 같은
상호인식 차원에서 돌이켜볼 필요가 있겠다.

구체적으로 중국의 경우 고구려사를 중국역사라고 주장하기에 앞서
고구려와 고구려역사가 한국역사 및 문화에서 차지하고 있는 전통적
위상에 대한 충분한 이해가 선행되어야 할 것이다. 신형식의 최근 연
구에 의하면, "고구려는 중국적 세계질서에 맞서 중국의 東進을 막고
요동반도를 확보하여 백제, 신라가 성장할 수 있는 시간과 공간을 제
공했으며 한반도의 생활권을 확보해준 나라였다."[26] 이와 관련하여 필
자 역시 『삼국사기』 편찬부터 계산하더라도 고구려를 한국 고대역사
의 범주에 포함시키는 한민족의 역사인식과 기술은 적어도 천년 이상
의 역사를 가진 오랜 傳乘이었다는 사실을 중국학계에 소개한 적이 있
다.[27] 위와 같은 한국과 한민족의 역사문화적 전통을 모르고서는 한국
학계 및 사회일반에서 왜 1500년 전의 고구려역사에 그토록 심각한 반
응을 보이고 있는가하는 문제를 제대로 이해할 수 없다. 반면에 한국
의 경우 "동아시아 유일의 정치대국, 경제대국, 문화대국을 배경으로
그리고 여기에서 잉태된 중국민족의 우월의식에서 형성되어온 중국
특유의 민족주의사상"[28]이라고 할 수 있는 중화사상은 사실상 중국역
사 발전의 생명력이자 중국의 혼과 불멸의 생명력을 이루고 있다는 사
실 역시 객관적으로 이해되어야 할 것이다.

---

26) 신형식, 『고구려사』, 이화여자대학교출판부, 2003, 403쪽.
27) 馬大正·李大龍·耿鐵華·權赫秀, 『古代中國高句麗歷史續論』, 北京 : 中國
社會科學出版社, 2003. 10, 379~411쪽.
28) 이춘식, 『중화사상』, 교보문고, 1998, 머리말 참조.

이처럼 다른 나라와 민족의 오랜 전통과 직접 관련된 역사문화적 문
제에서 자신의 주장을 내세우는 것 못지 않게 상대방 나라와 민족의
전통을 이해하려는 열린 마음과 자세가 무엇보다 중요하다고 하겠다.
이와 관련하여 필자는 최근 중국학계의 대표적인 고구려사 개설서인
耿鐵華의『中國高句麗史』와 한국학계의 대표적인 고구려사 개설서인
신형식의『고구려사』의 공통점과 차이점을 대조, 논평하면서 특히 고
구려사 귀속 등의 문제에서 전혀 상반되는 연구결론에도 불구하고, 고
구려역사의 구체적인 문제에서는 오히려 상당한 공통점을 발견할 수
있다고 지적했다. 북한학계의 경우 일찍부터 고구려의 건국연대를 기
원전 3세기로 주장해 왔음에도 불구하고 위의 두 저서에서는 마치 서
로 약속이나 한 듯이 북한학계의 주장을 받아들이지 않고 기존의 기원
전 1세기(BC 37년)설을 그대로 주장한 것이 그 단적인 보기라고 할 수
있다. 위와 같은 비교분석을 바탕으로 필자는 중국학계에 다음과 같은
주장을 제시했다.29)

　서로 다른 나라와 다른 민족의 학계 및 연구자들 사이에서 각자의
입장과 견해 및 경향성의 차이로 말미암아 똑같은 연구대상 또는 연구
주제를 두고 서로 다른 심지어 전혀 상반되는 연구결론을 얻어낼 가능
성은 충분히 있게 된다. 바로 그러한 의미에서 필자는 여러 나라 및 여
러 민족과 관련된 역사문제에 있어서 "길만 다를 뿐만 아니라 귀결도
결국 서로 다른(殊途而不同歸)" 국면은 심지어 오늘날 국제학계의 소
위 '상태(常態, a Normal State)'로 볼 수 있는데, 모름지기 위와 같은 현
상을 객관적으로 그리고 이성적으로 받아들여야 할 것으로 생각된
다.……
　고대 고구려역사를 비롯한 학문적 논쟁에서 서로 다른 나라와 민족

29) 권혁수,「殊途未必同歸, 存異或可求眞－讀中韓學界兩部高句麗史硏究最新
　　代表作」,『東北史地』2004年 第4期.

의 학계 및 연구자들 사이에 일단 "차이점을 그대로 남겨두어(存異)"도 무방할 것이라는 것은 바로 혹시 "진실을 되찾을 수(求眞)" 있을 것이라는 결과를 기대하는 것으로서 필경 역사의 진실은 개변할 수 없는 유일한 것이기 때문이었다.

오늘날 고구려사 논쟁은 이미 학문적 차원을 넘어서 사회적 심지어 한중 두 나라 사이의 외교적 문제로까지 비화되고 있는 실정이며, 논쟁의 규모와 심각성 면에서 앞서 살펴본 19세기 말과 20세기 초의 두 가지 사례와 전혀 비교가 되지 않을 정도로 대단하였다. 이처럼 논쟁이 심각하고 치열해지면서 한중 두 나라 국민의 상호인식까지 크게 어긋나고 있는 현실일수록 논쟁의 주제 및 관련문제에 대한 접근방식에 있어서 더욱 바람직한 방향을 견지해야 할 필요가 있다고 생각되는데, 일단 다음과 같은 두 가지 문제를 제시할 수 있다.

첫째로, 시민사회의 자유로운 의견표출 특히 온라인상의 무분별한 발언과 진지한 학문적 연구는 분명 구별되어야 하는 즉, 시민단체를 비롯한 사회일반의 관심과 참여가 아무리 중요하고 또한 나름대로 이유 있는 대응이라고 할지라도 그것이 학문적 연구 자체를 대체할 수 없을 것이다. 말하자면 고구려사 논쟁은 결과적으로 사회적 운동으로서가 아니라 진지한 학문적 연구로서 토론되고 해결되어야 할 것으로 생각된다.

둘째로, 논쟁에 앞서 상대방의 관점 및 관련 사실을 일단 바르게 제대로 소개하는 진지하고 솔직한 자세가 무엇보다도 중요하다. 예컨대 동북공정의 예산규모와 관련하여 분명 인민폐 1500만원, 한화로 약 24억 원에 해당하는 사실에도 불구하고 심지어 최고 3조원 정도의 예산이 투입되었다고 주장하는 것은 논쟁의 옳고 그름과 상관없이 일종의 誤導가 아닐 수 없었으며 그러한 오도는 결과적으로 논쟁의 바람직한 해결에 아무런 도움이 되지 않는다. 같은 의미에서 고구려사에 관한 남북한 학계의 대표적인 견해를 중국학계에 정확하게 번역소개하고 아울러 중국학계의 대표적인 주장을 한국학계에 올바르게 번역소개하는 작업은 관련 국가 학계의 상호교류(논쟁을 포함한) 그리고 궁극적으로 관련 국가·국민 사이의 상호이해 증진을 위해 중요한 의미를 갖게 된다고 생각된다. 실제로 중국학계의 고구려사 관련 연구성과가 이미 한국학계에 상당부분 번역 소개되어 있는30) 반면 중국학계의 고구려사 연구자들은 아직도 남북한 학계의 관련연구문헌과 자료를 제대로 파악하지 못하고 있는 실정이다. 따라서 필자의 주관으로 남북한 학계의 고구려역사 및 고고학 관련 주요 저서 총 10권을 중국어로 완역하는 작업은 '고도의 문화침략책'31)이라는 일부의 '혹평'에도 불구하고 결과적으로 한중 두 나라 학계의 연구에 모두 도움이 되는 의미 있는 작업으로 생각된다.

5. 바람직한 상호인식과 미래 관계를 정립하기 위한 계기

앞서 살펴본 것처럼 한·중 두 나라 두 민족은 분명 가까운 이웃이며, 또한 앞으로도 틀림없이 여러 분야에 걸쳐 더욱 가까워질 것으로 생각한다. 바람직한 상호인식에서 바람직한 관계가 성립될 수 있다는 견지에서 한·중 두 나라 두 민족의 상호인식이 오랫동안 제대로 바로 잡히지 못한 사실은 조속히 시정되어야 할 것인즉, 바로 그러한 의미에서 오늘날의 고구려사 논쟁은 오히려 징차 한중관계의 바람직한 발

---

30) 王健群저, 임동석역,『廣開土王碑硏究』, 1985 ; 李殿福·孫玉良저, 강인구·
    김영수역,『高句麗簡史』, 삼성출판사, 1990 ; 김정배·유재신편,『중국학계의
    고구려사인식』, 대륙연구소, 1989.
31)『중앙일보』2003년 8월 6일, 17면 참조.

전을 가져올 수 있는 한 계기로 될 수 있다. 즉 앞서 19세기 말과 20세기 초의 두 사례에서 볼 수 있듯이 지난 두 세기까지만 해도 한·중 두 나라 두 민족은 올바른 상호인식을 형성할 수 있는 역사적 여건을 갖추지 못하였고 서로 어긋난 심지어 왜곡된 상호인식을 바로잡을 수 있는 대화와 토론의 기회조차 전혀 마련되지 않았는데, 오늘날 두 나라의 관계는 이미 상호평등한 자격과 평화적인 분위기를 제공해주고 있다.

지난 두 세기의 한중관계사에서 볼 수 있듯이 한중 두 나라 두 민족은 서로에 대한 인식을 바르게 갖고 또한 상호인식을 서로 바로잡아줄 수 있는 여건과 기회를 거의 갖지 못하였다. 따라서 오늘날 한중관계가 경제, 문화 등 분야에서 급성장을 해왔음에도 불구하고 위와 같은 상호인식의 문제는 여전히 해결되지 않고 있으며 그중 상당부분이 바로 역사 특히 상호관계사와 관련된 문제이다. 가장 최근의 실례로 6·25전쟁 당시 한중 두 나라의 군대가 분명 3년 동안 서로 싸워왔음에도 불구하고 1992년에 이르러 두 나라 정부당국은 위와 같은 문제에 대한 아무런 공식해명도 없이 '순조롭게' 수교성명을 채택하였다. 오늘날 한중 두 나라의 역사교과서에서 6·25전쟁에 대한 기술이 엄청난 차이점을 보이면서 그러한 차이점이 결국 두 나라 차세대 국민들의 상호인식에까지 영향을 미치고 있다는 사실을 감안할 때 상호관계에 관한 인식의 차이를 무조건 덮어놓고 지나가는 것이 상책만은 아니라고 생각된다. 바로 그러한 의미에서 고구려사 논쟁을 계기로 한중 두 나라 두 민족의 상호인식을 전체적으로 점검해 보면서 보다 바람직한 상호인식을 형성하기 위한 노력을 함께 해본다면 결국 두 나라 두 민족의 보다 바람직한 미래관계를 위한 하나의 절호의 기회로 될 수 있을 것이다.

한마디로 한·중 두 나라 두 민족의 상호인식을 바르게 하고, 그러한 올바른 상호인식을 바탕으로 더 바람직한 관계상을 정립하기 위해서라도 오늘날 고구려사 논쟁은 반드시 넘어가야 할, 그리고 슬기롭게 합리적으로 잘 넘어가야만 하는 하나의 중요한 고비로서, 정녕 그 길이야말로 한·중 두 나라 두 민족이 진정 가까워질 수 있는 지름길이라는 생각을 해본다. 최근 한국의 한 소장 연구자가 쓴 다음 내용의 글에 상당히 공감한다. "한국과 중국이 공정한 시각에서 고구려사를 제대로 평가하기 위한 공동연구의 날이 오기를 희망해본다. 지금과 같이 정치적 의도에 의해서 고구려를 빼앗고 지키는 행태는 결코 바람직한 행동들이 아니다."[32]

---

32) 이인철 외 9명, 앞의 책, 125쪽.

근대이래 中韓 양국의 상호인식
-黃炎培의 『朝鮮』과 李始榮의 『感時漫語』를 중심으로-

1. 들어가는 말

역사적인 집단체험의 所産으로서 한 나라 한 민족에 대한 누적된 이미지가 하나의 정형된 관념으로 정착될 경우 그것을 인식으로 이해할 수 있는데, 그러한 인식은 무엇보다도 역사적으로 상당히 오랜 기간에 형성되는 것이며 또한 역사기록과 역사교육 등에 의해 끊임없이 전승·재생산되고 있다. 물론 다른 나라 다른 민족에 대한 위와 같은 인식은 외교관계를 비롯한 상호교류를 통해 형성되는 법이지만 또한 그 나라 그 민족에 대한 현재 및 장래의 태도와 정책을 결정하는 중요한 요소로 작용하는 이른바 자기실현성을 갖고 있다. 따라서 서로 다른 나라와 민족 사이 상호인식과 상호이해의 문제는 흔히 정치, 안보 및 경제, 무역 등 가시적인 현실적 이해관계에 비해 소홀시 되고 있음에도 불구하고 사실상 매우 중요한 의미를 갖고 있다.

주지하는 바와 같이 中韓 두 나라의 지리적 역사적 그리고 문화적 관계의 밀접성은 세계적으로도 그 유례가 드물 정도라고 할 수 있다. 그리고 근대 이래 거듭된 곡절과 변화를 거쳐 1992년 8월 24일에 수교

한 한국과 중국은 지금까지 수교 14년 동안 전면적 협력동반자 관계의
구축을 공식 합의하고 특히 경제, 무역, 문화 등 분야에서 고속성장으
로 일관된 밀접한 관계를 형성해 오고 있다. 그럼에도 불구하고 밀접
한 지리적, 역사적 그리고 문화적, 경제적 관계에 비해 중한 두 나라
두 민족의 상호인식과 이해수준은 한마디로 크게 부족한 실정이라고
할 수 있다. 최근 대단한 사회적 파장과 더불어 외교적 분쟁으로까지
비화되었던 고구려사 논쟁 역시 중한 두 나라의 상호인식 및 상호이해
와 직접 관련된 문제로 이해할 수 있다.[1]

위와 같은 문제의식을 바탕으로 필자는 근대 중국과 한국간 상호인
식에 관한 하나의 사례연구(case study)로 1920년대 중국의 사회교육가
黃炎培가 저술한 한국개설서『朝鮮』과 그 책에서 나타난 그릇된 한국
인식을 신랄하게 비판한 상해임시정부 요인 省齋 李始榮 선생의『感
時漫語』에 대한 분석을 통해 근대 중국과 한국간 상호인식의 문제점
을 지적하고 아울러 그 역사적 의미와 교훈을 되새겨 보려고 한다. 정
녕 역사학이란 결국 이미 지나간 사실들에 대한 새로운 검토를 통해
오늘과 미래에 유익한 교훈과 가르침을 나름대로 얻어내는 학문에 불
과하였다.

2. 黃炎培의『朝鮮』을 통해 본 근대중국의 한국인식

黃炎培(1878~1965)의 字는 任之, 호는 抱一이며 청왕조 말의 1878
년에 옛 吳나라 지방으로서 지금의 上海市 川沙縣 城廂鎭의 한 가난
한 선비집안에서 태어났다. 일찍 과거공부를 시작하여 1902년에 25세
의 나이로 과거 급제(秀才)를 하였지만 한 해 전부터 상해의 남양공학

---

1) 권혁수,「한중상호이해의 어제와 오늘」,『역사비평』2000년 겨울호.

에서 서학을 공부하기 시작하면서 신식학문과 신식교육을 터득하였고 신식학교의 창설을 통해 근대교육가의 길로 나아가는 한편, 중국 국민당의 전신인 中國同盟會 가입을 통해 근대민주혁명의 대열에도 적극 가입하였다. 1917년 5월 황염배는 상해에서 근대중국 최초의 직업교육기관인 중화직업교육사를 창설하면서 일약 근대중국의 유명한 사회교육가로 성장하였고 활발한 정치, 사회활동을 통해 국민당정권 시절에 줄곧 재야 유력인사로 활약하였다. 1945년 7월 4일 오후에 재야출신의 國民參政會 參政員 자격으로 延安을 방문한 황염배가 당시 中國共産黨 주석 毛澤東과 나눈 민주정치에 관한 담화는 중국현대정치사에서 가장 유명한 정치담론 중의 하나로 널리 회자되고 있다.[2]

1949년 10월 중화인민공화국 창건 이후 황염배는 줄곧 中華職業教育社를 이끌고 직업교육, 사회교육사업을 활발하게 전개하는 한편 中國民主同盟, 民主建國會 등 정치단체의 책임자 및 민주인사자격으로 政務院 副總理 겸 輕工業部 部長, 全國人民代表大會 常務委員會 副委員長, 全國政治協商會議 副主席 등 정치적 요직을 두루 역임하면서 현실정치무대에서도 눈부신 활약상을 보여주었다. 그후 1965년에 86세의 고령으로 타계한 황염배는 근대중국의 유명한 교육가이자 사회활동가 및 정치가로 높이 평가되고 있다.[3]

황염배 자신의 회고에 따르면 조선에 대한 첫 인상은 어린 시절 서당공부에서 중국고전『尚書』洪範篇을 배우면서 箕子가 주나라 武王에 의해 조선에 봉해진 사실을 알게 되었고 역시 어린 시절에 높은 갓에 긴 두루마기를 입고 상해지방을 유랑하면서 붓글씨를 팔고 다니던 조선인 선비를 본 적이 있다고 한다.[4] 이처럼 어린 황염배의 머리 속

---

2) 黃炎培, 『延安歸來』, 重慶 : 國訊書店, 1945, 62쪽.
3) 황염배의 일생에 관한 자세한 내용은 尙丁, 『黃炎培』, 北京 : 人民出版社, 1986 ; 王華斌, 『黃炎培傳』, 濟南 : 山東文藝出版社, 1992 참조.

에 각인된 조선의 첫 인상은 중국의 '封地'로서의 조선 및 나라를 잃고
이국 땅에 망명한 조선선비의 남루한 모습 그 자체였는데 그러한 모습
은 당시 한국 그리고 한국인들이 중국인들에게 비친 일반적인 이미지
이기도 하였다. 그후 황염배는 1918년 7월에 중국 동북3성을 거쳐 식
민지 조선을 처음으로 여행하였고, 당시 여행견문을 자세하게 메모하
여 한 권의 책으로 정리해 출간할 예정이었으나 그 메모장을 분실하는
바람에 수포로 돌아가고 말았다고 한다. 이처럼 일찍부터 가져온 한국
에 대한 깊은 관심은 결국 1927년 10월의 제2차 한국여행으로 이어지
면서 결국『朝鮮』이라는 한국개설서를 저술하기에 이르렀다.

  당시 황염배는 정치적 사안으로 인해 국민당정부의 체포령을 피해
대련에 피신해 있었다. 일찍이 청나라 말인 1898년에 벌써 러시아제국
의 조계지로 확정되었던 대련은 러일전쟁을 거치면서 다시 일본제국
의 조계지로 전락하여 關東都督府, 南滿洲鐵道株式會社 및 關東軍
총사령부를 비롯한 주요침략기관이 집중되어 있는 일제의 중국 동북
침략의 핵심거점으로 되어 있었다.[5] 앞서 제1차 한국여행에서 사전준
비가 부족하였던 교훈을 되새겨 황염배는 먼저 대련에서 나름대로 한
국관련 자료조사를 진행하였는데, 주로 일본인 한학자 마쓰자키(松崎
鶴雄) 등의 도움으로 滿鐵 부설 大連圖書館에 소장된 한국관련 지리
역사서적 및 '朝鮮今政府歷年'의 통계 및 보고자료들을 대량 탐독하였
다고 한다.[6] 여기서 이른바 '朝鮮今政府'란 바로 당시 한국에서 식민
통치를 실시하고 있던 일제의 조선총독부를 지칭하는데 이처럼 황염
배의 한국관련 자료조사가 처음부터 일제의 한국식민통치기관 및 관

  4) 黃炎培,『朝鮮』, 上海 : 商務印書館, 1929, 2쪽.
  5) 南滿洲鐵道株式會社,『南滿洲鐵道株式會社三十年略史』, 大連 : 南滿洲鐵道
     株式會社本社, 1937 ; 顧明義 외,『日本侵占旅大四十年史』, 瀋陽 : 遼寧人民
     出版社, 1991 참조.
  6) 黃炎培,『朝鮮』, 5~6쪽.

런자료에 의존하고 있다는 사실은 이후 그의 한국관련 저술의 경향성
에 심각한 영향을 미치게 되었다.

위와 같은 준비작업을 거쳐 황염배는 1927년 10월 11일에 부부동반
으로 대련에서 한국으로 向發하여 서울, 인천, 수원, 평양 등 여러 지
방을 여행하고 한달 뒤에 대련으로 돌아왔다. 그리고 같은 해 11월 초
부터는 무려 120일 즉 1928년 3월까지 4개월 남짓한 작업을 거쳐『朝
鮮』이라는 제목의 한국개설서를 완성하였고, 다시 1년 후 1929년 9월
에 당시 중국 최대의 민영출판사로 손꼽히는 상해의 商務印書館에서
위 책을 출간하였다. 책의 앞머리에서 황염배는 당시 자신의 한국여행
동기를 다음과 같이 고백하였다.

> 나의 임무가 바로 농촌교육 및 경제를 고찰하는 것인즉, 조선과 대만
> 그리고 인도의 경우 모두 그와 관련된 여러 가지 특수한 시설이 있음
> 에도 불구하고 사람들은 간혹 그것을 소홀히 하고 있다. 동방의 여러
> 곳 즉 조선, 인도, 미얀마, 타이, 베트남, 필리핀, 대만 등의 최근 정치
> 및 사회상황에 관한 중국어로 된 출판물을 찾아보려고 해도 아득하니
> 쉽게 얻을 수가 없었다. 위의 여러 곳은 모두 오늘날 이른바 약소민족
> 으로서 이른바 제국주의의 통치를 받고 있는데, 진정 그 민족들을 가
> 여워하면서 그 주의를 미워한다면 어찌 저들 민족들이 그 주의 밑에서
> 의 실상을 깊이 살펴보지 않을 수가 있겠는가? 하물며 위의 여러 곳은
> 모두 우리 중국과 수백년 또는 천년 이상의 역사적 관계를 갖고 있었
> 는데 그중 일부는 흥하였고 일부는 망하였으니 역시 우리 나라 사람들
> 이 크게 연구해 볼만하였음에도 불구하고 어찌하여 그런 곳의 사실을
> 기록한 책이 한 권도 없단 말인가?[7]

황염배의 지적처럼 당시 중국에는 역사적으로나 지리적으로 가까운

---

7) 黃炎培,『朝鮮』, 1~2쪽.

394

이웃인 한국의 기본상황을 정확하고 자세하게 전해줄 수 있는 개설서
조차 찾아볼 수 없는 실정이었다. 본문 5장에 부록 1장까지 총 335 페
이지에 달하는 위 책의 목차는 다음과 같다.

제1장 緖言
제2장 천연적 조선
　제1절 형세
　제2절 기상
　제3절 天産
　제4절 인종
제3장 과거의 조선 및 조선사람
　제1절 선사시대
　제2절 全史槪覽
　제3절 漢族開化時代
　제4절 삼국시대
　제5절 고려시대
　제6절 李朝鮮時代
　제7절 朝鮮失國
제4장 현재의 조선
　제1절 개설
　제2절 政區
　제3절 호구
　제4절 행정
　제5절 재정
　제6절 경제 및 산업
　제7절 교육 및 문화
　제8절 토목 및 교통
　제9절 사법

무려 28개의 도표 및 27개의 揷文을 곁들인 위와 같은 내용은 1920
년대 후반 당시 식민지 한국의 정치, 경제, 사회, 문화 제반상황을 거의
빠짐없이 망라함으로서 근대중국 최초의 체계적인 한국개설서로 손색
이 없다고 할 수 있다. 바로 위와 같은 내용의 집필을 마친 지 두 달
뒤인 1928년 5월에 일본군이 山東省 濟南에서 3,900명이 넘는 중국인
들을 학살한 濟南慘案을 일으켰는데, 따라서 황염배는 위 책의 서문에
서 일본의 대륙침략사를 연구하기 위해서는 반드시 먼저 조선을 연구
해야 하는 즉 식민지 조선의 오늘날 현실이 바로 중국에 하나의 훌륭
한 거울로 될 수 있다고 역설하였다.

이처럼 식민지 한국에 대한 체계적인 연구와 소개를 통해 중국국민
들의 애국심과 일제 침략위협에 대한 위기의식을 불러일으키려는 의

396

도 자체는 물론 훌륭하였지만, 무엇보다도 먼저 그의 접근방식 자체에 문제가 있었다. 사실 황염배의 이번 한국여행은 거의 전적으로 일제식 민통치당국의 배려 하에 진행되었는데, 당시 조선총독부에서는 전문 인원을 보내 서울과 인천을 비롯한 여러 지방 및 관련 식민통치기관으로 안내하면서 자세한 식민통치자료 및 관련서적들을 대량 기증해 주었고, 또한 이나바(稻葉岩吉) 등 일제어용학자들을 동원하여 그의 한국고찰을 안내해 주었다. 이처럼 일제식민당국의 의도적인 안내와 배려로 이루어진 그의 한국고찰이 결국 식민지 한국의 내막 실상과 전혀 다른 엉뚱한 결론으로 이어진 것은 어쩌면 당연한 결과라고 볼 수 있다.

실제로 황염배는 위 책자에서 일본식민당국의 한국통치를 소위 '善政'으로 주장하면서 결론으로 이미 일본과 동등의 고등교육권을 향유하게 된 한국인들도 모름지기 피 흘리는 무장투쟁보다는 학문적 노력을 통해 그 어떤 강국도 감히 업신여길 수 없는 위치에 도달하는 것이 약자로서 취할 수 있는 '光明大道'라고 호소함으로써, 사실상 일제의 한국식민통치를 찬양하면서 한민족의 항일구국투쟁 자체를 근본적으로 부정하였다.8) 따라서 일제식민당국의 식민통치자료를 바탕으로 편찬된 위 책에 한국의 역사와 문화 및 민족특성에 대한 온갖 오류와 편견이 가득할 수밖에 없었는데, 그 중에는 물론 일제식민당국의 의도적인 왜곡된 안내와 소개의 영향도 있겠지만 전통적인 중국 중심적 시각의 영향도 곳곳에서 찾아볼 수 있었다.

단군조선 관련기록을 허무한 전설로 치부하는 반면 일제식민당국의 이른바 '조선역사연구 및 고고학발굴' 성과에 근거하여 漢四郡 이전의 한국문화는 완전히 中華에서 發源된 것이라고 단언함. (50~57쪽)

8) 黃炎培, 『朝鮮』, 14쪽.

중국 측 역사기록에 의한 기자조선, 위만조선 및 한사군 관련사실에 근거하여 삼국시대이전의 한국역사를 이른바 중국 '漢族'에 의한 '開化時代'로 단정함. (58~66쪽)

일제식민당국에 의한 조작된 식민사관을 그대로 본받아 이른바 일본神功皇后 등에 의한 '南鮮經略'설을 주장함. (71~72쪽)

조선왕조의 역사를 왕실내부의 권력투쟁으로 빚어진 이른바 '家難' 및 당쟁과 외환이라는 세 개의 주제어로 개괄하여 조선왕조 500년 역사를 부정적으로만 기술하였는데 당시 그가 참고한 주요역사서는 오다(小田省吾)의 『李朝政爭略史』를 비롯한 일제어용학자들의 연구성과였다. (85~91쪽)

연대기 형태의 도표로 '朝鮮失國經過'를 기술하면서 일본공사 미우라(三浦梧樓)의 주도하에 민비를 弑害한 을미사변을 그저 '亂兵殺閔妃'라고 하여 마치 폭동을 일으킨 한국군인에 의해 민비가 살해된 것처럼 기록한 반면 1908년의 의병항쟁을 '暴徒蜂起'라고 하여 완전히 일제침략당국의 입장을 대변해 주었다. (91~95쪽)

일제식민당국의 통계자료에 근거하여 한국인의 교육보급률이 일본에 크게 못 미칠 뿐만 아니라 한국내 각급 학교 학생들의 질병 비율도 일본을 능가하고 있다고 지적함. (289~296쪽)

식민지조선의 교육행정을 담당하는 조선총독부 관계자들의 말을 인용하여 조선인들은 모방의 능력이 강한 반면 창조적 재간이 부족하다느니 조선인 속의 우둔한 사람들은 심지어 숫자도 헤아릴 줄 모를 정도이며 그나마 똑똑해 보이는 남한사람들이 대개 간사스러운 반면 우직하고 강인한 북한사람들은 대개 우둔하다는 등 한국인을 전체적으로 폄하하는 내용을 그대로 수록함. (298쪽)

조선총독부 박물관에서 본 朝鮮歷代名人書畵를 두고 한국의 서화예술작품이 모두 퇴폐한 정신과 협소한 기백으로 전혀 볼품이 없다고 극단적으로 폄하하였고, 조선총독부의 경찰치안 관련기록 및 일본관료들의 증언을 바탕으로 조선인의 범죄율이 식민지조선의 지배자로 군림하고 있던 일본인에 비해 훨씬 높다는 자료를 제시하면서 조선인의 도

덕관념이 크게 저하되었다고 단정함. (303~306쪽)

조선총독부의 통계자료를 바탕으로 일제식민당국에 의해 허가된 조선인 사회단체의 숫자가 너무 적다는 이유로 조선인의 민족적 응집력과 단결력이 부족하다고 단언함. (310~312쪽)

조선총독부의 통계자료를 바탕으로 조선인 노동자의 임금수준이 일본인에 비해 훨씬 낮고 또한 조선인의 저축률 역시 일본인에 비해 낮다는 이유로 조선인의 생활력이 일본인보다 크게 뒤떨어져 있다고 단언함. (313~316쪽)

말하자면 한국은 처음부터 서구 선진국이나 일본처럼 따라 배워야 할 대상이 아니었고 심지어 평등한 교류상대로조차 간주되지 않은 채 오로지 중국국민의 애국심과 민족주의적 자각을 불러일으키기 위한 하나의 실패적 교훈 또는 거울로 설정되었던 것이다. 실제로 19세기 말부터 근대중국의 한국관련 저술이 대저 『朝鮮亡國史』와 같은 형태로 전개된 것도 역시 위와 같은 맥락에서 이해할 수 있다. 일찍이 1882년부터 1884년까지 조선국왕 고종의 외교통상관련 고문역으로 來韓하였던 근대중국의 교육가 馬相伯 역시 훗날의 회고에서 근대중국과 한국의 국운쇠퇴과정을 비교하면서 "중국은 확대된 高麗이고 고려는 바로 작고도 구체적인 중국이다"라고 개탄하였는데,9) 바로 당시 중국의 부정적인 한국인식의 단적인 보기라고 할 수 있다. 위와 같은 인식은 오늘날에도 여전한데, 대만학자 張存武는 한중 양국의 전통적 조공무역관계를 연구하면서 "청나라와 한국의 정치상황은 마치 형제와 같았고 大華와 小華의 사정 역시 마찬가지였다"라고 지적하였다.10)

---

9) 馬相伯,「我與高麗」, 朱維錚主編, 『馬相伯集』, 上海 : 復旦大學出版社, 1996, 1089~1091쪽; 權赫秀,「馬相伯在朝鮮的顧問活動(1882年 11月~1884年 4月)」, 『近代史硏究』 2003年 3期 참조.

10) 張存武, 『淸韓宗藩貿易 1637~1894』, 臺北 : 中央硏究院近代史硏究所, 1978,

여하튼 근대중국 최초로 가장 체계적인 한국개설서인 황염배의『조선』이 한국 및 한국인에 대한 온갖 오류와 편견으로 점철된 내용으로 가득 찬 사실은 당시 한국과 한국인에 대한 중국 주류사회의 엄청난 몰이해와 無知 심지어 그릇된 인식을 단적으로 보여주고 있으며 그만큼 20세기 초 당시 한중 두 나라 상호이해와 인식의 심각한 문제점을 직접 반영하고 있었다.

3. 李始榮이 지적한 근대중국의 한국인식의 문제점

황염배의 위와 같이 그릇된 한국인식은 중국 국내에서조차 문제로 지적되었다. 당시 중국국민당 요인으로서 한국독립운동과도 밀접한 관계를 갖고 있던 鄒魯는 일제의 조선식민통치가 훌륭하게 시행되고 있다는 황염배의 저술 내용을 도저히 믿을 수 없어 자신이 직접 한국을 여행하였는데, 그의 눈에 보인 식민지 조선은 황염배의 저술내용과 완전히 다른 그야말로 '비인간적인 사회'였다. 따라서 그는 황염배는 한국여행에서 처음부터 마지막까지 일제 식민당국의 안내를 받으면서 그들이 제공하는 식민통치자료에 의존하였기 때문에 "朝鮮亡國人民의 실제적 상황"을 관찰할 수 없었다고 지적하였다.[11] 그러나 황염배의 그릇된 한국관련 저술에 대하여 즉시 신랄하고 유력한 비판을 제기한 사람은 바로 당시 중국 내지에서 항일독립운동을 진행하고 있던 대한민국임시정부 요인 이시영 선생이었다.

李始榮(1868~1953) 선생의 자는 聖翁, 호는 省齋로서 일찍 1891년에 문과급제 후 조선왕조 후기에 同副承旨, 平安觀察使, 法部 民事局

238쪽.
11) 鄒魯,「祝朝鮮復國的回顧」,『中央日報』1945년 10월 25일.

長 등 요직을 역임하였지만, 1910년 일제의 국권침탈 이후 온 가족을 거느리고 만주로 건너가 新興軍官學校를 설립하여 무장독립운동을 위한 청년장교의 육성에 온 심혈을 기울였다. 1919년의 3·1독립운동 후 상해에서 대한민국임시정부의 설립작업에 적극 참여하여 法務總長, 財務總長, 議政院長 등 요직을 역임하면서 항일구국투쟁에 헌신하였고,[12] 1948년의 대한민국 정부수립과 더불어 초대 부통령에 취임하였으나 독재정치에 반대하여 '국민에게 告함'이라는 성명을 발표한 뒤 부통령직을 사퇴하였고 1953년 4월 15일에 85세의 나이로 부산에서 별세하였다.

당시 중국에서 항일구국투쟁에 여념이 없던 이시영 선생이 우연히 어느 중국 서점에서 위 책을 발견하게 된 것은 출간된 지 2년 뒤인 1933년이었다. 민족과 나라를 위해 한평생을 싸워온 이시영 선생은 황염배의 위와 같은 그릇된 한국관련 기술을 읽은 느낌을 다음과 같이 밝혔다.

중국사람들의 韓國觀에 부족한 점이 많고 자세하지 못한 것은 벌써 오래된 것인즉, 청나라 말로부터 한국의 사정에 관한 저술이 6, 7종이나 있었지만 어떤 것은 황당한 오류를 그대로 답습하였고 어떤 것은 잘못된 편견으로 사실에 어긋나거나 누락되어 별로 읽을 만한 것이 없었다. 그 중에서 황씨가 쓴 것은 상당히 공력을 기울인 것이지만 역시 잘못된 부분이 많았는데 대저 일본사람들의 저술을 참조하면서 꼼꼼히 살펴보지 않음으로서 그 진실을 잃게 된 것이다. 한국사람이 볼 때 그 한 책의 내용은 일본사람을 대신하여 宣揚하는 것에 불과함으로서 상당히 불만스러웠다.[13]

---

12) 李炫熙, 『大韓民國臨時政府史』, 서울 : 집문당, 1982 참조.
13) 성재이시영선생기념사업회, 『感時漫語(駁黃炎培之韓史觀)』, 서울 : 일조각, 1983 ; 이청원 역해, 『한민족은 위대하다』, 서울 : 한밝, 2002. 그러나 위 두 책

이에 이시영 선생이 분연히 붓을 들고 저술한 것이 바로 『感時漫語
－黃炎培의 韓國史觀을 論駁함』이었다. 여기서 이시영 선생은 먼저
한민족의 시조인 단군이 중국인의 시조로 알려진 요임금과 같은 시대
의 임금이라고 역설하면서 배달민족의 기원, 기자의 평양과 고구려의
평양, 발해 및 고려, 한민족의 언어 문자 및 도교 등 내용을 통해 한민
족의 우수성과 한국역사의 오래됨을 주장하였는데, 그것은 무엇보다도
황염배의 『조선』이라는 책자를 통해 나타난 일제의 식민사관 및 중국
중심의 한국사관에 의해 왜곡된 한민족과 한국의 역사를 바로잡기 위
해서였다.

이어서 이시영 선생은 '왜곡된 역사를 바로 잡는다(誣史辨正)'는 취
지 하에 황염배의 『朝鮮』에서 한국과 한민족에 대한 잘못된 기술을 조
목조목 논박하였는데 그 내용은 구체적으로 다음과 같다.

箕子의 封國
한민족 문화의 유래
일본의 神功皇后에 관한 이야기
한국사람의 智德
한국사람의 창조력
한국 貨幣觀에 대하여
排華感情을 촉발시킨 음모
집회·結社에 관하여
張良이 力士를 초빙한 것에 대한 考據
伯夷의 首陽山
대원군 行政

모두 漢文으로 된 原文을 한국어로 옮길 때 잘못된 번역이 상당히 많기 때문
에 졸고에서 인용한 관련 내용은 모두 필자가 새롭게 번역한 것임을 밝혀둔
다.

위와 같은 내용은 고대로부터 근대에 이르는 한국통사 또는 한국문
화사의 거의 모든 내용을 망라한 것인데, 그러한 방대한 내용의 고증
과 바로잡기 작업이 중국 망명지에서 참고문헌을 비롯한 최소한의 연
구조건도 갖추지 못한 최악의 여건에서 이루어졌다는 사실 자체가 성
재 선생의 민족사랑과 나라사랑의 깊고 높음을 잘 보여주었다.

한편 성재 선생은 일제식민당국의 안내와 도움으로 한국을 고찰한
황염배의 접근자세가 처음부터 잘못되었다고 지적하였다.

> 황염배씨가 호기심을 갖고 다시 한국을 방문하여 한국사를 기술하여
> 거울로 삼자고 한 것은 물론 그 본의가 역사의 실상을 왜곡하자는 것
> 은 아니었겠지만 결과적으로 오로지 일본을 대신하여 저들의 거짓된
> 仁과 僞善의 설을 宣揚하게 되었던 것이다. 특히 이상한 것은 우리 나
> 라의 고전을 조사하고 遺風을 탐방하면서 어찌하여 隱人文士들을 찾
> 지 않고 일본사람들의 일방적인 말에만 오로지 의존하였으니 그야말
> 로 本을 버리고 末을 좇으며 사실을 버리고 그릇된 것만 입증하는 것
> 이 되었다. 황씨가 참고로 사용한 소위 행정연감은 일본의 범죄행위의
> 기록에 해당하는 책이었고 저들의 허상을 자랑하기 위한 秘本을 절세
> 의 희귀본으로 알고 자랑하고 만족스러워 하는 것은 결국 일본사람들
> 의 말투를 따라 한국을 모욕하는 셈이 된다. 일본사람들을 상대로 한
> 국사의 진수를 검토하겠다는 자체가 너무 실정을 모르고 하는 짓으로
> 서 여우와 더불어 그 가죽을 도모하려는 것과 다름이 없었다.[14]

그리고 성재 선생은 자신이 직접 경험해 온 19세기 말 한국근대사의
내막을 자세히 소개하고 아울러 역시 제국주의 침략으로 말미암아 기
울어져 가고만 있는 근대중국의 역사를 돌이켜 보면서 1910년부터 장
장 24년 동안의 중국망명생활을 통해 쌓아온 자신의 중국사랑을 다음

14) 『感時漫語(駁黃炎培之韓史觀)』, 24쪽.

과 같이 진술하게 밝혀두었다.

庚戌年(1910) 겨울에 먼저 (중국의) 東北지방에 도착한 뒤 그후 화북
과 상해지방을 오가면서 벌써 24년이 되고 도시와 시골 여러 곳을 두
루 돌아다니면서 발전된 곳을 하나라도 발견하면 마음속으로부터 기
뻐하였고 위축된 분위기를 하나라도 보게 되면 가슴이 꽉 메이는 듯하
였다.[15]

바로 중국과 중국사람들에 대한 위와 같은 남다른 애착심을 갖고 있
었기 때문에 성재 선생은 그 누구보다도 황염배 같은 중국의 주류층
인사들이 한국과 한국사람들을 너무 모르거나 또는 잘못 알고 있는 사
실을 안타까워 하였다. 여기서 성재 선생은 황염배처럼 가장 가까운
이웃나라인 한국에 대하여 무지가 아니면 그릇된 인식밖에 갖고 있지
않는 것이 사실 중국에서 이미 오래 전부터 이어져 온 잘못이라고 지
적하면서 바로 그 점이 결국 20세기 초 중국이 쇠약하게 된 하나의 중
요한 원인이라고 설파하였다.

道學으로 세상에 알려진 朱子의 경우 제자들의 물음에 대답하면서
여전히 (한국에 대해) 명석하지 못한 곳이 있었고 博學多識하다는 章
太炎도 漢四郡의 疆域을 茫然하게 분간하지 못하였다. 文豪로 자처하
는 梁啓超는 이웃나라의 역사를 연구하지도 않은 채 근거도 없는 설을
함부로 떠벌리면서 심지어 國文도 없는 나라가 망하지 않을 수 없었다
는 妄斷을 늘어놓았다. 그밖에도 薛仁貴의 東征이요 소위 영웅의 눈
물이요 하는 것이 있는가 하면 몇 종류의 소선망국사의 경우 혹시 조
약의 문구를 베껴 놓은 것 외에 대개 虛妄되고 그릇된 말만 가득 늘어
놓고 연대와 姓名 그리고 사실에 있어서 전도되어 틀리지 않은 곳이

---

15) 『感時漫語(駁黃炎培之韓史觀)』, 93~94쪽.

한 곳도 없어 한 푼의 가치도 없었다.[16]

이시영 선생에 의하면 근대이래 한중 두 나라의 몰락일로의 역사적 운명은 너무나 흡사하여 "서양인들의 평에 의하면 한국은 작은 청나라(小淸國)이고 청나라는 큰 조선(大朝鮮)이다라고 하였는데 말하자면 魯衛之政이 一體라는 뜻이다"라고 개탄하였다.[17] 여기서 비록 서양사람들의 논평을 전하는 형식이었지만 "한국은 작은 청나라이고 청나라는 큰 조선이다"라는 지적은 앞서 마상백의 "중국은 확대된 高麗이고 高麗는 바로 작고도 구체적인 중국이다"라는 지적과 서로 약속이나 한 듯이 닮은 표현으로서 오늘날 깊이 되새겨 볼만한 구절이 아닐 수 없었다. 이에 성재 선생은 한중 두 나라의 밝은 미래를 위해서라도 두 나라 두 민족의 상호이해와 협력이 무엇보다도 중요하고 시급하지 않을 수 없다는 신념을 갖고 다음과 같이 거듭 호소하였다.

이제 한국사람들은 오랫동안 나라를 잃어버린 경험을 해오면서 바야흐로 새로운 살길을 찾아 나서고 있는데, 중국사람들은 한국인의 발자취를 뒤따라 밟아 오면서 아직도 둥지 속의 제비와 같은 단꿈에 젖어 있으니 이것이야말로 정녕 나의 괴로움으로 겨를이 없는데 다시 다른 사람의 슬픔까지 보태어지는 것인즉 어찌 끝없는 痛恨으로 울고 싶어도 눈물마저 없는 것이 아니겠는가?……

삼가 뜨거운 눈물 가득히 중국의 인사들에게 경고하련다. 앞으로 한국사람들의 復國사업을 마치 자기 집안 일처럼 대해 주어야 하며 더 이상 일시적인 흥분으로 시작만 있고 끝이 없어서는 안되며, 또한 어느 한 구석의 재난을 구제하는 것처럼 겉치레 말만 질펀하게 하면서 책임을 회피하려고 하지 말고 반드시 진실된 마음과 진실된 힘으로 그

---

16) 『感時漫語(駁黃炎培之韓史觀)』, 27쪽.
17) 『感時漫語(駁黃炎培之韓史觀)』, 48쪽.

일을 원조해 주어야 할 것이다. 중국은 일찍 청나라 光緒 때부터 한국으로 말미암아 쇠약해지기 시작하면서 마침내 위태로워졌는데, 따라서 중국을 구하려면 반드시 먼저 한국을 구해야 한다. 이는 논리학에 있어서 三段論法인 것이다.……

하늘이 혹시 우리 두 민족에게 복을 내려 주어 세상을 구해 줄 큰 별을 내어 주실지는 모르겠지만 옛 말씀에 백성이 원한다면 하늘도 이에 따른다고 하였고 또 인재를 다른 시대로부터 빌어 올 것이 아니라고 하였거늘 비록 지금의 세상이라도 어찌 세상을 구제할 인물이 없겠는가? 이어서 원컨대 두 나라 인사들이 과거의 실패를 뉘우치고 그런 일이 장차 다시 일어나지 않도록 삼가 경계하면서 허심탄회하게 함께 도모하고 생사의 일선의 같은 처지에서 마치 磁石이 바늘을 끌어당기듯이 지내어 간사한 소인배들이 投機하면서 장난하지 못하게 한다면, 비록 지금은 칠흑 같은 긴 밤이라 온전하게 살아갈 길이 없는 것 같지만 한 점의 曙光이 大地를 밝게 비추고 있으니 國權을 회복하여 활약할 그때가 결코 멀지 않음을 알 수 있다.[18]

이처럼 한국에 대한 중국인의 무지와 몰이해 심지어 왜곡된 인식에 대한 비판은 물론 성재 이시영 선생 한 분만의 지적이 아니었다. 역시 상해임시정부 창설자의 한 사람으로서 특히 孫中山을 비롯한 중국 민주혁명세력과 일찍부터 깊은 인연을 맺어 온 睨觀 申圭植 선생도 『韓國魂』에서 다음과 같이 지적한 적이 있다.

내가 홀홀 단신으로 중국에 망명하여 보니 저들이 지금 斯文의 宗匠이라고 일컫는 章炳麟 같은 사람은 漢나라가 설치한 玄菟, 樂浪, 臨屯, 眞番 4郡이라는 것이 사실 衛滿이 차지한 땅의 한 귀퉁이에 불과하다는 것을 모르고 있었다. 자칭 多聞博涉하다는 梁啓超 역시 우리

18) 『感時漫語(駁黃炎培之韓史觀)』, 121, 125, 130쪽.

나라에 대한 연구가 전혀 없이 잘못된 결론을 주장하며 심지어 "國文
이 없는 나라"이기 때문에 망하지 않을 수 없다고 단언하고 있다. 한심
하구나, 우리를 모욕해도 너무하지 않은가?[19)]

한국에 대한 올바른 인식이 선행되어야만 일본제국주의의 침략을
반대하는 공동투쟁에서 두 나라 두 민족의 상호협력을 기대할 수 있는
법이다. 따라서 이시영 선생은 "지금부터 중국인사들은 한국인을 관찰
함에 있어서 절대로 관심을 게을리 하지 말고 더욱이 모욕하거나 의심
하지 말아야 할 것이며 마땅히 더욱 친밀하고 제휴하는 마음으로 크게
주의를 기울여야 할 것이다"라고 호소하였다.[20)] 그럼에도 불구하고 이
시영 선생의 진지한 호소는 당시 중국 주류사회에 말 그대로 마이동풍
격이었고 심지어 당사자인 황염배와 진지한 토론과 교류의 기회마저
갖지 못하였다. 주지하는 바와 같이 중국 국민당정권이 줄곧 상해임시
정부의 항일구국투쟁을 지원해왔음에도 불구하고 임시정부의 주요인
사들은 오히려 중국정부가 과연 진심으로 한국의 독립을 바라고 있는
지 의심된다면서 심지어 중국이 바라는 한국의 독립이란 결국 "중국의
일부분으로서의 한국"일 뿐이라고 단언하기까지 하였다.[21)] 여기에는
물론 여러 가지 복잡한 원인이 있겠지만 위와 같은 상호인식의 차이
특히 그러한 차이를 극복할 수 있는 기회와 여건의 부재와도 상당한
관계가 있는 것으로 생각된다.

---

19) 申圭植, 『韓國魂』, 臺北 : 晥觀先生紀念會, 1955, 8쪽. 이 책의 초판본은 일찍
   이 1939년 3월에 중국 重慶에서 『中韓外交史話』라는 제목으로 출간된 적이
   있다.
20) 『感時漫語(駁黃炎培之韓史觀)』, 65쪽.
21) 朴成壽, 『독립운동사연구』, 서울 : 창작과 비평사, 368쪽.

4. 결론을 대신하여 : 상호인식과 상호이해의 중요성

한국학자 고병익 교수의 연구에 의하면 흔히 같은 인종과 같은 문화
권으로 알려진 韓中日을 포함한 동아시아 여러 나라들은 일찍 근세이
전의 여러 세기부터 오랫동안 서로 疏遠 심지어 적대적인 관계를 갖게
되면서 오늘날 유럽과 같은 하나의 문화권 또는 경제권으로 이루어지
기 어려운 역사적 배경을 형성해 왔다.[22] 실제로 오늘날 중한 두 나라
의 밀접한 경제, 무역 등 관계에도 불구하고 중한 두 나라를 주요 구성
원으로 하는 동아시아지역은 세계화(Globalization) 차원에서 여타 지역
에 크게 뒤떨어져 있을 뿐만 아니라 지역화(Regionalization) 차원에서도
크게 뒤떨어져 있는 실정이다.[23] 구체적으로 논의의 범위를 중한 두
나라에 국한시킬 경우 필자는 무엇보다도 근대이래 중한관계의 역사
에서 그 원인을 찾아볼 수 있다고 생각한다. 주지하는 바와 같이 1894
년의 청일전쟁 때까지 유지되어온 전통적 조공관계체제 하에서 중한
두 나라는 상호 평등한 국가와 민족관계를 전혀 전개할 수 없었고 그
후 1899년에 이르러 겨우 맺어진 公使級 외교관계는 곧이어 1905년의
한일보호조약에 의해 거의 단절되었으며, 그후 1910년 일제의 한국병
합과 1911년 중국 신해혁명으로 조선왕조와 청왕조가 선후로 멸망하
면서 두 나라 사이의 공식관계는 완전히 단절되었다.[24]

그후로 1945년의 8·15광복에 이르기까지 일제침략을 반대하는 공
동투쟁을 전개하면서 수백만에 달하는 인원교류 등 유난히 활발한 교
류관계를 유지해왔음에도 불구하고 중한 두 나라는 공식적인 국가관

---

22) 高柄翊,「동아시아나라들의 상호소원과 통합」,『창작과 비평』1993년 봄호.
23) 權赫秀,「西方經驗與東亞的區域合作」, 北京師範大學東亞與西歐比較硏討會
　　발표논문, 2001년 6월.
24) 권혁수,『19세기말 한중관계사연구―이홍장의 조선인식과 정책을 중심으로』,
　　서울 : 백산자료원, 2000 참조.

계를 갖지 못하였고,[25] 8 · 15광복 후 한반도와 중국이 선후로 분단국가로 굳어지면서 상호관계 역시 중국대륙과 조선, 대만과 한국이라는 반쪽의 관계로 1990년대까지 거의 반세기를 지내왔다. 1992년의 중한수교로 말미암아 중국의 경우 한반도의 남과 북과 모두 공식관계를 수립하였음에도 불구하고 여전히 지구상에서 둘뿐인 분단국가로 남아있는 중국과 한반도의 상호관계는 상당부분 정상적인 그리고 완전한 국가관계를 형성하지 못하고 있는 실정이다. 이처럼 상호관계의 불완전성 심지어 왜곡은 결국 두 나라 두 민족의 상호인식의 불완전성 또는 왜곡과 직결되지 않을 수 없었는데, 19세기 말의 경우 중국사람들이 소위 '朝鮮亡國史'를 통해 한국을 하나의 실패의 거울로 간주하였던 것[26]과 마찬가지로 한국 역시 국운이 날로 기울어져 가는 중국을 부정적으로, 심지어 멸시할 수밖에 없었던 것이다.[27]

앞서 살펴본 것처럼 중국인들이 "중국은 확대된 高麗이고 高麗는 바로 작고도 구체적인 중국이다"라고 지적한 것처럼 한국인들 역시 "한국은 작은 청나라이요 청나라는 큰 조선이다"라는 말을 서슴없이 전해왔다. 8 · 15광복 전의 거의 반세기 동안 한중 두 나라 두 민족 사이의 부정적인 상호인식은 기본적으로 변화가 없었으며, 8 · 15광복 이후 역시 반세기 가까이 중국대륙 사람들이 '조선'만 알고 '한국'을 전혀 모르고 있었던 것과 마찬가지로 한국 역시 '자유중국'만 알고 '공산중국' 또는 '중공'에 대해서는 거의 아는 것이 없었다.

한마디로 근대이래 두 세기를 넘은 중한관계사의 시각에서 볼 때 중

---

25) 權赫秀,「關於近代中朝關係史(1876~1910)的幾點認識」, 中國朝鮮史硏究會 編,『中國朝鮮史硏究』1輯, 香港 : 香港社會科學出版社, 2004, 38~54쪽.
26) 앞서 이시영 선생의『感時漫語』에서 특히 중국인들이 저술한 소위『朝鮮亡國史』의 허황됨을 지적한 것은 바로 그처럼 부정적인 인식으로 가득 찬 한국인 및 한국사 인식에 대한 일종의 반발로 이해할 수 있다.
27) 白永瑞,「대한제국기 한국언론의 중국인식」,『역사학보』153집, 1997.

한 두 나라 두 민족은 상대방을 평등한 교류와 협력의 대상으로 인식할 수 있는 그러한 역사적 여건을 거의 갖지 못하였고, 따라서 잘못된 심지어 왜곡된 상호인식은 결국 바람직하지 못한 상호 관계사로 이어지고 바람직하지 못한 관계사는 상호인식의 불완전성 또는 왜곡을 한층 더 심화시키는 악순환으로 이어졌다. 중한 두 나라 두 민족이 오늘날까지 분명 여러 가지로 가까우면서 마음속으로 여전히 서로 떨어져 있는 듯한 느낌을 떨쳐 버릴 수 없는 것도 결국 위와 같은 역사적 사실과 무관하지 않은 것으로 볼 수 있다.

그렇다면 무엇 때문에 역사적으로 가장 밀접한 관계를 유지해왔고 서로 비슷한 전통 그리고 근대적 운명을 갖고 있는 가까운 이웃인 中韓 두 나라 두 민족이 그토록 부정적인 상호인식을 갖게 되었을까?

그리고 그러한 부정적인 상호인식은 중한 두 나라 두 민족의 상호관계 및 오늘까지 전개되고 있는 두 나라의 근대화 및 민족국가의 건설 과정에 어떠한 영향을 가져다주었을까?

또한 오늘날 중한 두 나라 두 민족은 과연 서로 상대방을 올바르게 이해하고 있는 것일까?

역사에 대한 현실의 물음이자 아울러 현실에 대한 역사의 물음이라고 할 수 있는 위와 같은 여러 문제에 대한 생각과 연구는 중한 두 나라가 협력동반자관계를 구축하면서 자유무역협정 체결을 논의하고 있는 현 시점에서 단순한 역사연구의 학문적 의미를 넘어 현실적 의미가 더욱 돋보인다고 할 수 있다. 중한 두 나라 두 민족은 분명 가까운 이웃이며 또한 앞으로도 틀림없이 정치, 경제, 문화 등 여러 분야에 걸쳐 더욱 가까워질 것으로 믿고 있는 실정에서 중한 두 나라 두 민족의 상호인식이 오랫동안 제대로 정립되지 못해 온 위와 같은 현상은 조속히 시정되어야 할 것이며 또한 그러한 노력이 단순한 정부 및 외교차원에서보다 민간차원 및 사회문화 등 광범한 분야에서 종합적으로 강구되어야 하는 것은 너무나 자명한 일이다. 그러한 의미에서 상호인식과 상호이해의 중요성을 새삼스럽게 되새겨 보며 중한 두 나라 두 민족이 상호 평등한 입장에서 호혜, 선린의 전면적 동반자관계를 공동 지향할 수 있는 지금이야말로 정녕 바람직한 상호인식과 상호이해를 제대로 정립할 수 있는 최적의 시기라고 생각된다.

중국학계의 근대 중한관계사
연구현황에 대하여

1. 서론

　중국과 한국은 지리적으로나 역사적으로 그리고 문화적으로 수천 년이 넘는 그야말로 세계사적으로 유례가 드물 정도로 밀접한 관계를 유지해 온 까닭에 두 나라의 상호 관계사는 중국이나 한국 두 나라 역사의 전개과정에서도 모두 매우 중요한 비중을 차지하고 있다. 따라서 중한 양국간의 밀접하고도 유구한 관계사에 대한 연구는 중한 양국의 지나간 역사에 대한 학문적인 접근은 물론 향후 보다 바람직한 양국관계를 이루어 나가기 위한 현실적 차원에서도 매우 의미 있는 작업이라고 할 수 있다. 그럼에도 불구하고 유감스러운 것은 중한관계사에 대한 연구는 중한 두 나라 학계에서 모두 아직 크게 미흡한 수준에 불과하며 실제로 중한관계사와 관련된 기본 개념의 정리 및 연구대상과 연구범위 그리고 연구방법의 확정, 기초적 자료의 편찬 및 연구사에 대한 정리 등 기초적인 작업조차 거의 이루어지지 않고 있는 실정이다.
　바로 위와 같은 문제의식에서 필자는 우선 자신의 전공분야인 근대 중한관계사에 대한 중국학계(대만 및 홍콩학계를 포함)의 연구사를 대체적으로 정리해보면서 아울러 근대 중한관계사의 연구대상 등에 대

412

한 개념정리 및 연구방법 등에 대해서도 기본적인 문제제기를 시도하려고 한다. "옛 것을 거울로 삼는다면 변화의 과정을 이해할 수 있다(以古爲鏡, 可以見興替)"1)는 옛 말처럼 역사에 대한 반성작업은 바로 보다 바람직한 오늘과 내일을 위한 것이다. 따라서 아직도 日淺하기만 한 근대 중한관계사의 연구사에 대한 반성과 정리작업은 비록 필자의 서툰 정리에 불과하지만 근대 중한관계사라는 학문의 진일보한 발전과 성숙을 위해 분명 어느 정도 도움이 될 것으로 믿는다.

여기서 우선 먼저 짚고 넘어가야 할 것은 근대 중한관계사의 내용, 다시 말하자면 근대 중한관계사란 학문의 연구대상에 대한 설정문제이다. 필자의 과문인지는 모르겠지만 중한 두 나라 학계에서 근대 중한관계사의 기본내용 즉 그 연구대상에 관한 진지한 논의가 거의 전무한 것으로 알고 있는데 바로 근대 중한관계사 연구 자체가 그 중요성에 비해 매우 부진하다는 단적인 보기라고 할 수 있다. 2년 전 중국 학자 徐萬民이 편찬한 『中韓關係史(近代卷)』에서는 서문에 해당하는 前言 부분에서 근대 중한관계사가 19세기 60년대에 시작하여 1945년 항일전쟁의 승리로 종결된다고 지적하면서 나아가서 "중한 두 나라가 연합하여 일본침략자들의 침략을 抗擊하고 민족의 독립과 나라의 온전한 영토주권을 수호하는 파란만장한 분투역사가 근대 중한관계사의 기본 내용이다"고 주장하였다.2) 여기서 서만민 교수는 근대 중한관계사의 기간(19세기 60년대~1945년) 및 그 기본 내용과 관련한 두 가지 의견을 제시하였는데 무엇보다도 그 기본 내용의 설정에 다소 문제가 있는 것으로 생각된다.

실제로 1860년대 이후 중한 두 나라 관계의 변화와 발전과정을 살펴볼 때 처음부터 마지막까지 중한 두 나라 사이에 연합투쟁의 역사가

---

1) 『資治通鑑』 唐太宗 貞觀 17年條.
2) 徐萬民, 『中韓關係史(近代卷)』, 社會科學文獻出版社, 1996年 第1版, 1쪽.

일관되어 왔다고 보기는 어려우며 더구나 일본제국주의의 침략을 공동 반대하는 투쟁으로만 개괄할 수는 없었다. 물론 이 문제에 대한 논의는 앞으로 보다 진지하게 진행되어야 하겠지만 필자는 일단 근대 중한관계사의 기본 내용을 적어도 국가관계의 차원에서 전통적 조공체제에서 근대적 의미의 조약관계체제로 전환하는 과정으로 파악하고 있으며, 1910년 일본의 한국합병 이후에 차츰 두드러지기 시작한 두 나라 국민 사이의 공동반일투쟁의 역사도 바로 중한 양국관계가 위와 같은 전통적 관계에서 근대적 관계로 근본적인 변화를 가져왔기 때문에 가능한 일이라고 생각한다.

그리고 근대 중한관계사의 기간과 관련하여 필자는 근대라는 용어에 대한 학문적 논쟁을 제쳐놓고 그 하한선을 1945년까지 설정하는데 별다른 의견이 없으나 상한선의 설정과 관련하여 보다 자세한 연구와 토론이 필요하다고 생각한다. 주지하는 바와 같이 근대중국의 역사는 대략 1840년의 阿片戰爭으로부터 시작되는 것으로 보고 있는 반면, 한반도의 근대사는 대개 1876년의 '朝日修好條規'(즉 '江華島條約')의 조인으로부터 시작되는 것을 보고 있으므로 중한 양국의 근대역사가 시작되는 시점은 각각 36년이라는 시차가 생기게 된다. 이처럼 근대시기에 들어서는 시점이 서로 다른 두 나라 사이의 상호관계가 정확히 언제부터 근대적 변화과정을 시작하였는가 하는 문제는 분명 위 36년 동안의 양국관계에 대한 깊이 있는 연구를 통해서야만 해결할 수 있는 것으로 본다.

한편 개념의 정립에 있어서 중한관계와 한중관계, 중한관계사와 한중관계사는 단순한 표현의 차이일 뿐만 아니라 실질적인 내용의 차이도 있다고 생각하면서 일단 국제적인 관례에 따라 중국학계의 경우 중한관계 및 중한관계사라는 표현을 사용하고 한국학계의 경우 한중관계 및 한중관계사라는 표현을 사용하는 것이 적절하다고 본다. 구체적

으로 본고의 주제인 근대 중한관계사의 경우 중한관계사가 근대중국
의 대내외 정치 및 역사발전과정에서 차지하는 위치와 비중은 분명 한
중관계사가 근대한국의 대내외 정치 및 역사발전과정에서 차지하는
위치와 비중과는 서로 다르기 마련인데 그것이 바로 근대 중한관계사
의 연구와 근대 한중관계사에 대한 연구가 서로 상당부분 중복되는 부
분도 있으면서 서로간의 독자적인 연구영역과 연구가치를 가질 수 있
는 부분이라고 생각된다.

한마디로 전통시대의 중한관계를 중국을 중심으로 한 동아시아적
국제질서인 조공관계 또는 조공체제(the tributary system)로 표현한다면
西勢東漸의 세계사적 변화와 더불어 전통시대와의 단절을 겪게 되는
근대시기부터는 바로 그러한 전통적인 동아시아 국제질서가 국가와
주권을 바탕으로 한 근대적 조약관계 또는 조약체제(the treaty system)
에로의 새로운 전환을 맞이하게 되는 역사적 과정이라고 할 수 있다.
따라서 본고에서 필자가 정리한 것도 바로 위와 같은 연구대상에 대한
중국학계의 연구사라고 할 수 있다.

2. 1945년 이전의 연구상황

주지하는 바와 같이 중국은 예로부터 한국과 거의 모든 분야에서 밀
접한 관계를 유지해 왔던 까닭으로 官撰正史인 二十四史의 朝鮮傳[3]

---

3) 중국 正史 중의 한국관계사료들을 정리한 것으로 대표적으로 다음과 같은 책
   이 있다.
   檀國大學校東洋學硏究所 편, 『二十五史抄』上·中·下, 檀國大學校東洋學
   硏究所, 1977 ; 국사편찬위원회 편, 『中國正史朝鮮傳譯注』Ⅰ·Ⅱ·Ⅲ·Ⅳ,
   국사편찬위원회, 1987~1989 ; 金聲九 편역, 『中國正史朝鮮列國傳』, 東文選,
   1996 ; 김성구, 『용어해설 및 주석 中國正史朝鮮列國傳』, 동문선, 1996 ; 吉林
   師範學院古籍硏究所 編, 『二十六史中中朝關係史料選編』, 吉林文史出版社,

등 공식기록을 비롯하여 송나라 徐兢의 『宣和奉使圖經』, 명나라 董樾
의 『朝鮮賦』등 사신들에 의한 개인기록도 적지 않게 남아있어 그동안
의 중한관계상황을 비교적 소상하게 전해주고 있다. 19세기 후반에 들
어서면서 당시 조선왕조에 대한 청나라의 간섭이 차츰 강화되면서 군
사 또는 외교적 중책을 지닌 청나라 중요 관원들이 조선을 드나들면서
남긴 기록들 역시 근대 중한관계사의 중요한 사료라고 할 수 있다. 그
중 대표적인 것이 바로 馬建忠의 『東行三錄』 및 聶士成의 『東游紀
程』과 『東征日記』등이다. 마건충은 이홍장의 외교분야 주요막료로서
1882년 5월부터 9월까지 한미조약의 체결 및 임오군란의 탄압관계로
무려 세 번이나 조선을 왕래하여 도합 64일 정도 체류하였는데 마건충
자신이 훗날 3회에 걸친 방한 내용을 일기체 형식으로 자세하게 정리
한 『東行三錄』[4]은 근대 중한관계사의 한 내막을 보여주는 중요한 사
료라고 할 수 있다. 그리고 聶士成은 이홍장의 직계군대인 淮軍의 장
교로서 일찍 1893년부터 1894년까지 이홍장의 밀명으로 중국 동북지
역과 러시아 연해주지역 및 한반도 북부지역 그리고 서울까지를 여행
하면서 『東游紀程』이라는 여행기록과 더불어 군사지도 성격을 지닌
『東三省韓俄交界道里表』를 남겼다. 같은 해 조선에서 동학농민봉기
가 일어나자 섭사성은 조선정부의 요청에 의한 청나라 원군을 인솔하

1995 ; 姜孟山외 主編, 『中國正史中的朝鮮史料』一・二, 延邊大學出版社,
1996 ; 井上秀雄 編, 『東アジア民族史-正史東夷傳』1・2, 平凡社, 1974・
1976.
4) 馬建忠의 『東行三錄』은 그의 생전에 이미 개인문집 『適可齋紀言紀行』에 수
록되어 간행되었고 20세기 초 上海이 商務印書館에서 난행본으로 간행한 적
이 있으며, 다시 1952년에 神州國光社에서 校勘을 거쳐 새롭게 간행하였고
그후 대만의 文海出版社 및 북경의 商務印書館에서 각각 영인 출판한 적이
있다. 근대한중관계사에서 마건충의 역할에 관한 연구는 권혁수,「馬建忠與
朝鮮」, 鄭判龍, 李鍾殷 主編, 『朝鮮-韓國文化與中國文化』, 中國社會科學
出版社, 1995, 176~192쪽 참조.

는 지휘관으로서 다시 조선으로 출동하였으나 곧바로 청일전쟁이 발
발하여 충청도 成歡지역에서 일본군과 교전한 결과 패전을 하고 평양
으로 후퇴하였다가 곧바로 본국으로 소환되었다. 이 출동과 관련하여
섭사성은 『東征日記』라는 자세한 기록을 남겨 당시 동학농민전쟁에
대한 청정부의 태도 및 청일전쟁의 발발과정에 대한 중요한 현장증언
이 되었다.5)

한편 청왕조 후반기(17세기 이후)부터 변방지역을 비롯한 주변국가
들에 대한 연구붐이 일어나기 시작하였는데6) 19세기 후반 魏源의 『征
撫朝鮮記』,7) 薛培榕의 『東藩紀要』8) 등의 저서가 바로 그러한 연구 붐

---

5) 聶士成의 『東游紀程』과 『東征日記』는 1900년 그가 전사한 후 개인문집 형식
  으로 친지들에 의해 간행되었고 또한 『東三省韓俄交界道里表』와 더불어 王
  錫祺의 『小方壺齋輿地叢鈔』 등에 수록되기도 하였다. 그리고 1950년대 中國
  近代史資料叢刊의 일종으로 편집 간행된 총 8권의 『中日戰爭』 자료집에
  『東征日記』의 일부 내용이 이감을 거쳐 수록되었고 『東游紀程』은 최근 중국
  근대사관계자료총서인 『近代稗海』에 다시 수록되었다.
6) 청왕조 후반기에 들어서면서 나타난 변방 및 주변지역 연구의 붐과 관련하여
  근대중국 학자 梁啓超는 다음과 같이 지적하였다.
  "自乾隆後, 邊儌多事, 嘉道年間學者漸留意西北邊新疆. 靑海. 西藏. 蒙古諸
  地理, 以徐松. 張穆. 何秋濤最名家. 松有 『西域水道記』. 『漢書西域傳補注』.
  『新疆識略』, 牧有 『蒙古遊牧記』, 秋濤有 『朔方備乘』, 漸引起硏究 『元史』的
  興趣, 至晩淸尤盛." 梁啓超, 『淸代學術槪論』, 『梁啓超史學論著四種』, 岳麓
  書社, 1986, 61쪽에서 재인용.
7) 魏源(1794~1857)은 근대중국의 유명한 사상가이자 역사학자로서 "오랑캐의
  선진적인 기술을 배워서라도 오랑캐를 이겨야 한다(師夷之長技以制夷)"는
  진보적인 주장을 제창하였다. 그의 『征撫朝鮮記』는 17세기 초 丁卯胡亂과
  丙子胡亂에 관한 사실을 청나라 측의 입장에서 단 1권의 분량으로 간략하게
  정리한 저서였다. 黃麗鏞, 『魏源年譜』, 湖南人民出版社, 1985 참조.
8) 薛培榕은 일반에 잘 알려진 유명한 학자는 아니지만 한국에 관한 저술은 위
  의 『東藩紀要』 12권 및 補錄 1권 외에도 『朝鮮輿地圖說』, 『朝鮮風土記』,
  『朝鮮會通條例』, 『朝鮮八道紀要』 등의 책을 저술하여 淸末의 학자 중에서
  한국관계 저술을 가장 많이 남긴 사람으로 추정된다. 臺灣中央圖書館編, 『中
  國關於韓國著述目錄』 참조.

의 한국연구분야에서의 표현으로 볼 수 있다. 그리고 위에서 살펴본 마건충과 섭사성의 한국관련 저술들이 그때 이미 간행되었던 것도 역시 당시 한국상황에 대한 중국사회의 관심을 보여주는 사례라고 할 수 있다. 그러던 중 중국과 한국 모두 서세동점의 세계사적 변화와 더불어 서양열강 및 일본세력의 침략을 받게 되는 서로 비슷한 역사적 운명을 맞이하게 되는데 심지어 당시 서양인들은 청나라를 大朝鮮으로 부르고 조선을 小淸國으로까지 불렀다고 한다.9) 따라서 근대중국에서의 한국연구 역시 학문적인 관심에서 비롯되기보다는 시급한 나라와 민족의 존망위기와 관련된 차원에서 애국사상선전의 목적으로 시작되었는데 그중 대표적인 것이 바로 梁啓超의『朝鮮亡國史』등이었다. 위와 같은 저서들은 조선이 일본의 침략으로 국권을 잃어버리기까지 비참한 과정을 적나라하게 기술하여 풍전등화처럼 망국의 위기에 놓인 근대중국의 국민들에게 애국심을 적극 고취하였지만 대개 일본 등 제3국의 문헌이나 신문자료들을 이용하여 짧은 시일 내에 완성된 것으로서 저자 자신들의 독창적인 연구성과가 아니고 한국관계문헌이나 사료들을 제대로 활용한 것이 아니었다는 것은 더욱 자명한 일이다.

한 중국학자의 표현을 빌린다면 "중국이 조선이라는 속국을 잃어버리게 된 것은 청나라 말기의 중국에 있어서 하나의 큰 사건"10)이기 때문에 근대중국사회에는 위의 양계초처럼 직접 한국에 관한 저술을 남기는 외에도 멕켄지(Federick Arthur Mckenzie)나 그리피스(William Elliot Griffis)11)와 같은 외국인에 의해 쓰여진 한국관계저서들도 번역 출판하

9) 李始榮,『感時漫語』, 서울·一潮閣, 1983, 시문 참조.
10) 張存武,「近代中韓關係史的研究」, 中央硏究院近代史硏究所,『六十年來的 中國近代史硏究』下, 1989, 459쪽.
11) 예컨대 멕킨지의 Tragedy of Korea는『韓國三十年史』라는 제목으로 청나라 외무부 주관으로 商務印書館에서 발행하는『外交報』제273~300책에 연재되었고, 그리피스의 Corea : The hermit nation는『各國略韓史』라는 제목으로 번

여 한국문제에 대한 깊은 관심을 보여주었다. 그러나 근대중국에서의 한국관계저서들은 대개 본격적인 학문연구의 결과가 아니었던 사정은 1911년 이후의 중화민국시기에 들어서도 별다른 변화가 없었다. 근대 중국의 유명한 정치가이자 사회활동가인 黃炎培는 1920년대 말 일제 식민통치하의 한반도를 여행한 뒤『朝鮮』이라는 여행기를 출판하였는 데[12] 그 내용 속에 한국과 한민족에 잘못된 기술 심지어 편견까지 적지 않게 나타나 당시 중국에서 독립운동을 전개하고 있던 한국독립운동가 李始榮이 직접『感時漫語』[13]라는 저술을 통해 황염배의 잘못된 韓國觀을 비판하기까지 하였다.

20세기에 들어서면서 중한 양국은 모두 일본제국주의의 침략에 시달리면서 일제의 침략야욕으로부터 나라와 민족의 독립을 보전해야 하는 위기감 및 역사적 사명감을 바탕으로 차츰 서로 지원하고 연합하여 항일투쟁을 전개하게 되었는데 한국의 항일독립운동에 대한 소개와 선전을 주 내용으로 하는 저서들의 연속적 출간이 바로 그러한 사회적 분위기를 반영한 것으로 볼 수 있다. 이 시기에 출판된 한국독립운동관계저서는 中國國民黨軍事委員會가 간행한『十年來朝鮮的反日運動』, 馬義의『朝鮮革命史話』, 葛赤峰의『朝鮮革命記』, 王子毅의『韓國』등이 있는데, 이들 저서는 대체로 한국문제를 중국의 자주독립 및 동아시아의 평화와 직접 관련되는 중차대한 문제로 인식하였는 바,[14] 종전의 한국관에 비해서는 훨씬 더 객관적이고 바람직한 것이라

역 출판되었다.

12) 黃炎培,『朝鮮』, 上海 : 商務印書館, 1929.

13)『感時漫語』의 副題가 바로 "黃炎培의 韓國史觀을 論駁함"인데 저자 이시영은 1933년 경 우연하게 황염배의 저서를 읽어보고 그 문자와 내용이 너무나 조잡하고 허황되어 직접 논박하게 되었다고 하였다.

14) 1943년 1월에 중국의 한 언론에서는 "조선은 일본의 대륙침략의 발판으로서 조선의 독립이 침해당한 것이 바로 갑오전쟁의 시작이었고 나아가서 러일전쟁의 遠因이 되었으며 아울러 이번 태평양전쟁의 遠因이 되었으니 조선독립

고 할 수 있다.

한편 1920년대부터 故宮博物院에서 1836~1875년에 해당하는 시기의 청왕조 외교문서인『道光朝籌辦夷務始末』(80권),『咸豊朝籌辦夷務始末』(80권),『同治朝籌辦夷務始末』(100권) 및『淸光緖朝中日交涉史料』(44책)을 속속 영인 출판하였고 王彦威, 王亮 父子가 편집한『淸季外交史料』(243권) 등 대량의 淸末 외교사료들이 속속 출간되면서 "중국외교사의 학술혁명"[15]이라고 불릴만큼 당시 근대중국외교사연구에 활력을 불어넣었다. 이에 서양에서 본격적인 학문수업을 받고 돌아온 蔣廷黻 등의 학자들과 王信忠・王芸生 등 신진학자들에 의해 근대 중한관계를 비롯한 근대중국외교사와 관련된 연구저서들이 속속 출판되기 시작하였다. 당시 北平 國立淸華大學 사학과 교수로서 아직 젊은 학도였던 페어뱅크(John King Fairbank, 費正淸)의 중국관련연구를 직접 지도해준 蔣廷黻은 1933년 北平에서 발행되는 잡지 *The Chinese Social and Political Science Review*(『中國社會政治科學評論』) 제7권에 Sino-Japanese Diplomatic Relations, 1870~1894(「중국과 일본의 외교관계 1870~1894」)라는 논문을 발표하였다.[16] 이 논문은 주로 청일관계를 다루었지만 논의의 초점은 사실상 청일 양국의 외교적 이해충돌의 핵심이었던 한반도문제로서 중국학계에서 근대 중한관계에 대한 최초의 학문적 연구업적이라고 볼 수 있다.

의 重建은 마땅히 目前 중일전쟁의 歸宿이 되어야 한다"고 주장하였고(邵毓麟,「如何解決日本事件?」,『大公報』1943년 1월 3일), 1945년에 출판된 葛赤峰의『朝鮮革命記』에서도 역시 "일본이 한국을 병탄한 것은 중국을 침략하기 위한 先聲으로서 중국의 抗戰 또한 조선의 독립을 최종 목표로 해야 한다."고 역설하였다(葛赤峰,『朝鮮革命記』, 商務印書館, 1쪽).

15) 蔣廷黻,「『淸季外交史料』序」,『中國近代史論集』, 臺北 : 大西洋書店, 1970, 156쪽.

16) 蔣廷黻의 이 논문은 1991년에 金基周, 金元洙 두 역자가『淸日韓外交關係史』라는 제목으로 번역하여 서울 民族文化社에서 출판하였다.

이어서 1935년에 같은 잡지의 제19권에 발표된 林同濟(T. C. Lin)의
논문 Li Hung-chang : His Korea Policies 1870-1885(「李鴻章의 對朝鮮政
策 1870-1885」)[17]는 사료 사용의 경우 위 장정불의 논문과 별로 큰 차
이가 없지만 당시 중국에서 간행된 淸末 외교사료 및 서구의 문헌까지
광범위하게 참조하면서 중한관계사의 시각에서 이홍장이 直隸總督 겸
北洋通商大臣을 맡은 1870년부터 갑신정변 이후 조선문제에 관한 중
일 양국간의 '天津條約'이 체결된 1885년까지 약 15년 동안에 걸친 對
朝鮮政策을 집중 분석하였는데 중국학계에서는 이홍장의 대조선정책
을 체계적으로 고찰한 최초의 학술논문이었다. 그리고 청화대학 사학
과 출신인 王信忠이 1937년에 출간한 『甲午中日戰爭之外交背景』[18]도
비록 청일전쟁의 배경 및 前史 차원에서 다루기는 하였지만 근대 중한
관계사의 전개과정을 체계적으로 정리하였다는 점에서 역시 매우 중
요한 연구사적 의미를 갖는다. 당시 중국 천진에서 발행되는 유력 일
간지 『大公報』의 기자이자 칼럼니스트인 王芸生은 몇 년에 걸친 신문
연재 내용을 다시 7권의 책으로 간행한 『六十年來的中國與日本』[19]이
라는 연대기 형식의 資料長編을 통해 1870년대부터 1919년까지 중일
외교사의 전개과정을 자세하게 서술하였는데 그중 한반도문제에 관한
내용도 적지 않았다. 이들의 연구는 비록 한국문제를 전문적으로 다룬
것이 아니고, 또한 한국 측의 문헌이나 사료를 직접 이용하지 못하였

---

17) T. C. Lin(林同濟), Li Hung-chang : His Korea Policies 1870-1885, *Chinese Social and Political Science Review* 19 : 2(1935), pp.202~233.
18) 王信忠의 위 저서는 1964년 대만의 文海出版社에서 다시 영인 출판되었다. 그러나 왕신충 본인은 1949년 이후 일본으로 이주하면서 사업에 전념하게 되어 근대외교사연구를 계속하지 못하였다고 한다.
19) 여기서 60년이라고 함은 1870년의 中日修好條規의 체결교섭으로부터 1931년의 만주사변까지 60년 동안을 가리키는 것이었으나 실제로 제7권에서는 1919년의 파리강화회의까지만 다루었고 그후 반세기가 지난 1980년대에 들어서야 증보판과 더불어 제8권을 출판하여 1931년까지의 중일관계사를 다루었다.

지만 근대중국에서 중한관계사에 대한 최초의 학문적 접근이라는 점
에서 지금까지도 이 분야의 기본 참고서로 이용되고 있다.

3. 1945년 이후의 연구상황

1945년 일본제국주의의 멸망과 더불어 중한양국은 다 같이 치열한
국내정치정세의 변화를 겪다보니 상대국을 제대로 연구할 수 있는 사
회적 여건이나 분위기가 조성되지 못하였고 따라서 1945년 이후 중국
에서 출판된 潘公展의 『今日之韓國』, 宋越倫의 『日韓行脚』등 저서
는 광복 후 한국에 대한 여행기 수준의 책자에 불과하였고, 반면 한국
에 관한 연구저서는 한 권도 없었다. 한마디로 1945년까지 중국의 한
국연구는 아직 한국상황에 대한 일반적인 소개수준에 그쳤을 뿐 아직
심도 있는 연구로 발전하지 못한 실정이었다.

1949년 10월 중화인민공화국의 창건과 더불어 중국대륙과 한국은
서로 "가깝고도 먼" 사이로 되었고 따라서 중국 대륙학계의 한국연구
역시 위와 같은 관계상황에 의한 사회정치적 요소의 영향을 크게 받게
되었다. 특히 1950년 6·25전쟁의 발발 그리고 중국의 개입에 따라 한
국문제 특히 중한관계사는 급기야 중국 대륙학계의 중대한 관심사로
부각되었다. 1951년 한해만 보더라도 周一良의 『中朝人民的友誼關係
與文化交流』, 陳述의 『中朝關係一百年』, 王天心의 『脣齒相依的朝鮮
與中國』, 顧家熙의 『中朝人民的戰鬪友誼』등 여러 저서들이 출판되
었다. 위의 저자들은 모두 한국의 역사문화를 전문적으로 연구한 석이
없는 중국인 학자들로서 비록 1949년 이후 중국 대륙학계에서 처음으
로 중한관계사의 연구 붐을 일으켰다고 할 수 있으나 위의 저서들은
주로 중국 측의 기존사료를 이용하여 '조선인민과의 친선관계'를 역설

하는 수준에 불과하였다. 특히 그중 일부는 학문적 내용에 있어서도
상당한 문제가 있어 그 당시에 벌써 학계의 비판을 받을 정도였다.[20]
그후 1959년에 출판된 陳偉芳의『朝鮮問題與甲午戰爭』은 청나라 외
교문서와 중국 측의 사료 및 기존 연구성과 그리고 서양학계의 연구성
과까지 광범위하게 참조해 가면서 세계근대사와 동북아시아 국제관계
의 배경 속에서 이른바 조선문제를 둘러싼 중일 양국의 외교정책과 이
해충돌과정을 깊이 분석하였는데, 앞서 소개한 蔣廷黻, 王信忠 등의
연구수준을 이미 초월하였으며 지금까지도 중국학계에서 이 분야의
가장 훌륭한 연구서로 평가되고 있다.[21] 그러나 위와 같은 특수한 사
회정치적 상황에 의해 갑작스럽게 고조되었던 한국역사 및 중한관계
사에 대한 관심과 연구 붐은 결국 그 근원으로 작용하였던 6·25전쟁
의 휴전과 더불어 곧바로 냉각되기 시작하였고 따라서 그후 중국학계
에서 한국학 연구의 지속적인 발전으로 이어지지 못한 것 역시 당연한
결과라고 할 수 있다.

실제로 그후 중국 대륙학계에서는 20년 넘게 중한관계사에 대한 그
어떤 연구저서도 출판하지 못하였으며 1980년대에 들어서 楊昭全의
『中朝關係史論文集』,[22] 金光洙·崔鍾國의『中朝友誼一百年』[23] 등
저서들이 차츰 출판되기 시작하였다. 양소전은 중국 대륙학계에서 한
국역사 특히 중한관계사 분야에서 가장 많은 연구저서를 출간한 연구
자로서 그의『中朝關係史論文集』에는 고대부터 현대에 이르기까지
중한관계사 연구의 여러 논문을 수록하였는데 그중 孫中山, 康有爲,

---

20) 隋樹森,「錯誤百出的《中朝關係一百年》(陳述編)」,『大公報』1952년 3월 31
   일 ; 陳述,「關於《中朝關係一百年》的檢討」,『大公報』1952년 6월 23일.
21) 陳偉芳 저, 權赫秀 역,『淸日甲午戰爭과 朝鮮』, 서울 : 백산자료원, 1996, '역
   자의 말' 참조.
22) 楊昭全,『中朝關係史論文集』, 北京 : 世界知識出版社, 1981.
23) 김광수·최종국,『중조친선100년』(조선문), 연변대학출판사, 1985.

梁啓超, 魯迅 등 근대중국의 주요 역사인물들과 한국과의 관계를 다룬
연구는 근대 중한관계사 연구의 새로운 내용이라고 할 수 있다. 연변
대학 교수인 김광수·최종국이 공동 편찬한『중조친선 100년』은 근현
대 중한관계사의 주요 사건들을 사화형식으로 정리하여 한글로 출판
하였는데 그 성격상 학술적인 연구저서는 아니었다. 그리고 당시 이미
작고한 유명한 明史 연구가 吳晗이 생전에 발췌 정리한 12책의『朝鮮
李朝實錄中的中國史料』[24]가 1980년에 출판됨으로서 중국학계의 중한
관계사 연구에 큰 도움이 되었으며 그중『고종실록』등은 근대 중한관
계사와 관련된 중요한 사료로 활용되었다.

　　그후 양소전은 다른 연구자들과 더불어『中朝關係簡史』,[25]『朝鮮華
僑史』[26] 및 『中朝邊界史』,[27]『中朝關係通史』[28] 등을 저술하였다. 그
중『朝鮮華僑史』에서는 비록 고대시기의 화교도 다루었지만 주로 근
대시기에 한반도로 이주해 간 중국인 화교들의 역사를 정리하여 화교
라는 인적 교류의 측면에서 근대 중한관계에 대한 새로운 접근을 시도
하였고,『中朝邊界史』는 중한관계사상 주요쟁점이 되었던 두 나라의
국경선문제 및 그와 관련된 분쟁과 교섭과정을 중국 측의 입장에서 최
초로 정리하였다. 그리고『中朝關係簡史』와『中朝關係通史』의 경우
고대로부터 현대까지의 중한관계사를 통사적으로 서술하였지만 그중

---

24) 吳晗,『朝鮮李朝實錄中的中國史料』12冊, 北京 : 中華書局, 1980.
25) 楊昭全·韓俊光,『中朝關係簡史』, 遼寧民族出版社, 1992.
26) 楊昭全·孫玉梅,『朝鮮華僑史』, 北京 : 中國華僑出版公司, 1991.
27) 楊昭全·孫玉梅,『中朝邊界史』, 吉林人民出版社, 1993.
28)『中朝關係通史』編寫組 編,『中朝關係通史』, 吉林人民出版社, 1996. 위 책
　　은 고대, 근대, 현대, 당대 등 4권 도합 25장, 100여 만자의 방대한 분량으로
　　"遠古시대부터 1994년 12월까지 中朝 두 나라 사이의 수천 년되는 정치, 군
　　사, 경제, 문화관계를 전면적이고 체계적이며 소상하게 서술"하였는데, 그중
　　제24장과 제25장에서 1945년 이후 중국과 조선 및 중국과 한국의 상호관계에
　　대한 내용은 같은 시기 관계상황에 대한 중국학계 최초의 정리였다.

424

근대 부분의 내용은 대체로 지금까지 중국학계의 연구수준과 시각을 보여주었다고 할 수 있다.

1980년대 후반부터 중한 두 나라의 관계가 급속하게 발전하면서 중국 대륙학계의 한국연구도 차츰 활기를 띠게 되었고 특히 근대관계에서 중요한 비중을 차지하고 있는 한국독립운동과 중국의 관계에 대한 연구가 활발하게 전개되었다. 1987년부터 1992년에 각각 출판된 楊昭全 등의 『關內地區朝鮮人反日獨立運動資料彙編』(上·下)29)과 『東北地區朝鮮民族反日革命鬪爭資料彙編』30)에는 비록 외국에서 이미 간행된 사료도 상당 부분 포함되었지만 중국 각지에 흩어져 있던 한국독립운동관련 사료들을 수집, 정리하였다는 점에서 한국독립운동 연구 및 그와 관련된 중한관계사 연구에 큰 도움이 되었다. 실제로 楊昭全이 1996년 韓國精神文化研究院에서 펼쳐낸 『중국에 있어서의 한국독립운동사』가 바로 그 대표적인 사례라고 할 수 있다. 그리고 1992년에 출판된 沐濤·孫科志의 『大韓民國臨時政府在中國』31)은 주로 중국 측의 문헌사료를 이용해 상해를 비롯한 중국 각지에서 임정의 활동상을 간략하게 정리한 소책자에 불과하였지만, 바로 몇 년 뒤 1995년과 1996년 각각 출판된 石源華 등의 『韓國獨立運動與中國(1919~1945)』32) 및 『韓國獨立運動血史新論』33)은 한국독립운동과 중국과의 관계를 보다 심도 있게 연구하였고 특히 중국내 문헌사료뿐만 아니라 한국 측의 사료와 연구성과도 상당하게 이용하고, 심지어 한국학자들의 연구논문까

---

29) 楊昭全·韓俊光 編, 『關內地區朝鮮人反日獨立運動資料彙編』上·下, 遼寧人民出版社, 1987.
30) 楊昭全·李鐵環 編, 『東北地區朝鮮民族反日革命鬪爭資料彙編』, 遼寧民族出版社, 1992.
31) 沐濤·孫科志, 『大韓民國臨時政府在中國』, 上海人民出版社, 1992.
32) 石源華, 『韓國獨立運動與中國(1919~1945)』, 上海人民出版社, 1995.
33) 石源華 主編, 『韓國獨立運動血史新論』, 上海人民出版社, 1996.

지 수록되었다는 점에서 중국에서의 중한관계사 연구가 새로운 발전
단계에 도달하였음을 보여주었다.

이처럼 중한관계의 발전 및 그에 따른 1992년의 공식수교는 중한관
계 연구분야에서 두 나라 학계의 상호교류와 협력을 한층 더 활성화시
키면서 중국학계의 많은 연구저서들이 한국학계에 번역, 소개되는가
하면 중국학자들의 연구 및 저서출판 역시 한국 측의 직접 지원을 받
기 시작하였고 한국에서 직접 연구를 진행하고 저서를 출간할 수 있었
다. 실제로 북경대학의 徐萬民 교수는 한국방문 연구를 통해 근대 중
한관계사에 대한 문헌사료들을 직접 수집하여 새롭게 중한관계사에
관한 연구를 시작하였고 1996년에 19세기 60년대부터 1945년까지의
중한관계사를 서술한 『中韓關係史(近代卷)』을 출판하였다.34) 그리고
復旦大學의 石源華 교수는 1997년에 『중국공산당과 한국독립운동관
계기사연구』라는 새로운 저서를 한국에서 출판하여 그때까지 잘 알려
지지 않은 중국공산당 측과 한국독립운동의 관계를 새롭게 정리하였
다. 그리고 1994년부터 1995년까지 杭州大學圖書館 및 한국연구소에
서 공동편찬한 『韓國硏究中文文獻目錄(1912~1993)』35)과 『韓國硏究
日文文獻目錄(1912~1993)』36)은 대만, 홍콩을 포함한 중국학계 및 일
본학계의 한국학 관련저서와 논문들을 총정리하여 연구자들에게 편의
를 제공하였지만 그 내용상 오류가 적지 않은 것이 흠이었다. 1995년
崔蓮・金順子가 편찬한 『中國朝鮮學－韓國學硏究文獻目錄(1949~
1990)』37)은 1949년 이후 중국 대륙학계의 한국학관련 연구문헌들을 정

---

34) 徐萬民, 『中韓關係史(近代卷)』, 北京：社會科學文獻出版社, 1996.
35) 杭州大學圖書館・杭州大學韓國硏究所 編, 『韓國硏究中文文獻目錄(1912~
    1993)』, 杭州大學出版社, 1994.
36) 杭州大學圖書館・杭州大學韓國硏究所 編, 『韓國硏究日文文獻目錄(1912~
    1993)』, 杭州大學出版社, 1994.
37) 崔蓮・金順子編, 『中國朝鮮學－韓國學硏究文獻目錄』, 北京：中央民族大學

리한 것이다. 그밖에 서울시립대학 서울학연구소가 中國第一歷史檔案館 측의 한국관련사료들을 제공받아 발췌 정리한 『淸代中朝關係檔案史料彙編』[38]은 주로 근대 중한관계와 관련된 청정부 문서들을 수록하였으며 특히 중한 두 나라 학계의 공동연구와 협력에 의해 편집 및 출판되었다는 점에서 매우 바람직한 일이라고 할 수 있으나 그 내용은 이미 출간된 『淸季中日韓關係史料』 등과 많이 중복되었다.

이처럼 중국학계의 근대 중한관계사 연구는 최근 들어 양국관계의 급속한 발전에 힘입어 1950년대 이후의 새로운 연구 붐을 이루고 있으며 연구수준과 내용 역시 훨씬 발전된 모습을 보여주고 있는 형편이다. 그러나 하나의 독립된 학문으로서 연구대상과 연구범위의 설정 및 다양한 연구방법의 채택 그리고 연구사의 정리 및 한국, 일본, 구미 학계의 연구성과와 관련사료들의 활용 등 여러 면에서 아직도 상당한 미숙함을 보여주고 있으며 전체적인 연구수준 역시 중한관계사와 직접 관련이 있는 근대 중일관계사의 연구에 비해 많이 뒤떨어져 있는 실정이다.

이처럼 중국 대륙학계가 한국과의 상호 단절된 관계상황으로 말미암아 상당기간 중한관계사를 비롯한 한국 연구분야에서 저조하였던 반면에 대만과 홍콩의 학계에서는 그동안 중한관계사 및 한국 연구에서 상당한 업적을 쌓아왔다. 대만학계에서는 무엇보다도 근대 중한관계의 사료에 대한 정리가 돋보였는데, 1972년 中央硏究院 近代史硏究所에서 편찬한 『淸季中日韓關係史料』 11권에는 청나라 總理各國事務衙門 및 外務部의 외교문서 중 한국 및 일본과 관련된 내용들을 정리하여 청왕조 말기 對韓國關係에 관한 "가장 가치있는 第一手史

出版社, 1995.

38) 中國第一歷史檔案館, 『淸代中朝關係檔案史料彙編』, 北京 : 國際文化交流出版社, 1997.

料"[39]로 평가되고 있다. 그후 趙中孚, 張存武, 胡春惠 등의 편집으로
한국의 국사편찬위원회에 해당되는 中華民國國史館에서 출간한 『近
代中韓關係史資料彙編』은 1987년부터 지금까지 무려 11권이나 되었
는데 그중 『申報』, 『民國日報』, 『大公報』, 『東方雜誌』 등 근대중국의
주요신문잡지에서 한국관련기사들을 정리, 수록하여 19세기 말부터 20
세기 초까지 중한관계의 변화과정을 보여주는 중요한 연구자료를 제
공하였다. 그리고 역시 중앙연구원 근대사연구소에서 편찬한 『國民政
府與韓國獨立運動史料』[40] 및 중국국민정부의 요인으로서 한국독립운
동에 대한 지원업무에 직접 참여하였던 蕭錚이 사비로 간행하였다는
『中國協助韓國光復運動史料』는 임시정부를 중심으로 한 중국내 한국
독립운동단체들과 당시 중국국민정부 사이의 관계 및 중국내 한국독
립운동사에 관한 중요한 증언자료들이었다. 1974년에 출간한 胡春惠
의 『韓國獨立運動在中國』[41]이 바로 위와 같은 중국 측 문헌사료와 증
언들을 충분히 활용하여 중국 국내의 한국독립운동상황 특히 중국국
민정부 및 국민당과 임시정부를 중심으로 한 중국내 한국독립운동세
력과의 관계를 심도 있게 연구한 대표작으로서 훗날 한국학계에도 번
역 소개되었다.

그리고 1970년에 출판된 林明德의 『袁世凱與朝鮮』[42]은 1885년부터
1894년까지 조선에 주재하면서 청나라의 對朝鮮政策을 직접 실행하였
던 원세개와 당시 조선왕조의 관계를 국내외 문헌사료를 널리 이용하
여 소상하게 밝힘으로서 지금까지 "이 주제와 관련하여 필독해야 할
中文著作"으로 되어 있고,[43] 1979년에 출간된 張存武의 『淸韓宗藩貿

39) 張存武, 「近代中韓關係史的研究」, 中央研究院近代史研究所, 『六十年來的
    中國近代史研究』下冊, 462쪽.
40) 中央研究院近代史研究所, 『國民政府與韓國獨立運動史料』, 同 연구소, 1988.
41) 胡春惠, 『韓國獨立運動在中國』, 中華民國史料研究所, 1974.
42) 林明德, 『袁世凱與朝鮮』, 中央研究院近代史研究所, 1970.

428

易(1637~1894)』44)은 청나라와 조선왕조 사이에 200년 넘게 지속되었던 이른바 조공무역을 경제사적 관점에서 고찰하여 단연 이 분야의 고전적 연구로 되어 있다. 그밖에도 陳國亭의『中日韓百年大事記』45)는 중국, 일본, 한국의 근대사를 연표 형식으로 정리한 자료서였고, 黃寬重의『中韓關係中文論著目錄』46)은 근대이래 중국학계의 한국관계 연구서 240종과 논문 1,004편을 수록하여 대만학계를 비롯한 중국학계의 한국학 연구성과를 총정리하였다. 또한 1983년에 출간된 中華民國韓國研究學會의 『中韓關係史國際討論會論文集』47)은 한국학계와 공동으로 개최된 중한관계사 국제학술회의 논문집으로서 중한 양국을 비롯한 각국 학자들의 중한관계사 논문을 수록하였고 1988년에 출판된 張存武의『淸代中韓關係論文集』48)에서도 국경문제를 비롯한 근대 중한관계사 관련 논문들이 수록되었다.

1992년부터 1994년까지 중국대륙에서 출판된 홍콩학자 黃枝連의『天朝禮治體系硏究』(上·中·下)49)는 비록 중한관계만을 전문 연구한 저서는 아니지만 그가 제창한 '天朝禮治體系'의 주요 모델케이스가 바로 중국왕조와 한반도의 관계였다. 그중 상권에 해당하는『亞洲的華夏秩序 : 中國與亞洲國家關係形態論』에서는 주로 중국역사에서 北魏孝文帝와 조선왕조의 '禮義世界'를 다루었고, 중권에 해당하는『東亞

43) 張存武,「近代中韓關係史的硏究」, 中央硏究院近代史硏究所,『六十年來的中國近代史硏究』下冊, 462쪽.
44) 張存武,『淸韓宗藩貿易(1637~1894)』, 中央硏究院近代史硏究所, 1979.
45) 陳國亭,『中日韓百年大事記』, 中華叢書編審委員會, 1970.
46) 黃寬重,『中韓關係中文論著目錄』, 中央圖書館漢學硏究中心, 1987.
47) 中華民國韓國學硏究會,『中韓關係史國際討論會論文集』, 同 학회, 1983.
48) 張存武,『淸代中韓關係史論文集』, 臺北 : 臺灣商務印書館, 1988.
49) 黃枝連,『亞洲的華夏秩序 : 中國與亞洲國家關係形態論』, 中國人民大學出版社, 1992 ;『東亞的禮義世界 : 中國封建王朝與朝鮮半島關係形態論』, 위와 같음, 1994 ;『朝鮮的儒化情境結構 : 朝鮮王朝與滿淸王朝的關係形態』, 위와 같음, 1994.

的禮義世界：中國封建王朝對朝鮮半島關係形態論』에서는 오로지 고
려왕조 말기 및 조선왕조 시기의 한국과 중국 明왕조의 관계를 집중적
으로 다루었으며, 하권에 해당하는『朝鮮的儒化情境結構：朝鮮王朝
與滿淸王朝的關係形態論』에서도 역시 조선왕조와 청왕조의 관계를
다루어 사실상 중한관계에 대한 통사적이고 거시적인 연구서라고 해
도 무방할 것이다. 위 연구에서 저자는 자신이 1960년대부터 미국 하
버드 대학과 싱가포르의 南洋大學(현재의 싱가폴 국립대학)에서 수학
및 연구과정에서 접촉하였고 또한 그후의 연구과정에서 계속 다루어
왔던 이른바 '미국식평화(Pax Americana)'와 '대동아공영권(Pax Japanica)'
문제에서 계시를 얻어 國際關係形態硏究의 시각과 방법으로 아시아
태평양지역의 지역질서 및 국제관계에 대한 이론적 접근을 시도하였
다고 피력하였다. 물론 그가 제시한 기본개념과 이론체계 및 연구방법
과 결론은 아직 국내외 학계의 보편적인 인정을 받지 못하고 있지만
중한관계사에 대한 중국학자의 거시적 이론의 제시라는 점에서 거시
이론적 연구가 매우 부족한 이 분야의 연구에 분명 유익한 자극이 될
것으로 생각된다.

그리고 대만의 여러 대학에서 修學 또는 연구를 해 온 한국인 연구
자들이 대만에서 발표한 연구논문들은 비록 중국학계의 연구는 아니
었지만 대만에서 중국인 학자들의 지도를 받고 주로 중국 측 사료와
문헌을 충분히 활용하여 얻은 연구성과를 중국어로 발표하였다는 점
에서 대만 등 중국학계의 관련연구에 나름대로 一助하였을 뿐만 아니
라 그 연구자들이 훗날 한국학계에서 한중관계 분야의 주요 연구자들
로 성장하였다는 점에서도 매우 중요한 의미를 지니게 된다. 그중 대표
적인 연구논문으로는 金臺赫의 臺灣大學 석사학위논문「朝鮮開國與淸
日外交之硏究」, 辛勝夏의 대만대학 석사학위논문「甲午前中國朝野對朝
鮮問題的看法」,[50] 金達中의「韓國流移民之硏究：1860～1910」, 陸銀均

의 대만대학 박사학위논문 『晩淸中韓關係之硏究－以興宣大院君與淸廷
的關係爲中心』 등이 있는데, 그중 신승하의 논문은 1894년 이전 청나라
관원 및 사대부들의 韓國觀을 분석한 것으로 본 연구에도 크게 참고가
되었다.

4. 결론을 대신하여

근대에 중한 양국은 모두 서양열강의 침략에 의한 개항과 더불어 시
작된 근대화의 진통을 겪어왔고 양국관계 역시 위와 같은 근대체제로
전환하기 시작하였지만 그러한 변화는 반드시 두 나라 사이의 전통적
관계의 급격한 변화나 단절을 의미하는 것이 아니었고 한때는 오히려
보다 밀접한 실질적 관계로까지 발전하여 양국관계가 중한 두 나라 근
대역사의 전개과정에 있어서도 상당히 중요한 부분을 차지하였다.

실제로 당시 중국 청왕조의 경우 1840~1842년의 아편전쟁 이후 老
大한 봉건제국으로서의 국력과 榮華가 날로 쇠퇴함에도 불구하고 당
시 조선왕조에 대한 전통적인 조공관계를 한층 강화하려는 의도에서
조선의 내정, 외교에 대한 간섭을 강화하면서 조선으로 군대를 파견하
고 차관을 제공하며 당시 중국의 최고 인재들이라고 할 수 있는 구미
각국에 유학한 엘리트 관료들을 조선정부의 고문으로 파견하는 등, 한
마디로 근대중국의 대외관계에서 그 유례를 찾아볼 수 없는 적극적인
태도를 보여주었다. 말하자면 청나라는 그만큼 한반도문제 및 對朝鮮
關係를 중요하게 인식하고 있었던 것으로 그러한 의미에서 한반도문
제는 비록 근대중국의 대외관계에서 가장 중요한 문제는 아니었더라

---

50) 신승하의 위 논문은 1973년에 「淸季中國朝野의 조선문제 인식」이라는 제목
　　으로 『史學誌』(단국대학교 사학과) 제7집에 발표되었다.

도 분명 당시 중국 청정부가 가장 힘을 기울였던 부분이라고 할 수 있다. 한국의 경우 역시 적어도 1894~1895년의 청일전쟁 이전까지의 한국근대사의 전개과정은 한중관계와 매우 밀접한 연관성을 갖고 있는 것이 사실이었다.

이처럼 한때 전통시대보다 더욱 강화되기까지 한 근대 중한관계는 결국 청일전쟁의 종결과 더불어 전통적인 조공관계를 청산하고 새로운 근대적 조약관계를 바탕으로 한 국가관계로 탈바꿈을 시작하였으며 이러한 역사적 변화과정이 바로 근대 중한관계사의 주요 내용이라고 생각된다. 이는 결국 중한 두 나라의 전통관계가 수천 년만에 질적인 변화를 가져왔다는 것을 의미할 뿐만 아니라 또한 향후 중한 두 나라 국가관계 발전의 기본틀과 방향을 결정해 주는 역할도 하였다는 점에서 이 시기에 대한 연구는 중한관계사의 통사적 고찰을 위한 학술적 의미에서는 물론 새로운 아시아태평양시대에 날로 가까워지고 있는 중한 두 나라의 보다 바람직한 관계 설정을 위해서도 매우 의미 있는 작업이라고 생각된다.

그러나 위에서 살펴 본 중국학계의 경우 지금까지 근대 중한관계사에 대한 연구가 근대 중일관계 등 관련분야의 연구와 비교해 볼 때 아직도 많이 부족한 실정이다. 한편 이러한 연구의 부진상황이 바로 향후 근대 중한관계사 연구의 비약적 발전을 기대할 수 있는 토대로 될 수 있는바 위에서 살펴본 선행 연구상황에 비추어 필자는 근대 중한관계사 연구와 관련하여 다음과 같은 연구시각과 방법을 제안하고자 한다.

첫째, 근대 중한관계사 연구는 마땅히 중국과 한국의 兩者的 관계(the bilateral relationship)를 중심으로 한 새로운 시각에서 진행되어야 할 것이다. 물론 근대이래 중한관계 자체가 서세동점에 따른 동아시아 각국이 세계자본주의체제로 편입되는 과정의 일부분이었고 또한 중한관

계의 특성상 일본 등 주변국가들과의 관련성이 매우 중요한 것도 사실
이지만, 여기서 새삼스럽게 兩者的 관계 중심의 연구를 주장하는 것은
위에서 이미 살펴본 바와 같이 근대 중한관계 연구가 늘 청일전쟁의
前史 또는 근대 중일관계 나아가서 동북아국제관계의 주변적 내용으
로만 취급되는 연구경향이 지금까지 실재하고 있기 때문이다. 무릇 두
나라 사이의 공식적인 외교관계에서 아무리 제3국의 외교정책 및 주변
의 국제체제와 질서의 영향을 많이 받는다 하더라도 그것은 어디까지
나 제한적일 수밖에 없으며 두 나라의 외교적 관계의 변화발전에 직접
영향을 미치는 것은 결국 양국의 국가이익과 그에 따른 외교적 선택과
결정 및 행동이며 그러한 양국관계의 전개과정 역시 나름대로의 독특
한 관련요소들과 운행법칙에 의해 움직이는 하나의 독자적인 과정일
수밖에 없다. 그러한 의미에서 전통적 조공관계에서 근대적 조약관계
로 전환하는 중요한 역사시기이기도 한 근대 중한관계사 연구에서 양
자적 관계중심의 시각을 강조하는 것은 위에서 지적한 잘못된 연구경
향을 극복하기 위한 학문적 차원뿐만 아니라 중한 양국이 새로운 동반
자관계를 모색해 나가고 있는 오늘의 현실에서 무엇보다도 필요한 연
구자세라고 생각된다.

　둘째, 근대 중한관계사 연구는 마땅히 미래지향적인 관점에서 보다
공정하고 객관적으로 연구되어야 할 것이다. 주지하는 바와 같이 중국
과 한국의 근대사는 한결같이 서양자본주의세력 및 일본의 침략에 시
달리던 수난과 고통의 역사였으며 따라서 양국관계가 전통적 조공관
계에서 근대적 조약관계로 전환하는 과정 역시 평화적이고 친선적으
로 전개된 것이 아니었던 것도 사실이다. 그러므로 근대시기의 중한관
계에 대한 연구과정에서 자국의 역사적 지위와 체면 및 민족감정을 어
떻게 처리해야 하는가는 두 나라 학계의 연구자 및 양국 국민들에게
매우 민감한 사안일 뿐만 아니라 실제로 연구과정에서 반드시 부딪쳐

야 할 문제이기도 하다. 근대시기를 비롯한 역사문제에 대한 인식과
이해의 차이로 말미암아 일본이 중한 양국을 비롯한 주변국가들과 엄
청난 외교적 사회적 충돌과 대결 사태를 야기시켰던 前例를 감안할 때
역사문제에 대한 인식과 연구는 결코 단순한 학계의 문제가 아니다.

근대 중한관계사 연구에 있어서도 중한 두 나라 학계의 시각적 차이
와 분쟁이 엄연히 존재하였는데 이와 관련하여 중국학자 張存武는 다
음과 같이 지적하였다. "獨立復國 후의 한국학자들은 독립자주를 강조
하기 위하여 흔히 근대서방의 국제법 관념으로 옛날 역사를 해석하고
있으며 따라서 중국의 관련연구저서들에서도 무의식간에 당시 東方의
封貢宗藩體制를 강조하고 있다."[51] 이처럼 서로 다른 역사인식의 상
호이해와 접근을 위해서는 무엇보다도 역사적 사실에 대한 공정하고
객관적인 학문연구가 선행되어야 하며 특히 근대 중한관계사처럼 기
본사실과 전개과정에 대한 사실적 고찰 자체가 절대적으로 부족한 분
야에서는 더욱 그러할 것이다. 요컨대 위와 같은 연구는 마땅히 양국
관계의 바람직한 발전을 위한 미래지향적 관점에서 진행되어야 할 것
이다.

셋째, 근대 중한관계사 연구는 마땅히 기존의 역사적 서술방법 외에
도 다양한 학문적 방법론에 의한 연구가 시도되어야 할 것이다. 역사
연구를 비롯한 인문과학분야에서 새로운 사회과학의 다양한 연구방법
이 활용되고 있는 요즘에 유독 중한관계사 연구에서만 천편일률적으
로 전통적인 역사서술방법을 고집하는 것은 위에서 살펴본 근대 중한
관계사 연구의 부진현상과 무관하지 않은 것으로 생각된다. 특히 근대
중한관계사와 관련된 기본개념과 연구범위의 정립 등 이론적 작업과
기초적인 자료와 목록의 편찬 그리고 외교사 연구, 경제사 연구, 사회

---

51) 張存武, 「近代中韓關係史的研究」, 中央研究院近代史研究所, 『六十年來的
中國近代史研究』 下冊, 467쪽.

사 연구, 문화사 연구 등 인근 학문과의 교류와 협력을 비롯한 다양한 연구방법의 개발과 적용도 적극적으로 시도되어야 할 것으로 생각된다.

실제로 근대 중한관계사의 경우 크게는 정치학의 하위체계인 국제관계 분야 중 역사연구에 속한다고 볼 수 있는 중한 근대외교사 연구와 전통적 역사학 연구분야 중 중한 양국의 근대역사(주로 정치사) 연구라는 두 가지 서로 다른 분야의 내용이 처음부터 섞여 있는 일종의 學際的(interdisciplinary) 연구분야로서 그 연구방법에 있어서도 당연히 위와 같은 복합적 내용에 부합되는 학제적 연구방법의 모색과 강구는 너무나 자명한 일이었다. 그리고 중한 양국의 교류협력이 여러 분야에서 활발하게 전개되고 있고 세계 각국 학계 사이의 자료교환과 연구협력이 날로 활발해지고 있는 지금의 시점에서 근대 중한관계사 연구 역시 그에 필요한 중한 양국의 문헌사료와 선행 연구성과는 물론 일본 등 관련국가의 문헌사료와 선행 연구성과까지 널리 섭렵하고 참조함으로써, 한두 가지 제한된 문자로 기록된 단편적 사료와 문헌만을 이용하는 협소한 성향에서 하루빨리 탈피할 수 있어야 할 것이다.

중국학자가 살펴본 조선왕조
대중국인식의 변화과정
─陳尙勝 외,『朝鮮王朝(1392~1910)對華觀的演變 :
「朝天錄」和「燕行錄」初探』을 읽고서─

　　조선왕조 조공사신들의 使行기록인『燕行錄』에 관한 중국학계의 관심은 일찍 1930년대까지 거슬러 올라간다. 1933년 중국학자 金毓黻은 만주지역문헌을 수록한『遼海叢書』에 柳得恭의『灤陽錄』2권과『燕臺再遊錄』1권을 수록하면서 "다른 나라 사람이 중국의 事迹을 기록한 책으로서 이해관계의 편견이 섞이지 않아 자못 진실하다"고 평가하였다.[1] 그후 반세기가 지난 1978년부터 대만의 珪庭出版社에서 명나라 시기 사행기록인『朝天錄』26종을 양장본 4책으로 영인 출간하였다.[2] 한편 일부 중국학자들도『燕行錄』사료를 바탕으로 중국사 및 한중관계사에 관한 연구를 시작하였는데 대표적으로 대만학자 張存武의 청나라 시기 한중문화교류에 관한 연구[3] 및 중국인민대학 교수 王政

---

[1] "爲異國人紀中朝事沸之書, 不參利害之見, 頗能得眞, 故可貴也." 金毓黻編,『遼海叢書』第5冊, 瀋陽：遼瀋書社 1985年 影印本, 3640쪽.

[2] 대만의 珪庭出版社에서 1978년부터『中韓關係史料輯要』라는 이름으로 明清시기 중국사정에 관한 조선왕조의『朝天錄』,『同文彙考』등 관련문헌들을 속속 영인 출간하고 있다.

[3] 張存武,「淸代中國對朝鮮文化的影響」,『淸代中韓關係論文集』, 臺北：臺灣

堯의『燕行錄』및 청나라 희극문화연구[4] 등이 있다.

위와 같이 단편적으로 진행되어온『燕行錄』연구와 달리 1999년에 출간된 山東大學 역사문화학원 陳尙勝 교수 외,『朝鮮王朝(1392～1910)對華觀的演變:「朝天錄」和「燕行錄」初探』(이하 『朝鮮王朝對華觀』으로 약칭함)[5]은 명나라 시기의『朝天錄』과 청나라 시기의『燕行錄』을 모두 포함한『燕行錄』전체에 대한 중국학계 최초의 체계적이고 전문적인 연구라고 할 수 있다. 진상승 교수가 부주임으로 있는 산동대학 한국연구중심에서 편집한 '한국학연구총서'의 하나로 출간된 위『朝鮮王朝對華觀』의 제목을 굳이 한국독자들에게 익숙한 방식으로 풀이해 본다면 대략 '「朝天錄」과「燕行錄」을 통해 초보적으로 살펴본 조선왕조 대중국인식의 변화'로 표현할 수 있는데, 序論, '上編「朝天錄」初探'과 '下編「燕行錄」初探' 및 後論과 附錄 등 5개 부분으로 나뉘어 모두 363페이지에 총 30만 자로, 연구서로서는 꽤 되는 분량이었다.

내용의 소개와 논평에 앞서 위 책의 대표저자인 陳尙勝 교수의 경력 및 주요 연구실적을 먼저 살펴보기로 한다. 현재 山東大學 역사문화학원 교수로 있는 진상승은 1981년에 安徽大學 사학과를 졸업한 뒤 곧이어 1984년 山東大學 사학과 석사과정 그리고 2001년 山東大學 사학과 박사과정을 졸업하여 역사학박사학위를 취득하였고 현재 산동대학 中外關係史硏究所 소장, 한국학연구중심 부주임 및 중국 朝鮮史硏究會 부회장 등을 맡고 있다. 1958년생으로 아직 50세 미만의 그는 명청시기 중국 대외관계사분야의 전문가로서 1993년부터『閉關與開放:中國

商務印書館, 1987.

4) 王政堯,「燕行錄初探」,『淸史硏究』(中國) 1997年 3期;王政堯,「略論燕行錄與淸代戱劇文化」,『中國社會科學院硏究生院學報』1997年 3期.

5) 陳尙勝 等著,『朝鮮王朝(1392～1910)對華觀的演變:「朝天錄」和「燕行錄」初探』, 濟南:山東大學出版社, 1999.

封建晚期對外關係研究』,6) 『中國古代對外關係史』(共著),7) 『懷夷與抑商 : 明代海洋力量興衰研究』,8)『中國海外交通史』(共著)9) 등의 연구서를 출간하였고, 특히 한중관계사와 관련하여 이미『中韓關係史論』,10)『中韓交流三千年』11) 등의 연구서를 출간하면서 중국학계의 한중관계사 연구분야에서 중진학자로 활약하고 있다.

여기서 미리 밝혀두어야 할 것은 위『朝鮮王朝對華觀』은 진상승 교수의 지도하에 산동대학교 사학과 대학원생 10명의 공동작업으로 완성된 저서로서 엄격한 의미에서 진상승 교수 개인의 단독연구서가 아니다. 그리고『朝鮮王朝對華觀』은 한국국제교류재단으로부터 연구비를 지원받고 또한 성균관대학교 대동문화연구원으로부터『燕行錄選集』12) 및 대만의 珪庭出版社 간행『朝天錄』등 기본자료의 지원을 받아서 완성된 결과물인데, 한중수교가 이루어지는 1992년 전후로부터 현재까지 중국학계의 한국학관련 연구서가 상당부분 한국 측의 연구비 지원에 의해 이루어지고 또한 대체로 위와 같은 공동작업의 결과물로 출간되고 있는 사실은 그만큼 중국학계의 한국학연구가 아직 개인적인 전문연구의 바탕이 크게 부족하고 따라서 외부의 자금 및 자료의 지원이나 협조가 없이 제대로 진척될 수 없을 정도로 초보적인 단계에 머물고 있는 실정을 보여주고 있다.

위 책의 내용을 보다 자세히 소개하기 위해 목차의 내용을 일부 토

6) 陳尚勝, 『閉關與開放 : 中國封建晚期對外關係研究』, 濟南 : 山東人民出版社, 1993.
7) 陳尚勝 외 공저, 『中國古代對外關係史』, 北京 : 高等敎育出版社, 1993
8) 陳尚勝, 『懷夷與抑商 : 明代海洋力量興衰研究』, 濟南 : 山東人民出版社, 1997.
9) 陳尚勝 외 공저, 『中國海外交通史』, 臺北 : 文津出版社, 1997.
10) 陳尚勝, 『中韓關係史論』, 濟南 : 齊魯書社, 1997.
11) 陳尚勝, 『中韓交流三千年』, 北京 : 中華書局, 1997.
12)『燕行錄選集』上·下, 서울 : 성균관대학교대동문화연구원, 1960~1962.

씨만 제외한 채 중국어 원문 그대로 다음과 같이 옮겨둔다.

序論 : 頻繁한 往來, 珍貴한 記錄 －「朝天錄」과「燕行錄」槪述
上編 :「朝天錄」初探
權近 :『奉使錄』
權挾 :『朝天錄』
許箎 :『朝天記』
趙憲 :『朝天日記』
李晬光 :『朝天錄』
李恒福 :『朝天日乘』과『朝天記聞』
李廷龜 :『朝天錄』
金尙憲 :『朝天錄』
下編 :「燕行錄」初探
李濬 :『燕途紀行』
閔鎭遠 :『燕行錄』
李宜顯 :『燕行雜識』
洪大容 :『湛軒燕記』
李土甲 :『燕行紀事』
朴趾源 :『熱河日記』
柳得恭 :『燕臺再遊錄』
李基憲 :『燕行錄』
金景善 :『燕轅直指』
後論 : 事大論－華夷論－北學論
－朝鮮王朝對華觀演變軌迹初探
附錄 : 大報壇과 明淸之際의 中朝關係

위와 같은 내용 중 상편의 '「朝天錄」初探'은 명나라 시기 중국을 방
문하였던 조선왕조 조공사신 9명이 남긴 10종의 使行기록에 대한 약

간의 논평을 곁들인 해제 성격의 소개였고, 하편의 '「燕行錄」初探' 역
시 청나라 시기 중국을 다녀간 조선왕조 조공사신 9인이 남긴 9종의
사행기록에 대한 일반적인 소개에 불과하였다. 다만 간략한 해제 성격
의 소개과정에서 당시 중국사회 실상에 대한 인식을 중점적으로 다루
어 나름대로 한중관계사의 시각에서 위와 같은 사행기록의 사료적 가
치를 부각시키려고 한 노력이 엿보인다.

결국 『朝鮮王朝對華觀』의 가장 독창적 연구내용은 진상승 교수가
직접 집필한 서론과 후론 부분에서 주로 나타난 것으로 볼 수 있다. 총
37페이지나 되는 서론 부분에서 저자는 주로 한국학자 全海宗의 『中
韓關係史論集』[13] 및 중국학자 楊昭全 등의 『中朝關係簡史』[14]등 선행
연구를 바탕으로 명청시기 중한 두 나라의 조공관계사실을 살펴본 뒤
『朝天錄』, 『燕行錄』 및 『漂海錄』으로 대표되는 朝貢使行관련 기록의
저술, 간행상황을 차례로 소개하였다. 특히 조선왕조 조공사신들에 의
해 숨김없이 솔직하게 기록된 당시 중국사회의 실상에 관한 내용의 중
요성을 중국사연구의 입장에서 거듭 강조하였다. 한편 그는 명나라를
방문한 조선왕조 사신들이 남긴 『朝天錄』의 경우 사료적 가치에서 오
히려 청나라를 방문한 조선왕조 사신들이 남긴 『燕行錄』에 못미치는
것으로 평가하였는데 물론 그 평가기준은 여전히 사료적 면에서 중국
의 명청시대 역사연구에 어느 정도 도움이 되느냐 하는 것이었다.

구체적으로 『朝天錄』의 경우 특히 명나라 前期에 중국을 방문한 조
선왕조 사신들은 전통적인 '事大觀'의 구속에 의해 오로지 도시성곽
및 궁궐의 웅대하고 장려함과 군사역량의 강대함 그리고 인물과 재산
의 풍부힘 등 명나라의 좋은 면만 부각하면서 조공사행과 관련된 기행
성격의 서정적 詩文만 남겼을 뿐 명나라 사회 여러 분야에 대한 깊이

---

13) 全海宗, 『中韓關係史論集』, 北京 : 中國社會科學出版社, 1997.
14) 楊昭全·韓俊光, 『中朝關係簡史』, 瀋陽 : 遼寧民族出版社, 1992.

있는 관찰과 기록이 크게 부족하였다. 반면에『燕行錄』의 경우 청나라의 정치, 경제, 군사, 지리, 물산, 문화, 풍속습관 및 대외관계 등 여러 분야에 걸쳐 자세하고 풍부한 기록을 남겼는데 그중 상당 부분은 청나라의 역사문헌에 전혀 기록되지 않거나 또는 왜곡 등 잘못 기록되어 있는 내용이었다. 바로 그러한 의미에서『朝天錄』과『燕行錄』은 중국학계의 명청시대 역사연구에 새로운 사료를 제공하였을 뿐만 아니라 나아가서 14세기부터 19세기 후반까지 중한관계의 변화과정을 이해하고 특히 명청교체기를 거치면서 조선왕조의 대중국인식 변화과정을 파악하고 그러한 대중국인식의 변화에서 나타난 한국문화의 특성을 이해하는 데도 큰 도움이 될 수 있다고 지적하였다.

주지하는 바와 같이 역사적인 집단체험의 所産으로서 한 나라 한 민족에 대한 누적된 이미지가 하나의 정형된 관념으로 정착될 경우 그것을 인식으로 이해할 수 있는데, 그러한 인식은 무엇보다도 역사적으로 상당히 오랜 기간에 형성되는 것이며 또한 역사기록과 역사교육 등에 의해 끊임없이 전승되고 재생산되고 있다. 물론 다른 나라 다른 민족에 대한 위와 같은 인식은 외교관계를 비롯한 상호교류를 통해 형성되는 법이지만 또한 그 나라 그 민족에 대한 현재 및 장래의 태도와 정책을 결정하는 중요한 요소로 작용하는 이른바 자기실현성을 갖고 있다.

필자의 과문 탓이 아니라면 한국학계의 경우 한국인의 대미인식 및 한일 양국의 상호인식에 관한 연구서가 일찍 출간되었지만[15] 역사적으로 가장 밀접한 관계를 유지해왔던 중국에 대한 한국인의 인식관련 전문연구서는 아직 없는 것으로 알고 있다. 중국학계의 경우 상호인식의 시각에서 대외관계사를 연구하는 시도가 최근에 들어서야 겨우 시

---

15) 유영익 외,『한국인의 대미인식』, 민음사, 1994 ; 한일관계사학회,『한일양국의 상호인식』, 국학자료원, 1998.

작되었는데 그것도 요즘 한창 문제되고 있는 중국인의 일본인식을 다룬 연구에 제한되어 있는 실정이다.[16] 그러한 의미에서 진상승 교수의 위와 같은 작업은 무엇보다도 문제의식 면에서 중국의 대외관계사 연구 특히 한국학연구에 있어서 상당히 앞서가는 연구라고 평가할 수 있다.

위와 같은 문제의식을 바탕으로 무려 10종에 달하는 『朝天錄』과 『燕行錄』을 명청사회의 제반양상에 대한 관찰 및 인식에 대한 내용을 중심으로 차례로 살펴본 뒤 진상승 교수는 총 30페이지에 달하는 후론 부분에서 조선왕조 대중국인식의 단계적 변화과정 및 그 내용을 자세히 분석하였는데 대략 다음과 같이 요약해 본다.

조선왕조의 사신들이 남긴 『朝天錄』과 『燕行錄』을 통해 당시 조선왕조의 대중국인식에 나름대로 뚜렷한 변화가 있었던 사실을 파악할 수 있었다. 구체적인 변화과정은 바로 중국의 명나라를 정치적으로 尊奉하고 문화적으로 모방하던 것으로부터 중국의 청나라를 겉으로 여전히 尊奉하지만 속으로는 적대시하고 심지어 문화적으로 청나라를 멸시하는 입장으로 변화하였고, 마지막에는 일부 인사들이 청나라의 문화적 우세를 부분적으로나마 인정하면서 청나라의 문화를 따라 배우고 흡수하고 주장해 나선 것이다. 조선왕조 대중국인식의 이론적 바탕은 결국 표준적인 儒學문화였는데 구체적으로 초기의 事大論으로부터 華夷論 나아가서 北學論으로 차례로 변화한 것이다.

명나라에 대한 조선왕조의 사대론 및 초기 청나라에 대한 화이론은

---

16) 徐冰主編, 『中國人的日本認識』, 長春 : 吉林大學出版社, 2003年 4月 第1版 ; 中國社會科學硏究會編, 『中國與日本的他者認識－中日學者的共同探討』, 北京 : 社會科學文獻出版社, 2004年 3月 第1版. 졸저 『19세기 말 한중관계사 연구－이홍장의 조선인식과 정책을 중심으로』(백산자료원, 2000)의 경우 비록 상호인식과 외교관계의 시각에서 이홍장의 조선정책을 다루었지만 그 자체가 중국의 조선인식에 대한 전문연구는 아니었다.

결국 모두 하나의 春秋義理觀에서 비롯된 것인데, 바로 명나라를 '華'로 청나라를 '夷'로 간주하였기 때문에 명나라를 높이 받들고 청나라를 배척하는 尊明排淸의 대중국인식을 확립하게 된 것이다. 말하자면 성리학의 발달과 더불어 춘추의리관은 이미 조선왕조의 대외관계이론에 깊은 영향력을 미치고 있었다. 이른바 事大論과 尊王攘夷論에 관한 당시 조선왕조 사대부들의 구체적 논의 내용으로 미루어 보아 그들은 무엇보다도 명분과 형식을 따지면서 외래문화의 내용에 대한 감수성은 오히려 날로 뒤떨어져 갔는데 그 결과 문화적 보수성과 정치적 폐쇄성은 한층 더 심각해졌다.

한편 華夷論으로부터 北學論에로의 전환은 조선왕조 대중국인식의 질적인 변화를 의미한다. 당시 일부 학자들은 전통적인 춘추의리관의 영향에서 완전히 벗어나 전통적인 '大中華', '小中華'사상의 울타리를 타파하였고 일부 학자들은 심지어 전통적인 화이관에 대한 새로운 해석을 시도하면서 "오랑캐를 스승으로 삼아 결국 오랑캐를 제어하자(師夷而制夷)"는 주장을 제시하였다.[17] 위와 같은 사상은 한국사상사에서 중요한 의미를 갖고 있을 뿐만 아니라 당시 동아시아 漢文化圈에 있어서도 상당히 선구적인 의미를 갖는 내용이었다. 물론 북학파의 주장이 대체로 실현되지 못하였지만 그들의 개방적인 사상은 19세기 70년대 한국 개화사상가들에게 직접적인 영향을 남겨주었다. 그리고 위와 같은 대중국인식의 변화는 또한 조선왕조 내부 自主自尊의식의 성장을 반영하고 있었다.

---

17) 청나라 말기 사상가 魏源(1794~1857)이 유명한 『海國圖志』에서 제창한 "오랑캐의 長技를 배워 오랑캐를 제어하자(師夷之長技而制夷)"는 19세기 말 중국에서 서구지향의 근대화를 최초로 공식 제안한 이론적 주장으로서 지금까지도 중국학계에서 진보적인 근대화사상으로 높이 평가되고 있다. 따라서 일찍이 18세기 조선왕조의 북학파 학자들에 의해 위와 비슷한 주장(물론 그 '夷'의 지칭내용이 크게 다른 것이지만)이 제시되었다는 사실은 충분히 중국학계의 깊은 관심을 불러일으킬 만한 대목이 아닐 수 없었다.

마지막에 부록으로 실린 글은 진상승 교수의 지도로 완성된 석사학
위논문 1편인데, 명청교체기를 중심으로 조선왕조 왕실에서 명나라 역
대 황제들을 비밀리에 기리는 大報壇의 설치 및 변화과정을 고찰한 내
용이었다. 문제의식에 있어서 본문의 내용과 같은 맥락으로 이해할 수
있는데 그 결론은 대략 다음과 같은 세 가지로 요약할 수 있다. 청나라
초기 한중 두 나라의 관계는 조화롭지 못하였고 당시 유교적인 義理觀
과 華夷觀은 이미 한민족의 기본관념으로 굳어지면서 정치적 생활에
까지 직접적인 영향을 미치었으며, 특히 대보단의 설립과정에서 나타
난 여러 논쟁은 당시 조선왕조사회의 엄격한 등급관념 및 명분과 형식
을 따지는 보수적 성향을 잘 보여주었다.

다른 나라에 대한 역사적 인식의 차이, 충돌이 심지어 현실관계에까
지 부정적인 영향을 미치고 있는 작금의 사정을 감안할 때 위와 같은
상호 역사인식에 대한 연구작업은 그 학문적 연구의 중요성 못지 않게
중요한 현실적 또한 사회적 의미를 갖게 된다고 할 수 있다.[18] 물론 위
와 같은 훌륭한 문제의식이 인과율을 적용한 것처럼 반드시 훌륭한 연
구성과로 이어지는 것은 아니었다. 훌륭한 문제의식과 나름대로 중요
한 여러 연구결론의 도출에도 불구하고 『朝鮮王朝對華觀』은 전문연
구의 완성도 차원에서 책제목 그대로 '초보적인 탐구(初探)'에 그친 미
흡함을 적지 않게 보여주었다. 한국을 비롯한 외국학계는 물론 중국학
계의 선행연구에 대한 정리가 전혀 없었던 점, 그 많은 조공사행기록
문헌 중에서 굳이 10종의 『朝天錄』과 『燕行錄』을 선정하게 된 이유
및 기준에 대한 설명이 전혀 없었던 점은 위 책의 연구서적 가치를 크
게 뇌색시키는 결함이 아닐 수 없었다. 조공사행 기록을 통해 조선왕
조 대중국인식의 변화과정을 추적하면서 당시 조공사신들의 개인적

---

18) 권혁수, 「한중 두 나라 상호인식의 어제와 오늘」, 『역사비평』 2004년 겨울호
  참조.

배경 및 그와 관련된 조선왕조 사회의 사상사적 배경 등에 대한 고찰
이 거의 병행되지 못하였는데, 그 원인은 사실 한국어 해독능력의 부
족이나 한국학계의 관련연구성과에 대한 참조가 부족한 이른바 기술
적인 차원에서 비롯된 것은 아니라고 생각된다.

　요컨대 한중관계사 연구를 포함한 중국학계의 한국학연구가 여러
나라 여러 가지 언어로 된 연구자료를 바탕으로 국제학계와 직접 대화
하는 차원에서 개방적으로 진행되지 못하고 있다는 하나의 단적인 보
기라고 할 수 있다. 특히 중국학계의 한중관계사 연구는 그 실제적 중
요성에 비해 수적으로나 질적으로 아직도 크게 못 미치고 있는 실정이
었다.[19] 물론 위와 같은 상황은 차츰 긍정적인 방향으로 改善되어 가
고 있는 실정이다. 실제로『燕行錄』의 경우 최근년간 중국학계에서
『燕行錄』자료를 주로 이용하여 명청시기 한중 두 나라의 문화교류사
를 다룬 박사학위논문이 두 편 완성되었는데, 하나는 2004년 5월에 통
과된 중앙민족대학 廉松心 박사(지도교수 黃有福)의『十八世紀中朝文
化交流硏究』였고 또 하나는 2005년 5월에 통과된 復旦대학교 楊雨蕾
박사(지도교수　周振鶴)의 『十六至十九世紀初中韓文化交流硏究－以
朝鮮赴京使臣爲中心』이었다. 전자의 경우 한중 두 나라 사신의 상호
왕래 과정을 바탕으로 이루어진 18세기 당시 문화교류의 제반 상황을
다루었는데 종전의 관련연구와 달리 조선왕조에 대한 청나라의 일방
적인 문화적 영향에 그치지 않고 청나라에 대한 조선왕조의 문화적 영
향도 나름대로 부각시키는 노력이 돋보였다. 후자의 논문은 최근 한국
학자 林基中에 의해 편집된 총 100권의『燕行錄全集』[20]등 최신자료를
바탕으로 16세기부터 19세기 초에 이르는 수백 년 동안 주로 조선왕조

---

19) 權赫秀,「關於近代中朝關係史(1876~1910)的幾點認識」,『中國朝鮮史硏究』
　　第一輯, 中國朝鮮史硏究會, 홍콩 : 社會科學出版社, 2004.
20) 林基中,『燕行錄全集』100권, 동국대학교출판부, 2001.

조공사신들에 의해 이루어진 한중 두 나라의 여러 분야에 걸친 문화적 교류사실을 실증적으로 고찰하였는데 현재까지 중국학계에서 『燕行錄』에 관한 가장 체계적이고 자세한 새로운 연구성과로 볼 수 있다.

　중국의 전문적인 한국학연구가 사실상 20세기 중반부터 본격적으로 전개되어 온 사실을 감안한다면, 『燕行錄』에 관한 연구는 그나마 중국학계의 한국학연구에 있어서 상당히 많이 진척된 주제라고 할 수 있다. 20세기 초 중국의 맑시즘 역사학을 연구한 미국학자 아리프 딜릭 (Arif Dirlik)은 역사적 문제는 결국 이데올로기적 문제 나아가서 사회적 존재와 관련된 문제라고 지적하면서 중국혁명과 관련된 문제가 계속 제기되는 한 중국의 역사에 관련한 문제제기 역시 끊임없이 진행될 것으로 주장하였다.[21] 21세기 초인 오늘날 중국학계가 새삼스럽게 몇 백년 전 조선왕조의 대중국인식을 되살펴보는 것은, 물론 여러 분야에 걸쳐 급속도로 발전하고 있는 한중 두 나라 관계의 현실을 반영하고 있기도 하지만 결국 오늘날 중국의 내외적 발전상황이 한중관계사를 비롯한 주변국가와의 역사적 관계에 대한 새로운 학문적 그리고 사회적 관심을 불러일으키고 있기 때문으로 해석할 수 있다. 특히 모든 일에 있어서 역사적 교훈을 유난히 중요시하고 있는 중국문화의 특성을 감안할 때 위와 같은 학문적 그리고 사회적 관심은 분명 점점 더 고조될 것이며 따라서 한중관계사를 포함한 중국학계의 한국학연구 역시 나름대로 日就月將의 진전을 보여줄 것으로 믿는다.

21) Arif Dirlik, *Revoulution and History : Origins of Marxist Historiography in China, 1919-1937*, Berkeley and Los Angelse : University of California Press, 1978, p.259, p.268.

찾아보기

450

456

458

수록논문의 원 출전

1. 「병인양요와 중국 청정부의 대응연구」, 『백산학보』 제65호, 2003.
2. 「1871년의 신미양요와 중국 청정부의 대응연구」, 『제2회 세계한국학대회 논문집』, 2005.
3. 「한중관계의 근대적 전환과정에서 나타난 비밀외교채널 — 이홍장과 이유원의 왕복서신을 중심으로」, 『한국학논집』 제37집, 한양대학교, 2003.
4. 「김옥균 암살사건과 청정부의 관계에 대하여」, 『한국학논집』 제31집, 한양대학교, 1997.
5. 「김옥균과 중국 : 대중국인식을 중심으로」, 『정신문화연구』 2000년 가을호.
6. 「근대한국의 아시아협력사상에 관한 역사적 고찰 : 김옥균의 삼화주의 사상을 중심으로」, 일제침략과 중국내 한국독립운동 국제학술회의 발표논문, 중국 북경대학교, 2003. 11.
7. 「오청경헌책론을 통해 본 청정부의 대조선간섭정책」, 『장서각』 제4집, 2000.
8. 「장서각 소장문서를 통해 본 19세기 말 조선왕조의 대중국 외교」, 『제3회 세계한국학대회논문집』, 2006.
9. 「양절체제와 19세기말 조선왕조의 대중국외교 : 초대 주차천진독리통상사무 남정철의 활동을 중심으로」, 제8회아태지역한국학대회 발표논문, 인도 네루대학교, 2006. 12.
10. 「러일전쟁과 한중관계의 변천」, 포츠머드조약100주년국제학술대회 발표논문, 2005. 11.
11. 「한중상호이해의 어제와 오늘」, 『역사비평』 2004년 겨울호.
12. 「근대이래 중한양국의 상호인식 : 황염배의 <조선>과 이시영의 <감시만어>를 중심으로」, 『사회과학연구』 2007년 봄호, 연세대학교, 2007.
13. 「중국학계의 근대 한중관계사 연구현황에 대하여」, 『코리아학연구』 1998년 총제7기, 북경대학교, 1998.
14. 「중국학자가 살펴본 조선왕조 대중국인식의 변화과정 — 陳尙勝 외, 『朝鮮王朝(1392~1910)對華觀的演變 : 「朝天錄」和「燕行錄」初探』을 읽고서」, 未刊.

권혁수 (權赫秀)

1962년 중국 길림성 반석에서 태어남.

한국학중앙연구원 문학박사, 한국학중앙연구원 초빙연구원 역임,

현재 중국 동북사범대학 역사문화학원 교수.

중국근대대외관계사, 한중관계사 전공.

『世紀大審判』, 『19세기 말 한중관계사연구』, 『당대한국인문사회과학』(공편),

『한국고유사상문화론』(공저) 등 저서·논문 다수.

근대 한중관계사의 재조명

권 혁 수 지음

2007년 12월 27일 초판 1쇄 발행

펴낸이·오일주

펴낸곳·도서출판 혜안

등록번호·제22-471호

등록일자·1993년 7월 30일

⊕ 121-836 서울시 마포구 서교동 326-26번지 102호

전화·3141-3711~2 / 팩시밀리·3141-3710

E-Mail hyeanpub@hanmail.net

ISBN 978 - 89 - 8494 - 327-8 93910

값 30,000원